21世纪房地产系列精品教材

房地产估价

（第2版）

张红日◎编著

Real Estate Appraisal

清华大学出版社
北京

内 容 简 介

本书以中华人民共和国最新国家标准《房地产估价规范》《房地产估价基本术语标准》和《中国房地产估价师执业资格考试大纲》为依据，吸收了作者多年从事教学的经验和研究成果，系统地阐述了房地产估价的理论、方法及具体应用。

全书共分十六章：第一章至第四章，主要阐述与房地产估价有关的基础知识；第五章至第九章，重点介绍常用的房地产估价方法，如比较法、收益法、成本法、假设开发法和长期趋势法等；第十章至第十二章，主要介绍地价评估的一些独特方法，如路线价法、城镇土地定级、基准地价修正法等；第十三章至第十六章，介绍房地产评估的相关实务。

本书可作为普通高等院校房地产经营管理、土地资源管理、工程管理、工商管理、人文地理与城乡规划等专业本科生的教材使用，也可作为房地产估价师考试的参考教材及从业者的工作参考书。

本书封面贴有清华大学出版社防伪标签，无标签者不得销售。
版权所有，侵权必究。举报：010-62782989，beiqinquan@tup.tsinghua.edu.cn。

图书在版编目（CIP）数据

房地产估价/张红日编著. —2 版. —北京：清华大学出版社，2016（2024.8 重印）
21 世纪房地产系列精品教材
ISBN 978-7-302-44197-7

Ⅰ. ①房… Ⅱ. ①张… Ⅲ. ①房地产价格-估价-高等学校-教材 Ⅳ. ①F293.35

中国版本图书馆 CIP 数据核字（2016）第 148267 号

责任编辑：杜春杰
封面设计：刘　超
版式设计：魏　远
责任校对：王　云
责任印制：刘　菲

出版发行：清华大学出版社
网　　址：https://www.tup.com.cn, https://www.wqxuetang.com
地　　址：北京清华大学学研大厦 A 座　　邮　编：100084
社 总 机：010-83470000　　邮　购：010-62786544
投稿与读者服务：010-62776969, c-service@tup.tsinghua.edu.cn
质 量 反 馈：010-62772015, zhiliang@tup.tsinghua.edu.cn

印 装 者：三河市人民印务有限公司
经　　销：全国新华书店
开　　本：185mm×230mm　　印　张：22.5　　字　数：489 千字
版　　次：2011 年 7 月第 1 版　　2016 年 9 月第 2 版　　印　次：2024 年 8 月第 7 次印刷
定　　价：59.80 元

产品编号：065370-03

丛书编委会
（以汉语拼音为序）

顾问　　陈　淮　　顾云昌　　胡乃武　　聂梅生　　秦　虹
　　　　　　任志强　　王健林　　谢家瑾　　郑超愚　　朱中一
主任　　董　藩　　康耀江
编委　　代春泉　　丁　宏　　李　英　　刘德英　　刘新华
　　　　　　刘　毅　　邱　红　　孙　宇　　陶斐斐　　王军艳
　　　　　　文　伟　　熊志刚　　徐　青　　杨　瑛　　张红日
　　　　　　张健铭　　赵安平　　周小平　　周　宇　　周　哲

丛书顾问寄语

研究规律和国情比臆测价格和猜赌政策更重要。严肃学者与江湖术士的区别就在于前者致力于对客观规律和基本国情的归纳与总结。

——陈淮

作为国民经济支柱产业的房地产业，其对应的学科建设亟待加强，这也是本丛书编辑、出版的意义所在。

——顾云昌

房地产经营管理是一门新的学科，尚不够成熟。推动这一学科的建设成为摆在经济管理学者面前的任务，董藩等一批青年学者在这方面已经做了不少工作。这套丛书的出版，是他们的又一次努力，值得肯定。

——胡乃武

房地产与政治、经济、社会、民生等紧密相联，出版房地产专业教材是系统培养专业人才的长远之计，这项工作虽然是基础性的，但做好它意义重大。

——聂梅生

董藩教授及其团队一直在学习、研究和传播房地产知识，为中国房地产学科的建立和专业人才的培养做出了积极贡献。

——秦虹

计划经济的历史中没有房地产这个专业，福利分房制则让开发与市场脱节。这十多年的市场化建设尚未成熟，急需普及基本知识。学院派的教师们努力地编辑与总结经验，希望能为市场建设尽微薄之力。这套较为完整的丛书，会对管理与从事这一行业的人，提供必要的帮助。

——任志强

房地产实践的发展需要专业理论的指导，也需要专业人才的加入。而这两点，都有赖于专业教育的发展。认识董藩教授已近 20 年，深知他称得上是中国房地产学科的搭建者和带头人。

——王健林

梳理专业知识，服务学科建设；解读经济规律，促进行业发展。

——谢家瑾

房地产业是国民经济的主导产业和支柱产业，但房地产教育却还处于初级状态。要发展房地产专业教育，教材建设是最基础的工作。希望本套教材的出版对此有明显的推进作用。

——郑超愚

深化认识，夯实根基，是实施科学管理，促进房地产业平稳、健康发展的基础。相信这套丛书的出版，对业内和相关人士认识房地产市场规律、掌握房地产基础知识将起到积极的推动作用。

——朱中一

丛书序言

——大力推进房地产专业教育和知识普及工作

1998年以来，中国房地产业快速发展，已成为国民经济的主导产业和支柱产业，取得了令世人瞩目的成就，尤其是在改善广大城镇居民住房条件、改变城镇面貌、促进经济增长、扩大就业四个方面，更是发挥了其他行业所无法替代的巨大作用。这一切，仅从中国城镇人均居住面积的变化便不难看出：新中国成立初期4.5平方米，但到了1978年，反而下降到了3.6平方米；1990年为7.1平方米，到了1998年也只有9.3平方米。现在我们的居住条件已经达到人均近40平方米了。

然而，随着房地产业的发展，一系列问题和矛盾也出现了。如房价问题，住房保障和宏观调控问题，政府对房地产市场的干预以及市场机制运行阻力增加等，这些问题和矛盾倘若得不到有效解决，势必给房地产业的可持续发展埋下隐患。

这些问题的出现，均与大众和决策层对房地产市场认识的偏差甚至错误联系在一起，而这些认识上的缺欠，又与房地产教育的短缺、房地产理论的落后、房地产专业知识普及的乏力是密切相连的。这种境况的出现，既有必然的逻辑，又有偶然事件的诱使。而要改变这种现实，必须抓好房地产教育、房地产理论研究工作，同时大力推进房地产专业知识的普及工作。房地产教材的编写，就是一项实实在在的工作内容。为搭建起中国的房地产学科，十几年来，我与我的合作者一直在积极探索。

早在2000—2001年，在东北财经大学出版社编辑谭焕忠先生的鼓励和运作下，我就主编了"最新房地产经营管理丛书"，在这方面做了积极尝试，受到房地产业内和财经教育界的关注。后来，我们又对这套丛书进行了修订、完善，个别分册还出版了第3版和第4版，成为普通高等教育"十一五"国家级规划教材。但是，随着时间的推移，这些教材又有了更新的必要。为此，从2009年开始，我们与清华大学出版社合作，邀请国内多所知名高校的房地产专家、学者，重新编著了一套"21世纪房地产经营管理系列教材"，包括《房地产经济学》《房地产开发》《房地产投资分析》《房地产市场营销》《房地产金融》《房地产开发企业会计》《房地产估价》《房地产法律与制度》《房地产管理信息系统》《物业管理》《住房保障制度》《房地产合同管理》等。

从整套教材来看，不仅有介绍房地产行业基本知识的《房地产经济学》，还将房地产行业和项目所涉及的主要业务知识分册进行了讲解。浏览一下这套丛书各分册的书名就会发现，其中暗含着"投资分析—开发—监理—营销—物业管理—估价"这样的纵向逻辑脉络，主要阶段基本知识的讲解全部囊括其中；同时，又顺着横向逻辑关系对与房地产有关的金融、会计、法规知识按照教材体系做了详细整理。读完该套教材后，读者对房地产行业的理论、业务知识、分析方法、法律规定便有了基本了解。身边准备这么一套房地产专业书籍，遇到什么问题也基本都能从中找到答案。非常重要的一点是，我们充分考虑到房地产行业的实践性，十分注重理论联系实际。当读者阅读过我们的教材之后，也会深刻体会到该套教材的这一显著特征。

在前面多年房地产教学、科研和教材编写基础上的该套教材，与以往的教材相比，无论基础知识的梳理、内容的安排，不同分册间知识的衔接，还是文字的表述、写作的规范性，都又有了明显进步。所以，该套教材出版后再次引起房地产、工程管理和物业管理专业领域的和房地产业界的普遍关注，十分畅销。

随着时间的推移，该套"21世纪房地产经营管理系列教材"又到了该修订的时间了。清华大学出版社根据各方意见，对该套丛书做了筛选，出版社杜春杰老师与相关作者进行了沟通。大家按照安排，在保持原貌基础上，对各本教材中涉及的过时的表述、案例、政策、数据、参考文献等都做了必要的更新，力求向精品化教材的方向发展，丛书的名称也因此更改为"21世纪房地产系列精品教材"。

无论是在第1版的编写中，还是在这次修订中，我们都得到了胡乃武、王健林、任志强等学界前辈、同行专家和行业领袖的大力支持。我要特别感谢王健林和任志强两位著名企业家对我的团队和北京师范大学房地产研究中心的长期支持与鼓励。同时，我们还参阅了很多教材、著作、论文和新闻稿件，在每本书的注释或参考文献中都有专门列示，也要感谢这些作者。清华大学出版社的杜春杰编辑为本套丛书的出版和这次修订付出了巨大心血。在此，我们对相关顾问和编辑表示深深的谢意！

由于水平、能力等原因，修订后的这套教材仍可能存在一些错误或不足之处，有些我们有所感知，有些还未认识到。欢迎大家继续批评指正，以便下次修订时加以完善。

董 藩

2016年1月于北京

第 2 版前言

房地产估价是现代房地产开发经营、投资交易、抵押贷款、课税保险及企业重组等的基础，在经济活动中占有重要地位。房地产估价行业的发展离不开专业的房地产估价专业人才，高等院校在专业人才培养上具有义不容辞的责任，而优秀的教材又是人才培养的基础，基于这种认识，笔者在清华大学出版社的支持下，编著了《房地产估价》第 1 版教材，以期能为房地产估价人才的培养尽绵薄之力。

《房地产估价》第 1 版教材于 2011 年 7 月出版发行，迄今已过去了近 5 年的时间。这期间国家发布了行业内新的标准，并对原有一些国家标准进行了修订与完善，如 2013 年 6 月发布了《房地产估价基本术语标准》，2014 年 7 月发布了新修订的《城镇土地估价规程》，2015 年 4 月发布了新修订的《房地产估价规范》，它们都是估价领域最重要的技术规范和行业标准，因此必将对房地产估价行业产生重要的影响。另外，房地产市场发育进一步完善，各地房地产价格在此期间也出现了不同程度的变化，估价实例急需更新，而且，当前房地产估价行业发展环境更加良好、地位和作用更加突出，新的信息化浪潮促使房地产估价行业转型升级，在这种背景下，教材的修订势在必行。

这次教材修订以最新版国家标准《房地产估价规范》、《房地产估价基本术语标准》和《中国房地产估价师执业资格考试大纲》为依据，结合第 1 版教材在使用过程中发现的问题，精简了部分章节的内容，增加了不同类型房地产的估价案例，尤其注重与新版房地产估价规范的衔接。在保持第 1 版教材特色的基础上，更加注重实用性、新颖性和可操作性，该版教材吸收了房地产估价的最新知识，内容体系更加完善，逻辑关系更加合理，分析方法更加科学，知识思想更加新颖，对提高授课效果更为有利。

首先，教材的章节安排更具系统性。全书共分十六章：第一章至第四章，主要阐述与房地产估价有关的基础知识，如估价的含义与特点、房地产价格的特征及影响因素、房地产估价的原则与程序等；第五章至第九章，为教材的核心内容，重点介绍常用的房地产估价方法，主要分析了各种估价方法的基本原理、适用范围、计算公式和相关应用等；第十章至第十二章，主要介绍地价评估的一些独特方法，包括适用于城镇街道两侧商业用地估价的路线价法、城镇土地定级、有中国特色的基准地价评估和基准地价修正法；第十三章至第十六章，介绍房地产评估的相关实务，包括房地产估价报告的撰写、不同类型房地产的估价实例、国外房地产估价制度的介绍及房地产估价信息系统的建设等。内容脉络清晰，既相互联系，又不断向深层次发展。

其次，教材的结构安排更具逻辑性。每章之前有明确的"学习目标"，增强了读者学习本章的目的性；"导言"起到了承上启下的作用，既突出了章与章之间的联系，又明确了本章的重点；每章内容结束后有"本章小结"，是对这一章内容的提炼与总结，有利于读者分清主次，消化吸收本章内容；安排的"综合练习"是检验读者对本章内容的掌握情况，而且"综合练习"是根据房地产估价师考试的要求进行出题，不仅题目类型丰富多样，而且题目内容针对性强，真正使读者能够学以致用；最后安排的"推荐阅读资料"及"网上资源"为读者在基本方法和理论学习的基础上提供更深层次学习的方法。每一章自成体系，逻辑性强。

最后，教材的内容安排更具实用性。在知识内容上，突出房地产估价理论与方法，根据实际情况，对重要知识点增加了适量例题，便于读者理解和掌握；对各种估价方法进行实例教学，所选估价实例大多直接来源于实际的估价报告，增强了说服力，使读者可以身临其境地体会估价的真实性和科学性，强化对估价实践重要性的认识；增加了不同类型房地产的估价案例，对常见类型的房地产的估价方法及难点进行了分析，进一步深化了主要估价方法的综合应用；用图的形式对各种估价方法的核心内容进行归纳，增加了直观性，使读者能系统地掌握各种估价方法；教材内容立足于中国房地产估价实践，同时为了与国际评估行业接轨，专门介绍了其他国家的估价制度，力求使读者开阔视野；为体现先进技术对房地产估价的促进作用，开发了房地产估价信息系统，突出了地理信息系统在估价中的应用。

本书是编著层次的本科教材，内容融入了作者的一些学术研究成果和教学经验，具有较高的学术价值和实用价值。该版教材符合认知规律，富有启发性，有利于激发学生学习兴趣及各种能力的培养；内容及组织方式具有科学性，内容的广度与深度符合学生专业需求，同时理论联系实际，有助于学生认识并解决学习和工作中的实际问题。本书除了可以作为本科生授课和培训使用之外，也可作为房地产估价师考试的参考教材，还可作为从业者的工作参考书。

在教材的编著过程中，笔者得到了国内同行业专家、学者和房地产估价师的指导和帮助，在此特别感谢北京师范大学董藩教授的无私帮助和中肯建议，感谢许多估价公司在实践方面给予的指导，感谢选用第1版教材的高等院校的任课教师提出的建议，感谢学生胡晓亮、谭言飞、张胜男、李文辉、周晨、宗子涵、岳跃蒙、姬杰辉帮助收集与整理资料。同时，还参阅了很多专家、学者的著作和论文，在注释或参考文献中都有专门列示。清华大学出版社的责任编辑为本教材的出版付出了巨大心血。在此，笔者对相关作者和编辑表示诚挚的谢意！

由于编者水平、能力有限，书中可能存在一些错误或不足之处，欢迎大家批评指正，以期下次修订时加以完善。

编　者

2016年5月

第1版前言

房地产估价是现代房地产管理、开发经营、投资交易、抵押贷款、课税保险及企业重组等的基础，在经济活动中占有重要地位。房地产估价在中国发展的时间并不长，这一方面要求国家进一步规范房地产估价行业，另一方面要求有一大批能科学系统地把握房地产市场脉搏的房地产估价专业人才。高等院校在专业人才培养上具有义不容辞的责任，而优秀的教材又是人才培养的基础，基于这种认识，笔者在清华大学出版社的支持下，编著了这本《房地产估价》教材，以期能为房地产估价人才的培养尽微薄之力。

本教材以中华人民共和国国家标准《房地产估价规范》和《中国房地产估价师执业资格考试大纲》为依据，吸收了作者多年从事教学的经验和研究成果，系统地阐述了房地产估价的理论、方法及具体应用。笔者在写作过程中，注意理论与实践相结合，注重实用性、新颖性和可操作性，力求科学规范、富有特色。与现有主要教材相比，该书吸收了房地产估价的最新知识，内容体系更加完善，逻辑关系更加合理，分析方法和知识思想更加新颖，对提高授课效果更为有利。

首先，教材的章节安排更具系统性。全书共四部分十五章：第一部分涵盖第一章至第四章，主要阐述与房地产估价有关的基础知识，如估价的含义与特点、房地产价格的特征及影响因素、房地产估价的原则与程序等；第二部分涵盖第五章至第九章，为教材的核心内容，重点介绍常用的房地产估价方法，主要分析了各种估价方法的基本原理、适用范围、计算公式和相关应用等；第三部分涵盖第十章至第十二章，主要介绍地价评估的一些独特方法，包括适用于城镇街道两侧商业用地估价的路线价法、城镇土地定级、有中国特色的基准地价评估和基准地价修正系数法；第四部分涵盖第十三章至第十五章，介绍房地产评估的相关实务，包括房地产估价报告的撰写、国外房地产估价制度的介绍及房地产估价信息系统的建设等。四部分内容脉络清晰，既相互联系，又不断向深层次发展。

其次，教材的结构安排更具逻辑性。每章之前有明确的"学习目标"，增强了读者学习本章的目的性；"导言"起到了承上启下的作用，既突出了章与章之间的联系，又明确了本章的重点；每章内容结束后有"本章小结"，是对这一章内容的提炼与总结，有利于读者分清主次，消化吸收本章内容；安排的"综合练习"是检验读者对本章内容的掌握情况，根据房地产估价师考试的要求，不仅题目类型丰富多样，而且题目内容针对性强，真正使读者能够学以致用；最后安排的"推荐阅读资料"及"网上资源"为读者在基本方法和理论学习的基础上，进一步拓展知识面提供了广阔的空间。每一章自成体系，逻辑性强。

最后，教材的内容安排更具实用性。在知识内容上，突出房地产估价理论与方法，根据实际情况，对重要知识点增加了适量例题，便于读者理解和掌握；对各种估价方法进行实例教学，所选估价实例大多直接来源于实际的估价报告，增强了说服力，使读者可以身临其境地体会估价的真实性，强化对估价实践重要性的认识；用图的形式对各种估价方法的核心内容进行归纳，增加了直观性，使读者能系统地掌握各种估价方法；教材内容立足于中国房地产估价实践，同时为了与国际评估行业接轨，专门介绍了其他国家的估价制度，力求使读者开阔视野；为体现先进技术对房地产估价的促进作用，开发了房地产估价信息系统，突出了地理信息系统在估价中的应用。

  本书是编著层次的本科教材，内容融入了作者的一些学术研究成果和教学经验，具有较高的学术价值和实用价值。本书除了可以作为本科生授课和培训使用之外，也可作为房地产估价师考试的参考教材，还可作为从业者的工作参考书。

  在教材的编著过程中，笔者得到了国内同行业专家、学者和房地产估价师的指导和帮助，在此特别感谢北京师范大学董藩教授的无私帮助和有益建议，感谢青岛衡元德地产评估策划有限公司高庆振估价师在实践方面给予的指导。同时，还参阅了很多专家、学者的著作和论文，在注释或参考文献中都有专门列示。清华大学出版社的责任编辑为本教材的出版付出了巨大心血。在此，笔者对相关作者和编辑表示深深的谢意！

  由于编者水平、能力有限，书中可能存在一些错误或不足之处，欢迎大家批评指正，以便下次修订时加以完善。

编　者
2011 年 5 月

目　　录

第一章　绪论 1
学习目标 1
导言 1
第一节　房地产估价的含义与特点 1
　　一、房地产估价的含义 1
　　二、房地产估价的特点 4
第二节　房地产估价的必要性 6
　　一、土地使用权出让的需要 6
　　二、房地产转让和租赁的需要 6
　　三、房地产抵押贷款的需要 7
　　四、房地产保险业务的需要 7
　　五、房地产税收业务的需要 7
　　六、房地产征收征用补偿的需要 7
　　七、房地产损害赔偿的需要 7
　　八、房地产纠纷调解的需要 8
　　九、企业有关经济行为的需要 8
第三节　房地产估价行业的发展概况 8
　　一、房地产估价行业的发展概况及趋势 8
　　二、房地产估价行业面临的问题及解决措施 12
本章小结 14
综合练习 14
推荐阅读资料 16
网上资源 16

第二章　房地产价格的特征与类型 17
学习目标 17
导言 17
第一节　房地产价格的含义与形成基础 17

一、房地产价格的含义 17
　　二、房地产价格的形成条件 17
　　三、房地产价格形成的理论基础 18
第二节　房地产价格的特征 20
　　一、地价与一般物品价格的不同 20
　　二、房地产价格的特征 21
第三节　房地产价格的类型 22
　　一、市场价格、评估价格 23
　　二、土地价格、建筑物价格、房地价格 23
　　三、房地产所有权价格、土地使用权价格、租赁价格和抵押价格 24
　　四、基准地价、标定地价和房屋重置价格 25
　　五、拍卖价格、挂牌价格、招标价格、协议价格 25
　　六、起价、均价、标价 26
　　七、总价格、单位价格、楼面地价 27
本章小结 27
综合练习 28
推荐阅读资料 29
网上资源 29

第三章　房地产价格的影响因素 30
学习目标 30
导言 30
第一节　房地产价格的影响因素概述 30
　　一、房地产价格影响因素 30
　　二、房地产价格影响因素的分类 32
第二节　房地产自身因素 33
　　一、房地产区位因素 33
　　二、房地产实物因素 36
　　三、房地产权益因素 39
第三节　房地产外部因素 40
　　一、社会因素 40
　　二、经济因素 42
　　三、行政因素 44
　　四、其他因素 47

本章小结	47
综合练习	48
推荐阅读资料	49
网上资源	49

第四章 房地产估价的原则与程序 ... 50

学习目标 ... 50
导言 ... 50

第一节 房地产估价的原则 ... 50
一、合法原则 ... 51
二、独立、客观、公正原则 ... 51
三、替代原则 ... 52
四、最高最佳利用原则 ... 52
五、价值时点原则 ... 53
六、谨慎原则 ... 53

第二节 房地产估价的程序 ... 54
一、受理估价委托 ... 54
二、确定估价基本事项 ... 57
三、编制估价作业方案 ... 57
四、搜集估价所需资料 ... 58
五、实地查勘估价对象 ... 59
六、选用估价方法进行测算 ... 60
七、确定估价结果 ... 60
八、撰写估价报告 ... 61
九、审核估价报告 ... 62
十、交付估价报告 ... 62
十一、保存估价资料 ... 62

本章小结 ... 63
综合练习 ... 63
推荐阅读资料 ... 64
网上资源 ... 64

第五章 比较法 ... 65
学习目标 ... 65
导言 ... 65

XIII

第一节　比较法概述 65
　　一、比较法的基本概念 65
　　二、比较法的理论依据 66
　　三、比较法的应用条件 66
　　四、比较法的估价程序 67
　第二节　可比实例的搜集与选取 68
　　一、搜集交易实例 68
　　二、选取可比实例 71
　第三节　可比实例的成交价格处理 72
　　一、建立比较基础 72
　　二、交易情况修正 76
　　三、市场状况调整 77
　　四、房地产状况调整 79
　第四节　比较法的计算公式 84
　　一、修正和调整公式 84
　　二、直接比较修正和调整公式 85
　　三、间接比较修正和调整公式 85
　　四、比较价值的计算公式 85
　第五节　比较法的总结与应用 86
　　一、比较法总结 87
　　二、比较法应用 87
本章小结 93
综合练习 93
推荐阅读资料 96
网上资源 96

第六章　收益法 97
学习目标 97
导言 97
第一节　资金的时间价值 97
　　一、资金时间价值的概念 97
　　二、资金时间价值的计算 98
　　三、现金流量图 99
　　四、资金等值的计算 100

第二节 收益法概述 103
    一、收益法的基本概念 103
    二、收益法的基本原理 103
    三、收益法的适用范围 104
    四、收益法的估价步骤 104

第三节 报酬资本化法的计算公式 104
    一、基本公式 105
    二、净收益相同的公式 105
    三、净收益前若干年有变化的公式 105
    四、净收益按等差级数变化的公式 106
    五、净收益按等比级数变化的公式 106
    六、预知未来若干年后房地产价格的公式 107

第四节 收益法中的净收益 110
    一、净收益的含义 110
    二、净收益测算的基本原理 110
    三、不同收益类型房地产净收益的测算 111
    四、租约对净收益的影响 113

第五节 收益法中的报酬率 114
    一、报酬率的实质 115
    二、报酬率的求取方法 115
    三、报酬率的种类 117

第六节 收益法中的收益期 118
    一、收益期的确定原则 119
    二、收益期的确定方法 119

第七节 收益法的总结与应用 122
    一、收益法总结 122
    二、收益法应用 123

本章小结 125
综合练习 126
推荐阅读资料 128
网上资源 128

第七章 成本法 129
  学习目标 129

导言	129
第一节 成本法概述	129
一、成本法的基本概念	129
二、成本法的基本原理	130
三、成本法的适用范围	130
四、成本法的应用条件	131
五、成本法的估价步骤	132
第二节 新开发房地产的成本法	132
一、基本公式	132
二、新开发房地产价格的构成	133
三、新开发房地产的估价实例	139
第三节 旧房地产的成本法	140
一、基本公式	140
二、重新购建价格	140
第四节 建筑物折旧的确定方法	144
一、建筑物折旧的含义	144
二、建筑物折旧的求法	145
三、建筑物新旧的判定标准	150
第五节 成本法的总结与应用	151
一、成本法总结	151
二、成本法应用	152
本章小结	154
综合练习	154
推荐阅读资料	156
网上资源	156

第八章 假设开发法 157

学习目标	157
导言	157
第一节 假设开发法概述	157
一、假设开发法的含义	158
二、假设开发法的基本思路	158
三、假设开发法的理论依据	159
四、假设开发法的适用范围	159

五、假设开发法的应用条件 159
　　六、假设开发法的计算公式 160
第二节　假设开发法的估价步骤 161
　　一、选择具体估价方法 161
　　二、选择估价前提 162
　　三、选择最佳开发经营方式 162
　　四、测算后续开发经营期 163
　　五、测算后续开发的必要支出 163
　　六、测算开发完成后的价值 163
　　七、确定折现率或测算后续开发的应得利润 164
　　八、计算开发价值 164
第三节　假设开发法的估价方法 164
　　一、静态分析法 164
　　二、动态分析法 166
　　三、动态分析法和静态分析法的优缺点 167
第四节　假设开发法的总结与应用 167
　　一、假设开发法总结 167
　　二、假设开发法应用 168
本章小结 174
综合练习 174
推荐阅读资料 177
网上资源 177

第九章　长期趋势法 178
学习目标 178
导言 178
第一节　长期趋势法概述 178
　　一、长期趋势法的基本原理 178
　　二、长期趋势法的适用条件 179
　　三、长期趋势法的主要特征 179
　　四、长期趋势法的操作步骤 180
第二节　平均增减量法 181
　　一、平均增减量法的计算公式 181
　　二、平均增减量法的应用举例 181

XVII

第三节 平均发展速度法 182
  一、平均发展速度法的计算公式 182
  二、平均发展速度法的应用举例 183
第四节 移动平均法 184
  一、移动平均法的分类 184
  二、简单移动平均法的基本思路 184
  三、简单移动平均法的应用举例 185
第五节 数学曲线拟合法 186
  一、直线趋势法的基本原理 186
  二、直线趋势法的应用举例 188
本章小结 189
综合练习 189
推荐阅读资料 189
网上资源 189

第十章 路线价法 190
学习目标 190
导言 190
第一节 路线价法概述 190
  一、路线价法的基本概念 190
  二、路线价法的基本原理 191
  三、路线价法的计算公式 192
  四、路线价法的适用范围和条件 193
第二节 路线价法的估价步骤 193
  一、划分路线价区段 193
  二、设定标准深度 193
  三、确定标准宗地 194
  四、评估路线价 194
  五、制作深度指数表 194
  六、计算各宗地价格 194
第三节 深度指数表的制作 195
  一、深度指数的制作原理 195
  二、深度指数的制作方法 197
  三、其他因素的修正 200

第四节 路线价法的总结与应用 201
  一、路线价法总结 201
  二、路线价法应用 201
 本章小结 206
 综合练习 207
 推荐阅读资料 209
 网上资源 209

第十一章 城镇土地定级 210
 学习目标 210
 导言 210
 第一节 城镇土地定级概述 210
  一、城镇土地分等与定级 210
  二、城镇土地定级原则 211
  三、城镇土地定级方法 212
  四、城镇土地定级流程 212
  五、定级资料的收集与调查 213
 第二节 定级因素指标体系 214
  一、综合定级与分类定级 215
  二、城镇土地定级因素 215
 第三节 定级因素权重确定 217
  一、德尔菲测定法（Delphi 法） 218
  二、因素成对比较法 218
  三、层次分析法 219
 第四节 定级因素分值计算 220
  一、基本概念解释 220
  二、评价单元划分 220
  三、定级因素分值的计算 221
  四、定级单元总分值的计算 223
 第五节 土地级别的划分与确定 223
  一、土地级别的初步划分 224
  二、土地级别的验证与确定 225
  三、城镇土地定级成果表达 226
 本章小结 227

综合练习 227
　　推荐阅读资料 229
　　网上资源 229

第十二章　基准地价修正法 230
　　学习目标 230
　　导言 230
　　第一节　基准地价评估概述 230
　　　　一、基准地价的含义 230
　　　　二、基准地价的特征 231
　　　　三、基准地价的作用 232
　　　　四、基准地价评估的技术路线 233
　　第二节　基准地价评估的程序及趋势 234
　　　　一、基准地价评估的程序 234
　　　　二、基准地价成果更新 236
　　　　三、基准地价评估发展趋势 236
　　第三节　基准地价修正法 238
　　　　一、基准地价修正法的概念 238
　　　　二、基准地价修正法的原理 238
　　　　三、基准地价修正法的特点 239
　　　　四、基准地价修正因素 239
　　　　五、基准地价修正法的估价程序 240
　　第四节　基准地价修正法实例 240
　　　　一、估价对象概况 240
　　　　二、估价方法与估价过程 241
　　本章小结 245
　　综合练习 245
　　推荐阅读资料 247
　　网上资源 247

第十三章　房地产估价报告 248
　　学习目标 248
　　导言 248
　　第一节　房地产估价报告的作用和要求 248
　　　　一、房地产估价报告的作用 248

二、房地产估价报告的要求 249
 第二节 房地产估价报告的形式和内容 250
  一、房地产估价报告的形式 250
  二、房地产估价报告的内容 250
  三、土地估价报告的内容 255
  四、国家对房地产估价报告的有关规定 256
 第三节 房地产估价报告实例 257
 本章小结 273
 综合练习 273
 推荐阅读资料 273
 网上资源 274

第十四章 不同类型房地产估价案例 275
 学习目标 275
 导言 275
 第一节 居住房地产估价 275
  一、居住房地产的含义与特点 275
  二、居住房地产估价常用方法 276
  三、居住房地产估价的技术路线及难点处理 276
  四、案例分析 277
 第二节 商业房地产估价 277
  一、商业房地产的含义与特点 277
  二、商业房地产估价常用方法 278
  三、商业房地产估价的技术路线及难点处理 278
  四、案例分析 279
 第三节 工业房地产估价 282
  一、工业房地产的含义与特点 282
  二、工业房地产估价常用方法 283
  三、工业房地产估价的技术路线及难点处理 284
  四、案例分析 284
 本章小结 289
 综合练习 289
 推荐阅读资料 290
 网上资源 290

第十五章　国外房地产估价制度 291
- 学习目标 291
- 导言 291
- 第一节　国外评估业的发展 291
  - 一、20世纪前评估业的发展 291
  - 二、20世纪评估业的发展 292
- 第二节　美国的房地产估价制度 293
  - 一、美国评估促进会和估价基金会 293
  - 二、行业估价协会 294
- 第三节　英国的房地产估价制度 296
  - 一、英国皇家特许测量师学会（RICS）简介 297
  - 二、英国皇家特许测量师学会会员资格取得 297
  - 三、英国土地评估师执业情况 299
- 第四节　日本的房地产估价制度 299
  - 一、日本不动产估价制度的历史 300
  - 二、日本不动产鉴定评价制度的内容介绍 300
  - 三、不动产鉴定士的行为规范 302
- 第五节　国外房地产估价制度的分析比较 302
  - 一、国外房地产估价制度的分析比较 303
  - 二、国外房地产估价制度的借鉴意义 304
- 本章小结 305
- 综合练习 305
- 推荐阅读资料 305
- 网上资源 306

第十六章　房地产估价信息系统 307
- 学习目标 307
- 导言 307
- 第一节　管理信息系统和地理信息系统 307
  - 一、管理信息系统 308
  - 二、地理信息系统 310
- 第二节　房地产估价信息系统概述 314
  - 一、房地产估价信息系统的开发背景 314
  - 二、房地产估价信息系统的开发要求 315

第三节 房地产估价信息系统的设计与开发 ... 317
    一、系统设计概述 ... 318
    二、系统结构设计 ... 318
    三、系统数据库设计 ... 319
    四、系统功能设计 ... 321
    五、展望 ... 328
  本章小结 ... 328
  综合练习 ... 328
  推荐阅读资料 ... 329
  网上资源 ... 329

参考文献 ... 330

第一章　绪　论

学习目标

通过对本章的学习，应掌握如下内容：
- 房地产估价的含义与特点；
- 房地产估价的必要性；
- 房地产估价行业的发展概况。

导言

房地产估价行业是市场经济体系中的一个重要的中介服务行业，是社会经济发展到一定阶段的客观要求和必然产物。房地产估价具有科学性、实践性和公正性，是现代房地产管理、开发经营、投资交易、抵押贷款、课税保险以及企业重组等的基础性工作，在经济活动中占有重要地位。

第一节　房地产估价的含义与特点

一、房地产估价的含义

关于房地产估价的称呼，美国大多称为 Real Estate Appraisal；英国大多称为 Property Valuation；日本和韩国称为不动产鉴定评价，简称不动产鉴定；中国台湾地区大多称为不动产估价，也有的称为不动产鉴定或不动产鉴价；中国香港地区通常称为房地产估价或房地产估值。中国内地有人称为房地产评估，但这种叫法不够确切，因为"评估"一词的含义很广，不仅可以包含房地产价值评估，还可以包含房地产质量、功能、投资风险评估，甚至可以包含房地产制度政策评估等，所以称为房地产价值评估，或者简称房地产估价，要更准确一些。

所谓房地产估价，是指房地产估价机构接受他人委托，选派注册房地产估价师对房地

产的价值或价格进行分析、测算和判断，并提供相关专业意见的活动。更为具体地说，它是房地产估价机构接受他人委托，选派注册房地产估价师，为了特定的目的，遵循公认的原则，按照严谨的程序，依据有关文件、标准和资料，在合理的假设下，采用科学的方法，对特定房地产在特定时间的特定价值或价格进行分析、测算和判断，并提供相关专业意见的活动。

以上解释中实际包含了主体、客体、目的、原则、程序、方法和时点七大基本要素。

（一）主体

房地产估价主体是估价的执行者，即房地产估价机构。目前规定，房地产估价机构应当由自然人出资，以有限责任公司或者合伙企业形式设立；法定代表人或者执行合伙事务的合伙人是注册后从事房地产估价工作三年以上的房地产估价师；房地产估价机构的资质等级由低到高分为暂定期内的三级资质、三级资质、二级资质、一级资质；房地产估价机构依法从事房地产估价活动不受行政区域、行业限制；不同资质等级房地产估价机构的业务范围按照估价目的划分，应当在其资质等级许可的业务范围内从事估价活动；房地产估价报告应由房地产估价机构出具。

房地产估价人员是估价机构中的核心，是指具有房地产估价专业知识和经验，取得房地产估价人员执业资格并经注册，从事房地产估价活动的专业人员。目前，中国房地产估价人员执业资格有房地产估价师和房地产估价员两种。其中，房地产估价师是指取得房地产估价师执业资格证书，并按照《注册房地产估价师管理办法》注册，取得房地产估价师注册证书，从事房地产估价活动的专业人员。一名合格的房地产估价师应当具有房地产估价方面扎实的理论知识、丰富的实践经验和良好的职业道德。

目前规定，房地产估价师应当受聘于一个房地产估价机构，且在同一时间只能在一个房地产估价机构从事房地产估价业务；房地产估价师不得以个人名义承揽房地产估价业务，而应当由所在的房地产估价机构接受委托并统一收费。

（二）客体

房地产估价的客体即估价对象，是指所估价的房地产等财产或相关权益。估价对象是丰富多彩、复杂多样的。从实物角度来看，估价对象主要有：（1）无建筑物的空地；（2）有建筑物（包括尚未建成的建筑物）的土地；（3）建筑物（包括尚未建成的建筑物）；（4）土地与建筑物（已建成的建筑物）的合成体；（5）在建工程（土地与尚未建成的建筑物的合成体）；（6）未来状况下的房地产；（7）已经消失的房地产；（8）现在状况下的房地产与过去状况下的房地产的差异部分；（9）房地产的局部；（10）包含有其他资产的房地产或者以房地产价值为主的一个企业整体；（11）作为企业整体中的一部分的房地产；如此等等。从权益角度来看，被评估的房地产既涉及房地产所有权及土地使用权，也涉及房地产的其他权利，如租赁权、抵押权、典当权；既可以是企业拥有的资产，也可以是其他单位和个人所有的财产。

（三）目的

估价目的是指估价委托人对估价报告的预期用途。房地产估价目的具体可以分为土地使用权出让、作价入股、房地产转让、租赁、抵押、保险、纳税、征地和房屋拆迁补偿、房地产分割合并、房地产纠纷、房地产拍卖、投资决策及企业各种经济活动中涉及的房地产估价，如企业合资、合作、联营、股份制改组、合并兼并等；估价结果的价格类型也可分为土地出让底价、入股价格、买卖价格、租赁价格、抵押价格、投保价格、课税价格、征用价格和投资价格等。需要指出的是，不同的估价目的将影响估价的结果。因为估价目的不同，相应的估价原则、因素和采用的估价方法就有可能不同。

（四）原则

估价原则是指估价人员在房地产估价的理论探索和反复实践中基于对房地产价格形成过程客观规律的认识，总结出来的估价活动所依据的法则或标准。房地产估价原则是房地产估价理论的重要组成部分，依据这些原则进行估价活动，可使同一估价对象在同一估价目的、同一价值时点下，即使由不同的估价人员对其进行估价，结果也具有相近性。因此，估价人员应正确地理解这些估价原则，并以此指导估价的实践活动。房地产估价活动中应遵循的具体估价原则见第四章。

（五）程序

估价程序是指完成估价项目所需做的各项工作进行的先后次序。房地产估价的基本程序是：（1）受理估价委托；（2）确定估价基本事项；（3）编制估价作业方案；（4）搜集估价所需资料；（5）实地查勘估价对象；（6）选用估价方法进行测算；（7）确定估价结果；（8）撰写估价报告；（9）审核估价报告；（10）交付估价报告；（11）保存估价资料。严格地按估价程序进行估价，能增强估价工作的计划性和条理性，减少工作中的失误和误差，提高估价工作效率，保证估价工作质量。

（六）方法

科学实用的估价方法必须具备两个条件：既有科学的理论依据，又能反映现实交易行为。房地产价格通常可以从如下三个途径来求取。

（1）参照类似房地产近期的市场交易价格。

（2）参照重新建造类似房地产所需要的费用。

（3）依据该房地产的收益能力大小来衡量其价值。

由此形成了房地产估价的三大基本方法，即比较法、成本法和收益法。除此之外，还有一些其他方法，如假设开发法、路线价法、基准地价修正法等。

（七）时点

价值时点是指所评估的估价对象价值或价格对应的某一特定时间。房地产市场是不断变化的，因此，房地产价格具有很强的时间性，它只能是某一时点的价格。在不同的时点上，同一宗房地产往往会有不同的价格。价值时点是不能够随意确定的，应当根据估价目的来确定，并且价值时点的确定应在先，评估价值的确定应在后，而不是先有了评估价值之后，再把它定义为某个时间上的价值。

二、房地产估价的特点

房地产估价具有许多特点，其中比较典型的特点如下。

（一）房地产估价的科学性

房地产估价建立在科学的估价理论与方法的基础之上，具有科学性。虽然房地产价格受多种因素影响，构成和变化都比较复杂，难以准确地确定，但通过估价人员的长期理论研究与实践探索，总结出了房地产价格形成与变化的基本规律，这些内容构成了房地产估价的基本理论。在这些估价理论的基础之上，又形成了一整套系统而严谨的估价方法及评估步骤，使房地产估价有章可循。另外，在房地产估价过程中还广泛地涉及规划、建筑、法律，以及宏观经济等有关理论和知识。因此，房地产估价虽然从现象上来看，是估价人员对房地产价格所做出的推测与判断，但究其实质并不是主观臆断，而是把房地产的客观实在价值通过评估活动正确地反映出来，具有很强的客观性和科学性。

（二）房地产估价的艺术性

房地产估价必须遵循一套科学严谨的估价理论和方法，但又不能完全拘泥于有关的理论和方法。因为房地产价格形成的因素复杂多变，不是简单地套用某些数学公式就能够计算出来的。房地产估价在一定程度上具有艺术性，主要体现在以下几个方面。

1. 房地产估价需要丰富的经验

房地产估价是一项专业性很强的业务，估价人员必须具有丰富的经验，才能对估价对象的价值做出准确合理的判断。完整地了解和掌握估价对象的情况离不开估价人员的经验；准确地运用各种估价方法也离不开估价人员的经验；合理地确定各项估价参数同样离不开估价人员的经验。因此，估价人员在一定的理论和方法的基础上必须结合丰富的估价经验才能做出合理的估价。

2. 房地产估价需要准确的推理判断能力

丰富的估价经验是顺利评估的前提，在经验基础上所形成的推理判断能力在一定程度上代表着估价师的水平。房地产估价离不开对房地产价格变化趋势的分析，由于房地产价格是在多种因素综合作用下形成与变化的，这就要求估价师具有较强的综合分析与推理判断能力。

3. 房地产估价需要专业的技巧

房地产估价的技巧性一方面体现在估价过程中，另一方面则体现在如何保证评估结果的权威性，保证委托人及有关当事人能够接受合理的评估结论。在房地产估价过程中，涉及准确核实待估房地产的权利状态，如何以最快的速度拟好估价报告，避免以后出现纠纷，这些问题的处理都需要估价师掌握相应的技巧。

房地产估价体现出科学性与艺术性的高度统一。正因为如此，有人将房地产估价定义为：为特定目的估价房地产的特定权益于特定时间的价值的科学与艺术。

（三）房地产估价的综合性

房地产估价的综合性主要体现在以下几个方面。

1. 房地产估价人员需要具备综合性知识

作为一名业务优秀的估价人员，除了必须熟练掌握估价理论与方法、房地产投资、经营与管理以及规划、建筑结构、工程造价、法律、经济等知识外，还应该熟悉各行各业，尤其是主要工业行业的生产、技术以及设备安装、工艺流程对厂房用地的要求等知识。

2. 房地产估价过程需要广泛涉及多个方面

单纯的房地产评估包括土地和建筑物，而建筑物又包括建筑结构、装修、设备等多方面，涉及建筑物的重置成本以及折旧等，还要考虑土地与建筑物的配置是否均衡，目前的使用情况是否处于最有效利用状态，以及未来的增值潜力等。在评估大型房地产时，可能包括很多部分，每部分又有不同的特点，需要分别对待。

3. 房地产估价作业需要多人综合协同完成

房地产估价有时需要估价师、结构工程师以及建筑师、规划师、测量师等协同作业。如在估价某些旧有房地产时，为了确定主体结构的新旧程度，离不开结构工程师的技术鉴定；在运用假设开发法估价待建筑土地或待开发土地的价格时，有时需要勘察设计，在此基础上才能对土地做出比较准确的估价。

另外，房地产估价还具有一定的政策性。如在住宅估价时，应该考虑国家的有关政策；在估价土地的出让价格时，应该考虑出让方式及有关的产业政策。所有这些，也在一定程度上体现着房地产估价的综合性特点。

（四）房地产估价的目的性

房地产估价的目的可以分为买卖、租赁、抵押、出让、入股、典当、课税、保险、交换、征用、企业重组和企业上市以及会计分析等。不同的房地产估价目的，将会对房地产估价的结果产生一定的影响，因为估价的目的不同，所对应的价格类型就不同。如为买卖而进行的估价，就得出买卖价格；为抵押而进行的估价，就得到抵押价格；为租赁而进行的估价，就得到租赁价格等。房地产估价必须以特定目的为前提，才能得出准确的结果。

（五）房地产估价的咨询性

估价不是定价，评估价格也往往不是成交价格。房地产估价带有参考咨询性，提供的是正常市场交易情况下一般的、正常合理的交易参考价。交易当事人可以根据估价结果确定成交价格。如对于出让土地，政府考虑到行业发展或解决就业问题等，可以在出让土地估价价格的基础上上调或下调出让价格。所以说，房地产估价师提供的是正常合理的咨询价格。

第二节 房地产估价的必要性

随着房地产市场的发展，房地产估价的应用领域越来越广泛。之所以要对房地产进行估价，源于现实中的各种需要。房地产估价有利于维护房地产市场秩序、保护房地产权利人的合法权益、防范房地产信贷风险、化解房地产征用引发的社会矛盾等。现实中对房地产估价的需要具体表现在很多方面，现将主要方面列举如下。

一、土地使用权出让的需要

土地使用权出让是指将国有土地使用权在一定年限内出让给土地使用者，由土地使用者向国家支付土地使用权出让金的行为。目前土地使用权出让的方式有招标、拍卖、挂牌、协议四种。

在招标出让方式中，出让人需要确定招标底价，投标人需要确定投标价格；在拍卖出让方式中，出让人需要确定拍卖底价，竞买人需要确定自己的最高出价；在挂牌出让方式中，出让人需要确定挂牌底价，竞买人需要确定自己的最高报价；在协议出让方式中，出让人需要确定协议出让最低价，土地使用者需要确定自己的最高出价。因此，无论是哪种出让方式，都需要对拟出让土地进行估价，为出让人确定各种出让底价提供参考依据，也为受让人确定各种出价提供参考依据。

二、房地产转让和租赁的需要

房地产转让包括房屋所有权转让和土地使用权转让，是指房屋所有权人或土地使用权人通过买卖、互换、赠予或者其他合法方式将其房屋所有权和土地使用权转移给他人的行为。房地产租赁包括房屋租赁、土地租赁和土地使用权出租，是指房屋所有权人、土地所有权人、土地使用权人作为出租人将其房地产出租给承租人使用，由承租人向出租人支付租金的行为。

房地产价值较大，其转让价格和租金无论是偏高还是偏低，都会使某一方遭受较大的损失。又因为一般单位和个人不是专门从事房地产交易的，甚至一生中未曾经历过房地产交易，并且没有两宗房地产是完全相同的，所以这些单位和个人对房地产及其市场行情不很了解，这就需要房地产估价为其确定转让价格或租金等提供参考依据，以免在房地产转让和租赁中遭受损失。

三、房地产抵押贷款的需要

房地产具有不可移动、使用寿命长久、价值量大、保值增值的特性，是一种良好的担保品。因此，在企业、个人等向银行申请贷款时，银行为了减少自身的风险，往往要求贷款人以其合法的房地产提供担保，同时贷款金额一般要低于该提供担保的房地产的价值。为了确定该提供担保的房地产的价值，银行需要寻求专门的房地产估价机构出具估价报告，以作为放款限额的参考依据。

四、房地产保险业务的需要

房地产是一种重要的财产，其中的建筑物难免会因发生自然灾害或意外事故（如火灾、爆炸、地震、洪水、泥石流等）遭受损毁或灭失，从而需要保险。房地产保险对房地产估价的需要，一是在投保时需要评估保险价值，为确定保险金额提供参考依据；二是在保险事故发生后需要评估所遭受的损失或重置价格、重建价格，为确定赔偿金额提供参考依据。

五、房地产税收业务的需要

有关房地产的税收种类很多，如房产税、地产税、契税、土地与房屋合征的房地产税，房地产与其他财产合征的财产税、遗产税、赠与税等。目前，这些税种的计税依据通常是以房地产的价值为基础，为了防止偷漏税和课税不公平，税务机关需要掌握真实可靠的房地产价值，需要科学公正的课税价值来说服纳税人。纳税人认为课税价值不合理的，也可以委托房地产估价机构进行估价，以说服税务机关调整课税价值。

六、房地产征收征用补偿的需要

房地产是生活、生产等活动都不可缺少的基础要素，国家有时为了公共利益的需要，不得不征收或征用公民和法人的房地产。尽管征收或征用是为了公共利益的需要，但都不是无偿的，必须依法给予补偿。而确定补偿的金额，就需要依据房地产估价机构的估价为其提供参考。具体地说，对于实行货币补偿的，要对被拆迁房屋的房地产价值进行评估，为确定货币补偿金额提供依据；对于实行房屋产权调换补偿方式的，要对被拆迁房屋的房地产市场价值和所调换房地产的市场价值进行评估，为结算房屋产权调换的差价提供依据。

七、房地产损害赔偿的需要

各种类型的房地产损害赔偿，需要房地产估价为确定赔偿金额提供参考依据。房地产损害赔偿的类型多种多样，例如，预售的商品房在交付使用后发现存在工程质量问题，对购房人造成损失；因规划、设计变更，对房地产权利人造成损失；施工开挖不慎使临近房屋倾斜，造成房地产价值损失；因未能履约使工程停建或缓建，对他人造成损失；非法批准征收、使用土地，对当事人造成损失，《中华人民共和国土地管理法》第七十八条规定："非法批准征收、使用土地，对当事人造成损失的，依法应当承担赔偿责任。"

八、房地产纠纷调解的需要

一类房地产纠纷是有关当事人对房地产买卖、租赁、抵押、土地征用补偿、城市房屋拆迁补偿、损害赔偿等有关房地产的价格、租金、评估价值、赔偿金额、补偿金额等持有不同的看法。解决这类纠纷无疑需要公正、权威的房地产估价。

另一类房地产纠纷是遗产分配、共有财产分割等引起的纠纷。在这些情况下通常难以采用实物分配或分割的方法解决，因为许多情况下房地产在实物形态上难以分割，有时如果这样做就会破坏房地产的使用价值，所以合理的分配或分割实际上是对房地产价值形态的划分。这同样需要房地产估价。

另外，对于各类房地产违法行为，衡量违法情节轻重的参考依据之一，不仅是房地产的实物量，而且应考虑房地产的价值量。这也需要房地产估价。

九、企业有关经济行为的需要

企业投资、合资、合作、合并、分立、改制、重组等经济行为，往往需要对所涉及的房地产或企业整体进行估价。例如，一方提供土地、房屋，另一方或多方提供资金、设备，开展有关合资、合作，然后各方按照一定比例分配相关利益。在这种情况下，需要评估所提供的土地、房屋的价格，以便与所提供的设备、资金的价值进行比较，从而为确定各方的利益分配比例提供参考依据。

对房地产估价的需要，除了上面列举的，还有许多，例如，房地产拍卖、变卖的需要；房地产分割、合并的需要；房地产开发经营过程中估价的需要等。

第三节 房地产估价行业的发展概况

一、房地产估价行业的发展概况及趋势

中国房地产估价行业是一个古老而又新兴的行业。但是，中国房地产资源广阔，且发展势头迅猛，大部分公司都取得良好的经济效益。近几年，房地产开发、经营、交易活动

以及房地产与资本市场的结合日益频繁，使房地产估价业务得到了广泛的拓展，服务对象和服务形式也日趋多样化，使得房地产估价服务成为经济活动中不可缺少的基础性工作。尤其在 2015 年财政部发布个人转让两年以上住房免征营业税政策，更加促进房地产行业发展，也带动估价行业发展。因此，房地产估价行业是一个有良好发展前景的行业。

（一）中国房地产估价行业的发展状况

1．确立了以法律形式保障房地产估价地位的法律制度

1994 年 7 月 5 日公布的《中华人民共和国城市房地产管理法》第三十三条规定"国家实行房地产价格评估制度。"第五十八条规定"国家实行房地产价格评估人员资格认证制度。"这两条规定明确赋予了房地产估价法律地位，使房地产估价成为国家法定制度。

2．建立了房地产估价师执业资格制度

1993 年，借鉴经济发达国家和地区的经验，中国认定了首批 140 名房地产估价师。这是中国最早建立的职业资格制度之一。1994 年，认定了第二批 206 名房地产估价师。从 1995 年开始，房地产评估师执业资格实行全国统一考试制度，2002 年之前原则上每两年举行一次，2002 年之后每年举行一次。

3．获得了从事房地产估价的行政许可资格

行政许可是指行政机关根据公民、法人或者其他组织的申请，经依法审查，准予其从事特定活动的行为。2003 年 8 月 27 日第十届全国人民代表大会常务委员会通过了《中华人民共和国行政许可法》。2004 年 6 月 29 日，国务院对所属各部门的行政审批项目进行了全面清理。行政许可的资格、资质可以说是"行业准入条件"。因此，无论是何种估价目的、何种类型的房地产估价活动，只有注册房地产估价师和房地产估价机构才能够从事。

4．发布了房地产估价的部门规章

为了加强对房地产估价师的管理，1998 年 8 月 20 日，建设部发布了《房地产评估师注册管理办法》；2001 年 8 月 15 日，建设部修改了该办法；在对该办法再次完善的基础上，2006 年 12 月 25 日建设部发布了《注册房地产评估师管理办法》。

为了规范房地产估价机构行为，1997 年 1 月 9 日，建设部颁布了《关于房地产价格评估机构资格等级管理的若干规定》；在对该规定进行完善的基础上，2005 年 10 月 12 日，建设部发布了《房地产估价机构管理办法》；为了进一步规范许可行为，2006 年 12 月 7 日，建设部发出了《关于加强房地产估价机构监管有关问题的通知》。

5．制定了房地产估价的国家标准

为了规范房地产估价行为，1999 年 2 月 12 日建设部同国家质量技术监督局发布了国家标准《房地产估价规范》（GB/T50291—1999）。为了统一和规范房地产估价的术语，2013 年 6 月 26 日发布了《房地产估价基本术语标准》（GB/T50899—2013）。为保证国家土地所有权在经济上的实现、利用经济手段强化土地资产管理以及促进土地使用制度改革，2014 年 7 月 24 日颁发了《城镇土地估价规程》（GB/T18508—2014）。2015 年 4 月 8 日

发布了《房地产估价规范》（GB/T50291—2015），是对1999版估价规范进行了修订和完善，使其更加适应现代房地产估价的需要。

6. 成立了房地产估价行业自律性组织

1994年8月15日，经民政部批准，成立了"中国房地产估价师学会"这一全国性的房地产估价行业自律性组织。2004年7月12日，经建设部同意、民政部批准，更名为"中国房地产估价师与房地产经纪人学会"，成为了全国性的房地产估价和经纪行业自律性组织。

房地产估价行业自律性组织按照"提供服务、反映诉求、规范行为"的要求，坚持"服务会员、服务行业、服务社会"的理念，在宣传行业积极作用、维护行业合法权益、加强行业自律管理、促进行业健康发展等方面发挥了重要作用。

7. 形成了系统完善的房地产估价理论方法体系

房地产估价理论和方法的研究受到高度重视，高等院校、科研院所的一大批高水平研究人员以及房地产估价师和房地产估价机构都积极参与房地产估价理论和方法的研究，借鉴美国、英国、德国、日本等发达国家以及中国台湾和香港地区房地产估价的最新成果，结合中国内地的实际，丰富和发展了中国内地的房地产估价理论和方法，房地产估价的相关理念、观念与国际上的基本一致，形成了既与国际接轨、又适用于中国内地现行房地产制度及市场环境下的房地产估价理论和方法体系。

8. 形成了公平竞争的房地产估价市场

2000年以前，绝大多数房地产估价机构本质上是政府部门的延伸，垄断了房地产估价业务，不利于房地产估价市场的发育。2000年5月29日，国务院要求包括房地产估价机构在内的中介机构必须与挂靠的政府部门及其下属单位在人员、财务、业务、名称等方面彻底脱钩。2000年7月14日，国务院办公厅转发了《关于经济鉴证类社会中介机构与政府部门实行脱钩改制的意见》，要求认真贯彻执行。根据这些要求，建设部大力推进房地产估价机构与政府部门脱钩，打破了行业垄断和地区市场分割的局面，形成了公平竞争的房地产估价市场。2005年出台的《房地产估价机构管理办法》第四条进一步明确规定："房地产估价机构依法从事房地产估价活动，不受行政区域、行业限制。"

9. 深化拓展了房地产估价业务

房地产估价起初主要服务于房地产交易管理，以防止交易当事人不实申报成交价格而偷漏有关税费。随着社会经济发展，为满足社会需要，从估价对象和估价目的两个方面对房地产估价的内容进行了深化，提供越来越精细化的估价服务。

此外，房地产估价以房地产价值评估为中心，提供房地产市场调研、房地产投资项目可行性研究、房地产开发项目策划等相关房地产专业服务，拓宽了服务领域。随着社会经济发展，房地产估价的内容还会越来越深化，服务领域还将越来越广阔，其作用也会越来越大。

10. 积极开展了国际交流与合作

中国房地产估价师与房地产经纪人学会同国际测量师联合会（International Federation

of Surveyors，法文缩写 FIG）、国际估价标准委员会、世界估价组织协会（World Association of Valuation Organizations，WAVO）三个估价相关的国际组织，美国估价学会（Appraisal Institute，AI）、英国皇家特许测量师学会等国外估价组织，以及中国香港测量师学会等地区估价组织，建立了紧密联系，经常往来，合作开展了多项活动。2006 年 10 月 13 日，中国房地产估价师与房地产经纪人学会加入了国际测量师联合会，成为其全权会员。

（二）房地产估价行业的发展趋势

1. 信息化

房地产估价行业是房地产业的重要组成部分，房地产业的发展与国家的经济发展、政策调控密切相关，掌握大量的房地产市场信息以及建立完善的客户信息数据库对房地产估价行业就显得至关重要，也是行业提供高质量服务的前提和保证。目前，一方面，许多房地产估价机构对外联络不广泛，基本处在各自为政的状态中，不仅缺乏情报、信息资源，而且缺乏必要的信息处理手段和电子通信技术；另一方面，房地产估价机构主要靠人工完成情报和信息的收集，缺乏开发利用的深度，导致信息资源浪费，难以发挥行业优势。通过信息化手段可以更快更好地整合各种信息资源，如房地产估价所需的市场比较案例数据库、房地产市场变化数据库、商住小区经济技术指标、土地市场交易情况、城镇基准地价等基础数据库，并通过计算机运算功能更准确地实现价值估算。因此，信息化是房地产估价行业乃至评估机构未来发展的方向。

2. 规范化

房地产估价行业的规范化程度决定着整个房地产市场环境的公平、公正程度，所以房地产估价行业建设的首要问题就是行业的规范化建设问题，发达国家的行业法规及技术规范都很健全，具有规模化和规范化的优势。我国要想和国际接轨，与国际评估机构竞争，就必须引入并采用国际通行评估标准，加强估价立法，规范估价技术，只有明确的法律支持，才能保证房地产估价师独立、客观、公正地开展业务，真正实现其中介服务的职能。同时应重视房地产估价机构从业人员的职业培训，通过培训应进一步加强理论研究，提高估价的科学性，规范行业职业道德，建立接受社会监督的反馈机制，用法制的手段规范房地产估价市场。规范化是房地产估价行业得以健康发展的方向。

3. 市场化

房地产估价是对房地产公开市场价值的评定，因此估价越客观、越接近市场，其行业信誉就越好，估价业务所占有的市场份额也就相应越大。但由于中国房地产市场发展的特殊情况，出现了房地产估价机构或脱胎于某一行政主管部门，或挂靠某一机关的现象，名为公司（企业），实际上则依靠背后的行政权力，使之在市场上处于特许的垄断地位，而且既是管理者又是经营者，因此导致政企不分的局面。这既与市场经济运行机制不相适应，也与中介本身的发展相悖。所以，房地产估价行业发展的关键或首要任务是实行政企分开，按照企业方式进行组建，成为独立法人的经济实体和市场竞争的主体。同时，社会对房地产评估机构及个人的信用判断标准也应发生转变,更加注重评估机构的质量与信誉,竞争更激烈,优胜劣汰更为明显。

4. 国际化

随着经济全球化进程的加快,越来越多的国外资金涌入我国,这对我国的房地产估价行业的发展,无疑是一个良好的市场契机,投资的多样化以及投资主体的多元化使中国的房地产估价行业市场扩大,业务领域拓宽。外资评估机构的进入,也带来了先进的管理模式、经营理念和国际化的服务意识和评估技术;但同时,我国房地产估价行业也将面临国际评估机构的竞争,为了在竞争中立于不败之地,必须缩短与发达国家房地产估价行业间的差距,这就要求中国的评估机构必须在业务类型、估价理念、估价方法以及估价人才方面向国际化发展。

5. 品牌化

目前房地产估价机构在规模上仍以中、小规模为主,绝大部分的业务拓展模式源于"人际关系",而对品牌建设重视不够,大规模、有实力,特别是具有一定影响的大型评估机构凤毛麟角,中介职能表现得并不突出,因此,未来的房地产估价行业应重视品牌建设,以树立品牌为企业的生命线,真正做优、做强,提高企业的核心竞争力。所谓做优,就要以行业、机构和从业人员的建设为中心,做到效益增长、技术进步、管理创新、诚信建设全面推进,追求以"质"为核心的全面发展,为"量"的发展奠定坚实的基础。所谓做强,就是要主动迎接市场的挑战,获取高端市场份额,走专业化道路,在执业能力、抵御风险能力、抵御不良倾向能力和发展后劲方面都要做强,逐步树立品牌形象。

6. 系列化

从国外成功的估价机构的经营管理可以看出,业务范围涉足多个方面,系列化发展趋势越来越明显。估价机构应紧紧抓住房地产估价是房地产业链条的重要一环的优势,扩大业务范围,增强生存和发展能力。一方面,可以利用高素质的房地产估价师承担政府和企业的长期投资顾问;另一方面,可以涉足房地产市场的调查分析、投资评价、项目可行性研究和最优方案选择、开发项目的策划、土地征收、土地开发、投资代理、置业顾问、房地产法律及政策咨询等集估价、咨询、服务三位一体的全方位经营。同时房地产估价机构与相关关联企业可以通过横纵向联合,拓展上下游业务,使合作达到一个新的高度,共同承担系列业务和法律责任。

二、房地产估价行业面临的问题及解决措施

(一)房地产估价行业面临的问题

1. 房地产估价师的个人能力参差不齐

总体来说,房地产估价行业是一个新兴行业,很多人对此了解不多,导致从事该行业

的估价师能力偏低，从而导致在从业过程中产生许多问题。估价师对房地产的估价是银行提供贷款的一个重要依据，但会因个人能力问题出现价格偏差，导致产生不必要的损失。虽然一些老员工工作经验丰富，但理论知识不强，在理论考试和职称考试中出现不合格现象；而刚毕业的大学生虽然有过硬的理论知识，却无法运用到实际中，有纸上谈兵之感，缺乏实践经验。

2．房地产估价行业制度不完善

房地产估价行业是新兴行业，相应的制度规范尚不完善，导致企业内部发展混乱。例如，一些估价机构利用与政府的关系，对某地区房地产行业进行垄断，从而导致不良竞争；或者某些房地产估价机构违法性地对某房地产进行"高估"或者"低估"，使他人承担损失。制度不完善影响房地产估价行业的健康发展。有些房地产估价机构的管理也不够完善，使得员工消极怠工，效率低下。

3．房地产估价过程"走形式"

为了获得更大经济效益，一些房地产估价机构在估价过程中形成标准模式，对所有估价对象都采用统一估价方法，不深入调查，只做表面工作，使房地产估价成为"流水线"作业，导致行业信誉和委托人利益受损。房地产估价过程形式化严重，一些房地产估价机构没有调查记录，更有甚者，有的房地产估价机构没有派出评估人员，只是根据传来的照片或者网络搜索下载的照片拼凑而成，草率做出评估报告，这不仅是对委托人的不尊重，更是对房地产估价行业的不尊重。

（二）房地产估价行业问题的解决措施

1．提高估价师选拔标准，严格挑选估价师

高等院校开设相关评估专业，培养高素质、高能力的评估人才，提高整体行业能力。加强对估价师的淘汰率，让每个估价师都有危机意识，让他们自发提高自己的能力和素养，实行优胜劣汰，净化房产评估行业的环境，提高房地产评估行业的人才优势。还要打破目前估价师工作单一的局面，实行多样化管理，实行轮岗制度，让估价师多接触各个方面的评估业务，在发生突发问题时，机构里每个评估人员都可以独当一面。

2．完善评估体系和方法，准确运用到实际中

我国房地产评估起步较晚，因此，在现行发展阶段，可以借鉴国外一些完善的房地产评估方法和体系，结合中国具体国情，形成我国独有的房地产评估体系。要加强对评估体系和评估方法的创新，用创新思维加强信用建设，让委托人信任房地产估价机构，让银行可以根据估价报告单为企业提供贷款。建立健全房地产估价行业的法律规范，从根本上为估价行业创造一个"公平、公正、公开"的工作环境，只有这样，房地产估价行业才能更加持久、稳定地发展下去。

3. 整合小、中规模机构，使房地产估价行业经营规模化

我国房地产经营机构单一、分散，没有形成规模化市场经营，导致抗风险能力差。为了促进房地产估价行业的发展，各经营机构应该形成规模，利用自己的专长，将行业做大做强。在商品经济发展的今天，人才和信息是企业发展的两大关键因素。因此，估价行业要有效整合市场信息，及时关注政策及经济新闻，掌握最新动态。此外，各个评估人员要和同行业工作人员及时沟通、交流，收集更多的信息，并确保估价信息的真实性和可靠性。

4. 发挥专家委员会的作用，帮助解决行业问题

专家委员会的设定使房地产估价行业更加有章可循，帮助估价员在房地产估价中具有专业性，有一套更加规范的行业标准，专家可以准确判断估价和评定依据及标准，可以及时发现问题，并对问题进行集中分类，合理解决估价问题，促进房地产估价行业健康发展。

本章首先介绍了房地产估价的含义与特点，房地产估价可以简单地理解为估测房地产的价格，但科学、准确的估价含义中应包含主体、客体、目的、原则、程序、方法和时点七大基本要素，同时房地产估价又具有科学性、艺术性、综合性、目的性、咨询性等特点。其次介绍了房地产估价的必要性，房地产估价源于现实中的各种需要，具体表现在房地产的出让、转让、抵押、保险、税收等诸多方面，现实需要的多样性使得房地产估价领域不断扩大。最后对中国房地产估价行业的发展状况、发展趋势及面临的问题进行了论述。

一、单选题

1. 房地产估价是指对房地产的（　　）进行测算和判定的活动。
   A. 成交价格　　B. 质量　　C. 效用　　D. 客观合理的价值
2. 确定房地产估价的法律地位的时间为（　　）。
   A. 1994 年 7 月 5 日　　　　B. 1994 年 8 月 5 日
   C. 1993 年 7 月 5 日　　　　D. 1993 年 8 月 5 日
3. 1993 年，我国人事部、建设部建立了房地产估价师职业资格制度，经严格考核，认定了首批（　　）名房地产估价师。
   A. 120　　B. 140　　C. 130　　D. 200
4. 2015 年 4 月 8 日发布的（　　），是对 1999 版估价规范进行了修订和完善，使其更加适应现代房地产估价的需要。

A. 《城市房地产管理法》
B. 《中华人民共和国土地管理法》
C. 《房地产估价规范》
D. 《中华人民共和国行政许可法》

二、多选题

1. 房地产估价的基本要素主要包括（　　）。
   A. 主体和客体　　　　　　B. 程序、方法
   C. 目的、原则　　　　　　D. 时点
2. 房地产估价的特点是（　　）。
   A. 科学性　　　　　　　　B. 综合性
   C. 艺术性　　　　　　　　D. 多样性
3. 土地使用权出让的方式有（　　）。
   A. 招标　　　　　　　　　B. 挂牌
   C. 拍卖　　　　　　　　　D. 协议
4. 今后中国房地产估价行业的趋势是（　　）。
   A. 信息化、规范化　　　　B. 品牌化、系列化
   C. 市场化、国际化　　　　D. 普遍化

三、判断题

1. 房地产估价是对房地产客观合理的价值的评估。（　　）
2. 所谓房地产估价，是指以房地产为对象，由专业估价人员根据特定的估价目的，遵循公认的估价原则，按照严谨的估价程序，运用科学的估价方法，并在综合分析影响房地产价格因素的基础上，对房地产的特定权益进行估计、推测或判断。（　　）
3. 房地产估价的三种基本方法是成本法、收益法、假设开发法。（　　）
4. 价值时点的确定应先于价值的估价。（　　）

四、简答题

1. 房地产估价的基本要素有哪些？
2. 房地产估价有何特点？
3. 房地产估价有哪些现实的需要？
4. 房地产估价行业的发展状况及发展趋势是什么？

五、名词解释

房地产估价　房地产估价的客体　土地使用权出让

 **推荐阅读资料**

全国房地产估价师执业资格考试用书：中国房地产估价师与房地产经纪人学会．房地产估价理论与方法[M]．北京：中国建筑工业出版社，2015：1-44．

 **网上资源**

1. 中国房地产估价师与房地产经纪人学会： http://www.cirea.org.cn
   http://www.agents.org.cn
2. 百度文库：http://wenku.baidu.com/
3. 中华人民共和国国家统计局：http://www.stats.gov.cn/

第二章 房地产价格的特征与类型

学习目标

通过对本章的学习,应掌握如下内容:
- 房地产价格的含义与形成基础;
- 房地产价格的特征;
- 房地产价格的类型。

导言

房地产估价是对房地产价格的评定与估算,无论何种目的的房地产估价,最后都要以评定的该房地产的价格作为结果。因此,对房地产价格应有全面、深入、正确的认识。本章将就房地产价格的有关问题进行全面论述。

第一节 房地产价格的含义与形成基础

一、房地产价格的含义

所谓房地产价格,是指在开发、建设、经营房地产过程中,所耗费的全部社会必要劳动所形成的价值和相应的土地使用权价格的综合性货币表现。现代社会中,一般认为房地产价格是房地产的经济价值的货币表示,即为获得某房地产所必须付出的代价。通常用货币来表示,惯例上也是用货币形式来偿付,但也可以用实物、劳务等其他形式来偿付。例如,以房地产作价入股换取设备、技术等。

二、房地产价格的形成条件

房地产之所以有价格,同其他任何物品之所以有价格一样,需要同时具备有用性、稀缺性和有效需求。

（一）有用性

有用性是指物品能够满足人们的某种需要，俗话说的"有用"，经济学上称为使用价值或效用。人们的需要是多方面的，如需要食品、衣服和住所等。同时人们对某物品有需要也是有原因的，正如人们购买住宅的目的是为了满足某种特定的需要，房地产如果没有用，不能给人们带来利益的满足，人们就不会产生占有房地产的要求或欲望，更谈不上花钱去购买或租赁它，从而房地产也就不会有价格。

（二）稀缺性

稀缺性是指物品的数量没有多到使每个人都可以随心所欲地得到它，是相对缺乏，而不是绝对缺乏，意味着它是不能自由取用的，而是必须付出代价才能得到的。一种物品仅有使用价值还不能使其有价格。因为如果该种物品的数量丰富，随时随地都能够自由取用，像空气那样，尽管对人们至关重要——没有它我们就无法生存，但是也不会有价格。因此，房地产要有价格，还必须具有稀缺性，而且稀缺性对价格的作用是巨大的，正如俗话所说"物以稀为贵"。

（三）有效需求

有效需求是指对物品有支付能力支持的需要——不但愿意购买，而且有能力购买。只有需要而无支付能力，或者虽然有支付能力但不需要，都不能使购买行为发生，从而不能使价格成为现实。例如，一套100万元的住房，甲家庭需要，可是买不起；乙家庭买得起，但是不需要；丙家庭既需要，也买得起。在这种情况下，只有丙家庭对这套住房有有效需求。因此，分清需要与有效需求是非常重要的。需要不等于有效需求，需要只是一种要求或欲望，有支付能力支持的需要才是有效需求。

三、房地产价格形成的理论基础

关于商品价格形成的理论主要有四种，即劳动价值论、效用决定论、供需决定论、收益决定论。

（一）劳动价值论

马克思劳动价值论的主要观点是：商品是用来交换的劳动产品，只有劳动产品才有价值。劳动创造价值，劳动量决定价值量，劳动量以社会必要劳动时间来度量。决定商品价格的基础是商品价值，即价格是价值的货币表现，而价值是凝结在商品中的无差别的一般人类劳动，商品的价值量是由社会必要劳动时间决定的。商品价格以其价值为中心，随供求关系变化而波动。

按照劳动价值论的观点，由于土地的开发、整理都或多或少凝结了人类劳动，所有建筑物都是人类劳动的产物,这些开发和建造房地产的人类劳动形成了房地产的价格,这与一般商品价格形成的机理一样。而作为自然物的土地不是人类的劳动产品,没有价值,但却具有价格,原因在于土地所有权的存在。所有权关系本身就是经济利益或权利的表现,这种利益首先表现为地租,地租转化为资本的过程,使土地具有了价格。

(二) 效用决定论

效用决定论认为:物品的效用是物品能够满足人的需要的能力,价值则是人对物品满足程度的主观估计。效用是价值的源泉,稀缺性是价值的条件。商品的价格取决于它们的效用,某物品如果没有效用,就不会产生价格。

房地产的效用体现为人们因占有、使用房地产而得到满足的程度。显然,不同的房地产具有不同的效用,如商业房地产、工业房地产、居住房地产,其效用不同,相应的价格会有很大的不同,因此,我们在进行房地产估价时不能不考虑效用对价格的影响。

(三) 供需决定论

一种商品的价值,在其他条件不变的情况下,是由该商品的需求和供给状况决定的。当供过于求时,价格下降;当供不应求时,价格上升;而供求平衡时,则表现为均衡价格。

现代社会中,房地产价格更多的时候是由市场决定的,即供求双方相互竞争并达到动态平衡的结果。尽管价值在房地产价格中起着基础作用,但从现实的价格形成而言,则主要是供求双方力量抗衡的结果。房地产价格由于其土地的特殊性、土地供给的有限性,其价格更多地受需求方的影响。这也可以用来解释中国目前房价居高不下的原因。

(四) 收益决定论

收益决定论认为:商品之所以有价格,是因为它能在较长时间内给所有者带来一定收益,这些收益通过一定方法折算成的现值就是商品的价格。

房地产的未来收益情况也是影响房地产价格的重要因素,这是收益法成立的前提条件之一。在中国,由于土地使用权出让期限的不同,房地产就有了不同的收益期限,由此折现的房地产价格也就不同。

总之,我们在进行房地产估价时,只有以劳动价值论为基础,以效用决定论、供需决定论和收益决定论作为补充,才能准确把握房地产价格的复杂性,才能评估出房地产的合理价格。

房地产估价中,有三种基本的估价方法,即比较法、收益法和成本法。显然,比较法反映了房地产的市场供需状况,是供需决定论在房地产估价中的反映;收益法以效用决定论和收益决定论为依据,从房地产的效用及未来带给权利人的收益的角度来分析房地产的市场价格;成本法是以劳动价值论为依据,从房地产这种特殊商品生产过程中所耗费的成本角度来分析房地产的市场价格。

第二节 房地产价格的特征

房地产价格与一般物品的价格，既有共同之处，又有不同之处。共同之处是：（1）都是价格，用货币来表示。（2）都有波动，受供求因素的影响。（3）都是按质论价：优质高价，劣质低价。房地产价格与一般物品价格的不同之处，表现在房地产价格形成的独特性质。如前所述，房地产包括土地和建筑物，故首先介绍地价与一般物品价格的不同，然后再介绍房地产价格的特征。

一、地价与一般物品价格的不同

地价与一般物品价格的不同主要表现在以下六个方面。

（一）生产成本不同

一般物品是劳动的产物，而土地本质上不是劳动创造的，是大自然的恩赐，因此，一般物品的价格必然含有生产成本因素，而地价不一定含有生产成本因素。例如，一块自然环境良好、交通方便的未开发土地，价格或许很高，但在此之前可能并未投入劳动。所以地价本质上不是"劳动价值"的货币表现，而是地租的资本化。

（二）折旧情况不同

一般物品的寿命有限，其价值通常随着时间的流逝而降低，因此有折旧。而土地由于具有不可毁灭性，其价格通常随着时间的流逝而上升，所以不仅无折旧，而且会自然增值，其价格常随社会经济发展而自然升高。但是，由于中国土地市场中转移的是土地使用权，随着使用者可使用年期的减少和初始土地使用权价格的摊销，其土地使用权价格也会减低。

（三）价格差异不同

一般物品，如电视机、汽车，人们可以大量制造，并且同一品牌、同一型号的汽车在价格上基本一致。土地由于具有独一无二的特性，所以基本上是一宗土地一个价格，而且不同土地之间的价格差异较大，有的寸土寸金，如大城市商业中心的土地；有的可能价值很低，如偏远的荒漠土地。

（四）市场性质不同

一般物品的市场为较完全市场，形成的价格较客观；而土地市场为典型的不完全市场，地价的形成受主观因素的影响较大。马克思曾说过："必须牢牢记住，那些本身没有任何价值，即不是劳动产品的东西（如土地），或者至少不能由劳动再生产的东西（如古董、某些名家的艺术品等）的价格，可以由一系列非常偶然的情况来决定。"

（五）形成时间不同

一般物品由于相同点很多，相互之间容易比较，所以价格形成的时间通常较短。土地由于具有独一无二的特性，相互之间难以比较，价格是在过去至将来的长期影响下形成的，估价时必须根据宗地自身的特点和市场状况，进行具体分析。

（六）供求变化不同

地价与一般物品的价格虽然都受供求变化的影响，但因土地的数量难以增减且不可移动，所以其供给弹性较小。因此，地价多受需求的影响，并且对土地的需求是一种"引致"需求，即由对土地上的产品和服务的需求而引起的需求。从全社会的角度来看，土地的自然供给是完全无弹性的，不会随着地价的变化而增减。

二、房地产价格的特征

房地产价格的特征主要有以下几个方面。

（一）权益价格具有重要性

房地产具有不可移动性，在交易中可以转移的不是其实物，而是其所有权、使用权或其他权益。实物状况相同的房地产，权益状况可能不同，造成房地产价格的差异。同时转移的权益不同，其价格也不同，因此，从这种意义上讲，房地产价格是房地产权益的价格。在房地产估价中必须重视对房地产权益的调查和分析。

（二）房地产价格具有区位性

由于土地位置的固定性，房地产在交易时不能发生地理位置的移动，因而其价格呈现出明显的区位性特征，既表现为不同城市之间的地区性差异，也表现为同一城市不同地段的地段性差异。一般来讲，同质房屋，其价格大城市高于中小城市，沿海城市高于内地城市，市场经济发达的城市高于发展中城市；在同一城市市区范围内，同质房屋的价格，城市中心区地段高于一般市区地段和郊区地段，街角地和临街地（商业房地产用地）高于附近非街角地和非临街的土地等。

（三）房地产价格具有个别性

房地产价格的区位性决定了房地产价格的个别性。一方面，没有完全相同的房地产，除了地理位置绝对不可能相同外，在建造条件、建造标准、设施配套等方面也往往千差万别，价格自然会有不同；另一方面，房地产不同于其他一般商品，不易具备交易市场上的行情，易受交易主体之间个别因素（如偏好、讨价还价能力、感情冲动等）的影响。不同的交易主体，就会产生不同的房地产价格。

（四）房地产价格具有双重性

房地产价格的双重性来源于房地产的二元性，其中一部分来源于建造和开发房地产所形成的价格，另一部分则来源于土地使用权（或所有权）价格。这样，房地产价格就具备了其他普通商品价格所不具备的二元性特征，增加了房地产价格确定的复杂性，也使得房地产估价成为必然。

（五）房地产价格具有高位性

房地产价格的高位性，一方面表现为单位面积价格高，另一方面表现为单套总价高。尤其是随着现代城市建设和经济的发展，房地产规模越来越大，一幢建筑物可能几十层甚至上百层，加上建筑的豪华程度也越来越高，使得房地产价值达到上千万元、上亿元，甚至数十亿元，价值之高可见一斑。

（六）房地产价格具有关联性

房地产市场是社会主义市场体系的一个极其重要的组成部分，产业关联度极强，它具有对全社会的影响力。房地产价格水平的高低，不仅会直接影响到人民实际生活水平，而且还将影响其他行业的生产经营状况、市场物价体系、政府税收和其他财政收入等各个方面，可谓"牵一发而动全身"。

（七）房地产价格具有敏感性

房地产是人类最必需的生活资料和消费资料，人类通过对房地产的消费，才能实现生命的各种机能，才能促进社会文明的进步和发展。同时，房地产也是最重要的生产资料，人类的生存需要利用房地产生产其他生产资料和生活资料，人类自身的再生产也同样依赖房地产。因此，房地产价格的变化，不仅影响到各方面的生产建设，而且还影响广大人民的生活。房地产价格关系到国计民生，是一种敏感度极高的价格。

（八）房地产价格具有上升性

随着人口的增加、经济与社会的发展和人民生活水平的提高，房地产价格在总体上呈现不断上升的趋势。当然，这种上升是呈"螺旋形"的，也就是说，房地产价格的上升总体上不是直线性的，而是有"波动"的。现代社会经济生活中，虽然其他商品的价格大多也在上涨，但一般而言，房地产价格的趋升性更强。

第三节 房地产价格的类型

实践中，房地产的存在形态、交易方式具有多样性，导致了多种类型的房地产价格。不同类型的房地产价格，其性质和作用不尽相同，遵循的估价原则和采用的估价方法也就不同。因此，在进行房地产估价之前，必须弄清楚房地产价格的类型及每一种房地产价格的确切含义，这样，在估价实践中，才能正确把握和理解待估价房地产价格的内涵，进而运用不同的估价原则和估价方法进行房地产估价。

一、市场价格、评估价格

当从现实、评估的角度划分房地产价格类型时，可将其划分为市场价格与评估价格。

（一）市场价格

房地产的市场价格又称房地产市场价或市价，是指某种房地产在市场上的平均交易价格。由于房地产的独一无二特性，没有相同房地产的大量成交价格，所以房地产的市场价格应以一些类似房地产的成交价格为基础进行测算，但不能对这些成交价格直接采用平均的方法进行计算，而是在平均之前要剔除偶然的和不正常的因素造成的价格偏差，并消除房地产之间的状况不同造成的价格差异。

（二）评估价格

评估价格简称评估价，是估价人员通过房地产估价活动得出的估价对象的价值或价格。它实质上是对估价对象价值或价格的一个估计值。估价人员在评估某一具体房地产的价格时，往往需要参考、利用大量的市场交易资料。一般来说，具有丰富经验和娴熟技巧的估价人员所评估出的价格往往接近于市场价格。所以评估价格纵然不是已发生的价格，但它可以作为市场价格的重要参考依据。

二、土地价格、建筑物价格、房地价格

房地产实体可以以三种状态存在，即土地、建筑物和整体房地产。当从房地产的存在状态划分价格类型时，可将其划分为土地价格、建筑物价格与房地价格三种类型。

（一）土地价格

土地价格简称地价，如果是一块空地，是指该块土地的价格；如果是一块有建筑物的土地，则是指其中土地部分的价格，不包含该土地上的建筑物的价格。

根据开发程度的差异，又可以将现有土地细分为生地、毛地和熟地，相应的有生地价格、毛地价格和熟地价格。生地价格是指已完成土地使用批准手续而未进行或部分进行基础设施配套开发和土地平整的正常市场条件下一定年期的土地使用权价格；毛地价格是指已完成基础设施配套开发而未进行宗地内拆迁平整的正常市场条件下一定期限的土地使用权价格；熟地价格是指完成了土地开发等基础设施建设，具备建设条件的正常市场条件下一定期限的土地使用权价格。

（二）建筑物价格

建筑物价格仅指建筑物自身的价格，不包含该建筑物占用范围内的土地价格。对建筑物价格是否包含建筑物内动产（如办公设备、家具、照明、暖气、空调等）的价格，需要进行仔细分析与说明。建筑物价格一般不包括建筑物内动产的价格，若建筑物价格包含建筑物内的动产的价格，一定要在估价报告的价格定义中详细说明。

（三）房地价格

房地价格也称房地混合价，是指土地与建筑物综合体的价格，或建筑物及其占用范围内的土地的价格，或土地及附着于该土地上的建筑物的价格，该价格往往等同于人们平常所说的房价。

三、房地产所有权价格、土地使用权价格、租赁价格和抵押价格

房地产的产权内涵丰富，多数情况下表现为一组权利的集合，即由多种权利（如所有权、使用权、租赁权、抵押权、典权、地役权、地上权等）组成的权利束。每一项权利都可以从权利束中分离出来并转让给他人，由此形成一项单独权利，具有相应的价格，其中所有权价格、使用权价格、租赁价格和抵押价格是房地产估价实践中最常遇到的产权价格类型。

（一）房地产所有权价格

房地产所有权价格是指房屋所有权价格、土地所有权价格，或者房屋和土地所有权价格。所有权是物权中最重要、最完整的一项权利，是房地产所有权人在法律规定的范围内，对房地产行使的占有、使用、收益、处分并排除他人干涉的权利，其他权利（如租赁权、抵押权等）是由所有权派生出来的，当所有权上设定其他权利时，其价格将会有所降低。

（二）土地使用权价格

使用权是由所有权派生出来的一种权利，其发生、变更和消灭是受所有权支配的，不过使用权的分离是对所有权的一种削弱，因为使用权一旦分离出去，就具有相对独立性。在中国，城市土地所有权属于国家，不能直接进入市场流转，进入市场流通的只是土地使用权。鉴于这种特殊的土地产权制度，就价格评估而言，地价一般是指土地使用权价格。

（三）租赁价格

租赁价格即租金，是指房地产在保持所有权不转移的前提下，对房地产的使用价值分期出售的价格。具体是指房地产权利人将其拥有的合法房地产出租给承租人，由承租人定期向房地产权利人所交纳的款项。实践中，单纯出租土地时形成的租金称为地租，房地整体出租时形成的租金称为房租。

（四）抵押价格

抵押价格是指为房地产抵押而评估的房地产价格。房地产权利人在法律许可的范围内，可将房地产权利作为还债的担保，抵押给债权人，房地产权利人也因此成为债务人。当债务人到期不能或不履行债务时，享有抵押权的债权人有权就拍卖抵押房地产所得优先受偿。一般而言，抵押权人为了保证自身利益的安全性，要求房地产的抵押价格要低于它的实际价值。

四、基准地价、标定地价和房屋重置价格

基准地价、标定地价和房屋重置价格是《城市房地产管理法》规定应当定期确定并公布的几种价格。这三种价格不是针对具体的估价对象而言的，而是针对某一类型房地产所评估的均价，本质上属于政府部门日常专业业务管理的范畴。

（一）基准地价

基准地价是指在城镇规划区范围内，对现状利用条件下不同级别或不同均质地域的土地，按照商业、居住、工业等用途，分别评估确定的某一估价期日上法定最高年限的土地使用权平均价格，反映了城镇土地利用所产生的实际经济效果，标明了土地经济价值运动的基准线。

（二）标定地价

标定地价是市政府根据管理需要，评估的某一宗地在正常土地市场条件下于某一估价期日的土地使用权价格。它是该类土地在该区域的标准指导价格。

（三）房屋重置价格

房屋重置价格是指采用价值时点的建筑材料和建筑技术，按价值时点的价格水平，重新建造与估价对象具有同等功能效用的新的房屋的正常价格。房屋重置价格对于成本法估价方法具有重要意义，关于它的详细内容，参见第七章成本法中的有关内容。

五、拍卖价格、挂牌价格、招标价格、协议价格

目前，城镇国有土地使用权出让方式分为拍卖、挂牌、招标以及协议四种方式，与此相对应，土地出让价格也就形成了如下四种价格类型。

（一）拍卖价格

由拍卖方式所形成的土地价格称为拍卖价格。采用拍卖方式出让国有土地使用权，是指在指定时间、公开场合，在拍卖主持人的主持下，首先由主持人叫出底价，此后竞价者轮番应价，最终由出价最高者取得所拍卖土地的使用权。拍卖出让方式充分引进竞争机制，

可最大化土地价值，适用于竞争性和营利性房地产用地的出让。

（二）挂牌价格

土地出让方式中，挂牌出让成为一种应用最多的土地出让方式。挂牌出让方式是指土地出让人发布土地挂牌公告，载明挂牌条件，竞买人据此填写报价单报价，出让人在挂牌截止时间（不少于 10 个工作日）确定竞买人，据此而确定的价格称为挂牌价格。

挂牌优于拍卖之处主要有如下两点。

（1）挂牌方式可谓是一种既经济又有效的土地出让方式，尤其是对一些投资巨大而又竞争性较弱的经营性用地的出让，相比于其他出让方式，挂牌出让的这种优越性更加明显。

（2）由于挂牌方式有一个合理的交易期限，因此，该方式可以避免拍卖会上一些不理智行为，使竞买人可以通过充分的理性判断来进行报价决策，从而可以有效防止地价被过分炒高的现象。

（三）招标价格

采用招标方式出让国有土地使用权，是指在指定的期限内，由符合规定条件的单位或个人，以书面形式竞买某块土地的使用权，土地出让方代表（土地招标小组）最终择优选择土地受让者，由此而形成的价格称为招标价格。这种出让方式，土地使用权的获得者不一定是出价最高者。因为确定中标者时，不仅要考虑报价，还要考虑开发建设方案、企业资信等其他条件，在综合考察的基础上确定中标者，因此中标价格可能会低于拍卖价格。

（四）协议价格

采用协议方式出让国有土地使用权，一般是政府与某特定的用地者协商确定出让价格，此即协议价格。这种方式受行政干预较多，是一种优惠性价格，因此一般适用于市政工程、公益事业、福利设施、基础设施及政府需要扶持的高科技项目的用地出让。通常协议价格最低，拍卖（挂牌）价格最高，招标价格居中。

六、起价、均价、标价

在商品房销售中，对于即将开盘的楼盘，开发商除了在价格表上标注标价外，往往还要给出楼盘的起价、均价，给价格敏感的消费者以高价或低价的感受，最大限度地实现销售目的。因此，这是一组与商品房销售相关联的房地产价格类型。

（一）起价

起价是指销售新建商品房的最低价，这个价格通常是最差位置的楼幢和最差的楼层、朝向、户型的商品房价格，有时甚至连这种价格的商品房都不存在，仅是为了起到广告作用，为吸引人们对所销售商品房的关注而虚设的价格。因此，起价通常不能反映所售商品房的真实价格水平。

（二）均价

均价是指销售新建商品房的平均价格，反映所售楼盘在所在区域的总体价位水平。

（三）标价

标价又称卖方报价、挂牌价、表格价，是新建商品房出售者在其价格表上标注的不同楼层、朝向、户型的商品房出售价格，即卖方要价。一般情况下，买卖双方会围绕着这个价格讨价还价，最后商品房销售者会做出某种让步，使实际交易的价格低于标价。

七、总价格、单位价格、楼面地价

这也是一组与商品房销售密切相关的价格，与面积有关。

（一）总价格

总价格是指某一宗或某一区域范围内的房地产整体的价格，可以是一宗建筑物的建筑物总价格，也可以是建筑物与土地合一的房地产整体价格。房地产的总价格一般不能完全反映房地产价格水平的高低。

（二）单位价格

单位价格简称单价，其中，土地单价是指单位土地面积的土地价格；建筑物单价通常是指单位建筑面积上的建筑物价格；房地单价通常是指单位建筑物面积的房地价格。房地产的单位价格一般可以反映房地产价格水平的高低。

（三）楼面地价

楼面地价又称为单位建筑面积地价，是一定地块内分摊到单位建筑面积上的土地价格。因为楼面地价=土地总价格÷建筑总面积，而容积率=建筑总面积÷土地总面积，所以楼面地价=土地单价÷容积率。楼面地价在实际工作中有重要意义，往往比土地单价更能反映土地价格水平的高低，因为土地的单价是针对土地而言的，而楼面地价实质上就是单位建筑面积上的土地成本。如甲、乙两块宗地，甲宗地的单价是 4 000 元/m^2，乙宗地的单价是 4 500 元/m^2，甲宗地的容积率为 2，乙宗地的容积率为 3，除此之外的其他条件都相同，从土地单价上来看，甲地比乙地便宜；但由于甲、乙两块宗地的楼面地价分别是 2 000 元/m^2 和 1 500 元/m^2，甲宗地反而比乙宗地贵（每平方米建筑面积贵 500 元），那么，理智的买者会购买乙宗地而不会购买甲宗地。

本章小结

房地产价格是在房地产开发、建设、经营过程中，所耗费的全部社会必要劳动所形成的价值和相应的土地使用权价格的综合性货币表现。它的形成需要具备有用性、稀缺性和有效需求三个条件，它形成的理论基础有劳动价值论、效用决定论、供需决定论、收益决定论。地价与一般商品价格相比，主要在生产成本、折旧情况、价格差异、市场性质、形成时间、供求变化六个方面存在差异；而房地产价格具有区位性、个别性、双重性等特点，同时权益价格具有重要性。在估价实践中，存在多种类型的房地产价格，不同类型的房地产价格，其性质和作用不尽相同，遵循的估价原则和采用的估价方法也就不同，因此，本章重点介绍了房地产价格的类型及每一种房地产价格的确切含义，这样有助于正确把握和理解待估房地产价格的内涵，为运用不同的估价原则和估价方法进行估价奠定基础。

综合练习

一、单选题

1. 房地产价格与一般物品的价格既有共同之处，又有不同的地方。以下（　　）为相同之处。
    A. 形成时间　　B. 具有波动性　　C. 生产成本　　D. 市场性质
2. 房地产是指土地、建筑物及（　　）。
    A. 构筑物　　B. 房屋　　C. 其他建筑物　　D. 其他地上定着物
3. 某宗土地的规划容积率为3，可兴建6 000m² 的商住楼，经评估总地价为180万元，该宗土地的单价为（　　）元/m²。
    A. 100　　B. 300　　C. 600　　D. 900
4. 甲、乙、丙三宗土地的单价分别为960元/m²、860元/m²、800元/m²，建筑容积率分别为5.5、5、4.5，若三宗土地的其他条件相同，明智的购买者会选择（　　）。
    A. 甲土地　　　　　　　　B. 乙土地
    C. 丙土地　　　　　　　　D. 甲、乙、丙三宗土地任选其一

二、多选题

1. 房地产价格的形成条件有哪些？（　　）
    A. 有用性　　B. 有效需求　　C. 稀缺性　　D. 社会性
2. 房地产价格形成的理论基础有哪些？（　　）
    A. 劳动价值论　　　　　　B. 效用决定论
    C. 供需决定论　　　　　　D. 收益决定论
3. 楼面地价应是（　　）二者之比值。
    A. 建筑容积率与土地单价　　B. 土地单价与建筑覆盖率
    C. 土地单价与建筑容积率　　D. 土地总价与总建筑面积

4．地价与一般物品价格的不同主要表现在下列哪几个方面？（　　）
　　A．生产成本不同　　　　　　B．市场性质不同
　　C．折旧情况不同　　　　　　D．供求变化不同
5．房地产价格具有以下哪些特点？（　　）
　　A．区位性　　B．个别性　　C．双重性　　D．高位性

三、判断题

1．房地产是没有价格的。（　　）
2．房地产由于不可移动，在交易中可以转移的不是其实物，而是其所有权、使用权或其他权益。（　　）
3．不同类型的房地产价格，其性质和作用不尽相同，但遵循的估价原则和采用的估价方法是相同的。（　　）
4．同一房地产用不同的评估方法进行评估，得到的评估价格是相同的。（　　）

四、简答题

1．什么是房地产价格？它具有哪些基本特征？
2．房地产价格形成的条件及理论基础有哪些？
3．房地产价格的主要类型有哪些？各自的含义是什么？

五、名词解释

房地产价格　租赁价格　抵押价格　市场价格　评估价格　楼面地价

推荐阅读资料

全国房地产评估师执业资格考试用书：中国房地产评估师与房地产经纪人学会．房地产估价理论与方法[M]．北京：中国建筑工业出版社，2015：81-117．

@网上资源

1．中国房地产估价师网：http://www.cirea.org.cn
2．中国房地产信息网：http://www.realestate.cei.gov.cn
3．环球职业教育在线：http://www.edu24ol.com 中关于房地产估价师执业资格考试的网络远程培训。
4．易居研究院：http://www.yiju.org/

第三章 房地产价格的影响因素

学习目标

通过对本章的学习,应掌握如下内容:
- 房地产价格影响因素的作用特点;
- 影响房地产价格的自身因素及外部因素。

导言

房地产价格水平是众多影响房地产价格的因素相互作用的结果,或者说,是这些因素交互影响而形成的。因此,要做好房地产估价,估价人员必须熟练掌握各种影响房地产价格的因素,了解这些因素是如何以及在何种程度上影响房地产价格的。由于影响房地产价格的因素极其复杂且难以把握,这无疑增加了房地产估价的难度。因此,本章对影响房地产价格的各类因素进行介绍,以期对房地产估价有较大的帮助。

第一节 房地产价格的影响因素概述

房地产的价格受诸多因素的影响,而这些因素往往又是密切相关的,因此必须从总体上把握这些因素对房地产价格影响的特点。

一、房地产价格影响因素

要把握影响房地产价格的因素,首先在观念上应具备下列几点认识。

(一)影响方向不同

不同的影响因素引起房地产价格变动的方向是不尽相同的。有的因素会导致房地产价格上涨,如城市化进程的加快可造成房地产价格上升;有的因素会导致房地产价格下降,如环境污染可能造成区域性房地产价格下降。对于不同类型的房地产,同一因素所引起的房地产价格的变动方向也可能是不同的。例如,某一地带有铁路,该地带如果是居住区,

铁路可能是其贬值因素；而该地带如果是仓储或工业区，则铁路可能是其增值因素。明确这一点，有助于估价时把握对房地产价值测算结果的调整方向，即面对某一影响因素时，对房地产价值测算结果是应向上调整还是应向下调整。

当然，各种影响因素对同一类型房地产价格的影响方向不是一成不变的。随着时间的推移，人们对房地产的消费偏好可能会发生某些变化，从而那些提高房地产价格的因素也许会变为降低房地产价格的因素；相反，那些降低房地产价格的因素也许会变为提高房地产价格的因素。

（二）影响程度不同

各种影响房地产价格的因素影响房地产价格变动的程度是不尽相同的。有的因素对房地产价格的影响较大，即随着这种因素的变化所引起的房地产价格的升降幅度较大；有的因素则影响较小。以住宅的朝向和楼层为例，通常情况下，朝向对价格的影响比楼层对价格的影响大。但是对于不同类型的房地产，那些影响较大的因素也许会变为影响较小的因素，甚至没有影响；相反，那些影响较小的因素可能成为主要的影响因素。例如，商场与住宅相反，其楼层对价格的影响比朝向对价格的影响大。明确这一点，有助于估价时合理确定各种影响因素的权重及对房地产价值测算结果的调整幅度。

同样，各种影响因素对同一类型房地产价格的影响程度也不是一成不变的。随着时间的推移，那些对房地产价格有较大影响的因素也许会变为有较小影响的因素；相反，那些对房地产价格有较小影响的因素也许会变为有较大影响的因素。

（三）影响关系不同

不同影响因素的变化与房地产价格变动之间的关系是不尽相同的。有的因素随着其变化会一直提高或一直降低房地产价格，如图 3-1（a）所示；有的因素在一定范围内随着其变化会提高房地产价格，但超过这一范围随着其变化会降低房地产价格，如图 3-1（b）所示；有的因素从某一角度看会提高房地产价格，但从另一角度看就可能会降低房地产价格，至于它对房地产价格的最终影响如何，是由这两方面的合力决定的，如图 3-1（c）所示。例如，修筑一条道路穿过某个居住区，一方面，由于改善了其内外交通，方便了居民出行，会提高该居住区住宅的价格；另一方面，由于带来了噪声、汽车尾气污染和行人行走的不安全，又会降低该居住区住宅的价格。至于它最终是提高还是降低该居住区住宅的价格，要看受影响住宅距离该道路的远近以及该道路的性质等情况。其中，紧临道路的住宅较里面的住宅受到的负面影响要大，除非有了该道路之后适宜改变为商业用途。但是如果该道路是一条过境公路，如高架路或全封闭的高速公路，则对住宅来说只有负面影响，没有正面作用。

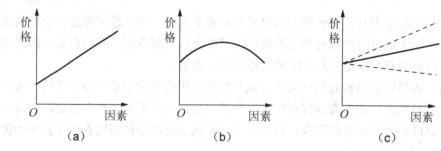

图 3-1 不同影响因素与价格之间的影响关系

（四）影响形式不同

有些影响因素对房地产价格的影响可以用数学公式或数学模型来量化。例如，土地使用期限对房地产价格的影响可以采用公式计算，楼层、朝向对房地产价格的影响可以通过对大量不同楼层、朝向的房地产成交价格、租金的调查统计得出。但许多因素对房地产价格的影响难以用数学公式或者数学模型来量化，它们对房地产价格的影响主要依靠房地产评估师的估价理论知识、实践经验以及对当地房地产市场的深入调查了解作出判断。所以，房地产估价必须依靠科学的估价理论和方法，但又不是简单地套用某些计算公式就能解决的，估价需要定性分析与定量分析相结合。

（五）影响速度不同

在与时间有关的因素中，引起房地产价格变动的速度有可能是不相同的。有的因素引起房地产价格变动的速度快，有的则慢，甚至要经过一段较长的时间才会表现出来。例如，增加或减少房地产开发用地的供应量，放松或紧缩房地产开发贷款和购房贷款，放宽或限制购房对象，提高或降低房地产交易税费等房地产市场调控的政策措施，对房地产价格的影响通常需要一个过程。

需要注意的是，同一影响因素在不同地区对房地产价格的影响可能不同。不同地区的人们对房地产的偏好可能不同，某个因素在某个地区可能被人们看重，而在另一个地区则未必如此。例如，中国北方地区比南方地区更看重住房的朝向，而南方地区比北方地区更看重"风水"。

另外，同一影响因素在不同水平上的变化对房地产价格的影响也可能不同。人们在消费上普遍存在"边际效用递减"现象。例如，当绿化率较低时，提高绿化率对房地产价格的影响较大；而当绿化率已达到较高水平时，再提高绿化率对房地产价格影响就较小。

二、房地产价格影响因素的分类

房地产价格影响因素众多而复杂，需要进行分类。一种分类是先分为房地产自身因素和房地产外部因素两大类，然后再分别进行细分。其中，房地产自身因素可再分为区位因素、实物因素和权益因素；房地产外部因素可再分为人口因素、制度政策因素、经济因素、社会因素、国际因素、心理因素和其他因素。此外，这些因素还可进一步细分。

对房地产价格影响因素的另一种分类，是按影响因素的作用范围分为一般因素、区域因素和个别因素三个层次。一般因素是指对广大范围的房地产价格水平都有影响的因素，如经济发展状况、货币政策、物价、利率、汇率等。区域因素是指对估价对象周围一定区域范围内的房地产价格水平有所影响的因素，如所在地区的城市规划调整、环境状况、基础设施完备程度等。个别因素是指对估价对象房地产价格水平有所影响的估价对象自身状况因素，如位置、规模、土地形状、地势、建筑结构、建筑物新旧程度等。需要指出的是，一般因素、区域因素和个别因素的界限并不是固定的，随着估价对象范围的扩大，某些区域因素也许会变为个别因素。

依据《房地产估价规范》（GB/T50291—2015），当前房地产估价活动中大多采用第一种分类方法。但在进行土地估价时，以《城镇土地估价规程》（GB/T18508—2014）为依据，仍采用第二种分类方法。下面主要根据上述第一种分类，对各种因素对房地产价格的影响进行定性分析。需要说明的是，许多影响因素之间不是完全独立的，甚至存在着交叉或包含关系，但在分析某一因素对房地产价格的影响时，是假设其他因素不变的，尽管它们在现实中不可能不变。

第二节 房地产自身因素

房地产自身状况的好坏，直接关系到其价格的高低，是不同的房地产之间价值高低差异的基本原因。所谓房地产自身因素，是指构成房地产区位、实物和权益状况的因素。因此，房地产自身因素可分为房地产区位因素、房地产实物因素和房地产权益因素三类。

一、房地产区位因素

各种生产、生活活动都需要房地产，并对其区位有一定要求。房地产区位的优劣直接关系到房地产所有者或使用者的经济收益、生活便利程度或社会影响。因此，房地产的区位不同，价格会有很大的差异。例如，是坐落在城市还是乡村，是位于城市中心还是边缘地带，是临街还是不临街，价格差异很大，尤其是城市土地价格的高低几乎为区位因素所左右。

区位因素是房地产市场的直接影响因素，在房地产价格评估中，区位因素的分析和把握是估价的关键。影响房地产价格的区位因素主要包括位置、商服业繁华程度、交通状况、基本设施的完备程度、区域环境条件等。

（一）位置

1. 方位

分析一宗房地产的方位，首先是看该房地产在某个较大区域（如城市）中的位置。例如，由于风向、水流等原因，该房地产是位于城市的上风、上游地区，还是下风、下游地区。其次，是看该房地产在某个较小区域的位置。例如，位于十字路口处的房地产是位于十字路口的哪个角。中国由于处在北半球的地理位置，对位于十字路口拐角处的房地产来讲，其位置优劣及价格高低依次为西北角、东北角、西南角、东南角。类似的还有位于街道、水流或山坡某侧的房地产，位于不同侧的价格会有所不同。

2. 朝向

朝向是决定室内采光、通风、温度的主要因素，是影响人们对居住环境判断好坏及是否适应的重要因素，是决定房屋的使用效益以及价格的重要因素。在中国南向是阳光最充足的方位，一般认为"南向为上，东向次之，西向又次之，北向不良"，因此，住宅最好是坐北朝南。在实际估价中，对住宅的朝向应尽量细化后再予以分析。

3. 楼层

建筑物楼层的高低对其价格的影响随着建筑形式的不同而不同。对住宅来说，多层住宅与高层住宅表现出不同的特点。多层住宅三、四层价格最高（俗称"金三银四"），二、五层次之，一、六层最低；而高层住宅由于有电梯设备，楼层对房屋的使用影响并不大，一般来说，楼层越高，景观效果越好，价格也越高。

4. 临街状况

临街状况对房地产价格的影响程度随着房地产类型的不同而不同。相比其他类型的房地产，商业房地产对土地的临街状况更加敏感。例如，街角地处于两条街道交界处，至少两面临街，对于建于此处的商业房地产来说，最能充分发挥其效用，因而该商业房地产价格较高；其他类型的临街地，如双面临街地、一面临街地、袋地等，其商用价值依次降低。

5. 与相关场所的距离

距离是衡量房地产区位优劣最常见、最简单的标准。由于生活的需要，人们通常希望居住地与工作地近些，同时还要便于购物、子女上学、就医、健身等。办公、商业、工业、农业等活动都有相应的要求，因此，一宗房地产与其相关的主要场所，如市中心、汽车客运站、火车站、机场、学校、医院等的距离对其价格有较大的影响。一般来说，距离较近的房地产价值较高。

（二）商服业繁华程度

所谓繁华，在外观上表现为生活中的人们交往活跃、交流频繁，是城市中某些职能的积聚对人们产生巨大引力的结果。某一地区人们的交往越活跃、交流越频繁，就表示该地区越繁华。通常，以商业服务业设施的积聚程度表示繁华程度，即商服业繁华程度。之所以如此，是因为商业服务业设施积聚在一起，能够带来丰富的商品种类、齐全的服务项目，这样对消费者来说，就具广大的选择余地，从而形成巨大的吸引力，带来巨大的客流量。而顾客多又意味着收益多、利润高。商业服务业的规模等级越高，房地产的使用效益越高，价格相应越高。

（三）交通状况

交通状况可用交通通达程度来衡量。通达程度把通行距离和时间作为一个整体，既要求通行距离短，以节省运费，又要求交通顺畅，以减少出行时间。交通状况的优劣将直接影响一个区域人流、物流的通达程度及其交通运输成本，明显影响人们的出行方便度，进而影响房地产价格水平。反映通达程度的因素主要包括道路功能、道路宽度、道路网密度、公交便捷度和对外交通的便利程度。

（四）基本设施的完备程度

基本设施主要是指基础设施和公用设施。基础设施包括交通、供电、供热、供气、给排水、通信、环保、抗灾等，是城市发展不可缺少的物质条件，其配套程度和质量高低直接影响到生产、生活；公用设施包括医疗、教育、娱乐、银行、邮政、商业服务网点等，与居民日常生活和工作有密切关系。基本设施的优劣将影响城市功能的发挥，影响人们工作、学习和生活的方便程度，影响到房地产价格。

（五）区域环境条件

随着社会进步和人民生活水平的日益提高，环境状况越来越成为影响人民生活、生产和经济活动的重要因素，因此也成为影响房地产价格的重要因素。影响房地产价格的区域环境因素是指对房地产价格有影响的房地产周围的物理性因素和人文状况因素，主要有大气环境、水文环境、声觉环境、视觉环境和人文环境。

1．大气环境

大气即空气，是人类赖以生存、片刻也不得缺少的物质，空气质量的好坏关系人体的健康。因此，房地产所处地区在是否有难闻的气味、有毒有害物质和粉尘等，对房地产价格有很大影响。公共厕所、垃圾站、化工厂、钢铁厂、木浆厂等对空气可能造成污染，凡是接近这些地方的房地产价格通常较低。

2．水文环境

地下水、沟渠、江河湖泊等的污染程度对其附近房地产的价格也有很大的影响。

3．声觉环境

交通运输工具（如汽车、火车、飞机）、社会人群活动（如农贸市场、中小学、游乐场、展览馆）、工厂等，都可能产生噪声，会干扰人们的休息、工作和学习。对住宅、办公、旅馆、学校、科研等的房地产来说，噪声大的地方，房地产价格较低；噪声小、安静的地方，房地产价格通常较高。

4．视觉环境

房地产周围安放的东西是否杂乱以及清洁卫生状况，如电线杆、广告牌、标识牌、垃圾箱等的竖立状态和设计是否美观，建筑物相互之间是否协调，公园、绿化等形成的景观是否赏心悦目，都会对房地产价格产生影响。

5．人文环境

人文环境包括该房地产所在地区的声誉、居民特征、治安状况、相邻房地产的利用状况等。声誉好、居民素质高、生命财产较安全的地区的房地产价格必然高于其他地区的房地产价格。

上述区位因素中，对于不同的房地产类型，其影响程度是不同的，甚至有很大的差别。对于商业房地产而言，商服业繁华程度是最重要的因素，而过于繁华拥挤地区的住宅价格就要受到一些不良影响；基本设施成为住宅房地产最重要的影响因素，如现实中一些地处学校附近的住宅房地产价格要高出许多；工业房地产的最重要因素则是交通条件。因此，在进行房地产估价过程中，分析和调查区位因素时，应针对不同的房地产类型具体分析。

二、房地产实物因素

（一）土地实物因素

土地的实物因素包括土地的形状、面积、地形、地势、地质和土地开发程度等。

1．形状

土地形状是否规则，对地价也有一定的影响。形状规则的土地，主要是指正方形、长方形（但长宽的比例要适当）的土地。由于形状不规则的土地一般不能有效利用，相对于形状规则的土地，其价格要低一些。

与形状直接有关的两个因素就是土地的长度和宽度。同样面积的土地，因长度、宽度及其比例关系的不同，将影响到它的利用效果，最终影响到土地及其房地产的价格。这一点在临街商用用地中表现得特别明显，在路线价法中将详细探讨这方面的问题。

2．面积

两块位置相当的土地，如果面积相差较大，单价会有所不同。一般认为，面积较大的土地，在用途选择上有较多余地，其单位价格往往高于面积狭小的土地。但也有例外的情形，例如，若某块土地与相邻土地合并后会大大提高相邻土地的利用价值，则该块土地的拥有者可能会以居奇的心态，待价而沽，而相邻土地的拥有者为求其土地能得到有效利用，则可能不惜以高价取得该块土地。

3．地形

地形在此主要指地表的起伏状态，它主要是通过影响土地的开发成本和建筑物的建设成本而影响房地产价格。某地区地表高低起伏程度大，在这种地区进行土地开发活动，场地平整成本必然增加，导致开发成本增加，因而在其他条件相同的情况下，此类地区的地价相对便宜；反之，地价就昂贵。

4．地势

地势是指该地块与相邻土地的高低关系，也指该地块自身的坡度大小。一般来说，在其他条件相同时，地势高的房地产的价格要高于地势低的房地产的价格，这点对于住宅尤其重要。如果房地产所处的地势较高，必然有利于雨水、污水等的排放，湿度相对较低，光照较为充分，有利于住户的身心健康，因而此类地区的房地产价格相对较高。但是，如果地势过高，使得住户在享尽上述好处之外，也可能带来运输成本的提高，使得房地产价格下降。

地块本身的坡度大小成为影响其价格的另一方面。坡度太大，势必增加开发成本，使购地价格降低。另外，地势的走向是南高北低还是北高南低，也会对土地价格产生较大影响，同样条件下，前者的地价要低于后者。

5．地质

地质条件是指地基承载力和稳定性、地下水位和水质以及有无不良地质现象等。其中，地基承载力是指土地可负荷物品的能力，特别是指在保证地基稳定的条件下，建筑物的沉降量不超过允许值的地基承载能力。

对建设用地特别是城市建设用地来说，地基（工程地质）状况对地价的影响较大，它决定建设费用的高低，因而影响到地价的高低。建设同样的建筑物，地质条件好的土地，意味着土地的承载能力高、地基稳定性好，建设时需要的基础建设费用低，所以地价就高；反之，则需要的基础建设费用高，地价低。但不同的建筑物，如平房、多层建筑、高层建筑，对地基承载力有不同的要求，因此，地基承载力对地价的影响程度也有所不同。

6．土地开发程度

一宗土地的基础设施完备程度和场地平整程度，对其价格的影响是显而易见的：熟地的价格要高于生地的价格；"七通一平"土地的价格要高于"五通一平"土地的价格；"五通一平"土地的价格要高于"三通一平"土地的价格。

（二）建筑物实物因素

建筑物的实物因素反映在外观、建筑规模、建筑结构、空间布局、装饰装修、设施设备、新旧程度、防水以及保温、隔热、隔声、通风、采光、日照等方面。

1．外观

建筑物外观包括建筑式样、风格、色调、可视性等，对房地产价格有很大影响。建筑物的外观新颖、优美，给人以视觉美感，会提升建筑物的价格；相反，建筑物外观单调、呆板，使人感觉压抑，会降低建筑物的价格。

2. 建筑规模

建筑物的面积、体积、开间、进深、层高、室内净高、层数、高度等规模因素关系到建筑物的形象、实用性等，对房地产价格有较大影响。总体而言，规模过大或过小都会降低其单价，但要注意不同用途、不同地区对建筑规模的要求是不同的。

3. 建筑结构

依据主要承重结构所用材料的不同，可将建筑物的结构分为钢结构、框架结构、钢筋混凝土结构、混合结构、简易结构五类。建筑物的建筑结构与建造成本有着十分密切的关系，进而影响到建筑物的价格。上述五类结构的建筑物，其建造成本依次降低。

4. 空间布局

空间布局关系到建筑物的使用，对房地产价值有较大影响。不同用途的建筑物，如住宅、商场、写字楼等对空间布局的要求不尽相同。一般来说，平面布置合理、交通联系方便、有利于使用的建筑物价值较高；反之，价格较低。尤其对于住宅来讲，平面设计中功能分区是否合理、使用是否方便是决定其价值高低的重要因素之一。

5. 装饰装修

房屋按照装饰装修的程度，可分为精装修、粗装修和毛坯房三大类。一般来说，同类房地产，精装修的价格要高于粗装修的价格，粗装修的价格要高于毛坯房的价格。当然，装饰装修是否适合人们的需要，其品位、质量等如何，是非常重要的因素，有些装饰装修不仅不能提高房地产的价值，甚至还会降低房地产的价值。

6. 设施设备

随着经济发展和生活水平提高，要求建筑物内设置完善的设施设备。因此，建筑物的设施设备是否齐全、完好，对其价值有很大影响，如是否有电梯、中央空调、集中供热、宽带等。当然，不同用途和档次的建筑物，对设施设备的要求有所不同。一般地说，设施设备齐全、完好的，价值就高；反之，价值就低。

7. 新旧程度

建筑物的新旧程度是一个综合性因素，包括建筑物的年龄、维护情况、完损状况、工程质量等。总的来说，建筑物越新，价值越高；反之，价值就低。

8. 防水以及保温、隔热、隔声、通风、采光、日照

通风、采光、日照既有实物因素性质又有区位因素性质（对应于朝向、楼层），将它们与防水、保温、隔热、隔声放在一起是为了便于叙述和理解。

建筑物应满足防水、保温、隔热、隔声、通风、采光、日照等要求。对建筑物防水的基本要求是，屋顶或楼板不漏水，外墙不渗雨。对建筑物保温、隔热的基本要求是，冬季能保温，夏季能隔热、防热。对建筑物隔声的基本要求是，为了防止噪声和保护私密性，能阻隔声音在室内与室外之间、上下楼层之间、左右隔壁之间、室内各房间之间传递。对建筑物通风的基本要求是，能够使空气在室内与室外之间流通，保持室内空气新鲜。对建

筑物采光、日照的基本要求是，白天室内明亮，室内有一定的空间能够获得一定时间的太阳光照射。采光和日照对住宅都很重要，且对办公楼来讲，采光尤为重要。因此，上述诸方面是否良好，对房地产价格有较大影响。

三、房地产权益因素

拥有一宗房地产实际上就是拥有了一定范围内的空间，但拥有者在该空间范围内并不能随心所欲地利用该空间内的各项资源，而要受到许多方面的限制。这些限制除了来自建筑技术（包括建筑施工技术、建筑材料性能等）及拥有者的经济实力，还有一些其他原因。一宗房地产所受限制的种类和程度，对其价值有很大的影响。进行房地产估价，应调查房地产利用所受的各种限制及其内容和程度，这样才能评估出正确的价值。对房地产利用的限制可归纳为三个方面：（1）房地产权利及其行使的限制；（2）房地产使用管制；（3）相邻关系的限制。

（一）房地产权利及其行使的限制

拥有的房地产权利是所有权还是使用权、地役权、抵押权、租赁权，以及这些权利是否完整、清晰等，其价值会有很大的差异。以地役权为例，对供役地而言，是他人在该土地上享有的一种有限的使用权，字面上的意思是该土地为他人服役。供役地在给他人方便时，土地所有权人或土地使用权人有可能要遭受某些损失，在这种情况下，地役权的存在会降低供役地的价值。

此外，权利所对应的实质内容对价值也有很大的影响。例如，地下矿藏、埋藏物等是否自动地归属于土地所有者，各个国家和地区的规定不一。在中国内地，虽境内外的公司、企业、其他组织和个人，除法律另有规定外，均可以通过政府出让方式取得土地使用权，进行土地开发、利用、经营，但取得的土地使用权不包含地下资源、埋藏物和市政公用设施。

（二）房地产使用管制

世界上几乎所有的国家和地区对房地产的利用，特别是对土地的利用，都有或多或少的限制。对房地产估价来说，有意义的使用管制主要是农用地转为建设用地以及对土地用途、容积率、建筑密度、绿地率、建筑高度等的规定。

就规定用途来看，居住、商业、办公、工业等不同用途对土地位置等的要求不同；反过来，在土地位置等一定的条件下，规定用途对地价有着很大的影响。此外，容积率的高低对地价也有较大的影响，在进行估价时必须搞清楚容积率的确切内涵。

（三）相邻关系的限制

相邻关系是指房地产的相邻权利人依照法律法规规定或者按照当地习惯，相互之间应当提供必要的便利或者接受必要的限制而产生的权利和义务关系。特别是从义务方面来看，相邻关系是对房地产所有权、使用权的一种限制，因此相邻关系的存在对房地产价格会产生一定的影响。

一方面，相邻关系要求房地产权利人应当为相邻权利人提供必要的便利；另一方面，相邻关系要求房地产权利人在自己的房地产内从事农业、工业、商业等活动及行使其他权利时，不得损害相邻房地产和相邻权利人的权利。

第三节 房地产外部因素

房地产价格的外部因素对房地产价格的影响是在全社会范围内的，覆盖整个地区，而不是对个别房地产价格有影响。从影响因素的性质看，一般包括社会因素、经济因素和行政因素等，如表 3-1 所示。

表 3-1 影响房地产价格的外部因素

社 会 因 素	经 济 因 素	行 政 因 素	其 他 因 素
人口状态、城市化水平、房地产投机行为、社会稳定状况	经济发展、居民收入、物价、利率、汇率、财政与金融政策	土地制度及政策、住房制度及政策、土地利用规划及城市规划、房地产有关税制、行政隶属变更	心理因素、价值观念、国际因素

一、社会因素

社会因素主要是指社会状态、人文心理状况和一般社会行为等对房地产价格的影响因素，它们从多方面对房地产价格产生影响。主要包括人口状态、城市化水平、房地产投机行为、社会的政治安定程度与社会治安状况。

（一）人口状态

房地产价格受其供求关系的影响极大，而人口的发展情况对房地产需求量的多少有着极其重要的影响。房地产特别是住宅的需求主体是人，人口是决定住宅、商业等房地产需求量或市场规模大小的一个基础因素，人口数量、素质、构成等状况对房地产价格有很大的影响。下面主要从人口数量、人口素质、家庭结构三个方面说明人口因素对房地产价格的影响。

1. 人口数量

人口数量与房地产价格成正比，任何国家和地区都是如此。尤其是在城市，由于人口的不断增加，主要是外来人口和流动人口的增加，加大了对房地产的需求，尤其是在人口增长速度大大超过房地产量的增长速度时，这一问题显得愈发突出，从而促使房地产价格上涨。

人口密度是反映人口数量的相对指标,人口密度大的地区,房地产供给相对匮乏,往往供不应求,所以房地产价格也相对偏高。人口密度可以从正反两个方面影响房地产价格。一方面,人口密度增加可以促进商业、服务业等产业发展,可以使城市基础设施和社会服务设施产生规模效益,进而得以完善和发展。因此,人口密度越高,土地利用的集约化程度也越高,土地的区位也就越好,进而提高房地产价格。另一方面,人口密度过高,特别是低收入者涌入城市,从而造成某一地区生活环境恶化,这样可能降低房地产价格。

2.人口素质

人口素质包括人们的教育水平、公民意识、守法程度、收入水平等,它标志着社会的文明程度与经济发展水平,从而影响房地产价格的高低。人类社会随着文明程度的提高、经济的发展和文化的进步,一切公共设施必然日趋完善和充足,同时居住环境也必然力求宽敞舒适,这些都将对房地产的品质提出更高要求,引起房地产价格上升;反之,若某一地区居民素质低,收入微薄,社会秩序欠佳,对房地产需求的数量和质量较低,房地产价格必然偏低。

3.家庭结构

家庭结构反映家庭人口数量等情况,它对于住宅类型的选择等有重要参考价值。中国城市家庭具有从传统的复合大家庭向简单的小家庭发展的趋势。其中,家庭人口规模(每个家庭平均人口数)发生变化,即使人口总量不变,也将使居住单位数发生变动,从而引起所需的住房数量的变动,随之导致住宅需求的变化而影响住宅价格。一般地说,随着家庭人口规模小型化,即每个家庭平均人口数的下降,家庭数量增多,所需的住宅总量将增加,住宅价格有上涨的趋势。

(二)城市化水平

城市化是指人类生活方式、社会结构的一种变化,即随着社会生产力的发展,人口逐渐由农村向城市转移,农业人口逐渐转变成非农业人口,城市和城镇的数量不断增加,城市规模不断扩大,人们的生活方式、居住方式、出行方式不断改善,城市基础设施不断完善,城市文化不断提升,市民观念不断更新等。

中国改革开放以来,城市化进程十分迅速,城市化对房地产价格有着重要的影响。随着城市对农村的影响,农村人口向城市汇集,城市人口增多,城市扩张,使得人们对房地产的需求加大,从而使房地产价格上涨;反之,如果城市化进程过快,城市化会使城市过于膨胀,从而出现逆城市化现象,房地产价格就会下降。

(三)房地产投机行为

房地产投机是指不是为了使用或出租,而是为了再出售(或再购买)而暂时购买(或出售)房地产,利用房地产价格的涨落变化,以期从差价中获利的行为。房地产投机是建立在对未来房地产价格预期的基础上的。

关于房地产投机对房地产价格的影响，人们普遍认为它会引起房地产价格上涨。这种认识是片面的。房地产投机固然有许多危害，但是也具有一定的作用。一般地说，房地产投机对房地产价格的影响不仅仅是造成房地产价格上涨这一种情况，而是可能出现三种情况：（1）引起房地产价格上涨；（2）引起房地产价格下跌；（3）起到稳定房地产价格的作用。至于房地产投机具体会导致怎样的结果，需要看当时的多种条件，包括投机者的素质和心理等。

当房地产价格不断上涨时，那些预计房地产价格还会上涨的投机者纷纷购买，哄抬价格，造成一种虚假需求，无疑会促使房地产价格进一步上涨。而当情况相反时，那些预计房地产价格还会下跌的投机者纷纷抛售房地产，则会促使房地产价格进一步下跌。另外，当投机者判断失误，或者被过度的乐观或悲观的心理所驱使时，也可能造成房地产价格的剧烈波动。但在某些情况下，房地产投机行为也有可能起着稳定房地产价格的作用。当房地产需求较小的时候，投机者怀有日后房地产价格会上涨的心理购置房地产，造成房地产需求增加；而在房地产价格上涨到一定程度时，投机者抛售房地产，增加房地产供给，从而起到平抑房地产价格的作用。

（四）社会稳定状况

社会稳定状况主要是指政治安定和社会治安状况。

国内政治局势安定与否，将极大影响投资者和置业者的信心。政局稳定，则投资运转渠道正常，风险易于估计，投资回报目的容易实现，从而增加人们对房地产投资和置业的需求，带动房地产价格上涨；政治局势动荡不安，意味着社会动荡、人心涣散，人们对房地产的需求势必减少，因而造成房地产价格下跌。

社会治安状况对房地产的价格影响比较明显。房地产所处的地区若经常发生恶性事件，社会治安情况差，则意味着人们的生命财产没有保障，房地产价格必然低落；治安状况良好，人们具有安全感，愿意置业和消费，从而增加了房地产的需求，使价格上涨。

二、经济因素

影响房地产价格的经济因素主要是经济发展、居民收入、物价、利率、汇率、财政与金融政策等。

（一）经济发展

经济增长、繁荣或衰退等经济发展状况，影响着就业、收入和市场信心等，对房地产价格有很大影响。反映经济发展的一个重要指标是国内生产总值（GDP）的增长。GDP是对一个国家或一个地区在一定时期内国民经济生产活动的总成果的一种计量，从总体上反映了一个国家或一个地区的经济活动的总规模、综合实力和人民生活水平的高低程度。GDP增长说明社会总需求也在增加，社会总需求增加预示着投资、生产活动活跃，会带动对厂房、写字楼、商店、住宅和各种娱乐设施等的需求增加，由此会引起房地产价格上涨，尤其是引起地价上涨。

（二）居民收入

居民收入水平及其增长对房地产的价格有很大影响。通常，居民收入的真正增加意味着人们的生活水平将随之提高，其居住与活动所需要的空间会扩大，从而会增加对房地产的需求，导致房地产价格上升。至于对房地产价格的影响程度，要看现有的收入水平及边际消费倾向的大小。所谓边际消费倾向，是指收入每增加一个单位所引起的消费变化，即新增加消费占新增加收入的比例。

如果是衣食都较困难的低收入者的收入增加，虽然其边际消费倾向较大，但其增加的收入大部分甚至全部会首先用于衣食等基本生活的改善，这对房地产价格的影响就不明显。

如果是中等收入者的收入增加，因为其边际消费倾向较大，并且衣食等基本生活需求已有了较好的基础，其所增加的收入此时依照消费顺序会大部分甚至全部会用于提高居住水平，这自然会增加对居住房地产的需求，从而会促使居住房地产价格上升。

如果是高收入者的收入增加，因为其生活上的需要几乎已达到应有尽有的地步，边际消费倾向较小，所以其增加的收入大部分甚至全部可能用于储蓄或其他投资，他们对房地产价格的影响就不明显。但是，如果他们利用剩余的收入从事房地产投资或投机，如购买房地产用于出租或将持有房地产当作保值增值的手段，则会影响房地产价格。

（三）物价

房地产价格与一般物价的互动关系非常复杂。通常情况下，物价的普遍波动表明货币购买力的变动，即币值发生变动。此时物价变动，房地产价格也随之变动，如果其他条件不变，那么物价变动的百分比就相当于房地产价格变动的百分比，而且两者的动向也应一致，即表示房地产价格与一般物价之间的实质关系未变。

不论一般物价总水平是否变动，其中某些物价的变动也可能会引起房地产价格的变动，特别是诸如建筑材料、建筑构配件、建筑设备、建筑人工费等房地产投入要素的价格上涨，会增加房地产开发建设成本，从而可能推动房地产价格上涨。

从较长时期来看，国内外统计资料表明，房地产价格的上涨率要高于一般物价的上涨率。但在房地产价格中，土地价格、新建商品房价格、二手房价格、房屋租赁价格，或者不同用途房地产的价格，其变动幅度不是完全同步的，有时甚至是不同方向的。

（四）利率

利率的升降对房地产价格有较大影响。从房地产开发建设成本的角度来看，利率上升或下降会增加或降低房地产开发的投资利息,从而使房地产价格上升或下降。从房地产需求的角度来看,由于现行购买房地产大多要借助于贷款,所以利率特别是房地产贷款利率的上升或下降会增加或减轻房地产购买者的贷款偿还负担,从而会减少或增加房地产需求,导致房地产价格下降或上升。从房地产投资的角度来看,利率水平的高低影响到社会上投资收益水平的高低。当利率较低时,社会投资意欲较强,对收益率的要求也降低,投资者愿意支付更高的价格去购买产生同样收益的房地产,导致房地产价格的上升。

(五)汇率

汇率是指一种货币折算成另一种货币的比率,或者说,一种货币以另一种货币表示的价格。在国际房地产投资中,汇率波动会影响房地产的投资收益。例如,一个外国投资者以一定价格购买了一宗房地产,此后出售房地产时,相对于当地市场,房地产可能升值了,但如果该房地产所在国的货币发生了贬值,那么相对于国际交易,其房地产升值可能与货币贬值相互抵消,从而导致房地产投资失败。相反,如果该房地产所在国的货币发生了升值,那么即使相对于当地市场房地产没有升值,但相对于国际交易也会获得较好的房地产投资收益。因此,当预期某国的货币会升值时,就会吸引国外资金购买该国房地产,从而会导致其房地产价格上涨;相反,会导致其房地产价格下降。

(六)财政与金融政策

在市场经济中,财政和金融政策是政府对经济进行宏观调控的直接手段之一,通过调节税收和政府开支以及出台相应的金融政策来调节经济。在经济萧条时,政府削减税收,增加开支和货币投放量以刺激经济;在经济过热、通货膨胀时期,政府增加税收、减少开支和货币投放量以冷却经济;如果经济稳步增长,财政收支平衡,则货币供应量及金融秩序稳定正常,银行比较宽松,存贷款利率也会下降,能刺激市场购买力和人们投资欲望,增加对房地产的需求,引起房地产价格上涨。实践已经证明,政府的财政政策和金融政策的变化深刻影响着房地产的价格。

三、行政因素

行政因素主要包括土地制度及政策、住房制度及政策、土地利用规划及城市规划、房地产有关税制和行政隶属变更等。

(一)土地制度及政策

土地制度包括土地所有制和土地使用制度。不同的土地制度及政策对地价产生不同的影响。对房地产价格影响最大的应该说是土地制度。

目前,中国土地所有制是土地所有权属于国家或者农民集体,不能买卖,仅能通过征收方式由农民集体所有变为国家所有这种单向流动。因此,土地仍然没有所有权价格,所谓的土地价格均是指某种土地使用权价格。另外，土地使用权一般是有使用期限的，因此，房地产价格的高低又与土地使用期限的长短有关。一般情况下，土地使用期限越长，房地产的价格就会越高；反之，就会越低。国有建设用地是政府独家垄断供应的，供地政策（包括供应量、供应结构和供应方式等）的变化会引起房地产价格的变动。

中国过去在传统土地使用制度下，无偿、无限期、无流动使用土地，不存在地价，并严禁买卖、出租或以其他形式非法转让。在土地使用制度改革之后，使土地使用变为有偿、有限期、流动使用，调动了土地利用的积极性，带动了土地价格上涨。反之，没有科学合理的土地使用制度和政策，则会造成地价低落。

总之，完善有效的土地制度和土地政策，可以提高土地所有者、使用者和投资者的积极性，充分发挥土地的最大效用，形成合理的地价、地租；反之，不合理的土地制度和土地政策则会使地价、地租大起大落，不利于土地的有效利用，并最终对房地产价格产生影响。

（二）住房制度及政策

住房制度主要是指房屋供给、分配及相应的配套制度。中国在改革开放前，对住房实行实物分配、低租金使用，必然造成房地产价格的低落。1998年7月，国务院发布了《关于进一步深化城镇住房制度改革加快住房建设的通知》，一方面，提出了深化房改的指导思想，即稳步推进住房商品化、社会化，逐步建立适应社会主义市场经济体制和中国国情的城镇住房新制度；加快住房建设，促使住宅业成为新的经济增长点，不断满足城镇居民日益增长的住房需求。另一方面，也提出了深化房改的目标，即停止住房实物分配，逐步实行住房分配货币化；建立和完善以经济适用住房为主的多层次城镇住房供应体系；发展住房金融，培育和规范住房交易市场。

深化城镇住房制度改革成为房地产市场发育的重要条件之一，对房地产市场，特别是住宅市场产生了深远的影响。深化住房制度改革逐渐改变了福利型的住房制度，使住宅成为一种商品，这改变了人们固有的观念，从而促使房地产市场得以扩大、活跃。伴随着住房制度的改革和人们住房需求观念的改变，商品房价格逐年上涨，甚至超出一般家庭的支付能力。而政府保障性住房制度的推行和不断完善，在一定程度上抑制了房地产价格的快速上涨趋势，也极大地影响着整个房地产市场的运行。

（三）土地利用规划及城市规划

土地利用规划及城市规划对房地产价格都有很大的影响。土地利用规划是依据国民经济和社会发展规划、国土资源和环境保护的要求、土地供给能力以及各项建设对土地的需求，对一定时期内一定行政区域范围的土地开发、利用和保护所制定的目标、计划和战略部署。土地利用规划影响土地利用结构和土地供给，从而影响房地产的价格。

城市规划确定城市发展方向、用地结构、用地功能布局、分期开发次序、开发强度和建筑用地技术规范，从而决定城市未来各区位的房地产开发价值和有效利用程度。特别是城市规划中规定土地用途、容积率、绿化率、建筑高度和建筑密度等指标，直接影响土地价格。

从规划用途上来看，不同用途对土地条件的要求也不同。但在土地条件一定的情况下，规划用途对土地价格影响颇大。就某一块土地而言，规划用途可以制约它的价格，因为同一土地用作不同用途时的产出是不同的，因而价格就不相同。通常商业用地的价格高于住宅用地，而住宅用地的价格又高于工业用地。若在总体规划上有利于土地的协调利用，就会提高土地价格；若城市规划中所规定的土地用途欠缺科学合理性，就会降低地价。

（四）房地产有关税制

国家通过税收政策调控房地产市场的发展。直接或间接地对房地产课税，实际上是减少了房地产利用的收益，因而造成房地产价格低落。但是，不同的课税种类和税率对房地产价格的影响是不相同的。房地产税收可分为房地产开发环节、流转环节和持有环节的税收。

房地产开发环节的税收相当于商品生产环节的税收，如耕地占用税。一般地说，增加房地产开发环节的税收，会增加房地产开发建设成本，从而会推动房地产价格上涨；相反，减少房地产开发环节的税收，会使房地产价格下降。

房地产流转环节的税收也称为房地产交易环节的税收，相当于商品流通环节的税收。考察房地产流转环节的税收对房地产价格的影响，首先，需要区分是向卖方征收的税收还是向买方征收的税收。例如，土地增值税、营业税、城市维护建设税、教育费附加、所得税、印花税是向卖方征收的税收，契税是向买方征收的税收。一般地说，增加卖方的税收，如开征土地增值税，会使房地产价格上涨；反之，减少卖方的税收，如减免营业税，会使房地产价格下降。增加买方的税收，如提高契税税率，会抑制房地产需求，从而会使房地产价格下降；反之，减免契税，会刺激房地产需求，从而会使房地产价格上涨。

房地产持有环节的税收也称为房地产保有环节的税收，相当于商品使用环节的税收。例如，目前的房产税、城镇土地使用税，未来可能开征的物业税。直接或间接地对持有房地产课税，如开征物业税，实际上是增加了持有房地产的成本，或者说增加了房地产使用成本，会使房地产自用需求者倾向于购置较小面积的房地产，并会抑制房地产投资和投机需求，从而会减少房地产需求，导致房地产价格下降。对于收益性房地产来说，物业税会减少房地产净收益，从而会直接导致房地产价格降低。相反，减免房地产持有环节的税收会导致房地产价格上涨。房地产持有环节的税收不仅有抑制房地产需求的作用，还有减少房地产囤积从而增加房地产供给的作用。

（五）行政隶属变更

行政隶属变更一般分为两种情况：一是级别上升，如将某个非建制镇改为建制镇，或将县级市升为地级市，省辖市升为直辖市，无疑会扩大城市用地规模和人口规模，加快城市化进程，增加房地产需求，从而使该地区房地产价格上涨；二是级别虽然不变，但辖区权由原地区划归到另一地区。这种划归一般是将原属落后地区的地方划归为另一较发达地区管辖，以利于经济均衡发展，因而会提高被划地方的房地产价格。

四、其他因素

（一）心理因素

心理因素也会对房地产价格产生影响。具体来说，影响房地产价格的心理因素有购买或出售心态、欣赏趣味、时尚风气、接近名家住宅心理、讲究风水等。如有些住宅的门牌号码是双数，尤其是6、8这些表示吉祥、如意的谐音号码对某些人有极大的诱惑，使这些房地产"身价倍增"。近年来，有些地区流行"看风水"，无论在购买住宅，还是在兴建写字楼之前，都要请风水先生看看"风水"，然后再作决定。凡被风水先生判定为风水好的房地产，购买者往往愿支付比正常价格高得多的价钱；若被判定为风水差，则房地产售价低于正常售价很多且不一定被接受。

（二）价值观念

住房制度改革之前，中国大部分城镇居民在福利住房制度的影响下，对买房置地并不重视。许多人的消费倾向是购买昂贵的家用电器，但对住房消费则采取较为被动的做法，等待单位分配公房。住房分配实行货币化以来，人们的价值观念有了较大的改变，加之家庭收入的增加，购置房地产成为众多投资方式的一种，直接带动了房地产价格的上涨。

（三）国际因素

国际因素也会使某一国家或地区的房地产价格发生变动。国际因素主要是指国际经济发展是否良好，是否是军事冲突波及地区，是否发生政治事变与政治对立等。例如，国际经济发展良好，一般会导致房地产价格上涨；受战争威胁的地区房地产价格必然下降；发生政治对立，难免出现国与国之间实行经济封锁、冻结贷款等，这些一般会导致房地产价格下跌。

本章小结

房地产价格具有客观性，影响房地产价格的因素也是客观存在的，正确了解和分析影响房地产价格的因素，对客观公正地评估房地产的价格具有重要意义。房地产价格的影响因素多而复杂，各种因素对房地产价格的影响方向、程度、关系、形式和速度并不完全相同，因此，必须具体因素具体分析，同时还必须考虑它们之间的相互联系。本章主要按照自身因素和外部因素进行了介绍，其中自身因素主要包括区位因素、实物因素和权益因素等，每个因素中又包含若干次一级因素；外部因素主要包括社会因素、经济因素、行政因素和其他因素等，每个因素中又包含若干次一级因素。

综合练习

一、单选题

1. 下列一定可以增加房地产价格的因素有（　　）。
   A．修了一条铁路　　　　　　　　B．人口密度增加
   C．房地产投机　　　　　　　　　D．绿化率增加
2. 在影响房地产价格的各种因素中，"城市化"属于（　　）。
   A．社会因素　　B．人口因素　　C．环境因素　　D．行政因素
3. 下列影响房地产价格的因素中，不属于经济因素的是（　　）。
   A．房地产投机　　　　　　　　　B．物价变动
   C．财政收支状况　　　　　　　　D．居民收入水平
4. 商业房地产位置的优劣主要取决于（　　）。
   A．周围环境安宁程度　　　　　　B．有利于原料和产品的运输
   C．繁华程度、临街状况　　　　　D．基础设施状况

二、多选题

1. 影响房地产价格的区位因素有（　　）。
   A．建筑规模　　B．楼层　　C．繁华程度　　D．交通条件
2. 下列关于房地产价格影响因素的表述中，正确的是（　　）。
   A．不同的房地产价格影响因素，引起房地产价格变动的方向和程度是不尽相同的
   B．房地产价格影响因素对房地产价格的影响与时间无关
   C．理论上，房地产价格与房地产价格利率因素呈负相关
   D．房地产价格影响因素对房地产价格的影响均可用数学公式或者数学模型来量化
3. 在下列情形中，通常会引起房地产价格降低的有（　　）。
   A．农用地改为非农建设用地　　　B．住宅区内道路禁止货车通行
   C．在写字楼旁新建大型游乐场　　D．常常遭受洪水威胁
4. 影响房地产价格的人口因素有（　　）。
   A．人口数量　　B．人口素质　　C．家庭结构　　D．性别比例
5. 下面有关城市规划对土地价格影响的表述，正确的是（　　）。
   A．城市规划对土地价格的影响主要表现为它对土地用途的限制

B．就某一块土地而言，由于城市规划限定了土地的用途，会降低地价
C．从总体上看，科学合理的城市规划考虑了土地的协调利用，有提高地价的作用
D．不合理的城市规划会降低整片土地的利用率，从而使地价下降

三、判断题

1．房地产的位置优劣，取决于与特定的区位相联系的自然因素与人文因素的总和。
（　　）
2．人口密度过高会导致生活环境恶化，从而有可能降低房地产价格。　（　　）
3．某一地带有一铁路，这一地带如果作为居民区，铁路就可能成为增值因素。（　　）
4．房地产投机行为对房地产价格会产生相当的影响，它必然会引起房地产价格的上涨。
（　　）
5．土地的位置、面积、形状、地质属于影响土地价格的区位因素。　（　　）

四、简答题

1．房地产价格的影响因素有哪些作用特点？
2．影响房地产价格的实物因素有哪些？
3．如何分析影响房地产价格的区位因素？
4．影响房地产价格的外部因素有哪些？每个因素对房地产价格产生什么影响？

五、名词解释

房地产自身因素　　社会因素　　行政因素　　经济因素

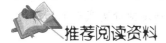

推荐阅读资料

全国房地产评估师执业资格考试用书：中国房地产评估师与房地产经纪人学会．房地产估价理论与方法[M]．北京：中国建筑工业出版社，2015：119-151．

网上资源

1．中国房地产估价师：http://www.cirea.org.cn
2．房地产经纪人学会：http://www.agents.org.cn
3．中国房地产信息网：http://www.realestate.cei.gov.cn
4．中国房地产数据研究院：http://www.zfsj.org/

第四章 房地产估价的原则与程序

学习目标

通过对本章的学习，应掌握如下内容：
- 理解并掌握房地产估价的各种原则；
- 掌握房地产估价的程序。

导言

房地产价格虽然受许多复杂多变的因素影响，但观察其形成和变动过程，仍然存在一些基本规律。所以，估价人员对房地产估价要做到客观、合理，必须遵循房地产价格形成和变化的客观规律，通过对这些客观规律的认识与掌握，运用科学的估价方法，把客观存在的房地产价格或价值揭示、表达出来。《中华人民共和国城市房地产管理法》第三十三条规定，"房地产价格评估，应当遵循公正、公平、公开的原则，按照国家规定的技术标准和评估程序，以基准地价、标定地价和各类房屋的重置价格为基础，参照当地的市场价格进行评估。"由此可见，按照科学的估价程序，遵循基本的估价原则是估价实践活动的前提。

第一节 房地产估价的原则

人们在房地产估价的理论探索和反复实践中，逐渐认识了房地产价格形成和运动的客观规律，在此基础上总结出了一些简明扼要的进行房地产估价所依据的法则或标准。这些法则或标准就是房地产估价原则。

房地产估价原则是房地产估价理论的重要组成部分，是对房地产价格形成及其变化规律的客观认识和科学总结，它使不同的估价人员对估价的基本前提具有认识上的一致性，使同一估价对象在同一估价目的、同一价值时点下的估价结果具有近似性。估价人员应正确地理解房地产估价原则，并以此作为行动的指南。

从理论上说，估价原则反映的是房地产价格变动内在的规律，而独立、科学、客观、公正的要求以及依法估价等，是社会对房地产估价者提出的要求，是估价的前提条件。从

现实的角度看，像依法估价这样的估价要求在实际估价工作中又确实十分重要，应包括在估价原则中。因此，本书重点介绍两类估价原则，其一是从房地产管理角度提出的原则，如合法原则和独立、客观、公正原则等；其二是从学科自身规律提出的估价原则，如替代原则、最高最佳利用原则、价值时点原则和谨慎原则等。

一、合法原则

合法原则是房地产估价应遵循的首要原则，是要求估价结果在依法判定的估价对象状况下的价格或价值的原则。

合法原则中，所称依法，是指房地产估价不仅要依据有关法律、行政法规、最高人民法院和最高人民检察院发布的有关司法解释，还要依据估价对象所在地的有关地方性法规、国务院所属部门颁发的有关部门规章和政策，估价对象所在地人民政府颁发的有关地方政府规章和政策，以及估价对象的不动产登记簿、权属证书、有关批文和合同等。

但遵循合法原则并不意味着只有合法的房地产才能成为估价对象，而是指依法判定估价对象是哪种状况的房地产，就应将其作为那种状况的房地产来估价。

二、独立、客观、公正原则

独立、客观、公正原则是指房地产估价必须站在公正的立场上，实事求是、公平公正地评估出对各方估价利害关系人均是公平合理的价值或价格的原则。

所谓"独立"，就是要求房地产估价人员与估价委托人及估价利害关系人没有利害关系，在估价中不受包括估价委托人在内的任何单位和个人的影响，而是应凭自己的专业知识、实践经验和职业道德进行估价；所谓"客观"，就是要求估价人员在估价中不掺杂个人主观情感、好恶和偏见，应按照事物的本来面目、实事求是地进行估价；所谓"公正"，就是要求估价人员在估价中不偏袒估价利害关系人中的任何一方，应坚持原则、公平公正地进行估价。

若评估出的价格不客观合理，则必然影响交易某一方的利益，也有损于房地产估价工作的社会声誉和权威性。例如，房地产买卖，若评估价格比客观合理的价格高，则卖方得利，而买方利益受损；再如房地产征税，若评估价格比客观合理的价格低，则国家利益受到损失。因此，估价人员在自己专业知识的基础上，应充分考虑到交易双方及第三方利益，公正清廉，认真客观地估价，绝不能受任何私念的影响，最终权衡出一个对交易各方来说均为公平合理的价格。估价人员若与所估价房地产有利害关系，应实行回避。

估价人员必须随时了解房地产供求情况和影响价格的因素，同时还要不断地改进估价技术、丰富估价经验和遵循严谨的估价程序，这是求得公平合理价格最基本的前提条件。

三、替代原则

按照经济理性主义假定，消费者的消费行为总是使其消费效果的满足程度达到最大化。在此假定下，同一市场上，当两种或两种以上商品具有相同效用时，消费者总是愿意以较低价格购买具有一定效用的商品；反之，当消费者以一定价格去购买商品时，总是期望购买对他而言是最大效用的商品。这种可替代性使商品在市场这一"看不见的手"的作用下，价格最终趋向一致，这就是经济学的替代原理。房地产商品也遵循这一原理，同一供求范围内的某宗房地产的价格，必然会受到具有替代关系的类似房地产价格的影响，并相互竞争，使价格在某种程度上趋于一致。

替代原则要求房地产估价结果与估价对象的类似房地产在同等条件下的价值或价格偏差在合理范围内。所谓类似房地产是指与对象房地产的区位、用途、权利性质、档次、规模、建筑结构、新旧程度等相同或相近的房地产。

因此，在评估房地产价格时，可以调查近期发生交易的、与待估房地产具有替代可能的房地产价格及条件，从而确定待估房地产的价格。当然，由于房地产的个别性，完全相同的房地产是没有的，但具有相近效用和使用条件的房地产还是大量存在的，由此可以得到"类似"的价格水平，然后再对待估房地产与已交易房地产的差别作适当的修正，就能得到待估房地产较准确的价格，这就是比较法的基本思想。可见，替代原则是比较法的理论基础。此外，替代原则与成本法、收益法等也有着密切的关系。

还需说明的是，替代原则是针对评估价值而言的，不论采用何种估价方法进行估价，最后都应把评估价值放到市场上去衡量，只有当评估价值没有明显偏离类似房地产在同等条件下的正常价格时，才可以说评估价值是合理的。

四、最高最佳利用原则

最高最佳利用原则也称最有效使用原则，是指房地产在合法使用的前提下，要求估价结果是在估价对象最高最佳利用状况下的价值或价格的原则。最高最佳利用包括最佳的用途、规模和档次，寻找估价对象最高最佳利用的方法，尽可能实现设想出的估价对象的各种潜在的利用价值，然后依据下列四个方面依次筛选。

（1）法律上允许。对于每种潜在的利用，首先检查它是否为法律法规、政策和出让合同等所允许。如果是不允许的，则应被淘汰。

（2）技术上可能。对于法律上允许的每种利用，要检查它在技术上是否能够实现，包括建筑材料性能、施工技术手段等能否满足要求。如果是不能实现的，则应被淘汰。

（3）经济上可行。对于法律上允许且技术上可能的每种利用，还要进行经济可行性检验。经济可行性检验的一般做法是针对每种利用，首先预测它未来的收入和支出流量，然后将未来的收入和支出流量用现值表示，再将这两者进行比较。只有收入现值大于或等于支出现值的利用才具有经济可行性,否则应被淘汰。

(4)价值最大化。在所有具有经济可行性的利用中,能够使估价对象的价值达到最大的利用,便是最高最佳利用。

房地产估价之所以要遵循最高最佳利用原则,是因为在现实房地产经济活动中,每个房地产拥有者都试图充分发挥其房地产的潜力,采用最有效的利用方式,以取得最大的经济效益。这主要是以投资者的理性投资行为为基础而形成的基本原则。

五、价值时点原则

价值时点原则是指委估房地产的评估价值应该是根据估价目的确定的某一特定时间的价值或价格。或者说,价值时点原则要求房地产估价结果应是估价对象在价值时点时的客观合理价值或价格。因此,估价时必须先确定某个时间,但这个时间既不是委托人也不是估价人员可以随意假定的,而应该根据估价目的来确定。它通常用公历年、月、日表示。房地产估价中必须遵循价值时点原则的主要原因在于以下几个方面。

(1)房地产市场总是处在不断的发展和变化之中,决定和影响房地产价格的因素也在不断变化之中,这样,房地产价格也处在不断变化之中,因而它的价格始终只是特定时点的价格,同一宗房地产在不同的时点往往会有不同的价格。这就决定了估价时必须假定市场"静止"于某一时点,同时估价对象房地产的状况通常也是以其在该时点时的情况为准,估价额是相对于价值时点的价格。

(2)房地产交易是涉及众多法律、法规的权利交易,而法律、法规的颁布、更改、实施和权利的确认、登记和过户,都是有时间性的。房地产交易不像一般商品那样靠物质实体在当事人之间交付完成,而主要靠法律、法规和契约来完成。但法律、法规、政策的颁布、更改、实施等都有明确的时间界限,契约合同也有明确的时间界限。这样就能确定市场的条件和交易双方的责任界限。

(3)比较法、成本法和收益法等房地产估价的基本方法也都是与价值时点紧密相联系的。选用比较法对待估价房地产估价时,要把不同时点上发生的这些实例价格都修正到价值时点上;在运用成本法对房地产进行估价时,采用重置成本减折旧的方法,这里重置成本和折旧都包含了时间变化的因素;运用收益法对房地产估价时,则必须采用还原利率将待估价房地产的未来纯收益还原为现值。

由此可见,在房地产估价过程中,必须强调估价的时点原则,这是能否科学、合理进行估价的一个重要条件。

六、谨慎原则

谨慎原则是房地产抵押价值和抵押净值评估应遵循的一项原则。该原则要求在影响估价对象价值或价格的因素存在不确定性的情况下,对其作出判断时,应充分考虑其导致估价对象价值或价格偏低的一面，慎重考虑其导致估价对象价格或价值偏高的一面。谨慎原则应遵循下列要求。

（1）在运用比较法估价时，不应选取成交价格明显高于市场价格的交易实例作为可比实例，并应对可比实例进行必要的实地查勘。

（2）在运用收益法估价时，不应高估收入或低估运营费用，选取的报酬率或资本化率不应偏低。

（3）在运用成本法估价时，不应高估土地取得成本、建设成本、有关税费和利润，不应低估折旧。

（4）在运用假设开发法估价时，不应高估未来开发完成后的价值，不应低估后续开发的必要支出及应得利润。

第二节　房地产估价的程序

房地产估价是一项比较复杂的经济活动，工作过程存在一定的主观性，估价结果涉及各方的切身利益。要高效、高质量地评估出房地产的价格，除了要求估价人员具有坚实的业务基础，谙熟房地产估价的理论、方法及有关法规政策，遵守估价原则与职业道德规范外，还需遵循一套科学严谨的房地产估价程序。

房地产估价程序是指房地产估价整个过程的各个具体步骤和环节，按其内在联系所排列出的先后顺序，是完成房地产估价的作业流程。通俗地说，就是要评估出一宗房地产的价格，从头到尾需要做哪些工作，应该先做什么，后做什么。通过房地产估价程序，可以看到房地产估价的全过程，了解到房地产估价中各项具体工作之间的内在联系性。它主要是为了规范估价行为、保证估价质量、提高估价效率、防范估价风险。

在实际估价中，对于不同的估价目的和估价对象，具体的估价程序可能不同，如征收房屋价值评估，还需要公示分户的初步评估结果，并在公示期间进行现场说明解释。此外，房地产估价程序的各个步骤之间并不是完全割裂的，相互之间会有一些交叉，有时甚至需要一定的反复，但不得随意地简化和省略。

下面针对房地产估价的具体程序进行介绍。

一、受理估价委托

（一）估价业务的获取

要进行房地产估价，首先要有估价任务，估价任务的获取主要有以下两种方式。

1．被动接受

被动接受是委托估价方委托估价机构对指定的房地产进行估价。委托估价方可以是企事业单位、政府有关部门，也可以是个人等；可以是该房地产的所有者或使用者，也可以不是。如因房地产买卖需要对该房地产进行估价，房地产的所有人或代理人就成了委托估价方；因课税需要对房地产进行估价时，政府有关部门便成了委托估价方；银行委托估价机构对房地产所有者所抵押的房地产进行估价等。

2．主动争取

随着经济的发展，房地产估价的业务范围将会更广，当房地产中介服务机构发展到一定规模时，房地产估价业务的竞争将趋于激烈。为了在竞争激烈的市场中寻求发展，主动出门争取任务是一条很好的途径。需要指出的是，估价人员不能为了争取业务而迎合客户的不合理要求。

（二）估价业务的接洽与受理

估价委托应由房地产估价机构统一受理，注册房地产估价师不得以个人名义承揽估价业务。房地产估价机构在接受估价委托时，应要求估价委托人向房地产估价机构出具估价委托书，可采取填写估价委托书的方式，估价委托书一般应载明估价委托人的名称或姓名、委托的房地产估价机构的名称、估价目的、估价对象、估价要求、委托日期等内容。估价委托书将作为估价依据放入估价报告的附件中。

房地产估价机构决定受理估价委托的，应与估价委托人签订书面估价委托合同。估价合同内容一般包括估价委托人（甲方）、受托估价方（乙方）、负责本估价项目的注册房地产估价师、估价目的、估价对象、价值时点、委托估价方需提供的资料和给予的配合、估价过程中双方的权利与义务、估价费用及付款方式和期限、估价报告及其交付、估价方的保密职责、双方违约责任及处罚、解决争议的方法以及其他需要约定的事项。此外，估价委托合同中还应注明其签订日期，具体见下文的"房地产估价合同文本"。

房地产估价合同文本
××房地产估价合同

签订合同双方：
委托估价方：　　　　　（以下简称甲方）
受托估价方：　　　　　（以下简称乙方）
双方按照自愿原则，经商定就房地产估价事宜签订本合同。
（一）甲方因＿＿＿＿＿＿的需要，委托乙方对下列房地产在＿＿年＿＿月＿＿日的价值进行评估。
房地产名称：
位置：
面积：

用途：

（房地产的其他情况见附件资料）

（二）乙方应根据甲方的估价需要，保证对上述房地产予以客观、公正的估价，于____年____月____日以前将估价报告书交付甲方。

（三）甲方应于____年____月____日以前将待估价房地产的资料交给乙方，或配合乙方向有关部门、单位、个人查阅、抄录有关估价的资料。

（四）乙方在估价期间需要到现场勘察时，甲方应予以配合并提供方便。

（五）乙方对甲方提供的有关估价的资料应妥善保管，并予保密，未经甲方同意不得擅自将资料内容公开或泄露给他人。

（六）甲方应付给乙方的估价服务费按双方商定的下列办法给付：

1. 自本合同签订之日起____日内，甲方应先预付给乙方_____元，余款在乙方将估价报告书交付甲方后____日内付清。

2. 甲方如果中途中断委托估价请求，乙方的工作已经过半，甲方则应付给乙方全部的估价服务费；乙方的工作尚未过半，甲方应付给乙方全部估价服务费的____%，或已预付的估价服务费不予退还，上述两者之中取其高者。

（七）乙方如无特殊原因和正当理由，不得晚于本合同规定的时间交付估价报告书，每逾期一日未交付估价报告书，应赔偿甲方估价服务费的____%。甲方如不按本合同规定的时间向乙方提交前述有关估价资料，乙方可按耽误的时间顺延估价报告书的交付时间。

（八）甲方接到乙方提交的估价报告书的次日起____日内，如对估价结果有异议且有正当理由，可向乙方提出复估申请书或重估书，乙方应在接到甲方复估申请书或重估书的次日起____日内完成待估价房地产的复估或重估书并交付甲方。甲方逾期不提出异议的，估价报告书生效。

（九）本合同自签订之日起生效，其中任何一方未经对方同意不得擅自更改合同内容。如有未尽事宜，需经双方协商解决。

（十）本合同一式三份，甲乙双方各执一份，公证机关执一份。

本合同于____年____月____日正式签订。

甲　　　方：　　　　　　　　　　乙　　　方：
法定代表人：　　　　　　　　　　法定代表人：
地　　　址：　　　　　　　　　　地　　　址：
邮政编码：　　　　　　　　　　　邮政编码：
电　　　话：　　　　　　　　　　电　　　话：
银行账户：　　　　　　　　　　　银行账户：
公证机关：　　　　　　　　　　　公　证　员：
公证日期：

二、确定估价基本事项

房地产估价的核心内容是为了实现特定的目的，对特定房地产在特定时间的特定价值进行分析、测算和判断。因此，在分析、测算和判断特定价值之前，必须弄清估价目的、估价对象、价值时点和价值类型，弄清这四者即称为确定估价基本事项。

（一）明确估价目的

估价目的应根据估价委托人真实、具体的估价需要及估价报告的预期用途或预期使用者确定，对其表述应具体、准确、简洁，即明确估价活动是为了购买，还是为了销售、入股、征用、课税、抵押、典当等而进行。在实际估价中，房地产估价师应在与估价委托方充分沟通交流的基础上依法确定估价基本事项。

（二）明确价值时点

价值时点应根据估价目的而确定，采用公历时间表示，宜具体到日。这是估价的价值时点原则所要求的。一般来说，买卖价格、征用价格对价值时点的要求较高，通常要用年、月、日表示；课税价格、抵押价格则要求低些，用年、月表示就可以了。在这一问题上，委托估价方也往往不知其中要义，估价人员也需要主动询问以便确认。

（三）明确估价对象

估价对象应在估价委托人指定及提供有关情况和资料的基础上，根据估价目的依法而定，并应明确界定其财产范围和空间范围，不得遗漏或虚构。法律、行政法规规定不得买卖、租赁、抵押、作为出资或进行其他活动的房地产，不应作为相应估价目的的估价对象。对作为估价对象的，还要进一步明确估价对象的状况，包括实物、区位和权益状况。

（四）明确价值类型

价值类型与价值时点一样，在本质上既不是由委托人决定的，也不是由估价师决定的，而是由估价目的决定的。确定价值类型是确定将要评估的是哪种具体价值或价格，应包括其名称、定义或内涵。如果价值类型不确定，则无法进行估价。多数估价项目是评估市场价值，但在某些情况下需要评估的可能是投资价值、抵押价值、快速变现价值、残余价值等其他价值。

三、编制估价作业方案

编制估价作业方案是为了保质、按时、高效地完成估价项目，它应在对估价项目进行分析的基础上编制，方案一经确定，一般要按计划逐步展开估价工作。一般来说，估价方案应包括以下三个方面。

（一）估价工作的主要内容及质量要求

估价工作的主要内容包括拟采用的估价方法和估价技术路线、拟搜集的资料及其来源渠道等。

确定估价基本事项之后，应初步选出拟采用的适用于该房地产的估价方法。初选估价方法的目的，是使后面进入实地勘察及搜集资料时，避免不必要的重复劳动。每一种估价方法所需要的资料不完全相同，有些资料可能是某些方法所不需要的。初选估价方法对有估价经验的估价人员来说比较容易，因为每一种方法都有其适用对象，这些人员对于哪种类型的房地产适于采用哪些方法来进行估价都心中有数。

根据估价目的和初选的估价方法，要列出该项估价所需要搜集的数据资料，并确定搜集数据的范围，使数据搜集工作有具体的要求和方向。

（二）估价工作的具体步骤及时间进度

房地产估价机构在制订估价作业计划时，为了保证估价任务能按照既定的时间完成，必须提出阶段性的要求和努力方向，明确阶段性工作的中心任务。

估价作业步骤和时间进度安排，主要是对往后需要开展的各项工作以及所需要的时间、人员、经费等作出具体安排，以便于控制进度及协同合作，特别是对于大型、复杂的估价项目通常最好附以流程图、进度表等。

（三）估价工作的人员安排

根据估价基本事项，便能大致估计出估价任务的轻重、难易和缓急，从而可确定参与估价的人选。由于某些估价人员或擅长于采用某种方法估价，或擅长于评估某种价格，因此，在估价基本事项已明确、初选出估价方法的条件下，即可确定合适的估价人选。

根据估价项目的规模、难度和完成时间确定参加估价的注册房地产估价师的数量，并至少选派两名能胜任该估价工作的注册房地产估价师共同进行估价，并应明确其中一人为项目负责人。

四、搜集估价所需资料

搜集估价所需资料是应用估价方法、得出估价结论及撰写估价报告的前提和依据，可以说估价资料的质量决定了估价工作的质量。所需搜集的资料主要包括以下方面。

（1）反映估价对象区位、实物和权益状况的资料。该资料指待估价房地产本身所涉及的区位状况、土地和建筑物资料。其中，土地和建筑物资料分为实体资料和权属状况资料。土地资料的搜集内容主要应包括土地坐落、地号、图号、用途、面积、四至等土地实体资料以及权属状况资料，如土地使用权类型、土地使用年限、已使用年限、终止日期、是否存在他项权利等；建筑物资料的搜集内容主要包括坐落位置、结构、层数、建成年份、建筑面积、使用面积、占地面积、用途、装修情况、建筑物新旧程度等实体资料以及相应的权属状况资料，如是否是完全产权，如果不是完全产权，其上附设了哪些他项权利等。

（2）估价对象及其同类房地产的交易、收益、成本等资料。此类资料能及时反映当前的供求状况及市场行情等，是极其重要的参考资料。估价人员应当具备敏锐的观察力，随时掌握市场交易情况。

（3）对估价对象所在地区的房地产价值或价格有影响的资料以及对房地产价值和价格有普遍影响的资料。详见第三章相关内容。

虽然房地产估价中均需搜集上述三个方面的资料，但不同的估价方法，所需要收集资料的侧重点是不同的。例如，比较法侧重比较案例的收集，收益法侧重经营资料的收集，成本法则侧重建设成本的收集等，详见后续各章节。

五、实地查勘估价对象

房地产具有独一无二的特性，且其价值、价格与区位密切相关，只有身临其境才能真正了解和认识它，因此，实地查勘估价对象是做好房地产估价不可省略的工作步骤。

实地查勘是指房地产估价人员到估价对象或可比实例的现场，观察、询问、检查、核对、记录估价对象或可比实例状况的活动，以便对待估价房地产及可比实例的实体资料、权利状态资料以及所处环境条件等具体内容进行充分了解和客观确认，从而保证资料的真实性和准确性。在实地查勘阶段，估价委托方应陪同，并向估价人员介绍相关情况。

（一）勘察确认

"确认"和"确定"的含义是不同的。"确定"是在实地勘察之前，委托估价方和受托估价方之间，就待估价房地产的相关资料（包括实体资料和权属资料）进行协商认同；而"确认"是对"确定"的各项内容进行实地勘察测定。

由于房地产实体状况和权属状况的复杂性，仅仅根据委托估价方提供的资料，难以做到具体、准确地把握估价对象的真实情况。通过现场勘察确认，估价人员进一步确认待估价房地产的实体状况及其权属状况，核实先期得到的资料，亲身感受待估价房地产所处的周围环境，同时收集补充所需的资料，以确保待估价房地产资料的真实性和准确性。

（二）勘丈绘图

勘丈绘图是指在对房地产全面查勘丈量的基础上，将房地产的形状、位置、层次、结构、内部设施、墙体归属以及四至等，按照一定比例如实反映到建筑物平面图上，同时估价人员应认真逐项填写"房地产勘察评定表"，作为估价的依据。

（三）拍照或录像

现场查勘中对重要的评估项目要进行拍照或录像。拍照或录像能直观地反映评估对象的特征，尤其是文字叙述未能达到对标的物的理想描述目的时，通过拍照或录像可以弥补其不足。拍照、录像对那些即将拆迁、有可能发生纠纷的建筑物的估价很有必要。

（四）确认环境条件

环境条件是影响房地产价格的重要因素，而环境条件往往不是契书等文字材料标明的，此外环境条件的变动性很大。估价人员要亲临现场，通过实地调查，取得对待估价房地产周边环境的客观认识。环境条件包括商业服务、市政设施、文化教育、交通通信、卫生状况、生态环境、娱乐设施、人文自然景观等。

当估价人员无法进入估价对象内部进行实地查勘时，应对估价对象的外部状况和区位状况进行实地查勘，并应在估价报告中说明未进入估价对象内部进行实地查勘的客观事实及其具体原因。

六、选用估价方法进行测算

估价人员应深入理解各种估价方法的基本原理及计算方法，并能做到正确应用。在此基础上，根据实际情况选定合适的估价方法。

估价对象的同类房地产有较多交易的，应选用比较法；估价对象或其同类房地产有租金等经济收入的，应选用收益法；估价对象可假定为独立的开发建设项目进行重新开发建设的宜选用成本法；当估价对象的同类房地产没有交易或交易很少，且估价对象或其同类房地产没有租金等经济收入时，应选用成本法；估价对象具有开发或再开发潜力且开发完成后的价值可采用除成本法以外的方法测算的，应选用假设开发法。

当估价对象仅适用一种估价方法进行估价时可只选用一种估价方法进行估价。当估价对象适用两种或两种以上估价方法进行估价时，宜同时选用所有适用的估价方法进行估价，不得随意取舍；当必须取舍时，应在估价报告中说明并陈述理由。

七、确定估价结果

各种估价方法对房地产进行估价的角度是不同的，因此，用不同估价方法对同一宗房地产进行估价，结果一般不会相同。估价人员应对这些估价结果进行综合分析，在此基础上，确定待估价房地产的最终估价额。

（一）对测算结果进行校核

估价人员在确定评估价值之前，应对所选用的估价方法的测算结果进行校核。同时，选用两种或两种以上估价方法进行测算的，还应对不同估价方法的测算结果进行比较分析。当不同的估价方法估算出的估价结果出现较大差异时，估价人员不能随意取舍，必须对此做出分析。可从计算过程、资料选取、参数选择、公式选用、方法运用等方面入手，找出产生差异的原因,进行排除,从而得到比较合理的结果。

(二)得出综合测算结果

估价人员通过对测算结果的校核,得到比较合理的结果,但这些结果之间仍可能存在差异。在确认存在差异的结果无误后,根据待估价房地产的具体情况及评估师的判断,采用某种数学方法,计算出一个估价的综合值,一般可采用简单算术平均数法、加权算术平均数法、判断法、中位数法、众数法等方法。因房地产估价的试算价格数量有限,上述中位数法、众数法难以满足统计要求,故一般不宜采用。

(三)确定最终的评估价值

得到一个综合估价值之后,通常还不能认定为待估价房地产的最终估价额。因为影响房地产价格的因素众多,某种估价方法只考虑其中的某一方面或几个方面的因素,因此得到的综合估价值可能会偏离实际情况,这就需要估价人员依靠自己的专业经验及对房地产市场行情的理解来把握价格。必要时,也可听取有关专家的意见,对该综合值进行适当调整,作为最终的估价结果。当有调整时,应在估价报告中阐明理由。

八、撰写估价报告

(一)估价报告的含义

估价报告是估价机构和估价师的"产品",是估价机构履行估价委托合同、给予委托人关于估价对象价值及相关问题的正式答复,是关于估价对象价值及相关问题的专业意见,是记述估价过程、反映估价成果的文件,也是关于估价对象价值及相关问题的研究报告。

(二)估价报告的质量

估价报告的质量包括内在质量和外在质量两个方面。内在质量包括估价程序的完整性和合法性、估价结果的合理性和准确性、估价方法选用的正确性和全面性、估价基础数据的正确性、估价参数选取的合理性等。外在质量包括文字表述水平、文本格式和印刷质量等。在文字表述上,估价报告书力求准确,尽量避免出现模棱两可的文字。

(三)估价报告的形式

估价报告一般采取书面形式,书面报告按照格式分为叙述式报告和表格式报告,二者主要是表现形式上具有不同之处,但这并不意味着表格式报告就可以省略必要的内容。

(四)估价报告的组成

一份完整的房地产估价报告,通常由以下八部分组成:封面(或扉页)、致估价委托人函、目录、估价师声明、估价假设与限制条件、估价结果报告、估价技术报告、附件。

九、审核估价报告

估价报告在交付估价委托人前,应对其内容和形式等进行审查核定,并形成审核记录,记载审核的意见、结论、日期和人员及其签名。

对撰写完成而未向估价委托人出具的估价报告进行审核,类似于对生产出的产品在出厂之前进行质量检验,是房地产估价机构防范估价风险的最后一道防线。房地产估价机构应建立健全估价报告内部审核等估价报告质量管理制度,选派本机构的房地产估价师或外聘房地产估价专家担任审核人员,按房地产估价相关要求,对估价报告的内容和形式等进行审核,保证估价报告真实、客观、准确、完整、清晰、规范。

十、交付估价报告

估价报告经审核合格后,应有不少于两名参加估价的注册房地产估价师签名及加盖房地产估价机构的公章,并应按有关规定或估价委托合同约定交付估价委托人。

当事人如对估价结果有异议的,可以在收到估价报告书之日起15日内,向原估价机构申请复核。对复核结果仍有异议的,可以向当地房地产仲裁机构申请仲裁,也可以向人民法院起诉。委托估价发生纠纷时,双方应协商解决。协商不成时,当事人可以向当地房地产仲裁机构申请仲裁,也可以向人民法院起诉。对于涉及国家税费、国有资产权益的房地产估价业务,其估价报告书应提交政府有关主管部门审核或确认。

委托估价方收到估价报告书后如无异议,则表示完成了估价服务。估价机构应将估价报告书副本存档备查,并可向委托方收取剩余估价服务费。

十一、保存估价资料

估价报告交付估价委托人后,不得擅自改动、更换、删除或销毁下列估价资料:估价报告、估价委托书和估价委托合同、估价所依据的估价委托人提供的资料、估价项目来源和沟通情况记录、估价对象实地查勘记录、估价报告内部审核记录、估价中的不同意见记录以及外部专业帮助的专业意见。

房地产估价机构应及时整理和保存估价资料,并应保存到估价服务的行为结束且不得少于十年,保存期限应自估价报告出具之日算起。

保存估价资料的目的是建立估价档案和估价资料库,为今后的相关估价及管理工作奠定基础,同时有助于解决日后可能发生的估价争议。房地产估价机构应建立健全估价档案管理制度,保证估价档案真实、完整和安全。估价档案应有序存放、妥善管理、避免损毁、防止丢失、查找方便。

第四章 房地产估价的原则与程序

 **本章小结**

房地产价格的形成有其客观规律性,房地产估价活动不是估价人员的随意认定,而是按照一定的原则和程序来进行的。本章根据估价实践的需要,主要介绍了合法原则,独立、客观、公正原则,替代原则,最高最佳利用原则,价值时点原则,谨慎原则,并详细阐述了上述各项原则的含义。最后阐述了房地产估价应按照以下程序进行:受理估价委托、确定估价基本事项、编制估价作业方案、搜集估价所需资料、实地查勘估价对象、选用估价方法进行测算、确定估价结果、撰写估价报告、审核估价报告、交付估价报告、保存估价资料。

 **综合练习**

一、单选题

1. 房地产估价的合法原则要求在进行房地产估价作业时应以（　　）为前提来进行工作。
   A. 公正　　　　B. 公平　　　　C. 公开　　　　D. 估价对象的合法权益

2. 房地产估价中,遵循独立、客观、公正原则的核心是估价机构和估价人员应当站在（　　）的立场上,评估出一个对各方当事人来说都是公平合理的价值。
   A. 委托人　　　B. 管理部门　　C. 中立　　　　D. 估价报告使用者

3. 房地产估价人员必须了解房地产的供求状况以及影响房地产价格的各种因素,并且应该不断提高自己的估价技能和丰富自己的估价经验,必须遵循严谨的（　　）。
   A. 估价程序　　B. 价值时点　　C. 估价目的　　D. 估价作业日期

4. 根据经济学原理,在同一供求范围内相同的商品具有相同的价值。房地产价格也遵循这一规律,使得相同或相似的房地产价格相同或相近,这是（　　）的内容。
   A. 独立、客观、公正原则　　　　B. 最高最佳利用原则
   C. 替代原则　　　　　　　　　　D. 谨慎原则

二、多选题

1. 合法权益应包括（　　）等方面。
   A. 合法交易　　B. 合法产权　　C. 合法使用　　D. 合法处分

2. 签订估价委托合同的作用主要有（　　）。
   A. 明确委托人和估价机构的权利与义务
   B. 明确解决争议的方法
   C. 明确违约责任
   D. 成立受法律保护的委托与受托关系

63

3．房地产的最佳使用状态应该包括（　　　）。
　　A．最佳规模　　　B．最佳用途　　　C．最佳区位　　　D．最佳集约度
4．现行的房屋权属证书有（　　　）。
　　A．《房屋所有权证》　　　　　　　B．《房屋使用权证》
　　C．《房屋共有权证》　　　　　　　D．《房屋他项权证》
5．在具体的房地产估价作业中应当遵循的估价原则主要有（　　　）。
　　A．独立、客观、公平原则　　　　　B．替代原则
　　C．价值时点原则　　　　　　　　　D．最高最佳利用原则

三、判断题

1．合法原则要求估价结果是在依法判定的估价对象状况下的价格或价值。（　　）
2．估价时所依据的房地产市场情况应始终是价值时点时的。（　　）
3．估价作业日期是指估价的起止年月日，即正式接受估价委托的年月日至出具估价报告的年月。（　　）
4．估价需求者不一定是房屋所有权人、土地使用权人，因此在争取估价业务时可拓宽思路。（　　）
5．所谓替代原则，就是要求房地产估价结果不得明显偏离与估价对象类似的房地产在同等条件下的正常价格。（　　）

四、简答题

1．简述房地产估价的原则。
2．简述房地产估价的程序。

五、名词解释

估价原则　　替代原则　　价值时点原则　　最高最佳利用原则　　估价程序

全国房地产评估师执业资格考试用书：中国房地产评估师与房地产经纪人学会．房地产估价理论与方法[M]．北京：中国建筑工业出版社，2015：153-171，393-418．

1．房天下：http://www1.fang.com/
2．地产中国网：http://house.china.com.cn/
3．21世纪中国房地产：http://www.century21cn.com/

第五章 比较法

学习目标

通过对本章的学习，应掌握如下内容：
- 比较法的基本概念和基本原理；
- 比较法的适用范围和评估程序；
- 比较法的修正、调整内容和计算公式；
- 比较法的具体应用。

导言

随着中国房地产业的发展，房地产市场日趋活跃，交易日益频繁，为比较法的运用奠定了基础。比较法是房地产估价中最常见、最重要、应用最多的方法之一，它的本质是以房地产的市场成交价格为导向（简称市场导向）来求取房地产的价值或价格。是一种最直接、较直观且有说服力的估价方法，其估价结果也最容易被人们理解、认可和接受。本章主要介绍比较法的基本概念和基本原理、适用范围和评估程序、修正调整内容和计算公式等，并通过具体的案例说明比较法的实际应用。

第一节 比较法概述

比较法是目前国内外广泛使用的经典估价方法，用比较法评估房地产价格，直观形象，容易理解，也较容易掌握。

一、比较法的基本概念

比较法就是选取一定数量的可比实例，将它们与估价对象进行比较，根据其间的差异对可比实例成交价格进行处理后得到估价对象价值或者价格的方法（见《房地产估价规范》（GB/T50291—2015））。它是一种最直接且有效的方法，因为估价过程中的资料直接来

源于市场。

比较法的关键是选择与估价对象相似的房地产，也称为估价对象的类似房地产，简称类似房地产，是指与估价对象的区位、用途、权利性质、档次、规模、建筑结构、新旧程度等相同或相近的房地产。可比实例就是类似房地产中真实成交且符合一定条件的，具体是指交易实例中交易方式适合估价目的、成交日期接近价值时点、成交价格为正常价格或可修正为正常价格的估价对象的类似房地产等财产或相关权益。

二、比较法的理论依据

比较法的理论依据是经济学中的替代原理。当同一市场上出现两种或两种以上效用相同或效用可相互替代而价格不等的商品时，理性的购买者将会选择价格较低的商品；而当价格相同，效用不同时，购买者又将选择效用较大的商品。这种货比货的结果，最终导致等质等价。

替代原理作用于房地产市场，表现为效用相同条件相近的房地产价格总是相互牵制，最终相互接近、趋于一致，所以任何购买者不会接受比市场上正常价格高的成交价格，任何出售者也不会接受比市场正常价格低的成交价格。

因此，在评估某一房地产的价格时，可以用类似房地产的已知交易价格，比较求得估价对象房地产的未知价格。当然，由于房地产市场的不完全性、房地产商品的个别性，交易实例房地产与待估房地产之间总是存在一定的差异，这些差异将会导致待估房地产与交易实例房地产之间的价格差异。因此，采用比较法进行房地产估价时，必须将待估房地产与比较案例进行认真分析，比较两者的差异性，并定量估测由此而产生的价格差异，进而求得待估房地产的市场价格。

三、比较法的应用条件

比较法的特点是具有很强的现实性，但运用比较法也有一定的前提条件，具体来说，需要具备以下条件。

（一）交易资料丰富

丰富的交易案例资料是应用比较法的基础，否则比较法就成为无源之水，显然，普通商品住宅、高档公寓、写字楼、商铺等交易频繁的房地产，适合采用比较法。而某些交易实例极少、类型特殊的房地产，如园林、学校、纪念馆、古建筑、教堂、寺院等，则不宜应用比较法进行估价。

一般认为估价者掌握的初始交易案例资料应有10个以上，其中有3～5个最终可以选定为比较实例。

（二）交易时间接近

比较法建立在替代原理基础之上，因此，要求所选取的交易案例必须是近期发生的，否则就难以满足替代原理存在的条件。相同效用的商品具有相同的价格，是指在同一市场、同一时段的前提条件下。即使是同样的物品，在不同时期，价格也不相同。房地产交易的时间越近越好，对于多年前的房地产交易不仅要考虑通货膨胀的影响，还要考虑当时的社会和经济状况，尤其在房地产市场不稳定的情况下，短期内房地产价格就会发生很大变化。

（三）交易资料相关

在运用比较法时，所选取的交易案例必须与待估房地产具有相似性，如房地产所处的区位条件、建筑结构、房地产类型、用途等。这种相似性越大，评估的结果就越具有真实性。

（四）交易资料可靠

交易资料的可靠性是提高估价精度的重要保证，若资料失实必将影响估价结果的合理性。交易资料必须是正常市场交易情况下的资料，而不是非正常情况下的资料，如破产拍卖、协议出让等，更不能用推断的或虚报的资料作为比较的依据。为此，既要保证资料来源可靠，又要对资料进行查实和核对，以确保资料的正确性。

（五）交易资料合法

运用比较法时，不仅要排除不合理的房地产市场交易资料，更要注意研究有关法律规定，所选取的交易案例必须是在法律允许范围之内，否则在交易价格上会有很大的差异，如违章建筑物、没有土地使用证的房地产等。另外要注意交易案例与待估房地产的法律背景基本相似，如城市规划中的土地用途、容积率限制、建筑物高度限制等。

四、比较法的估价程序

应用比较法进行估价时，需要按照一定的程序进行。一般分为以下四大步骤。

（一）搜集交易实例

搜集大量的房地产市场交易资料，是运用比较法的首要环节，只有拥有了大量真实的交易实例，才能把握正常的市场行情，据此估价出客观合理的价格。

（二）选取可比实例

搜集到大量的房地产交易资料后，要根据估价对象的具体情况，从中选取符合条件的交易实例作为可比实例，这是应用比较法评估房地产价格的关键。

（三）处理可比实例成交价格

根据处理的内涵不同，分为价格换算、价格修正和价格调整三部分。价格换算主要是对可比实例的成交价格进行标准化处理,以统一可比实例成交价格的内涵和形式,使可比实例成交价格与估价对象价值或价格之间、各个可比实例的成交价格之间的口径一致、相互可比,这种处理称为建立比较基础。价格修正是把可比实例实际而可能是不正常的成交价格处理成正常价格,即对可比实例的成交价格进行"改正",这种处理称作交易情况的修正。价格调整是对价格"参考系"的调整,"参考系"有市场状况和房地产状况两种,这两种处理分别称为市场状况调整和房地产状况调整。

(四)计算比较价值

经过以上的各项修正和调整后,每个交易案例都得到一个价格,然后对这些价格分析处理得到一个综合价格。

第二节 可比实例的搜集与选取

比较法立足于"比较",拥有充裕的可供比较的交易实例是前提,如果资料太少,就可能受到个别非正常交易实例的影响,使估价结果不够客观,甚至出现错误。因此,必须通过市场调查尽可能搜集已发生的交易实例,才能从中选择可供比较的交易实例。

一、搜集交易实例

搜集交易实例不是一蹴而就的,它不是在接受估价任务后才开始搜集,而是依靠平时的日积月累。

(一)搜集途径

在估价实践中,交易实例的搜集途径有很多,归纳起来主要有以下几种。

1. 查阅政府有关部门的房地产交易登记资料

房地产交易中心作为政府部门,一般建有房地产交易情况资料数据库,估价人员可通过计算机系统查询、获取房地产交易的相关资料;若没有数据库,也可查阅相关交易登记资料,获取相应信息。

2. 查阅房地产中介机构的房地产交易资料

房地产中介机构、房地产投资咨询机构等往往掌握着很多房地产交易资料,这些资料基本可反映当地的房地产市场行情,真实度较高。估价人员可查阅这些机构所提供的交易价格资料。

3. 深入现场进行市场调查

直接调查交易当事人、房地产公司、销售代理商,或参加房地产交易会,了解各类房地产的信息,获取价格资料。

4．查阅报刊上有关房地产交易的信息

各种报刊，特别是各种当地报纸，都刊登了很多有关房地产出租、出售的广告，估价人员可通过这些广告了解当地的房地产市场行情，但估价人员必须有鉴别能力，能从众多信息中体会合理的价格空间。

5．查看房地产网站的交易信息

各种房地产网站，如搜房网、焦点房地产网等知名房地产网站，登录了解最新的房地产交易信息，估价人员通过这些网站能够获得更多的房地产交易信息。

6．其他途径

如假扮成购房者，与出售房地产的开发商、代理商等洽谈，取得真实的房地产价格资料；同行之间的资料相互交流等。

估价人员通过上述方式都可了解各类房地产交易的信息、行情，但必须对交易信息的真伪进行初步判断，为下一步的取舍奠定基础。

（二）搜集内容

运用比较法估价，必须搜集充分的市场交易资料，掌握正常的市场价格走势，应有针对性地重点搜集如下内容。

1．交易对象基本情况

如名称、坐落、范围、规模（如面积）、用途、权属以及土地形状、土地使用期限、建筑物竣工日期（或建成年月、建成年份、建成年代）、建筑结构、周围环境等。

2．交易双方基本情况

如卖方和买方的名称及之间的关系等。

3．交易方式

如买卖、互换、租赁、买卖中，又如协议、招标、拍卖、挂牌等。

4．成交日期

搜集交易案例的成交日期，以确定交易实例的可比性，进行日期修正。

5．成交价格

成交价格包括总价、单价及计价方式（是按建筑面积计价，还是按套内建筑面积、使用面积计价）。

6．付款方式

例如，是一次性付款，还是分期付款（包括付款期限、每期付款额或付款比例）。

7．融资条件

如首付款比例、贷款利率、贷款期限等。

8．交易税费负担

如买卖双方是依照规定或按照当地习惯各自缴纳自己应缴纳的税费，还是全部税费由买方负担或卖方负担等。

9. 交易目的

如卖方为何而卖，买方为何而买，以及是否有急卖或急买等特殊交易情况。

搜集交易实例时应注意内容的完整性和统一性，以及资料归档的规范性。因此，在搜集交易实例时，估价人员可以编制交易实例调查表，如表 5-1 所示，搜集时按表填写，需要注意的是，不同类型的房地产，如土地、住宅、写字楼等的表格内容应有所差异。

表 5-1 住宅交易实例调查表

调查表编号：			调查日期：	
名称			坐落	
规划限制			权属状况	
用途			建筑面积	
卖方			买方	
交易价格			交易方式	
成交日期			付款方式	
区位状况	位置		楼层	
	交通状况		朝向	
	商服配套			
	医疗教育配套			
	居住环境			
	楼幢			
实物状况	建筑层数		层高	
	建筑结构		建筑年代	
	建筑功能		设备设施	
	内墙		装饰装修	
	空间布局		楼外观	
	新旧程度			
权益状况	容积率		限制权力情况	
	土地使用期限		权属清晰情况	
	共有情况			
	租赁或占用情况			
	拖欠税费情况			
位置示意图				
勘察人：		复核人：		录入人：

搜集的交易实例资料应当被充分利用，并利用交易实例资料建立房地产交易实例库，

建立交易实例库不仅是运用比较法估价的需要，而且是从事房地产估价及相关咨询、顾问业务的一项基础性工作，也能提高房地产估价机构和估价人员的竞争力，同时还有利于交易实例资料的保存、查找和调用，提高房地产估价工作的效率。

二、选取可比实例

估价人员完成了上述交易实例的搜集工作，加上平时的积累，已经拥有了进行估价的基础资料，但针对某一具体的估价对象、价值时点和估价目的来说，这些交易实例并不一定都适用，需要从中选取符合一定条件的交易实例作为参照比较的交易实例。交易实例中交易方式适合估价目的、成交日期接近价值时点、成交价格为正常价格或可修正为正常价格的估价对象的类似房地产等财产或相关权益，称为可比实例。可比实例选取是否恰当，直接关系到估价结果是否合理，因此应当特别慎重。选取可比实例时应尽量满足以下要求。

（一）与估价对象的区位相近

可比实例与估价对象应在同一地区或同一供求范围内的相似地区。所谓同一供求范围，也称为同一供求圈、同一市场，是指与估价对象有一定的替代关系，价格会相互影响的房地产区域范围。

（二）与估价对象的用途相同

这里主要是指房地产的具体利用方式，可按大类和小类划分。大类用途如居住、商业、办公、旅馆、工业、农业等。小类是在大类用途的基础上再细分，如住宅可细分为普通住宅、高档公寓、别墅等。

（三）与估价对象的建筑结构相同

这里主要是指大类建筑结构，一般分为钢结构、钢筋混凝土结构、砖混结构、砖木结构、简易结构等。若能做到小类建筑结构也相同则更好，如同为砖木结构中的砖木一等结构。

（四）与估价对象的权利性质相同

当选取的实例与估价对象的权利性质不相同时，一般不能作为可比实例。例如，国有土地与集体土地的权利性质不同；出让国有建设用地使用权与划拨国有建设用地使用权的权利性质不同；商品住房与房改所购住房、经济适用房的权利性质不同。

（五）与估价对象的档次相当

档次是指按照一定标准分成的不同等级。例如，宾馆划分为五星级、四星级等；写字楼划分为甲级、乙级等。这里的档次相当主要是指在设施设备（如电梯、空调、智能化等）的齐全方面、装饰装修的优劣程度、周围环境好坏等方面应与估价对象相当。

（六）与估价对象的规模相当

例如，估价对象为一宗土地，则选取的可比实例的土地面积应与该土地的面积大小差不多，既不能过大也不能过小。选取的可比实例规模一般应在估价对象规模的 0.5~2 倍范围内。

（七）可比实例的成交日期应接近价值时点

可比实例的交易日期距价值时点越近，市场状况调整的结果就越准确。因此，最好选择交易时间离价值时点近的房地产作为可比实例。若房地产市场变化较快，间隔时间就应缩短，若房地产市场相对比较稳定，可适当延长间隔时间，但最长不宜超过两年。需特别说明的是，距价值时点的远近只是相对的，不能简单地用半年、一年、两年作为标准，只要房地产估价人员能准确把握市场动向，市场状况调整后能反映价值时点的市场价格水平即可。

（八）可比实例的交易方式应适合估价目的

房地产交易有买卖、租赁等方式，其中又可分为协议、招标、拍卖、挂牌等。如果是为买卖目的估价，则应选取买卖实例为可比实例；如果是为租赁目的估价，则应选取租赁实例为可比实例。在实际估价中，包括为抵押、折价、变卖、房屋征收补偿等目的估价，多数是要求选取买卖实例为可比实例，而且一般应选取协议方式的买卖实例。但当选取建设用地使用权出让实例为可比实例时，目前一般不宜选取协议方式的出让实例。

（九）可比实例的成交价格应尽量为正常价格

这是要求可比实例的成交价格为正常价格或可修正、调整为正常价格。

第三节 可比实例的成交价格处理

选定了可比实例后，要根据可比实例和待估房地产二者的各项差异程度对其价格进行处理。通常需进行建立比较基础、交易情况修正、市场状况调整、房地产状况调整等活动，从而由可比实例的价格得到待估房地产的价格。

一、建立比较基础

《房地产估价规范》规定，"选取可比实例后，应建立比较基础，对可比实例的成交价格进行标准化处理。"因为已选取的若干可比实例之间以及可比实例与估价对象之间，可能在财产范围、付款方式、融资条件、税费负担、计价单位等诸多方面存在差异，无法直接进行比较，因此需要进行统一换算处理，为后续的各项修正和调整建立共同的基础。

标准化处理主要包括下列内容。

（一）统一财产范围

统一财产范围应对可比实例与估价对象的财产范围进行对比，并应消除因财产范围不相同造成的价格差异。财产范围不同主要有三种情况：（1）含有非房地产成分。（2）带有债权债务的房地产。（3）房地产的实物范围不同。

在上述第一种情况下，统一财产范围一般是统一到"纯粹"的房地产范围，并利用式（5.1）对价格进行换算处理：

房地产价格＝含有非房地产成分的房地产价格－非房地产成分的价值   （5.1）

如果是估价对象含有非房地产成分的，则一般是在比较法最后步骤求出了不含房地产成分的房地产价值后，再加上非房地产成分的价值，就可得到估价对象的价值。

在上述第二种情况下，统一财产范围一般是统一到不带债权债务的房地产范围，并利用式（5.2）对价格进行换算处理：

不带债权债务的房地产价格＝带有债权债务的房地产价格－债权＋债务   （5.2）

如果是估价对象带有债权债务的，则一般是在比较法最后步骤求出了不带债权债务的房地产价值后，再加上债权减去债务，就可得到估价对象的价值。

在上述第三种情况下，统一财产范围一般是统一到估价对象的实物范围，补充可比实例缺少的实物范围，扣除可比实例多出的实物范围，相应地对可比实例的成交价格进行加价或减价处理。

（二）统一付款方式

房地产的价值量大，交易时经常采取分期付款的方式，付款间隔时间长短也不一样，由于资金的时间价值，实际价格会有差异。估价中为了便于比较，通常将分期付款的可比实例成交价格折算为在其成交日期时一次付清的数额。具体方法是资金时间价值中的折现计算。

（三）统一税费负担

统一税费负担是将成交价格调整为依照税法及中央和地方政府的有关规定（没有规定的，按照当地习惯），买卖双方各自缴纳自己应缴纳的交易税费下的价格。

【例5-1】某二手房交易，买卖双方在合同中写明，买方按8 000元/m²付给卖方，买卖中涉及的税费均由买方来负担。据悉，该地区二手房交易中应由卖方缴纳的税费为正常成交价格的5%，应由买方缴纳的税费为正常成交价格的3%。试求该宗房地产的正常成交价格。

一般将交易中买卖双方各自支付相应税费的价格视为正常价格。

（1）如果应由卖方承担的税费由买方承担，则修正公式为

正常价格＝卖方实际得到的价格＋卖方应纳税费

卖方应纳税费＝正常价格×卖方税费比例

$$\text{正常价格} = \frac{\text{卖方实际得到的价格}}{1-\text{卖方税费比例}}$$

（2）如果应由买方承担的税费由卖方承担，则修正公式为

$$\text{正常价格} = \text{买方实际付出的价格} - \text{买方应纳税费}$$

$$\text{买方应纳税费} = \text{正常价格} \times \text{买方税费比例}$$

$$\text{正常价格} = \frac{\text{买方实际付出的价格}}{1+\text{买方税费比例}}$$

因此，按上述公式，该宗房地产的正常成交价格为

$$\text{正常价格} = \frac{8\,000}{1-5\%} = 8\,421.05\ (\text{元/m}^2)$$

（四）统一融资条件

融资条件包括首付款比例、贷款利率、贷款期限等。房地产由于价值较大，其开发、投资、消费都需要大量资金，从而与金融密切相关。因此，金融政策，特别是货币政策和信贷政策对房地产价格有很大的影响。例如，采用由紧到松的货币政策会导致房地产价格上涨；相反，采用由松到紧的货币政策会导致房地产价格下降。提高购房最低首付款比例、上调贷款利率、缩短购房最长贷款期限会降低购房支付能力、提高购房门槛，从而会减少商品房需求，进而会使商品房价格下降；反之，会使商品房价格上升。因此，在融资条件不同的情况下，房地产价格会有较大的差异。统一融资条件要尽可能消除融资条件不同所带来的价格差异。

（五）统一计价单位

1. 统一价格表示单位

统一价格表示单位可以是总价，也可以是单价，一般采用单价。在统一采用单价时，通常是单位面积的价格。例如，房地产及建筑物通常为单位建筑面积或单位套内建筑面积、单位使用面积的价格；土地除了单位土地面积的价格，还可为单位建筑面积的价格，即楼面地价。在这些情况下，单位面积是一个比较单位。根据估价对象的具体情况，还可以有其他的比较单位，例如旅馆通常以一间客房或一个床位为比较单位，影剧院通常以一个座位为比较单位，停车场通常以一个车位为比较单位等。

2. 统一币种和货币单位

在统一币种方面，不同币种之间的换算应按中国人民银行公布的成交日期时的市场汇率中间价计算。但如果先按原币种的价格进行市场状况调整，则应对进行了市场状况调整后的价格，采用价值时点时的市场汇价进行换算。在统一货币单位方面，按照使用习惯，人民币、美元、港币等，通常都换算成人民币"元"。

3. 统一面积内涵和计量单位

在现实的房地产交易中，有按建筑面积计价的，也有按使用面积计价的。它们之间的

换算公式为

$$建筑面积下的价格 = 使用面积下的价格 \times \frac{使用面积}{建筑面积} \quad (5.3)$$

$$使用面积下的价格 = 建筑面积下的价格 \times \frac{建筑面积}{使用面积} \quad (5.4)$$

在面积单位方面,中国大陆通常采用 m^2(土地的面积单位有时还采用公顷、亩);中国香港地区和美国、英国等习惯采用平方英尺;中国台湾地区和日本、韩国一般采用坪。它们之间的换算关系为

1 公顷=10 000m^2; 1 亩=666.67m^2; 1 平方英尺=0.092 9m^2; 1 坪=3.305 8m^2

【例 5-2】搜集有甲、乙两宗交易实例,甲的建筑面积为 180m^2,成交总价 80 万元人民币,分三期付款,首付 30 万元人民币,一年后付 30 万元人民币,剩余 20 万元人民币于两年后付清。乙交易实例的使用面积为 2 500 平方英尺,成交总价 15 万美元,于成交时一次付清。如果选取此两宗交易实例为可比实例,则一般在进行有关的修正和调整之前应先做如下处理。

(1)统一付款方式

如果以在成交日期时一次付清为基准,假设当时人民币的年利率为 8%,则

$$甲总价 = 30 + \frac{30}{1+8\%} + \frac{20}{(1+8\%)^2} = 74.92(万元人民币)$$

$$乙总价 = 15(万美元)$$

(2)统一价格表示单位

$$甲单价 = \frac{749\ 200}{180} = 4\ 162.22(元人民币/m^2 建筑面积)$$

$$乙单价 = \frac{150\ 000}{2\ 500} = 60(美元/平方英尺使用面积)$$

(3)统一币种和货币单位

如果以人民币元为基准,则需要将乙交易实例的美元换算为人民币元。假设乙交易实例成交当时的人民币与美元的市场汇价为 1 美元=8.3 元人民币,则

甲单价=4 162.22(元人民币/m^2 建筑面积)

乙单价=60×8.3=498(元人民币/平方英尺使用面积)

(4)统一面积内涵

如果以建筑面积为基准,另通过调查得知该类房地产的建筑面积与使用面积的关系为 1m^2 建筑面积=0.75m^2 使用面积。则

甲单价=4 162.22(元人民币/m^2 建筑面积)

乙单价=498×0.75=373.50(元人民币/平方英尺建筑面积)

（5）统一面积单位

如果以 m^2 为基准，由于 $1m^2=10.764$ 平方英尺，则

甲单价=4 162.22（元人民币/m^2 建筑面积）

乙单价=373.5×10.764=4 020.35（元人民币/m^2 建筑面积）

二、交易情况修正

可比实例的成交价格可能是正常的，也可能是不正常的。由于要求评估的估价对象的价值是客观合理的，所以，如果可比实例的成交价格是不正常的，则应将它修正为正常价格。这种对可比实例成交价格进行的修正，称为交易情况修正。

（一）交易情况修正的原因

由于房地产的特殊性，其交易价格往往由个别交易而形成，在应用比较法时，必须掌握特殊因素造成的交易价格偏差，以便剔除或修正。影响交易情况的因素很多，以下几种交易情况往往造成交易价格不正常。

1．利害关系人之间的交易

如亲属之间、有利害关系的公司之间、合作伙伴之间、单位与其职工之间，这些交易往往价格偏低。

2．被迫出售或被迫购买的交易

这些交易包括急于出售、急于购买的交易，如因还债、出国等急于出售房地产；被强迫出售、被强迫购买的交易，如司法拍卖。被迫出售的成交价格通常偏低，被迫购买的价格通常偏高。

3．对交易对象或市场行情缺乏了解的交易

买方不了解行情而盲目购置，往往使交易价格偏高；反之，卖方不了解行情而盲目出售，往往交易价格偏低。

4．对交易对象有特殊偏好的交易

例如，买方或卖方对所买卖的房地产有特别的爱好、感情，尤其是对买方有特殊的意义或价值，从而买方执意购买或卖方惜售，在这种情况下，成交价格往往偏高。

5．相邻房地产合并的交易

购买相邻房地产，由于合并后会增加原有房地产的效用，所以购买价格有时要高于单独存在时的正常价格。

6．人为哄抬价格的交易

形成房地产正常成交价格的交易方式，应是买卖双方根据市场供求状况，经过充分讨价还价的协议方式。拍卖、招标等方式容易受诸如现场气氛、情绪，竞买人之间的争强好胜，甚至购买房地产看中的不是房地产本身的价值而是购买房地产这种行为所带来的广告

宣传效应等因素的影响，从而使成交价格失常。

7．受迷信影响的交易

某些交易深受迷信的影响，往往会导致价格失常。

（二）交易情况修正的方法

有上述特殊交易情况的交易实例一般不宜选为可比实例，但当可供选择的交易实例较少而不得不选用时，则应对其进行交易情况修正。

交易情况修正通常采用百分比修正，采用百分比修正进行交易情况修正的公式为

$$可比实例正常价格 = 可比实例价格 \times 交易情况修正指数 \quad (5.5)$$

$$交易情况修正系数 = \frac{正常交易情况指数}{可比实例情况指数} = \frac{100}{(\ )} \quad (5.6)$$

式中，分子为 100，表示以正常交易情况为基准，若可比实例的交易价格低于正常情况下的交易价格，则分母小于 100，反之分母大于 100。

【例 5-3】 某可比实例，交易价格为 8 500 元/m²，在估价调查中得知这是因业主出国而急于出售的交易，经分析确定此交易价格比正常的市场价格低5%左右，则进行交易情况修正的过程为

$$可比实例正常价格 = 8\ 500 \times \frac{100}{95} = 8\ 947.37（元/m²）$$

三、市场状况调整

市场状况的调整实际上是对交易日期的修正，不同时间，市场状况可能是不同的。

（一）市场状况调整的含义

可比实例的价格是其成交日期的价格，而估价对象需要评估的是价值时点的价格，两者存在时间差，在这段时间内，房地产市场价格可能会发生变化，因此应将可比实例在成交日期时的价格调整为价值时点上的价格，这种对可比实例成交价格进行的调整，称为市场状况调整，也称为交易日期的调整。经过市场状况调整后，就将可比实例在其成交日期的价格变成了在价值时点的价格。

（二）市场状况调整的方法

在估价实务中，市场状况调整通常采用百分比调整，其一般公式为

$$价值时点价格 = 可比实例价格 \times 交易日期修正系数$$

$$= 可比实例价格 \times \frac{价值时点分值}{交易日期分值} \quad (5.7)$$

$$= 可比实例价格 \times \frac{(\ )}{100}$$

式中，分母为 100，表示以可比实例成交日期的价格为基准。价值时点的价格与之相比较，若价格是上涨的，则分子大于 100；若价格是下跌的，则分子小于 100。

市场状况调整的关键是要把握房地产的价格随时间的变动规律，这就需要调查和分析变动的具体情况，通常可根据价格指数和价格变动率进行调整。

1．价格指数法

目前，中国已有几种房地产价格指数，如中房价格指数、国房指数、典型住宅价格指数、地价指数等，为市场状况的调整提供了依据，但必须注意，价格指数应是值得信赖的，最好是待估房地产所在地区且类型相同的价格指数。

价格指数有定基价格指数和环比价格指数，在价格指数编制时，需要选择某个时期作为基期。如果是以某个固定时期作为基期的，称为定基价格指数；如果是以上一个时期作为基期的，称为环比价格指数。价格指数的编制原理如表 5-2 所示。

表 5-2　价格指数的编制原理

时间	价格	定基价格指数	环比价格指数
1	P_1	$P_1/P_1=100$	P_1/P_0
2	P_2	P_2/P_1	P_2/P_1
3	P_3	P_3/P_1	P_3/P_2
⋮	⋮	⋮	⋮
n	P_n	P_n/P_1	P_n/P_{n-1}

采用定基价格指数进行市场状况调整的公式为

$$价值时点价格 = 可比实例价格 \times \frac{价值时点指数}{交易日期指数} \tag{5.8}$$

【例 5-4】某城市某类住宅 2014 年 1 月至 9 月的价格变动情况如表 5-3 所示。

表 5-3　2014 年 1 月至 9 月的住宅价格指数

月份	1	2	3	4	5	6	7	8	9
价格指数	100	100.5	99.5	102.8	102.3	103.1	103.5	103.9	104.1

注：表中的价格指数以 1 月份为基准。

可比实例为 2014 年 2 月 20 日发生交易的，当时成交价格为 8 500 元/m²。现求该住宅 2014 年 9 月 20 日的价格。

该住宅 2014 年 9 月 20 日的价格 P 为

$$P = 8\,500 \times \frac{104.1}{100.5} = 8\,804.48\,（元/m^2）$$

采用环比价格指数进行市场状况调整的公式为

价值时点的价格=可比实例成交日期的价格×成交日期下一期的价格指数× (5.9)
成交日期再下一期的价格指数×⋯×价值时点的价格指数

【例5-5】某房地产2014年10月的价格为8 800元/m²，试计算其修正到2015年2月的价格。已知该房地产所在地区的同类房地产2014年10月至2015年2月的价格指数分别为99.62%、101.56%、105.43%、101.24%、102.50%（均以上个月为100%）。

2015年2月的价格为
8 800×101.56%×105.43%×101.24%×102.50%=9 777.90（元/m²）

2．价格变动率法

房地产价格变动率有逐期递增或递减的价格变动率和期内平均上升或下降的价格变动率两种。采用逐期递增或递减的价格变动率进行市场状况调整的公式为

估价时点的价格 = 可比实例在成交日期的价格×(1±价格变动率)^期数 (5.10)

采用期内平均上升或下降的价格变动率进行市场状况调整的公式为

估价时点的价格 = 可比实例在成交日期的价格×(1±价格变动率×期数) (5.11)

【例5-6】现选取一可比住宅交易实例，成交价格为8 000元/m²，成交日期为2014年7月1日，假设2014年7月1日至2015年7月1日，该类住宅每月比上月上涨1%，2015年7月1日至2015年11月1日，该类住宅每月比上月下降0.2%。则对该住宅成交价格进行交易日期修正后，2015年11月的价格为

$$P = 8\,000 \times (1+1\%)^{12} \times (1-0.2\%)^4 = 8\,943 （元/m²）$$

【例5-7】评估某房地产2014年12月30日的价格，选取的某一可比实例成交于2014年4月30日，价格为8 000元/m²，经市场调查分析，该类房地产以人民币为基准的价格2014年间平均每月上涨1.5%。则对该可比实例进行交易日期修正后，2014年12月30日的价格为

$$P = 8\,000 \times (1+1.5\% \times 8) = 8\,960 （元/m²）$$

四、房地产状况调整

（一）房地产状况调整的含义

运用比较法估价需要将可比实例状况与估价对象状况进行一系列的比较，如果两者有所不同，则需要对可比实例的成交价格进行房地产状况调整，因为房地产的价值和价格还取决于其自身情况的好坏。进行房地产状况调整，是把可比实例在其自身状况下的价格调整为在估价对象状况下的价格。因此，经过房地产状况调整以后，就将可比实例在其自身状况下的价格变成了在估价对象状况下的价格。

（二）房地产状况调整的内容

房地产状况调整应消除可比实例状况与估价对象状况不同造成的价格差异，包括区位

状况调整、实物状况调整和权益状况调整。在这三种调整中，还应进一步分解为若干因素的调整，由于构成房地产状况的因素多样复杂，房地产状况调整是比较法中的一个难点和关键。若可比实例与估价对象有众多相似之处则会大大降低调整难度。因此，在实际估价中应尽量选取与估价对象状况相同之处较多的房地产为可比实例。

1. 区位状况调整的内容

区位状况是对房地产价格有影响的房地产区位因素的状况。区位状况调整是将可比实例在其自身区位状况下的价格调整为在估价对象区位状况下的价格。

区位状况比较、调整的内容主要有位置（包括所处的方位、与相关场所的距离、临街状况、朝向、楼层等）、交通（包括进、出的方便程度等）、外部配套设施（包括基础设施和公共服务设施）、周围环境（包括自然环境、人文环境和景观）等影响房地产价格的因素。

2. 实物状况调整的内容

实物状况是对房地产价格有影响的房地产实物因素的状况。实物状况调整是将可比实例在其自身实物状况下的价格调整为在估价对象实物状况下的价格。

实物状况比较、调整的内容很多，大致可以分为土地和建筑物两大方面。土地实物状况调整的内容应包括土地的面积、形状、地形、地势、地质、土壤、开发程度等；建筑物实物状况调整的内容应包括建筑规模、建筑结构、设施设备、装饰装修、空间布局、建筑功能、外观、新旧程度等。

3. 权益状况调整的内容

权益状况是对房地产价格有影响的房地产权益因素的状况。权益状况调整是将可比实例在其自身权益状况下的价格调整为在估价对象权益状况下的价格。

由于在选取可比实例时要求可比实例的权利性质与估价对象的权利性质相同，所以权益状况比较、调整的内容主要有规划条件（如容积率）、土地使用期限、共有情况、用益物权设立情况、担保物权设立情况、租赁或占用情况、拖欠税费情况、查封等形式限制权利情况、权属清晰情况等影响房地产价格的因素。在实际估价中，遇到最多的是土地使用期限调整，其调整的具体方法在后文中会单独列出。

（三）房地产状况调整的思路和步骤

房地产状况调整的基本思路是：以估价对象状况为基准，将可比实例状况与估价对象状况直接进行比较；或者设定一种"标准房地产"，以标准房地产状况为基准，将可比实例状况与估价对象状况间接进行比较。无论是直接比较还是间接比较，如果是可比实例状况比估价对象好的，则对可比实例进行减价调整；反之则加价调整。

房地产状况调整的一般程序如下。

（1）确定对估价对象这类房地产的价格有影响的各种房地产自身因素，包括区位因素、实物因素和权益因素。但是，不同使用性质的房地产，影响其价格的房地产自身因素是不尽相同的。因此，应根据估价对象这类房地产的使用性质，确定对其价格有影响的各种房地产自身因素。

（2）将可比实例与估价对象在这些因素方面的状况逐一进行比较，找出它们之间的差异程度。

（3）将可比实例状况与估价对象状况之间的差异程度转换为价格差异程度，即找出房地产状况差异程度所造成的价格差异，如房龄差价、楼层差价、朝向差价等。

（4）根据价格差异程度对可比实例的成交价格进行调整。但需要注意的是，对于同一使用性质的房地产，各种影响因素的权重应该有所不同；对于不同使用性质的房地产来说，同一影响因素的权重也应该有所不同。

（四）房地产状况调整的方法

1. 直接比较调整

直接比较调整以估价对象状况为基准，将可比实例状况与估价对象状况进行比较，根据其间的差异对可比实例成交价格进行的调整。通常将基准分值设定为100，若可比实例的房地产状况优于估价对象时，则得分高于100；若可比实例的房地产状况劣于估价对象时，则得分低于100。直接比较调整的具体公式为

$$\begin{aligned}\text{可比实例在估价对象状况下的价格} &= \text{可比实例在其自身状况下的价格} \times \frac{\text{待估对象状况分值}}{\text{可比实例状况分值}} \\ &= \text{可比实例在其自身状况下的价格} \times \frac{100}{(\ )}\end{aligned} \quad (5.12)$$

2. 间接比较调整

间接比较调整一般是先选定或设定标准房地产，将估价对象状况和可比实例状况分别与标准房地产状况进行比较，根据其间的差异对可比实例成交价格进行的调整。基准分仍设定为100，当估价对象与可比实例的房地产状况优于该标准时，则得分高于100；反之，则得分低于100。间接比较调整的具体公式为

$$\begin{aligned}\text{可比实例在估价对象状况下的价格} &= \text{可比实例在其自身状况下的价格} \times \frac{\text{标准房地产状况分值}}{\text{可比实例状况分值}} \times \frac{\text{待估房地产状况分值}}{\text{标准房地产状况分值}} \\ &= \text{可比实例在其自身状况下的价格} \times \frac{100}{(\ )} \times \frac{(\ )}{100}\end{aligned} \quad (5.13)$$

3. 乘法调整和加法调整

由于房地产状况本身包含多个次一级的因素，因此不妨将其称为因子，在估价过程中，首先需分析确定可比实例房地产相对于待估房地产的各因子的相应分值，然后综合求出房

地产状况调整系数。具体方法有以下两种。

（1）乘法调整

$$K = \prod_{i=1}^{m} \frac{100}{k_i} \tag{5.14}$$

（2）加法调整

$$K = \frac{\sum_{i=1}^{m} 100}{\sum_{i=1}^{m} k_i} \tag{5.15}$$

以上两式中，K 为可比实例房地产状况的综合调整系数；m 为选择比较的因子个数；k_i 为可比实例房地产第 i 个因子的分值，100 为待估房地产第 i 个因子的分值（设为标准）。

【例 5-8】有一可比实例，成交价格为 8 500 元/m²，该可比实例的实物状况综合起来考虑要略优于某标准房地产的实物状况，假设需调整 2%，而估价对象的实物状况综合起来考虑要劣于某标准房地产的实物状况，假设需调整 -5%，则经实物状况调整后的可比实例价格为

$$8\,500 \times \frac{100}{102} \times \frac{95}{100} = 7\,916.67 \text{（元/m}^2\text{）}$$

【例 5-9】在区位状况调整过程中，进行比较调整的区位因子有四个，即商服繁华程度、交通条件、基础设施、区域环境，将可比实例房地产与待估房地产的相应因子进行比较，确定的分值分别为 110、120、90、85，试用连乘法和连加法确定区位状况的综合调整系数。

（1）乘法调整

$$K = \prod_{i=1}^{4} \frac{100}{k_i} = \frac{100}{110} \times \frac{100}{120} \times \frac{100}{90} \times \frac{100}{85} = 99.03\%$$

（2）加法调整

$$K = \frac{\sum_{i=1}^{4} 100}{\sum_{i=1}^{4} k_i} = \frac{100+100+100+100}{110+120+90+85} = 98.77\%$$

两种方法的计算结果并不相同，只要在估价允许的误差范围内都可以使用。

（五）关于权益状况调整的几点补充

1. 权益状况调整中容积率的调整

容积率是影响土地价格的重要因素之一，对同一宗土地而言，不同的容积率会产生较大的地价差异。

(1) 容积率调整的含义

所谓容积率调整就是消除由于容积率的不同而造成的地价水平的差异。由于容积率具有执行的强制性、与其他控制指标的关联性、利益倾向多元性等特征，使得容积率与地价之间的关系较为复杂，增加了容积率调整的难度。

容积率对地价的影响有以下特点：地价是一定容积率下的地价，同一地块在不同容积率下的地价不同；在一定的开发强度内，地价与容积率成正比；容积率对地价的影响遵循报酬递减规律，只有适当的容积率才是最佳容积率，只有在最佳容积率下的地价才是最高地价；不同土地用途下容积率对地价的影响也不同；容积率对地价影响具有区域性规律，不同区域容积率对地价影响程度存在显著差异；不同的城市规模，容积率对地价的作用程度不同。因此，容积率的调整一般需根据区域的情况做具体分析。

(2) 容积率调整的方法

在估价实务中，通常应进行容积率与地价水平的相关分析，确定容积率与地价的相互关系，可采用分段函数或对数函数进行容积率调整，但目前应用较为普遍的是用调整系数来调整地价。一般采用的计算公式为

$$\text{容积率调整后的可比实例价格} = \text{可比实例价格} \times \frac{\text{待估宗地容积率调整系数}}{\text{可比实例容积率调整系数}} \quad (5.16)$$

【例 5-10】某城市容积率调整系数如表 5-4 所示。如果可比实例的宗地地价为 3 000 元/m²，容积率为 2.5，待估价宗地规划容积率为 2.0。则经容积率调整后的可比实例价格为

$$3\,000 \times \frac{1.8}{2.0} = 2\,700 \text{（元/m}^2\text{）}$$

表 5-4 容积率调整系数表[①]

容积率	0.1	0.4	0.7	1.0	1.1	1.3	1.7	2.0	2.1	2.5
调整系数	0.5	0.6	0.8	1.0	1.1	1.3	1.7	1.8	1.9	2.0

2. 权益状况调整中土地使用期限的调整

土地使用期限是指土地交易中契约约定的土地使用年限，土地使用期限的长短直接影响到土地收益的多少。

(1) 土地使用期限调整的含义

所谓土地使用期限调整就是消除由于土地使用期限不同而对房地产价格造成的影响。

目前，中国实行有限年期的土地使用权有偿使用制度，在土地的年收益一定的条件下，土地使用期限越长，土地的总收益就越多，土地价格也就越高。

[①] 胡存智. 土地估价理论与方法[M]. 北京：地质出版社，2007 (7)：227.

（2）土地使用期限调整的方法

首先确定使用期限调整系数，其计算公式为

$$K = \frac{1-\frac{1}{(1+r)^m}}{1-\frac{1}{(1+r)^n}} \tag{5.17}$$

式中，r 为报酬率；m 为待估房地产的使用期限；n 为可比实例的使用期限。

然后进行调整，其计算公式为

$$\text{土地使用期限调整后的价格} = \text{可比实例价格} \times K \tag{5.18}$$

【例 5-11】可比实例的成交地价是 2 000 元/m²，使用年限是 40 年，待估价宗地使用年限为 30 年，土地报酬率为 8%，则经过土地使用期限调整后的可比实例价格为

$$2\,000 \times \frac{1-\frac{1}{(1+8\%)^{30}}}{1-\frac{1}{(1+8\%)^{40}}} = 1\,888 \text{（元/m²）}$$

第四节　比较法的计算公式

通过上述交易情况修正、市场状况调整、房地产状况调整等各项修正和调整，就把可比实例房地产的实际成交价格转变成估价对象房地产的价格。如果把各项修正和调整综合起来，就可得到比较法的计算公式。

一、修正和调整公式

比较法的修正和调整公式为

$$P = P' \cdot K_1 \cdot K_2 \cdot K_3 \tag{5.19}$$

式中：P ——待估房地产评估价格；

P' ——可比实例交易价格；

K_1 ——交易情况修正系数；

K_2 ——市场状况调整系数；

K_3 ——房地产状况调整系数。

由于房地产状况调整可采用直接比较法和间接比较法，因此修正和调整公式又可转化为直接比较修正和调整公式、间接比较修正和调整公式两类。

二、直接比较修正和调整公式

公式为

$$P = P' \cdot K_1 \cdot K_2 \cdot K_3 = P' \times \frac{100}{(\ )} \times \frac{(\ )}{100} \times \frac{100}{(\ )} \qquad (5.20)$$

式中符号含义同前，其中

$$K_1 = \frac{正常交易情况指数}{可比实例交易情况指数} = \frac{100}{(\ )}$$

$$K_2 = \frac{评估基准日价格指数}{可比实例交易时的价格指数} = \frac{(\ )}{100}$$

$$K_3 = \frac{待估房地产状况条件指数}{可比实例房地产状况条件指数} = \frac{100}{(\ )}$$

上述表达式中，交易情况修正系数是以正常情况为基准，房地产状况调整系数是以待估房地产的房地产状况作为基准，市场状况调整系数以可比实例交易时的价格指数为基准，基准值通常设为100，这是估价实务中普遍认可的做法。这样做的主要原因是，若房地产状况调整系数以可比实例作为标准时，由于可比实例往往有多个，会增加比较的难度，也容易使标准不一致，造成误差。在价格指数中，一般以前一时期价格指数为基准，因此计算市场状况调整系数时，以可比实例交易时的价格指数为基准。

三、间接比较修正和调整公式

公式为

$$P = P' \cdot K_1 \cdot K_2 \cdot K_3' \cdot K_3'' = P' \times \frac{100}{(\ )} \times \frac{(\ )}{100} \times \frac{100}{(\ )} \times \frac{(\ )}{100} \qquad (5.21)$$

式中，P、P'、K_1、K_2 的含义同前；K_3'、K_3'' 为房地产状况间接比较调整系数；

$$K_3' \cdot K_3'' = \frac{标准房地产状况条件指数}{可比实例状况条件指数} \times \frac{待估房地产状况条件指数}{标准房地产状况条件指数} = \frac{100}{(\ )} \times \frac{(\ )}{100}$$

四、比较价值的计算公式

每个可比实例按照上述公式计算可得到一个价格，由于估价过程中选用的可比实例有多个，这样经修正和调整后的房地产价格也相应有多个，最后需要综合求出一个价格作为估价对象的比较价值。

对多个价格进行处理，确定最可能的合理价格的基本方法有以下几种。

（一）算术平均法

将多个修正和调整后的价格的算术平均值作为综合结果，即为比较价值。当各可比实例与待估房地产之间的相似程度较接近时采用。其计算公式为

$$P = \frac{1}{n}\sum_{i=1}^{n} P_i \tag{5.22}$$

式中，P 为综合后的比较价值，P_i 为各可比实例的修正和调整后的价格，n 为选择的可比实例个数。

（二）加权平均法

若选择的可比实例与待估房地产的相似程度有较明显的差异，则需赋予各修正和调整价格不同的权重，然后加权平均，计算比较价值。其计算公式为

$$P = \sum_{i=1}^{n} P_i \omega_i \tag{5.23}$$

式中，P、P_i、n 同上，ω_i 为各修正和调整价格的权重，其中 $\sum_{i=1}^{n}\omega_i = 1$。

（三）中位数法

中位数法是将多个可比实例修正和调整后的价格按大小顺序排列，当项数为奇数时，位于正中间的那个价格为综合价格；当项数为偶数时，位于正中间的那两个价格的简单算术平均数为综合价格。

（四）众数法

众数法是选择一组修正和调整价格中出现频率最高的数据作为最终的比较价值。当可比实例较多时可采用此方法。

（五）其他方法

以某一可比实例的修正和调整价格为基础，适当参考其他可比实例的修正和调整价格，确定待估房地产的价格。或是分别去掉一个最高价格和一个最低价格，然后求其平均值等。

需要注意的是，在估价实务中，为了确定最终的合理价格，除了应用以上方法外，评估师的经验判断仍是必不可少的。

第五节 比较法的总结与应用

为了帮助大家掌握比较法的精髓，以便在实际工作中有效应用，本节将对比较法进行提炼总结，并给出具体实例，使大家对比较法的理解提升到一个新的高度。

一、比较法总结

比较法，简单地说，就是以市场上实际的成交价格为依据，经修正和调整求取估价对象房地产价格的一种方法，其核心内容是各项因素的修正和调整。

应用比较法进行估价，首先要从现实的房地产市场中搜集大量的交易实例，并针对估价对象的实际情况，从中选取至少 3 个符合条件的可比实例。然后建立比较基础，对这些可比实例的成交价格依次进行交易情况修正、市场状况调整和房地产状况调整（又包含区位状况、实物状况、权益状况等）。最后，将这些经过换算、修正和调整的可比实例价格，采用平均数、中位数或众数等方法，综合得出一个价格，这个价格就是估价对象房地产的最终比较价值。这个过程可以用图 5-1 表示。

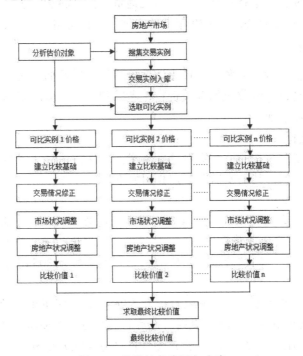

图 5-1 比较法的步骤与内容

二、比较法应用

该实例为某房地产估价公司土地估价报告中的部分内容，应公司要求，略去单位名称和具体地址等相关内容。

在这里需要注意的是，土地估价要遵循《城镇土地估价规程》，该规程与《房地产估价规范》（GB/T50291—2015）在市场法的操作中有少许差别，但本质上是一样的。为丰富教材内容，此处选取的实例为土地估价实例，房地产估价实例在十三章房地产估价报告实例中有详细介绍，请读者注意对比学习。

（一）待估土地概况

待估宗地位于×市×区×路，待估宗地土地登记面积：13 495.8m²，土地登记用途：仓储，地号：E5-11-3，土地使用者：×单位，使用权类型：国有划拨，土地定界面积：13 495.8m²。通过估价人员现场勘察，委估宗地上为工业厂房。

（二）估价目的

单位合并改制的需要，×公司现拟补办土地使用权出让手续，特委托某房地产估价公司对该宗土地使用权价格进行评估，为处置土地资产提供科学、公正、合理的地价依据。评估基准日为2016年3月20日的50年期的土地使用权价格。

（三）估价过程

根据《房地产估价规范》和《城镇土地估价规程》以及估价对象的具体条件、用地性质及评估目的，结合评估师收集的有关资料，考虑到×市房地产市场发育较为成熟，选择比较法评估上述待估宗地。

1．比较实例选择

根据待估宗地情况，按照交易案例选择要求，本次评估选择了与估价对象条件类似的三个案例作为比较实例，其基本情况分别介绍如下。

【案例1】

位于×市×区×路35号，用途为工业，用地面积为5 996.8m²，距市中心约14km，距长途汽车站约12km。宗地地势平坦，形状较规则，地质状况好。容积率为1.15。土地开发程度达到"五通一平"；2015年12月21日出让备案价格为805.0元/m²。

【案例2】

位于×市×路，用途为工业，用地面积为5 969.0m²，距市中心约14km，距长途汽车站约12km。宗地地势平坦，形状较规则，地质状况较好。容积率为1.2。土地开发程度达到"五通一平"；2015年12月15日出让备案价格为803.9元/m²。

【案例3】

位于×市×区×路14号，用途为工业，用地面积为14 597.9m²，距市中心约15km，距长途汽车站约12km。宗地地势平坦，形状规则，地质状况好。容积率为1.1。土地开发程度达到"三通一平"；2015年10月18日出让备案价格为802.1元/m²。

2．因素选择与因素说明

结合评估对象与比较案例的具体情况，选择影响待估宗地地价的主要因素如下。

(1) 交易时间：进行交易期日差别修正。
(2) 交易情况：是否为正常、客观、公正的交易。
(3) 土地使用年限：指自评估基准日起的土地使用有效年限差别修正。
(4) 区域因素：主要有商业繁华程度、交通条件、基础设施状况、环境质量等。
(5) 个别因素：主要有宗地面积、形状、容积率、规划条件等。

比较实例与待估宗地各因素及其条件说明如表 5-5 所示。

表 5-5　工业用地因素条件说明表

内　　容			待估宗地	案例 1	案例 2	案例 3
用途			工业	工业	工业	工业
土地等级			三级	三级	三级	三级
交易类型			出让	出让	出让	出让
交易情况			正常	正常	正常	正常
交易价格/元/m²				805.0	803.9	802.1
使用年期			50 年	50 年	50 年	50 年
交易期日			2016.3.20	2015.12.21	2015.12.15	2015.10.18
区域因素	商业繁华度	商务金融集聚程度	周围商务金融组织一般	周围商务金融组织较多	周围商务金融组织一般	周围商务金融组织较少
		区域繁华程度	一般	一般	较劣	一般
		距区域主要商服中心距离/m	5 000	5 000	5 000	5 000
	交通条件	距市中心距离/km	15	14	14	15
		道路通达度	区域主干道	区域主干道	区域主干道	区域次干道
		距火车站距离/km	12	13	13	12
	基础设施状况		五通一平	五通一平	五通一平	三通一平
	环境质量状况		一般	一般	一般	较好
个别因素	容积率		1.09	1.15	1.20	1.10
	宗地面积/m²		13 495.8	5 996.8	5 969.0	14 597.9
	宗地形状		较规则	较规则	较规则	规则
	地形坡度		平坦	平坦	平坦	平坦
	地质状况		好	好	较好	好

3．编制比较因素条件指数表

（1）交易类型

本次评估交易类型为出让类型，案例也为出让类型，可不作修正。

（2）交易情况修正指数

待估宗地和案例都是正常交易，指数均为 100。

(3) 交易期日修正指数

根据×市 2015 年 3 月至 2016 年 3 月的土地市场交易资料分析，工业用地地价变动趋势较平缓，地价水平整体变化不大，而且案例的交易时间与待估土地评估日期相差不超过半年，所以可以不进行修正。

(4) 土地使用年限修正指数

估价对象与可比案例土地使用年限相同，所以不进行土地使用年限修正。

(5) 区域因素条件指数

① 商务金融集聚程度指数

将商务金融集聚程度分为周围商务金融组织多、较多、一般、较少、少五个等级，以待估宗地为 100，每上升（或下降）一级，修正系数增加（或减少）1%。

② 区域繁华程度指数

将区域繁华程度分为优、较优、一般、较劣、劣五个等级，以待估宗地为 100，每上升（或下降）一级，修正系数增加（或减少）1%。

③ 距区域商服中心距离指数

以待估宗地为 100，每增加（或减少）1 000m，修正系数减少（或增加）1%。

④ 距市中心距离指数

以待估宗地为 100，每增加（或减少）1 000m，修正系数减少（或增加）1%。

⑤ 道路通达度指数

将道路通达度划分为临市内主干道、区域主干道、区域次干道三个等级，以待估宗地指数为 100，每上升（或下降）一级，修正系数增加（或减少）1%。

⑥ 距火车站距离指数

以待估宗地指数为 100，每增加（或减少）1 000m，修正系数减少（或增加）1%。

⑦ 基础设施状况指数

以待估宗地基础设施状况为 100，宗地外基础设施条件每增加（或减少）"一通"，修正系数增加（或减少）2%。

⑧ 环境质量状况指数

将环境质量标准分为好、较好、一般、较差、差五个等级，将待估宗地环境质量指数定为 100，每上升（或下降）一个等级，因素指数上升（或下降）1%。

(6) 个别因素条件指数

① 容积率条件指数

工业用地容积率系数修正系数为 1。

② 宗地面积指数

由于待估宗地和比较案例面积不同，进行适当修正。

③ 宗地形状指数

将宗地形状分为规则、较规则、不规则三个等级，每上升（或下降）一个等级，因素修正指数上升（或下降）1%。

④ 地形坡度指数

将地形坡度划分为平坦、较平坦、缓坡、急坡、陡坡五个等级，每上升（或下降）一个等级，因素修正指数上升（或下降）1%。

⑤ 地质状况指数

将地质条件按地基承载力的大小分为好、较好、一般、较劣、劣五个等级（划分标准：地基承载力大于25吨/m^2属好，在20～25吨/m^2属较好，在12～20吨/m^2属一般，在8～12吨/m^2属较劣，小于8吨/m^2属劣），每上升（或下降）一个等级，因素修正指数上升（或下降）1%。

根据上述标准，得到宗地比较因素条件指数表，如表5-6所示。

表5-6 宗地比较因素条件指数表

		内容	待估宗地	案例1	案例2	案例3
		用途	100	100	100	100
		土地等级	100	100	100	100
		交易类型	100	100	100	100
		交易情况	100	100	100	100
		使用年期	100	100	100	100
		交易期日	100	100	100	100
区域因素	商业繁华度	商务金融集聚程度	100	101	100	99
		区域繁华程度	100	100	99	100
		距区域主要商服中心距离	100	100	100	100
	交通条件	距市中心距离	100	101	101	100
		道路通达度	100	100	100	99
		距火车站距离	100	99	99	100
	基础设施状况		100	100	100	96
	环境质量状况		100	100	100	101
个别因素	容积率修正系数		100	100	100	100
	宗地面积		100	99	99	100
	宗地形状		100	100	100	101
	地形坡度		100	100	100	100
	地质状况		100	100	99	100

4．确定比较因素修正系数及案例比准价格计算

在各因素条件指数表的基础上，将估价对象的因素条件指数与比较实例的因素条件相

比较,得到各因素修正系数的计算公式为

$$因素修正系数 = \frac{待估宗地指数}{比较实例指数} \quad (5.24)$$

待估宗地因素修正系数计算表如表 5-7 所示。

表 5-7 宗地因素修正系数计算表

内容			案例1	案例2	案例3
	用途		工业	工业	工业
	土地等级		100/100	100/100	100/100
	交易类型		100/100	100/100	100/100
	交易情况		100/100	100/100	100/100
	使用年期		100/100	100/100	100/100
	交易期日		100/100	100/100	100/100
区域因素	商业繁华度	商务金融集聚程度	100/101	100/100	100/99
		区域繁华程度	100/100	100/99	100/100
		距区域主要商服中心距离	100/100	100/100	100/100
	交通条件	距市中心距离	100/101	100/101	100/100
		道路通达度	100/100	100/100	100/99
		距火车站距离	100/99	100/99	100/100
	基础设施状况		100/100	100/100	100/96
	环境质量状况		100/100	100/100	100/101
个别因素	容积率		100/100	100/100	100/100
	宗地面积		100/99	100/99	100/100
	宗地形状		100/100	100/100	100/101
	地形坡度		100/100	100/100	100/100
	地质状况		100/100	100/99	100/100
比较实例价格/元/m²			805.0	803.9	802.1
比准价格/元/m²			805.16	828.59	835.69
待估宗地最终价格/元/m²				823.15	

在估价实务中,经常使用 Excel 表格进行计算,大家不妨练习一下。

5. 实例修正后的地价计算

经过比较分析,取三个比准价格的简单算术平均值作为比较法评估的最终价格。

土地单价=(805.16+828.59+835.69)/3=823.15 (元/m²)

(四)估价结果

经上述对待估土地及三个案例的分析判断,确定待估土地的估价结果如下。

土地总价=823.15×13 495.8=11 109 067.77（元）≈1 110.91（万元）

本章小结

比较法作为一种最重要、最常用的房地产估价方法，由于其直接依靠现实市场资料，因而被认为是可靠性高、说服力强的估价方法，也是三大基本估价方法中的首选方法。本章首先阐述了比较法的基本概念、理论依据、应用条件、估价程序，然后依次阐述了交易案例的搜集方法、搜集内容、可比实例的选择方法，并详细说明了各因素的具体修正和调整方法，给出了比较法的修正和调整公式。经过交易情况修正、市场状况调整、房地产状况调整等一系列修正和调整后，就可由可比实例的价格得到待估价房地产的价格。本章最后举例说明了比较法的具体应用。

综合练习

一、单选题

1. 比较法的关键是（　　）。
   A．专业估价人员　　　　　　B．房地产估价准则
   C．近期交易的类似房地产　　D．房地产条件
2. 比较法的理论依据是（　　）。
   A．竞争原理　　B．替代原理　　C．均衡原理　　D．预期原理
3. 要运用比较法进行房地产估价，首先是要建立可比基础，包括（　　）。
   ① 统一付款方式；② 统一采用单位；③ 统一税费率；④ 统一财产范围；⑤ 统一计价单位；⑥ 统一融资条件；⑦ 统一税费负担。
   A．①②⑤⑦　　　　　　　　B．①④⑤⑥⑦
   C．①③④⑤⑦　　　　　　　D．①②④⑥⑦
4. 运用比较法进行评估，首先要搜集大量的交易实例，针对估价对象的实际情况，从中选取至少（　　）个符合条件的可比实例。
   A．2　　　　　B．3　　　　　C．4　　　　　D．5
5. 判定某可比实例的成交价格比正常价格低6%，则交易情况修正系数为（　　）。
   A．0.060　　　B．0.940　　　C．1.050　　　D．1.064

二、多选题

1. 运用比较法进行估价，有一些前提条件，具体来说，需要的条件包括（　　）。

A. 交易资料丰富　　　　　　　　B. 交易时间接近
C. 交易资料相关　　　　　　　　D. 交易资料可靠、合法

2. 应用比较法估价时，按照（　　）步骤，可以减少错漏而引起的估价误差。
A. 搜集交易实例　　　　　　　　B. 选取可比实例
C. 对可比实例成交价格进行处理　D. 求取比较价值

3. 比较法的房地产状况调整中包括（　　）。
A. 权益状况调整　　　　　　　　B. 区位状况调整
C. 实物状况调整　　　　　　　　D. 市场状况调整

4. 用比较法估价，通常求取比较价值的方法有（　　）。
A. 算术平均法　B. 加权平均法　C. 中位数法　D. 众数法

5. 在比较法中选取可比实例是非常重要的，选取出的实例应尽量满足（　　）。
A. 与估价对象所处的区位相近
B. 与估价对象用途、建筑结构及权利性质相同
C. 与估价对象的规模、档次相当
D. 与估价对象的价值时点相近

三、判断题

1. 丰富的交易案例资料是应用比较法的基础，否则比较法就成为无源之水。（　　）
2. 可比实例的交易日期距价值时点越近，房地产市场状况调整的结果就越准确。（　　）
3. 房地产的价值量大，交易时经常采取分期付款的方式，估价中为了便于比较，通常将分期付款的可比实例成交价格折算为在其成交日期时一次付清的数额。（　　）
4. 房地产市场状况调整实际上是交易日期的修正，不同时间市场状况可能是不同的。（　　）
5. 区位状况对价格影响程度的判定比较困难，往往依赖于评估师的经验与判断。（　　）

四、简答题

1. 什么是比较法？该方法的理论依据是什么？
2. 比较法的适用范围和适用条件是什么？
3. 运用比较法对房地产进行估价的具体操作步骤是什么？
4. 在比较法应用过程中，搜集交易实例的途径主要有哪些？
5. 在比较法应用过程中，搜集交易实例需要关注的内容有哪些？
6. 在比较法应用过程中，选取可比实例一般应满足哪些要求？

五、名词解释

比较法　可比实例　同一供求范围　交易情况修正　市场状况调整　区位状况调整

实物状况调整　权益状况调整

六、计算题

1. 有甲、乙两宗交易实例，甲的建筑面积为 300m²，成交总价为 200 万元人民币，分三期付款，首付 100 万元人民币，一年后付 60 万元人民币，剩余 40 万元人民币于两年后付清（当时人民币的年利率为 8%）。乙交易实例的使用面积为 4 000 平方英尺，成交总价为 36 万美元（当时汇率：1 美元=6.4 元人民币），于成交时一次付清。如果选取此两宗交易实例为可比实例，请你对上述两宗交易实例进行有关的修正之前的处理。（1 平方英尺= 0.092 9m²；1m² 建筑面积=0.75m² 使用面积）

2. 受委托人委托，需要评估 2014 年 5 月 1 日的市场价格，为此在该住宅附近调查选取 A、B、C 三宗类似住宅的交易实例作为可比实例，有关资料如表 5-8 所示。

表 5-8　可比实例情况表

项　　目	可比实例 A	可比实例 B	可比实例 C
成交价格	8 500 元人民币/m²	8 200 元人民币/m²	1 430 美元/m²
成交日期	2013 年 10 月 1 日	2014 年 1 月 1 日	2014 年 3 月 1 日
交易情况	+2%	−1%	0%
房地产状况	−5%	−2%	+6%

说明：表 5-8 中，交易情况正（负）值表示可比实例成交价格高（低）于其正常市场价格的幅度，房地产状况正（负）值表示可比实例房地产状况优（劣）于估价对象房地产状况导致的价格差异幅度。另假设人民币与美元的市场汇率 2014 年 3 月 1 日为 1∶6.05，2014 年 5 月 1 日为 1∶6.16，该类商品住宅以人民币为基准的市场价格 2013 年 10 月 1 日至 2014 年 2 月 1 日平均每月比上月上涨 0.5%，以后至价值时点每月比上月上涨 1%。试利用上述资料测算该商品住宅 2014 年 5 月 1 日的正常市场单价（如需计算平均值，请采用简单算术平均法）。（改编自全国房地产评估师执业资格考试通关习题精解集）

3. 估价对象为某沿海城市开发区内的待开发土地，用地面积为 280 亩。根据规划要求，将按娱乐、商业两个功能区进行开发建设，规划容积率为 2.5。某开发商拟转让该宗地的土地使用权，试用比较法估价该宗地 2015 年 2 月的市场价值。土地使用权年限为 40 年。

该地区的地价自 2014 年以来，呈明显的上升态势，假设每月地价上涨 1%。土地还原利率假设为 6%。

经过市场调查，对数个相类似的地块的交易资料进行整理、分析后，选择了实例 A、B、C 作为比较案例，具体情况如表 5-9 所示。根据表中内容，进行各项修正和调整，求出待估宗地价格。

表 5-9　比较实例情况表

项　目	待 估 土 地	实例 A	实例 B	实例 C
坐落	略	略	略	略
所处地区	城市开发区	类似	类似	相同
用途	娱乐、商业	娱乐	商业	商业
面积（亩）	280	253	277	286
成交价格	7 216.5元/m²	8 300元/m²	8 600元/m²	8 500元/m²
交易日期	2015年2月	2014年6月	2014年12月	2014年8月
使用期限	40年	30年	40年	40年
地势	平坦	略高	略低	平坦
地质条件	较好	较差	较差	一般
繁华程度	一般	一般	较好	较劣
交通条件	方便	方便	较方便	较方便
基础设施状况	五通一平	三通一平	五通一平	五通一平
容积率	2.5	2.0	2.5	2.1
备注	实例 A 为正常价格，实例 B 低于正常价格，实例 C 略高于正常价格			

七、实训题

4~5 位同学组成一组，选择一处房地产项目，运用比较法评估出该房地产的比准价格。

要求：

1. 各组首先进行实地调研，选择 10 个交易案例；
2. 在分析的基础上，选择 3~5 个可比实例；
3. 结合本章学过的理论知识，评估房地产价格；
4. 每组写出一份调研报告；
5. 各组学生进行互评，最后任课教师点评。

推荐阅读资料

全国房地产评估师执业资格考试用书：中国房地产评估师与房地产经纪人学会．房地产估价理论与方法[M]．北京：中国建筑工业出版社，2015：173-211．

网上资源

1. 搜房产业网：http://fdc.fang.com/
2. 中国房地产信息网：http://www.REalestate.cei.gov.cn
3. 中国指数研究院：http://industry.fang.com/

第六章 收益法

学习目标

通过对本章的学习，应掌握如下内容：
- 收益法的基本概念和基本原理；
- 收益法的适用范围和估价步骤；
- 收益法的计算公式；
- 净收益和报酬率的含义及求取方法；
- 收益法的具体应用。

导言

收益法是重要的房地产估价方法之一，广泛应用于具有实际收益或潜在收益的房地产估价实践中，它是预测房地产的未来收益并将其转化为价值的方法。从本质上说，它是建立在资金具有时间价值的观念之上，它以房地产的预期收益能力为导向求取估价对象的价值，基本思路是预期收益资本化，因此掌握资金的时间价值内涵尤为重要。

第一节 资金的时间价值

资金的价值是随时间变化而变化的，因此，在进行经济分析时，不仅要着眼于资金量的大小，而且也要考虑资金发生的时间，即考虑资金的时间价值。

一、资金时间价值的概念

所谓资金的时间价值，是指资金在生产和流通过程中随着时间推移而产生的增值。资金时间价值的产生依赖于两个因素：一是资金参与社会再生产，即投入到生产和流通中；二是有时间上的推移，即有参与社会再生产的过程。

资金的时间价值，可以从两个方面理解：首先，从社会再生产的过程来讲，当货币转化为资本后，时间价值是资本经历一定时间的生产和流通所产生的利润；其次，资金一旦用于投资，就不能用于即期消费，从消费者角度来看，资金的时间价值体现为放弃即期消费的损失所应得的报酬。

资金的时间价值通常以两种形式表现出来：一是时间价值率，又称利率，一般取没有风险和没有通货膨胀条件下的社会平均资金利润率，或通货膨胀率很低时的政府债券利率；二是时间价值额，又称利息，即一定数额的资金与时间价值率的乘积。

二、资金时间价值的计算

通常用利息额的多少作为衡量资金时间价值的绝对尺度，用利率作为衡量资金时间价值的相对尺度。

在经济分析中，资金时间价值的计算方法与利息的计算方法相似，利息的计算分为单利法与复利法两种。

（一）单利法

单利法是指在计算利息时，仅对最初本金来计算利息，而不对计息周期中所增加的利息计息，即通常所说的"利不生利"的计息方法。它不完全体现资金的时间价值，是不完全的资金时间价值。利息的计算公式为

$$I_t = Pi \tag{6.1}$$

式中：I_t——第t计息期的利息；

P——期初本金；

i——单利利率。

期末本利和为期初本金加上利息，即

$$F = P + I_n = P(1 + ni) \tag{6.2}$$

式中：F——第n个计息期末本利和；

I_n——n个计息期总利息，$I_n = \sum_{i=1}^{n} I_t = nPi$；

i——单利利率。

（二）复利法

复利法是指在计息时不仅要考虑初始本金的利息，还要考虑利息的利息。就是每一个计息期的利息额都是按上一个计息期期末的本利和来计算的一种计息方法。它充分体现了资金的时间价值，是完全的资金时间价值。如表6-1所示，即为复利法计算利息的过程。

表 6-1 复利法计算利息的过程

计息期 n	起初本金 P_j	当期利息 I_j	期末本利和 F_j
1	P	Pi	$P+Pi=P(1+i)$
2	$P(1+i)$	$P(1+i)i$	$P(1+i)+P(1+i)i=P(1+i)^2$
3	$P(1+i)^2$	$P(1+i)^2 i$	$P(1+i)^2+P(1+i)^2 i=P(1+i)^3$
⋮	⋮	⋮	⋮
N	$P(1+i)^{n-1}$	$P(1+i)^{n-1} i$	$P(1+i)^{n-1}+P(1+i)^{n-1} i = P(1+i)^n$

三、现金流量图

对于一个投资项目而言，投入的资金，花费的成本，获取的收益，都可看成是以货币形式体现的资金流出或资金流入。在经济分析中，把各个时间点上实际发生的这种资金流出或资金流入称为现金流量。流出系统的资金称现金流出，流入系统的资金称现金流入。现金流入与现金流出之差称净现金流量。

现金流量图就是描述现金流量作为时间函数的图形，它能形象直观地表示不同时点上的现金流入与现金流出的情况。现金流量图包括三个要素：大小——现金流量的数额；流向——现金流入或流出；时点——现金流入或流出所发生的时间点。

现金流量图以横轴为时间轴，向右延伸表示时间的延续，轴上每一刻度表示一个时间单位，可以取年、季、月等；零表示时间序列的起点。

相对于时间坐标的垂直箭线代表不同时点的现金流量情况，现金流量为正，表示现金流入，绘在相应时刻的横轴上方；现金流量为负，表示现金流出，绘在相应时刻的横轴下方，并在各箭线上注明现金流量的大小。

箭线与时间轴的交点为现金流量发生的时间，其中，0 时点表示期初，最后时点表示期末，其他时点则表示本时段结束，同时也表示下一时段的开始。图 6-1 为现金流量图的一般形式。

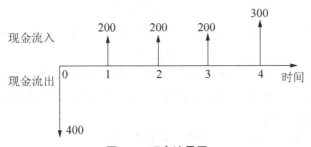

图 6-1 现金流量图

四、资金等值的计算

资金有时间价值，如现金流量图上，即使相同的金额，因其发生在不同时间，其价值也不相同。反之，不同时点绝对值不等的资金在时间价值的作用下却可能具有相等的价值。这些不同时期、不同数额但其"价值等效"的资金称为等值资金。例如，在年利率2.25%、不考虑利息税的情况下，现在的100元与一年后的102.25元等值。

利用等值的概念，可以把在一个时点发生的资金金额换算成另一时点的等值金额，这一过程就叫做资金等值计算。

把将来某时点的资金金额换算成现在时点的等值金额的过程叫"贴现"或"折现"。将来时点的资金金额称"终值"或"将来值"，用 F 表示，现在时点的资金金额称"现值"，用 P 表示。

每个投资项目的现金流量的发生情况是不尽相同的，常用的等值复利计算公式有一次支付的终值和现值计算公式，等额支付系列的终值、现值、资金回收和偿债基金计算公式。

（一）一次支付型

一次支付又称整付，是指整个项目周期内，其现金流量无论是流入或是流出都只发生一次，如图6-2所示。

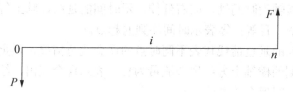

图6-2 一次支付现金流量图

1. 一次支付终值公式

一次支付终值计算与复利本利和计算公式相同，即

$$F = P(1+i)^n \tag{6.3}$$

其中 $(1+i)^n$ 称为一次支付终值系数，用 $(F/P,I,n)$ 表示，式（6.3）又可写成

$$F = P(F/P,I,n) \tag{6.4}$$

在 $(F/P,I,n)$ 这类符号中，括号内斜线上的符号表示所求的未知数，斜线下的符号表示已知数。$(F/P,I,n)$ 表示在已知 P、i 和 n 的情况下求解 F 的值。计算时可查阅复利系数表。

2. 一次支付现值公式

由式（6.3）的逆运算即可得出现值 P 的计算公式为

$$P = \frac{F}{(1+i)^n} \tag{6.5}$$

其中系数 $\dfrac{1}{(1+i)^n}$ 称为一次支付现值系数，用 $(P/F,i,n)$ 表示，为计算方便，可查阅一次支付现值系数表。式（6.5）可写成

$$P=F(P/F,i,n) \tag{6.6}$$

工程经济分析中，一般是将未来值折现到零期。计算现值 P 的过程叫做"折现"或"贴现"，其所使用的利率常称为折现率或贴现率，故 $\dfrac{1}{(1+i)^n}$ 或 $(P/F,i,n)$ 也可叫做折现系数或贴现系数。

（二）多次支付型

多次支付是指现金流量发生在多个时点上，常见的是多次等额支付。等额支付是指在现金流量图上的每一个计息周期期末都有一个等额资金 A，即现金流量序列是连续的，且数额相等，即

$$A_t=A=\text{常数}（t=1,2,3\cdots,n） \tag{6.7}$$

式中，A 通常称为年金，等额支付系列现金流量如图 6-3 所示。

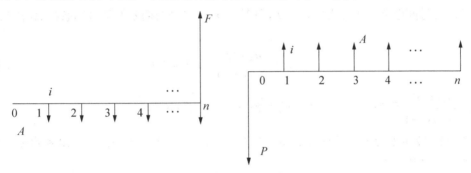

（a）年金与终值的关系　　　　　（b）年金与现值的关系

图 6-3　等额支付系列现金流量图

1. 等额支付终值公式

从第 1 年末至第 n 年末有一等额的现金流量序列，每年的金额均为 A，称为等额年金，欲求终值 F，可把等额序列视为 n 个一次支付的组合，利用一次支付终值公式推导出等额支付终值公式为

$$F = A(1+i)^{n-1} + A(1+i)^{n-2} + \cdots + A(1+i) + A = A\left[\dfrac{(1+i)^n-1}{i}\right] = A(F/A,i,n) \tag{6.8}$$

式中，$\dfrac{(1+i)^n-1}{i}$ 称为等额支付终值系数或年金终值系数，用 $(F/A,i,n)$ 表示。

【例 6-1】某写字楼的年租金为 10 万元，至第 5 年末可获多少租金？假设年利率为 3%。

$$F = A\left[\frac{(1+i)^n - 1}{i}\right] = 10 \times \frac{(1+3\%)^5 - 1}{3\%} = 53.09 \text{（万元）}$$

2. 等额支付现值公式

由 $P = \frac{F}{(1+i)^n}$ 和 $F = A\left[\frac{(1+i)^n - 1}{i}\right]$ 得到的计算公式为

$$P = A\left[\frac{(1+i)^n - 1}{i}\right]\frac{1}{(1+i)^n} = A\left[\frac{(1+i)^n - 1}{i(1+i)^n}\right] = A(P/A, i, n) \quad (6.9)$$

式中，$\frac{(1+i)^n - 1}{i(1+i)^n}$ 称为年金现值系数，用 $(P/A, i, n)$ 表示。

【例 6-2】 某租赁房地产每年可获得租金收益 3 万元，若折现率为 5%，则 20 年的租赁价值是多少？

$$P = A\left[\frac{(1+i)^n - 1}{i(1+i)^n}\right] = 3 \times \frac{(1+5\%)^{20} - 1}{5\% \times (1+5\%)^{20}} = 37.39 \text{（万元）}$$

3. 等额支付资金回收公式

已知在时间序列 $t=0$ 时投入资金 P，计算在 n 期内每期期末的资金回收额 A，由式（6.9）可得

$$A = P\left[\frac{i(1+i)^n}{(1+i)^n - 1}\right] = P(A/P, i, n) \quad (6.10)$$

式中，$\frac{i(1+i)^n}{(1+i)^n - 1}$ 称为等额支付资金回收系数，用 $(A/P, i, n)$ 表示。

【例 6-3】 某房地产公司向银行抵押贷款 50 万元，年利率为 6%，在 10 年内分期付清，每年的还本付息额为多少？

$$A = P\left[\frac{i(1+i)^n}{(1+i)^n - 1}\right] = 50 \times \frac{6\% \times (1+6\%)^{10}}{(1+6\%)^{10} - 1} = 6.79 \text{（万元）}$$

4. 等额支付偿债基金公式

已知在时间序列 n 期末有一到期债务 F，计算 n 期内每期期末应还款额 A，由式（6.8）可得

$$A = F\left[\frac{i}{(1+i)^n - 1}\right] = F(A/F, i, n) \quad (6.11)$$

式中，$\frac{i}{(1+i)^n - 1}$ 称为等额支付偿债基金系数，用 $(A/F, i, n)$ 表示。

【例 6-4】 某人想在 5 年后从银行提取 20 万元用于购买住房，若银行年存款利率为 2.25%，此人应每年存入银行多少钱？

$$A = F\left[\frac{i}{(1+i)^n - 1}\right] = 20 \times \frac{2.25\%}{(1+2.25\%)^5 - 1} = 3.82 \text{（万元）}$$

第二节　收益法概述

基于资金的时间价值，理解收益法的基本原理。

一、收益法的基本概念

收益法是预测估价对象的未来收益，利用报酬率或资本化率、收益乘数将未来收益转换为价值得到估价对象价值或价格的一种估价方法。

根据将未来收益转换为价值的方式不同，或者说资本化类型不同，收益法分为报酬资本化法和直接资本化法。报酬资本化法是预测估价对象未来各年的净收益，利用报酬率将其折现到价值时点后相加得到估价对象价值或价格的方法，它实质上是一种折现现金流量分析，即房地产的价值或价格等于其未来各年的净收益的现值之和。直接资本化法是预测估价对象未来第一年的收益，将其除以资本化率或乘以收益乘数得到估价对象价值或价格的方法。

二、收益法的基本原理

收益法的理论依据是经济学中的预期原理，预期原理说明，决定房地产价值的是房地产未来所能获得的收益，而不是过去已获得的收益。由于房地产的使用寿命比较长，因此对于购买房地产的投资者而言，其目的是为了获得该房地产将来较长时间内所带来的收益。

假如某投资者想购买一商业店铺用于出租，预计每年能获得净收益为 a_i（$i=1,2,3,\cdots,n$），能获得收益的年数为 n 年，收益率为 r_i（$i=1,2,3,\cdots,n$），那么买卖双方都能接受的价格为多少呢？

显然，对买方而言，其所支付的价格不能超过该房地产在他所购买的权利期限内将产生的所有收益的现值总和，否则就是不合算的。按照现值的计算方法，他所支付的价格 P 应为

$$P \leqslant \frac{a_1}{1+r_1} + \frac{a_2}{(1+r_1)(1+r_2)} + \cdots + \frac{a_n}{(1+r_1)(1+r_2)\cdots(1+r_n)} \tag{6.12}$$

而对卖方而言，如果房地产出售的价格低于该房地产将来所产生的全部收益的现值总和，那么他还不如留着该房地产自己来收获那些预期的收益。因此，他希望的卖价 P 应为

$$P \geqslant \frac{a_1}{1+r_1} + \frac{a_2}{(1+r_1)(1+r_2)} + \cdots + \frac{a_n}{(1+r_1)(1+r_2)\cdots(1+r_n)} \tag{6.13}$$

这样，在理性经济行为下，买卖双方都能接受的价格便是在权利期限内所产生的全部净收益的现值总和。即

$$P = \frac{a_1}{1+r_1} + \frac{a_2}{(1+r_1)(1+r_2)} + \cdots + \frac{a_n}{(1+r_1)(1+r_2)\cdots(1+r_n)} \quad (6.14)$$

这就是用公式表示的收益法的基本原理。

因此，收益法的基本原理可表述为：将价值时点视为现在，那么现在购买一宗有一定收益年限的房地产，就预示着在其未来的收益期限内可以源源不断地获取净收益，如果现有一笔资金可与这未来一定期限内的净收益的现值之和等值，则这笔资金就是该宗房地产的价格。

三、收益法的适用范围

从收益法的基本原理可以看出，收益法的估价对象通常是有租金等经济收入的收益性房地产，包括住宅、写字楼、商店、酒店、餐馆、游乐场、影剧院、停车场、汽车加油站、标准厂房（用于出租的）、仓库（用于出租的）、农地等。收益法一般不适用于行政办公楼、学校、公园等公用、公益性房地产的估价。

需要指出的是，收益法中的收益是一种"预期收益"，它的使用并不限于估价对象现在是否有收益，而是更加关注房地产未来获取收益的能力（即潜在收益）。例如，空闲的住宅或自用的住宅，虽然现时并没有收益，但具有出租获取收益的潜力，如果用收益法评估此类住宅的价格时，就可以根据同一市场上有出租收益的类似住宅的有关资料，采用类似于比较法的方法求出该住宅的租赁收入、运营费用或者净收益等，然后进行估价。

四、收益法的估价步骤

根据估价规范，用收益法进行估价通常按下列步骤进行：选择具体估价方法；测算收益期或持有期；测算未来收益；确定报酬率或资本化率、收益乘数；计算收益价值。

由于直接资本化法（含收益乘数法）的应用需要成熟的市场条件，在目前条件下中国应用较少，所以本书重点介绍较为常用的报酬资本化法，弄懂了报酬资本化法就很容易理解直接资本化法了。

第三节 报酬资本化法的计算公式

根据收益法的基本原理，下面介绍报酬资本化法的各种公式。

一、基本公式

基本公式即第二节中表示收益法基本原理的式（6.14），假设某一房地产未来各期的净收益为 a_i，且发生在期末，未来各期的报酬率为 r_i，收益期为 n，该房地产的价格为 P，则

$$P = \frac{a_1}{1+r_1} + \frac{a_2}{(1+r_1)(1+r_2)} + \cdots + \frac{a_n}{(1+r_1)(1+r_2)\cdots(1+r_n)}$$

由于该公式中的净收益和报酬率每年不同，在现实中难以操作，往往只用于理论分析，在估价实务中需要对基本公式进行简化，通常的做法是认为每年的报酬率 r_i 固定不变，即 $r_1=r_2=\cdots=r_n=r$，然后根据净收益的变化情况将公式简化。

二、净收益相同的公式

假设净收益 a_i 每年不变，即 $a_1=a_2=\cdots=a_n=a$，可分为收益期有限和无限两种情况。

（一）收益期有限

若收益期为 n 年，r 固定且 $r \neq 0$，则式（6.14）变为

$$P = \frac{a}{1+r} + \frac{a}{(1+r)^2} + \cdots + \frac{a}{(1+r)^n} \tag{6.15}$$

根据等比数列前 n 项的求和公式可以得到

$$P = \frac{a}{r}\left[1 - \frac{1}{(1+r)^n}\right] \tag{6.16}$$

若收益期为 n 年，$r=0$ 时，则式（6.15）变为

$$P = a + a + \cdots + a = na \tag{6.17}$$

（二）收益期无限

当 $n \to \infty$ 时，则

$$P = \lim_{n \to \infty}\left\{\frac{a}{r}\left[1 - \frac{1}{(1+r)^n}\right]\right\} = \frac{a}{r} \tag{6.18}$$

三、净收益前若干年有变化的公式

设房地产的净收益在前 t 年（含第 t 年）有变化，为 a_i（$i=1,2,\cdots,t$）；其后每年保持不变，均为 a，则有限年和无限年的公式分别如下。

（一）收益期有限

$$P = \sum_{i=1}^{t} \frac{a_i}{(1+r)^i} + \frac{a}{r(1+r)^t}\left[1 - \frac{1}{(1+r)^{n-t}}\right] \tag{6.19}$$

（二）收益期无限

$$P = \sum_{i=1}^{t} \frac{a_i}{(1+r)^i} + \frac{a}{r(1+r)^t} \quad (6.20)$$

四、净收益按等差级数变化的公式

设房地产的净收益 a_i 按一定的数额 b 递增或递减，假设第一年末的净收益为 a，则 $a_i = a \pm (i-1)b$。

（一）净收益按等差级数递增

具体有两种情况：一是收益期为有限年；二是收益期为无限年。

1．收益期为有限年

根据基本公式可推导出

$$P = \left(\frac{a}{r} + \frac{b}{r^2} \right)\left[1 - \frac{1}{(1+r)^n} \right] - \frac{b}{r} \cdot \frac{n}{(1+r)^n} \quad (6.21)$$

2．收益期为无限年

$$P = \frac{a}{r} + \frac{b}{r^2} \quad (6.22)$$

（二）净收益按等差级数递减

净收益按等差 b 递减的公式只存在收益期为有限年的情况，同样根据基本公式可得到

$$P = \left(\frac{a}{r} - \frac{b}{r^2} \right)\left[1 - \frac{1}{(1+r)^n} \right] + \frac{b}{r} \cdot \frac{n}{(1+r)^n} \quad (6.23)$$

此公式必须满足 $n < \frac{a}{b} + 1$，因为净收益第一年为 a，第二年为 $a-b$，…，第 n 年为 $a-(n-1)b$，且 $a-(n-1)b > 0$，即 $n < \frac{a}{b} + 1$。当 $n = \frac{a}{b} + 1$ 时，第 n 年的净收益为零，以后各年的净收益均为负值，任何一个"理性经营者"在 $\frac{a}{b} + 1$ 年后都不会再经营，因此，不存在收益期为无限年的情况。

五、净收益按等比级数变化的公式

净收益 a_i 按一定的比率 s 递增或递减，假设第一年末的净收益为 a，比率为 s。

（一）净收益按一定比率递增

即 $a_i = a(1+s)^{i-1}$，也分两种情况。

1. 收益期为有限年

$$P = \frac{a}{r-s}\left[1-\left(\frac{1+s}{1+r}\right)^n\right] \tag{6.24}$$

式中，$r \neq s$，若 $r = s$，则公式变为

$$P = \frac{a}{1+r} + \frac{a}{1+r} + \cdots + \frac{a}{1+r} = \frac{na}{1+r} \tag{6.25}$$

2. 收益期为无限年

当 $r > s > 0$ 时：

$$P = \frac{a}{r-s} \tag{6.26}$$

而 $s \geq r > 0$ 的情况在现实中不可能出现，因为房地产的净收益不可能以极快的速度无限递增下去，同时较快的递增速度通常意味着较大的风险，此时必须提高报酬率。

（二）净收益按一定比率递减

即 $a_i = a(1-s)^{i-1}$，也分两种情况。

1. 收益期为有限年

$$P = \frac{a}{r+s}\left[1-\left(\frac{1-s}{1+r}\right)^n\right] \tag{6.27}$$

式中，$0 \leq s < 1$。

2. 收益期为无限年

$$P = \frac{a}{r+s} \tag{6.28}$$

式中，$0 \leq s < 1$。

六、预知未来若干年后房地产价格的公式

假设房地产的净收益在未来前 t 年分别为 $a_1, a_2, \cdots, a_t$，预知第 t 年末的价格为 P_t，则现在的价格为

$$P = \sum_{i=1}^{t}\frac{a_i}{(1+r)^i} + \frac{P_t}{(1+r)^t} \tag{6.29}$$

若房地产的净收益在未来前 t 年都不变，即 $a_i = a$，则公式变为

$$P = \frac{a}{r}\left[1-\frac{1}{(1+r)^t}\right] + \frac{P_t}{(1+r)^t} \tag{6.30}$$

该公式适用于两种情况：一是房地产目前的价格还难以确定，但根据发展前景较容易预测其未来的价格或未来价格相对于当前价格的变化率时，特别是在某地区将会出现较大

改观或房地产市场行情预期有较大变化的情况下;二是对于收益期较长的房地产,有时不是按照其收益期进行估价,而是先确定一个合理的持有期 t,然后预测期间收益和期末转售收益 P_t,再将它们折算为现值,即持有加转售模式收益价值的计算。

【例 6-5】某房地产在 2006 年 3 月 1 日通过有偿出让方式获得 50 年的土地使用权后经建设投入使用,预期每年可获得 100 万元的毛收入,需要运营费用 20 万元,该类房地产的报酬率为 8%。试评估该房地产在 2014 年 3 月 1 日的收益价值。

由式(6.16)在价值时点上,该房地产的收益价值为

$$P = \frac{a}{r}\left[1 - \frac{1}{(1+r)^n}\right] = \frac{100-20}{8\%}\left[1 - \frac{1}{(1+8\%)^{50-8}}\right] = 960.54 \text{(万元)}$$

【例 6-6】已知某宗收益性房地产 40 年收益权利价格为 8 000 元/m^2,报酬率为 10%,试计算其 50 年收益权利的价格。

根据式(6.16),收益期为 n 年,报酬率为 r 的房地产价格为

$$P_n = \frac{a_n}{r}\left[1 - \frac{1}{(1+r)^n}\right]$$

收益期为 N 年,报酬率为 R 的房地产价格为

$$P_N = \frac{a_N}{R}\left[1 - \frac{1}{(1+R)^N}\right]$$

若 P_n 与 P_N 对应的净收益相同,即 $a_n=a_N=a$,对应的报酬率也相同,即 $R=r$,则

$$\frac{P_n}{P_N} = \frac{1-\frac{1}{(1+r)^n}}{1-\frac{1}{(1+r)^N}}$$

所以,

$$P_n = P_N \frac{1-\frac{1}{(1+r)^n}}{1-\frac{1}{(1+r)^N}} \quad (6.31)$$

式(6.31)就是比较法中土地使用期限的调整公式。

因此,根据式(6.31),可得到该宗房地产 50 年收益权利的价格为

$$P_{50} = P_{40} \frac{1-\frac{1}{(1+r)^{50}}}{1-\frac{1}{(1+r)^{40}}} = 8\,000 \times \frac{1-\frac{1}{(1+10\%)^{50}}}{1-\frac{1}{(1+10\%)^{40}}} = 8\,111.06 \text{(元/}m^2\text{)}$$

【例 6-7】某一房地产预计前 5 年的净收益分别为 30 万元、32 万元、33 万元、34 万元、35 万元,第 6 年开始到无限年每年的净收益为 36 万元,如果该类房地产的报酬率为

7%。试评估该房地产目前的收益价值。

分析：根据式（6.20），该房地产的价格为

$$P = \sum_{i=1}^{t} \frac{a_i}{(1+r)^i} + \frac{a}{r(1+r)^t}$$

$$= \frac{30}{(1+7\%)} + \frac{32}{(1+7\%)^2} + \frac{33}{(1+7\%)^3} + \frac{34}{(1+7\%)^4} + \frac{35}{(1+7\%)^5} + \frac{36}{7\%(1+7\%)^5}$$

$$= 500.50 （万元）$$

【例6-8】有一宗房地产，预计未来第一年的净收益为30万元，报酬率为6%，若（1）此后各年的净收益将在上一年的基础上增加1万元；（2）此后各年的净收益将在上一年的基础上增加1%。试分别评估两种情况下房地产的收益价值。

分析：（1）由式（6.22）得到房地产的收益价值为

$$P = \frac{a}{r} + \frac{b}{r^2} = \frac{30}{6\%} + \frac{1}{(6\%)^2} = 777.78 （万元）$$

（2）由式（6.26）得到房地产的收益价值为

$$P = \frac{a}{r-s} = \frac{30}{6\%-1\%} = 600 （万元）$$

【例6-9】某房地产在从2009年末至2014年末的5年中，每年的净收益为20万元，2014年后，每年的净收益逐年递增0.2万元。假设收益期为无限年，报酬率为8%。试评估该房地产在2009年12月31日的价格。

分析：（1）由式（6.22）得到该房地产2014年12月31日的价格为

$$P = \frac{a}{r} + \frac{b}{r^2} = \frac{30}{6\%} + \frac{1}{(6\%)^2} = 777.78 （万元）$$

（2）由式（6.30）得到该房地产2009年12月31日的价格为

$$P = \frac{a}{r}\left[1 - \frac{1}{(1+r)^t}\right] + \frac{P_t}{(1+r)^t} = \frac{20}{8\%} \times \left[1 - \frac{1}{(1+r)^5}\right] + \frac{281.25}{(1+8\%)^5} = 271.27 （万元）$$

【例6-10】预测某房地产未来3年的净收益分别为40万元、45万元、50万元，3年后的价格比现在上涨20%，该类房地产的报酬率为10%。求该房地产现在的价格。

根据式（6.29）得到该房地产现在的价格为

$$P = \sum_{i=1}^{t} \frac{a_i}{(1+r)^i} + \frac{P_t}{(1+r)^t}$$

$$= \frac{40}{1+10\%} + \frac{45}{(1+10\%)^2} + \frac{50}{(1+10\%)^3} + \frac{P(1+20\%)}{(1+10\%)^3}$$

$$= 111.12 + \frac{1.2P}{1.33}$$

$$= 1136.84 （万元）$$

第四节 收益法中的净收益

从收益法的各种计算公式中可以看出,净收益是决定房地产价格的一个重要因素,因此,在估价实践中必须全面了解有关收益性房地产的各种收益和费用情况,科学、合理地确定净收益,才能准确评估房地产的价格。

一、净收益的含义

净收益是指有关收入减去费用后归因于估价对象的收益,一般以年为单位,称为年净收益。房地产的净收益可分为实际收益和客观收益。

实际收益是指估价对象实际获得的收益,它受到多种因素的影响,如果根据实际收益进行估价,所得结果往往缺乏客观合理性。例如,当房地产在评估前和评估时点并未处于最佳利用状态,收益会偏低;当收益权利人经营不善,导致亏损,净收益为零甚至会为负值;当土地处于待开发状态,无当前收益,同时还必须支付有关税费,净收益会为负值等。依据这些实际收益评估出的价格将不能真实地反映房地产本身的价值。

客观收益是估价对象在正常情况下所能获得的收益,或实际收益经剔除特殊的、偶然的因素后的收益。由于房地产估价的结果是用来作为正常市场交易的参考,所以,一般来说,只有这种收益才可以作为估价的依据。

二、净收益测算的基本原理

收益性房地产获取收益的方式,可分为出租和营业两大类。据此,求取净收益的途径可以分为两种:一是基于租赁收入求取净收益,如有大量租赁实例的住宅、写字楼、商铺、停车场、标准厂房、仓库等类房地产;二是基于营业收入求取净收益,如宾馆、影剧院、娱乐中心、汽车加油站等类房地产。有些房地产既有大量租赁实例又有营业收入,如商铺、餐馆、农地等。在实际估价中,只要是能够通过租赁收入求取净收益的,应优先通过租赁收入求取净收益。因此,基于租赁收入求取净收益的收益法是收益法的典型形式。

(一)基于租赁收入测算净收益的基本原理

基于租赁收入测算净收益的基本公式为:

$$净收益=潜在毛租金收入-空置和收租损失+其他收入-运营费用$$
$$=有效毛收入-运营费用 \quad (6.32)$$

净收益是净运营收益(Net Operating Income,NOI)的简称,是有效毛收入减去由出租人负担的运营费用后的收益。

有效毛收入（Effective Gross Income，EGI），是潜在毛收入减去空置和收租损失后的收入。

潜在毛收入（Potential Gross Income，PGI），是房地产在充分利用、没有空置和收租损失情况下所能获得的归因于房地产的总收入。住宅、写字楼、商铺等出租型房地产的潜在毛收入，为潜在毛租金收入加上各种其他收入。潜在毛租金收入等于全部可出租面积与最可能的租金水平的乘积。各种其他收入是租赁保证金或押金的利息收入，以及洗衣房、自动售货机、投币电话等的收入。

空置的面积没有收入。收租损失是指因承租人拖欠租金等造成的收入损失，包括延迟支付租金、少付租金、不付租金、免租期造成的收入损失。空置和收租损失通常按照潜在毛租金收入的一定比例估算。

运营费用，是指维持房地产正常使用或营业的必要支出，包括房地产税、房屋保险费、物业服务费、管理费用、维修费、水电费等。运营费用是从估价角度出发的，与会计上的成本费用有所不同，通常不包含房地产抵押贷款还本付息额、房地产折旧额、房地产改扩建费用和所得税。

运营费用与有效毛收入的百分比，称为运营费用率（Operating Expense Ratio，OER）。某些类型的房地产，其运营费用率有一个相对固定的范围，因此可以找出市场上不同类型的房地产的运营费用率，以供具体估价时测算估价对象的运营费用或净收益参考。

净收益与有效毛收入的百分比，称为净收益率（Net Income Ratio，NIR）。因为净收益等于有效毛收入减去运营费用，所以净收益率是运营费用率的补集。

潜在毛收入、有效毛收入、运营费用、净收益等，通常以年度计，并假设在年末发生。

（二）基于营业收入测算净收益的基本原理

有些收益性房地产通常不是以租赁方式而是以营业方式获取收益，业主与经营者合而为一，如旅馆、娱乐中心、汽车加油站等。这类房地产的净收益测算与基于租赁收入的净收益测算主要有两个不同：一是潜在毛收入或有效毛收入变成了经营收入；二是要扣除归属于其他资本或经营的收益，如要扣除商业、餐饮、工业、农业等经营者的正常利润。例如，某饭店的正常经营收入、费用及利润分别为50万元、10万元和15万元，则基于营业收入测算的房地产净收益为50-10-15=25万元。基于租赁收入测算净收益由于归属于其他资本或经营的收益在房地产租金之外，实际上已经扣除，所以就不再扣除归属于其他资本或经营的收益。

三、不同收益类型房地产净收益的测算

估价对象的收益类型不同，净收益的测算会有所不同，可简单归纳为四种情况，即出租的房地产；非出租型房地产；自用或尚未使用的房地产；混合收益的房地产。

（一）出租的房地产净收益测算

出租的房地产是收益法估价的典型对象，其净收益通常为租赁收入扣除由出租人负担的费用后的余额。

租赁收入包括租金和租赁保证金或押金的利息收入等收入。租金有固定租金和变动租金。变动租金又有多种形式。

出租人负担的费用，根据真正的房租构成因素（地租、房屋折旧费、维修费、管理费、投资利息、保险费、房地产税、租赁费用、租赁税费和利润），一般为其中的维修费、管理费、保险费、房地产税、租赁费用、租赁税费。

在实际测算净收益时，通常是在分析租赁合同的基础上决定应扣除的费用项目。如果租赁合同约定保证合法、安全、正常使用所需要的各项费用均由出租人负担，则应将它们全部扣除；如果租赁合同约定部分或全部费用由承租人负担，则出租人所得的租赁收入就接近于净收益，此时应扣除的费用项目就要相应减少，当按照惯例确定出租人负担费用的时候就要注意与租金水平相匹配。在现实的房地产租赁中，如果出租人负担的费用项目多，名义租金就会高一些；如果承租人负担的费用项目多，则名义租金就会低一些。

【例6-11】有一建筑面积 1 000 m^2 的写字楼，其月毛租金水平为 200 元/m^2，空置率为 20%，租金损失为毛租金收入的 1%，合理运营费用为有效租金收入的 30%，则写字楼的年净收益为多少？

$$潜在毛收入 = 200 \times 1\,000 \times 12 = 240（万元）$$

$$有效毛收入 = 240 \times (1-20\%) \times (1-1\%) = 190.08（万元）$$

$$合理运营费用 = 190.08 \times 30\% = 57.024（万元）$$

$$净收益 = 190.08 - 57.024 = 133.056（万元）$$

（二）非出租型房地产

自营的房地产的最大特点是，房地产所有者同时也是经营者，房地产租金与经营者利润没有分开。

1. 商服经营型房地产

商服经营型房地产应根据经营资料测算净收益，净收益为经营收入减去经营成本、经营费用、经营税金及附加、管理费用、财务费用以及属于商服经营者的利润。

2. 工业生产型房地产

工业生产型房地产应根据产品市场价格和原材料、人工费用等资料测算净收益，净收益为产品销售收入减去生产成本、销售费用、销售税金及附加、管理费用、财务费用以及应归属于生产者的利润。

3. 农地净收益的测算

农地净收益的测算是由农地年产值（全年农产品的产量乘以单价）扣除种苗费、肥料费、农药费、水电费、人工费、畜工费、机工费、运输费、农具折旧费、农舍折旧费、投资利息、农业税、农业利润等。

（三）自用或尚未使用的房地产净收益测算

自用或尚未使用的房地产是指住宅、写字楼等目前为业主自用或暂时空置的房地产，而不是指写字楼、宾馆的大堂、管理用房等所必要的"空置"或自用部分。写字楼、宾馆的大堂、管理用房等的价值是通过其他用房的收益体现出来的，因此其净收益不应再单独计算。自用或尚未使用的房地产的净收益，可比照有收益的类似房地产的有关资料按上述相应方式测算，或通过类似房地产的净收益的直接比较调整得出。

（四）混合收益的房地产净收益测算

现实中包含上述多种收益类型的房地产，如宾馆一般有客房、会议室、餐厅、商场、商务中心、娱乐中心等，其净收益视具体情况采取下列三种方式之一求取。

（1）把费用分为变动费用和固定费用，将测算出的各种类型的收入分别减去相应的变动费用，予以加总后再减去总的固定费用。顾名思义，变动费用是指其总额随着业务量的变动而变动的费用；固定费用是指其总额不随业务量的变动而变动的费用。

（2）首先测算各种类型的收入，然后测算各种类型的费用，再将总收入减去总费用。

（3）把混合收益的房地产看成是各种单一收益房地产的简单组合，先分别根据各自的收入和费用求出各自的净收益，然后将所有的净收益相加。

四、租约对净收益的影响

根据估价规范，房地产有租约限制的，必须考虑租约对房地产价格的影响。租约期内的租金，宜采用租赁合同约定的租金，租赁期限外的租金应采用正常客观的市场租金。许多房地产在买卖时仍有未到期的租约，购买者必须尊重并履行这些租约的各项条款，这叫附有租约的房地产。现存租约的租金与市场租金不一致，就会影响到房地产的价格。当租约的租金高于市场租金时，房地产的价格就高一些；反之，就低一些。当二者相差较大时，毁约的可能性也较大，这对房地产的价格同样有影响。

【例 6-12】某商店所占用土地的使用年限为 40 年，从 2011 年 10 月 1 日起计。该商店共有两层，每层出租面积为 200m²。一层于 2012 年 10 月 1 日租出，租期为 5 年，月租金为 180 元/m²，且每年不变；二层暂空置。附近类似商场一、二层的正常月租金分别为 200 元/m² 和 180 元/m²，运营费用率为 25%。该类房地产的报酬率为 9%，如图 6-4 所示。试估算该商店 2014 年 10 月 1 日带租约出售时的正常价格。

（1）估算商店一层 2014 年 10 月 1 日的收益价值 P_1

$$租约期内年净收益 = 200 \times 180 \times (1-25\%) \times 12 = 32.40（万元）$$

$$租约期外年净收益 = 200 \times 200 \times (1-25\%) \times 12 = 36（万元）$$

$$P_1 = \frac{32.40}{(1+9\%)} + \frac{32.40}{(1+9\%)^2} + \frac{32.40}{(1+9\%)^3} + \frac{36}{9\% \times (1+9\%)^3} \times \left[1 - \frac{1}{(1+9\%)^{40-3-3}}\right] = 374.40 \text{（万元）}$$

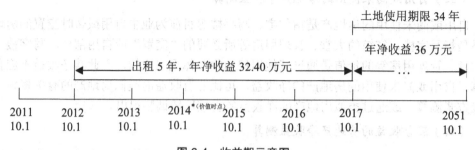

图 6-4 收益期示意图

（2）估算商店二层 2014 年 10 月 1 日的收益价值 P_2

年净收益 $=180 \times 200 \times (1-25\%) \times 12 = 32.40$（万元）

$$P_2 = \frac{32.40}{9\%} \times \left[1 - \frac{1}{(1+9\%)^{40-3}}\right] = 345.16 \text{（万元）}$$

（3）估算该商店 2014 年 10 月 1 日带租约出售时的正常价格 P

$$P = P_1 + P_2 = 374.40 + 345.16 = 719.56 \text{（万元）}$$

同一宗房地产，有租约限制下的价格（或称为出租人权益价格）、无租约限制下的价格（或称为完全产权价格）和承租人权益价格三者之间的关系为

完全产权价格 = 出租人权益价格 + 承租人权益价格 （6.33）

如果合同租金低于市场租金，则承租人权益就有价值；若合同租金高于市场租金，则承租人权益就是负价值。承租人权益的价值等于剩余租赁期间各期合同租金与市场租金差额的现值之和。

【例 6-13】某公司 2 年前租用了 $1\,000 \text{m}^2$ 的写字楼，并与写字楼所有权人签订了租赁合同，约定租赁期限 15 年，月租金固定不变为 150 元/m^2。现市场上类似写字楼的月租金为 200 元/m^2，假设报酬率为 7%，请计算目前承租人权益的价值。

根据下面公式计算目前承租人权益的价值为

$$P = \frac{a}{r}\left[1 - \frac{1}{(1+r)^n}\right] = \frac{(200-150) \times 1\,000 \times 12}{7\%} \times \left[1 - \frac{1}{(1+7\%)^{15-2}}\right] = 501.46 \text{（万元）}$$

第五节　收益法中的报酬率

净收益确定之后，接下来就要确定报酬率，它是决定评估价格的关键因素。这是因为当报酬率的数值有较小变动时,就会导致评估价格发生显著改变。相对于净收益,评估价格对报酬率的变化更加敏感。因此,估价人员必须慎重对待收益法中的报酬率。

一、报酬率的实质

从前面介绍的资金的时间价值中得知,通常用利息和利率作为衡量资金时间价值的尺度,根据利息的计算方法,一年期的利息收入为

$$利息收入 = 某一货币额 \times 利率 \tag{6.34}$$

可以将购买收益性房地产看成是一种投资,这种投资所需投入的货币额就是房地产的价格,试图获取的收益就是房地产预期产生的净收益。根据收益法中收益期无限的计算公式可以得到

$$净收益 = 房地产价格 \times 报酬率 \tag{6.35}$$

比较式(6.34)和式(6.35),可以看出,如果净收益与利息收入相当,那么报酬率就应该与利率相当。银行的利率被看成资本化率,实质上是一种投资收益率,因此,报酬率本质上也是一种投资收益率,它与收益率、回报率、盈利率和利率在本质上是相同的。投资既要获取收益,又要承担风险,投资者的愿望是以较小的风险来获得较大的收益,但在一个较为完善的市场中,要获得较高的投资收益就意味着要承担较高的风险,即收益率与投资风险呈正相关。银行存款风险很小,但利率低,因此收益也低;将资金购买股票,可能报酬率高,但风险也大。

理解了投资收益率与投资风险的关系,实际上就把握住了求取报酬率的方法,即估价采用的报酬率应等同于与获取估价对象纯收益具有同等风险的资本收益率。因此,房地产估价中不存在统一不变的报酬率,报酬率的高低取决于获取净收益的风险大小。不同地区、不同时期、不同类型的房地产,同一类型房地产的不同权益、不同收益类型,由于投资的风险不同,报酬率是不尽相同的。

基于上述分析,可以从以下几个方面对报酬率进行把握。

(1)必须为正值,如果报酬率 $r<0$,则表示该宗房地产投资收益亏损,不能取得年净收益;

(2)报酬率的最小值必须高于银行同期定期储蓄利率或国债利率,否则此项投资不合算,不如将资金存入银行或购买国债。

(3)在物价变动的情况下,其应能弥补物价变动所造成的货币贬值或增值。

(4)与投资风险成正比,即投资风险越大的项目,其值应越大;反之,则越小。

二、报酬率的求取方法

求取报酬率时,通常采用以下几种方法。

(一)市场提取法

市场提取法是评估人员搜集市场上近期交易的与待估价房地产相类似的房地产(至少三宗)的净收益、交易价格等数据,选用相应的收益法公式,测算出各自的报酬率,并对这些报酬率求算术平均值或加权算术平均值,最终取得待估价房地产报酬率的一种方法。例如,搜集到3个与待估价房地产相类似的交易案例,数据如表6-2所示。求取表6-2中的3个可比实例所对应的报酬率的简单算术平均值,就可以得到待估价房地产的报酬率为

$$r = \frac{11.4\% + 11.7\% + 12.3\%}{3} = 11.8\%$$

上面求取报酬率的方法是假设收益期为无限年。当收益期为有限年时,需要根据第三节中的估价公式适当调整。

表 6-2 可比实例及相关资料

可比实例	净收益/万元/年	价格/万元	报酬率/%
1	12	105	11.4
2	21	180	11.7
3	15	122	12.3

注:表中使用的公式为:报酬率=净收益/交易价格。

(二)累加法

该方法是以安全利率加风险调整值作为报酬率的方法。

首先,选择安全利率。安全利率又称为无风险投资的收益率,通常可选用同一时期的一年期国债利率或银行的一年定期存款利率。

其次,确定风险调整值。风险调整值的合理确定,是该法的关键。根据待估价房地产所处地区的社会经济环境及未来发展趋势,同时考虑它的用途和新旧程度等各种因素,确定风险调整值。通常,在一定的时间和地域范围内,商业零售用房、写字楼、住宅、工业用房的投资风险依次降低,风险调整值也相应下降。

(三)投资收益率排序插入法

由于具有同等风险的各种投资的收益率应该是相近的,所以可以通过与获取估价对象纯收益具有同等风险的其他投资的收益率来求取估价对象的报酬率。具体步骤如下。

首先,调查、搜集估价对象所在地区的房地产投资、其他相关投资的收益率和风险程度的资料,如银行存款、贷款、政府债券、保险、企业债券、股票、基金以及有关领域的投资收益率等。

其次,将所搜集的不同类型投资的收益率按从低到高的顺序排列,制成图表,如图6-5所示。

再次,将估价对象与这些类型投资的风险程度进行分析比较,判断出同等风险的投资,

确定估价对象风险程度应在的位置。

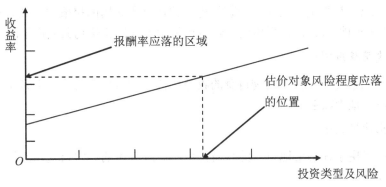

图 6-5 投资收益率排序插入法

最后，根据估价对象风险程度所在的位置，在图表上确定出对应的收益率，作为估价对象房地产的报酬率。

（四）复合投资收益率法

复合投资收益率是将购买房地产的抵押贷款收益率与自有资本收益率的加权平均数作为报酬率。其计算公式为

$$r = M \cdot r_M + (1-M) \cdot r_E \tag{6.36}$$

式中：r——报酬率（%）；

M——贷款价值比率（%），即抵押贷款额占房地产价格的比率；

r_M——抵押贷款的年利率（%），即每年付息额与抵押贷款额的比率；

r_E——自有资本要求的正常收益率（%）。

【例 6-14】在购买住房中，若抵押贷款占八成，抵押贷款的年利率为 5.6%，自有资金要求的年收益率为 9%，则报酬率为

$$r = M \cdot r_M + (1-M) \cdot r_E$$
$$= 80\% \times 5.6\% + (1-80\%) \times 9\%$$
$$= 6.28\%$$

上面介绍了四种求取报酬率的方法，但这些方法都有一定的主观性，需要估价人员根据报酬率的理论，结合实际估价经验以及对当地的投资及房地产市场的充分了解，来做出相应的判断。因此，报酬率的确定同整个房地产估价活动一样，也是科学与艺术的结合。

三、报酬率的种类

在估价实务中，根据估价对象的不同，需选用不同的报酬率，主要有下面三种。

（一）综合报酬率

这是将土地及其建筑物当成一个整体进行评估时所采用的报酬率，此时评估出来的价格是整体房地产的收益价值，采用的净收益也是由土地和建筑物共同产生的。

（二）建筑物报酬率

建筑物报酬率用于评估建筑物自身的收益价值。此时采用的净收益是由建筑物自身产生的，不考虑土地净收益。

（三）土地报酬率

土地报酬率用于评估土地自身的收益价值。此时采用的净收益是由土地自身产生的，不考虑建筑物净收益。

以上三种报酬率之间的关系可用如下公式表示：

$$r = \frac{r_L V_L + r_B V_B}{V_L + V_B} \tag{6.37}$$

式中，r 为综合报酬率；r_L 为土地报酬率；r_B 为建筑物报酬率；V_L 为土地价格；V_B 为建筑物价格。

或者

$$r = L \cdot r_L + B \cdot r_B = L \cdot r_L + (1-L) \cdot r_B = (1-B) \cdot r_L + B \cdot r_B \tag{6.38}$$

式中，r、r_L、r_B 含义同上；L 为土地价格占房地产价格的比率；B 为建筑物价格占房地产价格的比率。

【例 6-15】某宗房地产，土地价格占房地产总价格的 40%，土地报酬率为 7%，建筑物报酬率为 9%，则综合报酬率为

$$r = L \cdot r_L + (1-L) \cdot r_B = 40\% \times 7\% + (1-40\%) \times 9\% = 8.2\%$$

第六节　收益法中的收益期

收益法中的收益期，是预计正常市场和运营状况下估价对象未来可获取净收益的时间，即自价值时点起至估价对象未来不能获取净收益时止的时间。收益期一般根据建设用地使用权剩余期限和建筑物剩余经济寿命来估计。建设用地使用权剩余期限是自价值时点起至建设用地使用权使用期限结束时止的时间。建筑物剩余经济寿命是指自价值时点起至建筑物经济寿命结束时止的时间。

建筑物经济寿命是指建筑物对房地产价值有贡献的时间，具体是指建筑物自竣工时起至其对房地产价值不再有贡献时止的时间。对收益性房地产来说，就是净收益大于零所持续的时间。

一、收益期的确定原则

《中华人民共和国土地管理法》规定,国有土地使用权出让的最高年限,居住用地 70 年,工业用地 50 年,教育、科技、文化卫生、体育用地 50 年,商业、旅游、娱乐用地 40 年,其他或综合用地 50 年。而建筑物的耐用年限也因结构的不同而不同(请参见本书第七章第四节的相关内容)。例如,某宗地规定的建设用地使用权出让年限是 40 年,取得建设用地使用权后,开发建设期是 3 年,所建设的建筑物为钢混结构,经济寿命为 60 年。由于二者剩余使用期限上存在差别,使得收益期的确定需要特殊处理。

在估价规范中,对此种情况的处理做出了相应的规定,收益期应按照下列原则确定。

(一)各自确定原则

当单独进行土地或建筑物的估价时,应分别根据建设用地使用权剩余期限和建筑物剩余经济寿命确定收益期。

(二)先行结束原则

该原则是针对土地、建筑物合一估价而言的,即从价值时点起,比较建设用地使用权剩余期限和建筑物剩余经济寿命,以先期结束者所对应的期限为收益期。

二、收益期的确定方法

收益期的确定方法分为以下三种情况进行介绍。

(一)土地估价

当单独评估土地价值时,应根据建设用地使用权剩余期限来确定收益期,并选用收益期为有限年的公式计算价格。

建设用地使用权剩余期限的计算公式为

建设用地使用权剩余期限 = 建设用地使用权出让期限 –(估价时点 – 出让时点)　(6.39)

(二)建筑物估价

当单独评估建筑物价值时,应根据建筑物剩余经济寿命来确定收益期,并选用收益期为有限年的公式计算价格。

建筑物剩余经济寿命的计算公式为

　建筑物剩余经济寿命 = 建筑物经济寿命 –(估价时点 – 建筑物建成时点)　　(6.40)

(三)房地估价

土地、建筑物合一估价时,会遇到建筑物剩余经济寿命和建设用地使用权剩余期限不一致的情况,应分不同情况进行考虑。

1. 建筑物剩余经济寿命与建设用地使用权剩余期限相同

收益期应为建设用地使用权剩余期限或建筑物剩余经济寿命。

2. 建筑物剩余经济寿命超过建设用地使用权剩余期限

在这种情况下，可分为两种情况：一种是出让合同约定土地使用权届满后无偿收回土地使用权及地上建筑物，房地产的价值等于以建设用地使用权剩余期限为收益期计算的价值。

第二种是出让合同约定土地使用权届满后无偿收回土地使用权，并根据收回时建筑物的残余价值给予土地使用者相应补偿，此时，房地产的价值等于以建设用地使用权剩余期限为收益期计算的价值，加上建筑物在收益期结束时的价值折现到价值时点的价值。

收益期的判断原则和方法，同样适用于第七章中折旧年限的判断。

【例 6-16】有一宗地，建设用地使用权出让年限为 50 年，建设周期为 3 年，建筑物的结构为钢筋混凝土结构，经济寿命为 60 年，合同约定土地使用权到期无偿收回土地使用权及地上建筑物。价值时点为建筑物建成之日。

分析：如图 6-6 所示，至价值时点，建设用地使用权出让期限已经过去 3 年，故建设用地使用权剩余期限还有 47 年；而建筑物剩余经济寿命为 60 年。建筑物剩余经济寿命长于建设用地使用权剩余期限，根据先行结束原则，该房地产的收益期以建设用地使用权剩余期限为准，即为 47 年。

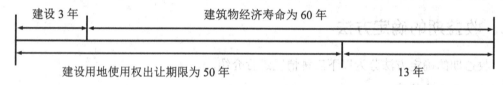

图 6-6 收益期的判定示意图

【例 6-17】建筑物经济寿命为 60 年，该建筑物所占用土地于建筑物建成 6 年后出让，建设用地使用权出让期限为 50 年，出让合同约定土地使用权到期无偿收回土地使用权，并对建筑物给予适当补偿。价值时点为土地出让之日。

分析：如图 6-7 所示，该建筑物建成至价值时点，已过去 6 年，故建筑物剩余经济寿命为 54 年，而建设用地使用权剩余期限为 50 年。建筑物剩余经济寿命长于建设用地使用权剩余期限，根据先行结束原则，该房地产的收益期以建设用地使用权剩余期限为准，即为 50 年，房地产价值应为 50 年的收益价值加上 4 年建筑物价值折现到价值时点的价值。

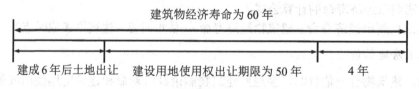

图 6-7 收益期的判定示意图

3. 建筑物剩余经济寿命短于建设用地使用权剩余期限

在这种情况下,房地产的价值等于以建筑物剩余经济寿命为收益期计算的价值,然后再加上自收益期结束时起计算的剩余期限建设用地使用权在价值时点的价值。

需要注意的是,当收益期较长、难以预测该期限内各年的净收益时,应估计持有期。持有期根据市场上投资者对同类房地产的典型持有时间,以及能够预测期间收益的一般期限来确定,一般为5~10年。

【例6-18】建设用地使用权出让期限为70年,该宗土地出让后进行建设,建设周期为3年,所建建筑物经济寿命为50年。价值时点为建筑物建成之日。

分析:如图6-8所示,至价值时点,建设用地使用权出让期限已经过去3年,故建设用地使用权剩余期限还有67年;而建筑物剩余经济寿命为50年,建筑物剩余经济寿命短于建设用地使用权剩余期限,根据先行结束原则,该房地产的收益期以建筑物剩余经济寿命为准,即为50年。

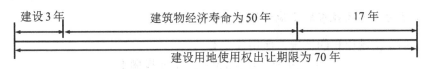

图6-8 收益期的判定示意图

需要注意的是,建筑物经济寿命终了后,建设用地使用权剩余期限还有17年,故应考虑将剩下17年的土地使用权价值折现为现值。

【例6-19】建筑物经济寿命为40年,该建筑物所占用土地于建筑物建成10年后出让,建设用地使用权出让期限为50年,价值时点为土地出让之日。

分析:如图6-9所示,该建筑物建成至价值时点,已过去10年,故建筑物剩余经济寿命为30年,而建设用地使用权剩余期限为50年。建筑物剩余经济寿命短于建设用地使用权剩余期限,根据先行结束原则,该房地产的收益期以建筑物剩余经济寿命为准,即为30年。

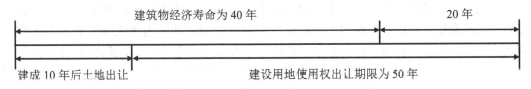

图6-9 收益期的判定示意图

同样需要注意的是,建筑物经济寿命终了后,建设用地使用权剩余期限还有20年,故应考虑将剩下20年的土地使用权价值折现为现值。

第七节 收益法的总结与应用

收益法是评估收益性房地产的一种重要方法,它是通过预测估价对象未来的正常净收益,确定适当的报酬率,选用合适的公式进行估价的一种方法,但由于净收益和报酬率受多种因素影响,因此该方法又是估价实践中难度较大的一种方法,为了更好地掌握上述内容,本节从估价实践的角度,对内容进行概括总结,并给出具体应用实例。

一、收益法总结

在估价实践中,利用收益法评估房地产价格时,可能会遇到下列四种情况。
下面假设土地使用期限为无限年,给出各种公式,有限年根据这种思路同样可以得到。

(一) 依据土地收益求取土地价格

一般适用于空地出租的情况,所用公式有:

$$土地价格 = 土地净收益/土地报酬率 \tag{6.41}$$

$$土地净收益 = 土地总收益 - 土地总费用 \tag{6.42}$$

$$土地总费用 = 管理费 + 维护费 + 税金 \tag{6.43}$$

(二) 依据房地收益求取房地价格

所用公式主要有:

$$房地产价格 = 房地产净收益/综合报酬率 \tag{6.44}$$

$$房地产净收益 = 房地产总收益 - 房地产总费用 \tag{6.45}$$

$$房地产总费用 = 管理费 + 维修费 + 保险费 + 税金 \tag{6.46}$$

(三) 依据房地收益求取土地价格(土地残余法)

土地及其上的建筑物共同产生收益,如果依据收益法以外的方法求得建筑物的价格,则可利用收益法公式得到建筑物的净收益,然后从房地的总收益中扣除属于建筑物的收益,得到土地的净收益,再以土地的报酬率还原,即可得到土地的价格。其计算公式为

$$土地价格 = (房地产净收益 - 建筑物净收益)/土地报酬率 \tag{6.47}$$

$$建筑物净收益 = 建筑物现值 \times 建筑物报酬率 \tag{6.48}$$

$$建筑物现值 = 建筑物重置价 - 年折旧 \times 已使用年数 \tag{6.49}$$

$$年折旧 = \frac{建筑物重置价 - 残值}{经济寿命} = \frac{建筑物重置价 \times (1-残值率)}{经济寿命} \tag{6.50}$$

或

$$土地价格 = 房地产价格 - 建筑物现值 \quad (6.51)$$

（四）依据房地收益求取建筑物价格（建筑物残余法）

土地及其上的建筑物共同产生收益，如果依据收益法以外的方法求取土地价格，则可利用收益法公式得到土地的净收益，然后从土地及其上的建筑物共同产生的净收益中，扣除归属于土地的部分，求得建筑物的净收益，再将此收益以建筑物的报酬率还原，即可得到建筑物的收益价格。其计算公式为

$$建筑物价格 =（房地产净收益 - 土地净收益）/ 建筑物报酬率 \quad (6.52)$$

或

$$建筑物价格 = 房地产价格 - 土地价格 \quad (6.53)$$

【例 6-20】 某房地产的年净收益为 50 万元，用其他方法估价得到建筑物的价值为 200 万元，建筑物报酬率为 8%，土地报酬率为 6%，收益期为 50 年。试求该宗房地产的价值。

已知建筑物的价值和报酬率，由公式

$$P = \frac{a_1}{r}\left[1 - \frac{1}{(1+r)^n}\right]$$

可得到建筑物的净收益为

$$200 = \frac{a_1}{8\%} \times \left[1 - \frac{1}{(1+8\%)^{50}}\right]$$

可求得建筑物净收益 a_1=16.35 万元，由此可得到土地的净收益为

$$a_2 = 50 - 16.35 = 33.65（万元）$$

所以

$$土地价格 = \frac{33.65}{6\%} \times \left[1 - \frac{1}{(1+6\%)^{50}}\right] = 530.39（万元）$$

由此得到

$$房地产价格 = 土地价格 + 建筑物价值 = 530.39 + 200 = 730.39（万元）$$

二、收益法应用

下面以具体实例说明收益法的应用。

（一）实例一

某房地产公司于 2008 年 5 月以有偿出让方式取得一块土地的 50 年使用权，并于 2010 年 5 月在此地块上建成一座钢筋混凝土结构的写字楼，当时造价为每平方米 8 000 元，经济寿命为 60 年，残值率为 0。2014 年，该类建筑重置价为每平方米 10 000 元。该建筑物

占地面积 500 平方米，建筑面积 900 平方米，现用于出租，每月平均实收租金 15 万元，据调查，当地同类写字楼出租租金一般为每月每平方米 200 元，空置率为 10%，每年需支付的管理费为年租金的 3.5%，维修费为重置价的 2%，房产税为年总收益的 12%，保险费为重置价的 0.2%，土地报酬率为 7%，建筑物报酬率为 8%。试根据以上资料评估该宗地 2014 年 5 月的土地使用权价格。

该实例选用收益法进行估价，估价过程如下。

1．计算总收益

总收益应为客观收益而不是实际收益。

$$年总收益 = 200 \times 12 \times 900 \times (1-10\%) = 1\,944\,000 \text{（元）}$$

2．计算总费用

按照题意，总费用主要包括以下几项：

$$年管理费 = 1\,944\,000 \times 3.5\% = 68\,040 \text{（元）}$$

$$年维修费 = 10\,000 \times 900 \times 2\% = 180\,000 \text{（元）}$$

$$年税金 = 1\,944\,000 \times 12\% = 233\,280 \text{（元）}$$

$$年保险费 = 10\,000 \times 900 \times 0.2\% = 18\,000 \text{（元）}$$

$$年总费用 = 68\,040 + 180\,000 + 233\,280 + 18\,000 = 499\,320 \text{（元）}$$

3．计算房地产净收益

$$房地产年净收益 = 年总收益 - 年总费用 = 1\,944\,000 - 499\,320 = 1\,444\,680 \text{（元）}$$

4．计算房屋净收益

（1）计算年折旧费

年折旧费本来应该根据房屋的经济寿命确定，但在本例中，土地使用期限短于房屋经济寿命，按照前面介绍的收益期确定方法，应按土地使用期限确定。根据《城市房地产管理法》第二十一条规定，土地使用权出让年限届满，土地使用权由国家无偿收回。所以该例中房屋重置价必须在可使用期限内全部收回，房屋尚可使用的期限为 50－2＝48 年，视为土地使用权年限届满，地上建筑物一并由政府无偿收回。

$$年折旧费 = \frac{建筑物重置价 - 残值}{经济寿命} = \frac{10\,000 \times 900 - 0}{48} = 187\,500 \text{（元）}$$

（2）计算房屋现值

$$建筑物现值 = 建筑物重置价 - 年折旧 \times 已使用年数$$

$$= 10\,000 \times 900 - 187\,500 \times 4 = 8\,250\,000 \text{（元）}$$

（3）计算房屋净收益

房屋从 2014 年 5 月尚有 50－6＝44 年的收益期，根据收益期为有限年的计算公式

可得到房屋年净收益，即

$$8\,250\,000 = \frac{a}{8\%} \times \left[1 - \frac{1}{(1+8\%)^{44}}\right]$$

求得

$$房屋年净收益 = 683\,113（元）$$

5．计算土地净收益

$$土地净收益 = 房地产年净收益 - 房屋年净收益 = 761\,567（元）$$

6．计算土地使用权价格

土地使用权在 2014 年 5 月剩余使用期限为 50 - 6 = 44 年，因此土地价格为

$$P = \frac{a}{r}\left[1 - \frac{1}{(1+r)^n}\right] = \frac{761\,567}{7\%} \times \left[1 - \frac{1}{(1+7\%)^{44}}\right] = 1\,032.53（万元）$$

$$单价 = \frac{10\,325\,300}{500} = 20\,651（元/m^2）$$

（二）实例二

今有一占地面积 150 m²、建筑面积 100 m² 的平房，建设用地使用权出让期限为 60 年，从 2006 年 2 月 10 日起算。2007 年 2 月 10 日该平房建成并投入使用，经济寿命为 60 年。建筑物原值 1 000 元/m²，残值率为 2%。此平房出租每月租金 3 000 元，押金 10 000 元，押金运用收益率为 8%，综合报酬率为 10%，租金损失按 1 个月租金收入计提，房产税等税金合计为年租金收入的 20%，经常费按建筑物原值的 4% 计算。根据上述资料，评估该出租房屋 2014 年 2 月 10 日的收益价值。

（1）潜在毛收入：$3\,000 \times 12 + 10\,000 \times 8\% = 36\,800$（元）

（2）有效毛收入：$36\,800 - 3\,000 = 33\,800$（元）

（3）运营费用：税费：$33\,800 \times 20\% = 6\,760$（元）

　　　　　　　经常费：$1\,000 \times 100 \times 4\% = 4\,000$（元）

（4）净收益：$33\,800 - 6\,760 - 4\,000 = 23\,040$（元）

（5）收益价值：$P = \frac{a}{r}\left[1 - \frac{1}{(1+r)^n}\right] = \frac{23\,040}{10\%} \times \left[1 - \frac{1}{(1+10\%)^{60-8}}\right] = 228\,778$（元）

本章小结

对于收益性或具有潜在收益的物业来说，收益法被认为是一种较为有效的估价方法，

它是三大估价方法中的第二种方法。本章首先以资金时间价值为切入点，在此基础上阐述了收益法的基本概念、理论依据、适用范围及估价步骤；其次，在给出基本估价公式的基础上，给出两个常用估价公式及其他变形公式，并较为详细地阐述了净收益和报酬率的含义及求取方法；针对收益期的问题进行了讨论，清楚地界定了当建设用地剩余使用期限和建筑物剩余经济寿命不一致时收益期的确定问题；本章最后从估价实践的角度对收益法的内容进行了总结提炼，并举例说明了收益法的具体应用。

综合练习

一、单选题

1. 用收益法评估某宗房地产的价格时，除有租约限制的以外，应选取（　　）净收益作为估价依据。

  A. 类似房地产的客观　　　　B. 类似房地产的实际
  C. 类似房地产的最高　　　　D. 类似房地产的最低

2. 已知某房地产40年收益价值为150万元，该房地产报酬率为10%，那么该宗房地产30年收益价值为（　　）万元。

  A. 132.4　　B. 144.6　　C. 155.6　　D. 112.5

3. 某宗房地产，净收益每年50万元，建筑物价值200万元，建筑报酬率为12%，土地报酬率为10%，则该宗房地产的总价值为（　　）万元。

  A. 417　　B. 500　　C. 460　　D. 450

二、判断题

1. 在计算净收益时，潜在毛收入、有效毛收入、运营费用、净收益通常以年度计，并假设在年末发生。（　　）

2. 在确定收益期时，如果建筑物剩余经济寿命早于建设用地剩余使用期限而结束的，可以先根据建筑物剩余经济寿命来确定，选取相应的收益期为有限年的公式进行计算。（　　）

3. 运用收益法公式测算地价时，未来各年的报酬率应该相等。（　　）

4. 收益法中采用的报酬率，从理论上讲，应等于与获取净收益具有同等风险的资本的获利率。（　　）

三、简答题

1. 用文字和公式阐述收益法的基本原理。
2. 收益法的适用范围和估价步骤分别是什么？

3. 如何求取净收益？应注意什么？
4. 报酬率的本质是什么？求取报酬率的基本方法有哪些？
5. 收益期如何确定？

四、名词解释

资金时间价值　折现　净收益　客观收益　收益期　收益法　报酬率

五、计算题

1. 某一房地产预计前5年的净收益分别为50万元、52万元、53万元、54万元、55万元，第6年开始到无限年每年的净收益为56万元，如果该类房地产的报酬率为6%。试评估该房地产目前的收益价格。

2. 某市一块估价房地产总用地面积为3 978.09m^2，厂房分摊土地面积为2 443.35m^2，办公楼分摊土地面积为1 534.74m^2。总建筑面积的情况如下：厂房建筑面积为1 097.56m^2，办公楼建筑面积为689.41m^2，1987年8月建成，厂房生产用房经济寿命为50年，办公楼经济寿命为60年，厂房和办公楼均为钢筋混凝土结构。该土地在2014年8月出让，出让期限为50年，试评估该房地产出让时的价格。

现根据市场调查的结果，确定估价对象的月租金如下：厂房为13元/m^2，厂区内办公楼为20元/m^2，有效出租面积比率为80%，出租率为80%。

各项费用构成如下：（1）管理费按房地产年总收益的3%收取。（2）维修费按建筑物重置价的2.0%计收。根据该市建设安装定额和取费标准，参考类似工程的造价，确定本例中厂房和办公楼的重置价为880元/m^2。（3）保险费按房屋现值的2‰计算。（4）房产税按房地产年总收益的12%计算。（5）营业税、城市维护建设费及教育费附加：营业税按房地产年总收益的5.5%，城市维护建设费及教育费附加分别按营业税的7%、3%计算。

土地报酬率为6%，建筑物报酬率为8%，综合报酬率为7%。根据当地基准地价资料查得该宗地所在级别的工业用地基准地价为400元/m^2（50年），办公用地参照工业用地价格测算。

六、实训题

4~5位同学组成一组，选择一处收益性物业，运用收益法求出该物业的收益价格。
要求：
1. 各组首先选择一处收益性物业，实地调研其收益和费用状况；
2. 确定本例所需的报酬率；
3. 结合本章学过的理论知识，评估物业价格；
4. 每组写出一份调研报告；
5. 各组学生进行互评，最后任课教师点评。

推荐阅读资料

全国房地产评估师执业资格考试用书：中国房地产评估师与房地产经纪人学会. 房地产估价理论与方法[M]. 北京：中国建筑工业出版社，2015：212-266.

网上资源

1. 易居中国：http://www.ehousechina.com/cn/
2. 中国房地产测评中心：http://bj.house.sina.com.cn/cra/
3. 中国不动产研究中心：http://nj.focus.cn/ztdir/crrc110331/index.php

第七章 成 本 法

学习目标

通过对本章的学习,应掌握如下内容:
- 成本法的基本概念和基本原理;
- 成本法的适用范围和评估程序;
- 成本法的各种类型的计算公式;
- 建筑物重置价格的概念及求取方法;
- 建筑物折旧的相关概念及求取方法;
- 成本法在各种房地产估价中的应用。

导言

成本法是一种考虑因素较少,主要以房地产的重新开发建设成本为导向求取估价对象价格的方法,基本思想是各部分价格的累加。各部分价格不仅包括土地、建筑物的价格,还包括投资开发过程中的各项支出,如管理费用、销售费用、投资利息、销售税费和开发利润等。成本法对缺乏市场性又无收益的房地产是一种有效的方法,最常用于旧建筑物的估价,对它的认识应从基本原理开始。

第一节 成本法概述

成本法,当然是与成本息息相关的,但这里的"成本"与平时的成本是否一样?成本法是如何进行房地产估价的?它的含义及原理是怎样的?用它进行估价的步骤是什么?本节将回答这些问题。

一、成本法的基本概念

成本法,简要地说,是根据估价对象的重置成本或重建成本(本章第三节重点介绍)

来求取估价对象价值或价格的方法;具体地说,就是测算估价对象在价值时点的重置成本或重建成本和折旧,将重置成本或重建成本减去折旧得到估价对象价值或价格的方法。运用成本法进行房地产估价,选择具体估价路径时,应根据估价对象状况和土地市场状况,选择房地合估路径或房地分估路径,并应优先选择房地合估路径。由于任何房地产都可以用成本及费用来进行估算,因此成本法既适用于新开发房地产的估价,又适用于旧的房地产的估价。

因此,成本法中的"成本"和普通意义上的"成本"含义并不完全相同,它包含利润和税金,所以成本法中的"成本",确切地说,应是价格,它不是指发生的历史成本,而是价值时点的成本,同时,它应该是社会平均成本,而不是某房地产开发企业开发过程中实际发生的成本。

二、成本法的基本原理

成本法的理论是建立在生产成本与产品价格之间紧密联系的基础之上的,即经济学中的生产费用价值论。具体可从卖方和买方这两个角度来分析。

从卖方的角度来看,房地产的价格是基于其过去的"生产费用",重在过去的投入。也就是说,卖方所能接受的最低价格不能低于他开发建造该房地产所用的所有花费的总额,如果低于花费总额,卖方就会亏本。

从买方的角度来看,房地产的价格是基于社会上的"生产费用",类似于替代原理,即买方所能接受的价格不能高于他预计的重新开发建造该房地产所需的花费的总额,如果高于这个价格,买方就不如自行开发建造该类房地产。

综上所述,买卖双方经过市场的调节作用,所能接受的共同价格应等于正常的费用总额(包括正常的费用、税金和利润)。这样,估价人员就可以根据开发建造的房地产所需的正常费用、税金和利润之和来估算该房地产的价格。

三、成本法的适用范围

成本法凭借其独特的特征在各种估价方法中占有重要地位,其适用范围为:在无市场依据或市场依据不充分而不宜采用比较法、收益法、假设开发法进行估价的情况下,可采用成本法作为主要的估价方法。从这一适用范围中可以体会到成本法在估价中具有普遍实用性,并且成本法在各种估价方法中具有不可替代的特殊用途,尤其适用于下述房地产估价。

1. 新开发的房地产

如新近开发建造、计划开发建造或者可以假设重新开发建造的房地产,都可以采用成本法估价。

2．无收益的房地产

如学校、图书馆、体育场馆、医院、政府办公楼、军队营房、公园等公用、公益房地产。

3．交易少的房地产

如没有交易实例或交易实例很少，无法应用比较法的房地产估价。

4．特殊建造的房地产

如化工厂、钢铁厂、发电厂、油田、码头、机场等有独特设计或只针对个别用户的特殊需要而开发建造的房地产。

5．特殊目的的房地产

如房地产保险，由于在属于保险范围的内容中，遭受损害的往往是建筑物，保险价值的确定往往是用成本法评估的建筑物价值为依据。如拆迁，如果采用的补偿方法是换地重建，对建筑物的补偿价格也是以成本法评估。

此外，还有很多类型的房地产，如单纯建筑物的估价、需要修正的房地产的估价等。

四、成本法的应用条件

在实际估价中，应注意成本法的应用条件，它是基于"价格等于成本加平均利润"的思想，但现实中的房地产价格往往直接取决于其实际效用，而非开发建造所花费的成本。成本的增减要对效用的增减产生作用才能形成价格，也就是说，房地产成本的增加不一定能增加其价值，花费的成本不多也不一定代表其价值不高。同时，房地产的价格受市场供求的影响也很明显，当供不应求时，房地产价格可能大大高于开发成本；当供过于求时，房地产价格可能低于开发成本。因此，房地产开发成本高，并不意味着房地产价格就必定高；房地产开发成本低，也不意味着房地产价格就必定低。正是由于房地产价格与房地产开发建设成本不是始终成正比，才会出现房地产开发投资有赚钱与赔钱的问题。

鉴于上述原因，要求在使用成本法时应尽量做到"逼近"，所以要注意以下几个问题。

（1）要采用客观成本而不是实际成本。成本可被区分为实际成本和客观成本。实际成本也称为个别成本，是某个单位和个人的实际花费。客观成本也称为正常成本，是假设重新开发建设时大多数单位和个人的一般花费。

（2）要在客观成本的基础上结合选址、规划设计等分析进行调整，如现实中有一些选址不当或规划设计不合理等原因造成不符合市场需求的房地产，在实际估价过程中就需要进行减价调整。

（3）要在客观成本的基础上结合市场供求分析进行价格调整。当房地产市场供大于求时，应在客观成本的基础上调低评估价值；当房地产市场供不应求时，应在客观成本的基础上调高评估价值。因此，在应用成本法时，要做到客观成本加平均利润再加当时的市场效应。

成本法估价房地产比较费时费力,测算重新购建价格和折旧也有一定的难度,必须要对建筑物进行实地勘察。同时要求估价人员具有丰富的估价经验,并具有良好的建筑工程、建筑材料、建筑设备、装饰装修、技术经济和工程造价等方面的专业知识。

五、成本法的估价步骤

运用成本法一般按如下步骤进行。
（1）选择具体估价路径。
（2）测算重置成本或重建成本。
（3）测算折旧。
（4）计算成本价值。

第二节　新开发房地产的成本法

新开发房地产的成本法,是依据开发或建造待估房地产或类似房地产的各项费用之和,包括开发商的各项必要成本费用、应纳税费、正常利润、利息等,来求取房地产价值的方法。

一、基本公式

（一）适用于新开发的房地的基本公式

在新开发的房地（如新建的商品房）的情况下,成本法的基本公式为

$$新开发的房地价值 = 土地取得成本 + 建设成本 + 管理费用 + 销售费用 + 投资利息 + 销售税费 + 开发利润 \qquad (7.1)$$

具体根据房地产价格构成,先分别求取各个构成部分,然后将它们相加。其中,土地是从熟地开始还是从生地、毛地开始,要根据估价对象在价值时点取得土地的具体情况来考虑。

（二）适用于新开发的土地的基本公式

新开发的土地包括征收集体土地并进行"三通一平""五通一平"等基础设施建设和场地平整后的土地,征收国有土地上房屋并进行基础设施建设改造和场地平整后的土地,填海造地,开山造地等。在这种情况下,成本法的基本公式为

新开发的土地价值 = 待开发土地取得成本 + 土地开发成本 + 管理费用 +
　　　　　　　　　销售费用 + 投资利息 + 销售税费 + 开发利润　　　　　（7.2）

上述适用于新开发的土地的基本公式，在具体情况下还会有具体形式。例如，一个新建开发区需要配套建设配电、污水处理、道路、停车场等必要的基础设施和公共服务设施，这些设施为整个开发区服务，不能单独出售。开发区整体开发完成后将土地分块出售或出让，可出售的土地面积也只是总面积的一部分，其平均售价应当是整个开发区的总开发成本在可售土地面积上的平均。具体到某地块，由于所处的区位及用途的不同，其售价应在平均售价的基础上进行用途和区位因素修正，公式为

$$
\begin{aligned}
开发区某宗土地的单价 =& \left(\begin{array}{c} 取得开发区用地的总成本 \end{array} + \begin{array}{c} 土地开发总成本 \end{array} + 总管理费用 + 总销售费用 + 总投资利息 + 总销售税费 + 总开发利润 \right) \div \\
& \left(开发区总面积 \times 可转让土地面积的比率 \right) \times 用途、区位等因素修正系数
\end{aligned}
$$
（7.3）

式（7.3）中

　　可转让土地面积的比率 = 可转让土地的总面积 / 开发区总面积　　（7.4）

（三）适用于新建成的建筑物的基本公式

新建成的建筑物价值为建筑物建设成本及与该建设成本相应的管理费用、销售费用、投资利息、销售税费和开发利润，不包含土地取得成本、土地开发成本以及与土地取得成本、土地开发成本相应的管理费用、销售费用、投资利息、销售税费和开发利润。因此，测算新建成的建筑物价值的基本公式为

新建成的建筑物价值 = 建筑物建设成本 + 管理费用 + 销售费用 + 投资利息 +
　　　　　　　　　　销售税费 + 开发利润　　　　　（7.5）

对于同一房地产，为了某种目的的需要，可以用以上三个公式分别求取房地产价格、土地的价格和建筑物价格，但三个公式中的管理费用、投资利息、销售税费、开发利润的数值都是不同的，公式中的具体项可根据估价对象的实际情况确定，具体数值应依据所估价的房地产所在区域的平均水平确定。

二、新开发房地产价格的构成

新开发房地产价格的构成主要包括以下各项。

（一）土地取得成本

土地取得成本简称土地成本或土地费用，是指购置土地的必要支出，或开发土地的必

要支出及应得利润。

土地取得成本的具体构成因取得土地的途径不同而有所不同。目前取得土地的途径主要有三个：（1）市场购买；（2）征收集体土地；（3）征收国有土地上房屋。在实际估价中，应根据估价对象中的土地在价值时点取得的主要途径，选取上述三个途径之一来求取。

1. 市场购买的土地取得成本

在有活跃的土地交易市场下，土地取得成本一般是由购置土地的价款、应由买方（如房地产开发企业）缴纳的税费和可直接归属于该土地的其他支出构成。目前主要是购买政府招标、拍卖、挂牌出让的土地，或者其他房地产开发企业转让的已完成土地房屋征收补偿的建设用地使用权。在这种情况下，土地取得成本一般包括以下两项。

（1）建设用地使用权价格（简称地价款）。主要是采用比较法求取，也可采用基准地价修正法、成本法求取。

（2）土地取得税费。包括契税、印花税、交易手续费等，通常是根据税法及中央和地方政府部门的有关规定，按照建设用地使用权价格的一定比例来测算。

2. 征收集体土地的土地取得成本

征收集体土地的土地取得成本一般包括土地征收补偿费用、相关税费、地上物拆除费、渣土清运费、场地平整费以及城市基础设施建设费、建设用地使用权出让金等。

（1）土地征收补偿费用

土地征收补偿费用一般由下列四项费用组成。

① 土地补偿费。征收耕地的土地补偿费，为该耕地被征收前3年平均产值的6～10倍。征收其他土地的土地补偿费标准，由省、自治区、直辖市参照征收耕地的土地补偿费的标准规定。

② 安置补助费。征收耕地的安置补助费，按需要安置的农业人口数计算。需要安置的农业人口数，按照被征收的耕地数量除以征地前被征收单位平均每人占有耕地的数量计算。每一个需要安置的农业人口的安置补助费标准，为该耕地被征收前3年平均产值的4～6倍。但是每公顷被征收耕地的安置补助费，最高不得超过征收前3年平均产值的15倍。征收其他土地的安置补助费标准，由省、自治区、直辖市参照征收耕地的安置补助费的标准规定。

③ 地上附着物和青苗的补偿费。地上附着物补偿费是对被征收土地上诸如房屋及其他建筑物（含构筑物）、树木、鱼塘、农田水利设施、蔬菜大棚等给予的补偿费。青苗补偿费是对被征收土地上尚未成熟、不能收获的诸如水稻、小麦、蔬菜、水果等给予的补偿费。地上附着物和青苗的补偿费标准，由省、自治区、直辖市规定。

④ 安排被征地农民的社会保障费用。主要包括四项：养老保险、医疗保险、失业保险和最低生活保障。所需资金，原则上由农民个人、农村集体、当地政府共同承担，具体比例、数额结合当地实际确定。

（2）相关税费

相关税费一般包括以下费用和税金：新菜地开发建设基金（征收城市郊区菜地的）、耕地开垦费（占用耕地的）、耕地占用税（占用耕地的）、征地管理费和政府规定的其他有关费用。

（3）城市基础设施建设费和建设用地使用权出让金

城市基础设施建设费和建设用地使用权出让金一般是按照规定的标准或者采用比较法求取。

3．征收国有土地上房屋的土地取得成本

此情况下的土地取得成本一般包括房屋征收补偿费用、地上物拆除费、渣土清运费、场地平整费以及城市基础设施建设费、建设用地使用权出让金等相关费用。

（1）房屋征收补偿费用是给予被征收人拆迁补偿安置所发生的全部费用，主要包括以下几个方面。

① 被征收房屋补偿费。是对被征收房屋价值的补偿。被征收房屋价值包括被征收房屋及其占用范围内的土地使用权和其他不动产的价值，具体由房地产估价机构根据被征收房屋的区位、用途、建筑结构、建筑面积、新旧程度、装修水平等因素评估确定。

② 搬迁费。根据需要搬迁的家具、电器（如分体式空调、热水器）、机器设备等动产的拆卸、搬运和重新安装费用给予补助。对征收后不可重新利用的动产，根据其残余价值给予相应补偿。

③ 临时安置费。根据被征收房屋的区位、用途、建筑面积等因素，按类似房地产的市场租金结合过渡期限确定。

④ 安排被征地农民的社会保障费用。主要包括四项：养老保险、医疗保险、失业保险和最低生活保障。所需资金，原则上由农民个人、农村集体、当地政府共同承担，具体比例、数额结合当地实际确定。

（2）相关费用一般包括下列费用。

① 房屋征收评估费。该项费用是承担房屋征收评估的房地产估价机构向房屋征收部门收取的费用。

② 房屋征收服务费。该项费用是房屋征收实施单位承担房屋征收与补偿的具体工作向房屋征收部门收取的费用。

③ 政府规定的其他费用。这些费用一般是依照规定的标准或者采用比较法求取。

（二）建设成本

建设成本是指在取得的土地上进行基础设施建设、房屋建设所必要的直接费用、税金等，主要包括下列几项。

1．前期费用

前期费用，如市场调研、可行性研究、项目策划、工程勘察、环境影响评价、交通影响评价、规划及建筑设计、建设工程招标，以及施工通水、通电、通路、场地平整和临时用房等房地产开发项目前期工作的必要支出。要注意场地平整费等费用与前述土地取得成本的衔接。如果土地取得成本中包含了地上物拆除、渣土清运和场地平整的费用，或者取得的房地产开发用地是"七通一平"等状况的熟地，则在此就只有部分或者没有场地平整费等费用。

2. 建筑安装工程费

建筑安装工程费包括建造商品房及附属工程所发生的土建工程费、安装工程费、装饰装修工程费等费用。附属工程是指房屋周围的围墙、水池、建筑小品、绿化等。要注意避免与下面的基础设施建设费、公共配套设施建设费重复。

3. 基础设施建设费

基础设施建设费包括城市规划要求配套的道路、给水、排水、电力、通信、燃气、供热等设施的建设费用。如果取得的房地产开发用地是熟地，则基础设施建设费已部分或全部包含在土地取得成本中，在此就只有部分或者没有基础设施建设费。

4. 公共配套设施建设费

公共配套设施建设费包括城市规划要求配套的教育（如幼儿园）、医疗卫生（如医院）、文化体育（如文化活动中心）、社区服务（如居委会）、市政公用（如公共厕所）等非营业性设施的建设费用。

5. 其他工程费

其他工程费主要包括工程监理费、竣工验收费等。

6. 开发期间税费

开发期间税费包括有关税收和地方政府或其他有关部门收取的费用，如绿化建设费、人防工程费等。

有时需要将上述建设成本划分为土地开发成本和建筑物建设成本。在这种情况下，一般可将基础设施建设费归入土地开发成本；公共配套设施建设费视土地市场成熟度、房地产开发用地大小等情况，归入土地开发成本或建筑物建设成本中，或者在两者之间进行合理分配；其他费用一般归入建筑物建设成本中。

（三）管理费用

管理费用是指房地产开发企业为管理和组织房地产开发经营活动的必要支出，包括房地产开发企业的人员工资及福利费、办公费、差旅费等，通常按照土地取得成本与建设成本之和的一定比例来测算，如管理费用为4%。

（四）销售费用

销售费用也称为销售成本，是指预售或销售开发完成后的房地产的必要支出，包括广告费、销售资料制作费、售楼处建设费、样板房或样板间建设费、销售人员费用或者销售代理费等。销售费用通常按照开发完成后的房地产价值的一定比例来测算，如销售费用为开发完成后的房地产价值的 3%。

（五）投资利息

由取得待开发土地到开发建造完成需要很长的一段时间，无论房地产的投资是自有资金还是贷款都应计算利息。计算利息时应注意计息方式、计息基数、计息期和利率。在房地产估价中，利息一般按复利计算，公式为

$$I = P\left[(1+i)^n - 1\right] \tag{7.6}$$

式中，I 为利息额；P 为资金额；i 为利率；n 为计息期。

应计息项目包括土地取得成本、建设成本、管理费用和销售费用。计息期是该项目应计息的时间长度，为确定每项费用的计息期，首先要估算整个房地产开发项目的建设期。建设期也称为开发期，在成本法中，其起点一般是取得房地产开发用地的日期，终点是达到全新状况的估价对象的日期，并因为一般是假设在价值时点达到全新状况的估价对象，所以建设期的终点一般是价值时点。若各项费用投入的时间不同，应分别计算利息。

1．土地取得成本的利息

按照我国现有土地使用制度的规定，一般土地取得费用在取得土地时付清，因此，可以采用式（7.6）直接计算土地取得费用的利息。

2．建设费用的利息

土地开发费用一般在开发过程中分期投入，投入方式不一样，在计算利息时应分别处理。

（1）开发费用在整个开发期内均匀投入

为了计算处理的方便，将全部投资的投入时间确定为开发期的中间时点，即计息期为开发期的一半，而不是将投资分散在开发期的各个时点分别计算。

【例 7-1】总投资为 2 000 万元，开发期为 2 年，投资在 2 年内均匀投入，同期银行贷款的年利率为 5.6%。求开发费用的利息。

分析：因为投资在 2 年内均匀投入，因此计息期从开发活动开始 1 年的时点开始，至开发完成为止，计息期为 1 年。开发费用的利息为

$$R = 2\,000 \times [(1+5.6\%)-1] = 112（万元）$$

（2）开发费用在整个开发期内分期投入

各期投入的资金分别计算利息，要特别注意各期投入的时间点和计息期的处理。

【例 7-2】总投资为 2 000 万元，开发期为 2 年，分期投入。第一年投入总投资额的 60%，第二年投入剩下的 40%。在各年内均匀投入，同期银行贷款的年利率为 5.6%。求开发费用的利息。

分析：因为投资在 2 年内分期均匀投入，因此第一期的投资可以看成在开发半年时一次性投入，计息期为 1.5 年；第二期投资可看成在开发一年半时一次性投入，计息期为 0.5 年。则开发费用的利息为

$$R = 2\,000 \times 60\% \times [(1+5.6\%)^{1.5} - 1] + 2\,000 \times 40\% \times [(1+5.6\%)^{0.5} - 1] = 124.29 \text{（万元）}$$

【例 7-3】 总投资为 2 000 万元，开发期为 2 年，分期投入。第一年年初投入总投资额的 60%，第二年年初投入剩下的 40%。同期银行贷款的年利率为 5.6%。求开发费用的利息。

分析：因为投资在每年年初投入，因此第一期投资的计息期为 2 年；第二期投资的计息期为 1 年。则开发费用的利息为

$$R = 2\,000 \times 60\% \times [(1+5.6\%)^{2} - 1] + 2\,000 \times 40\% \times [(1+5.6\%)^{1} - 1] = 182.96 \text{（万元）}$$

3．管理费用的利息

管理费用一般在整个开发期内均匀投入，因此其利息计算方法等同于开发费用在整个开发期内均匀投入的情况。

4．销售费用的利息

为便于投资利息的测算，销售费用应区分为销售之前发生的费用和与销售同时发生的费用。广告费、销售资料制作费、售楼处建设费、样板房或样板间建设费一般是在销售之前发生的，销售代理费一般是与销售同时发生的。在实际情况下，根据在销售费用发生的具体时间确定计息期的长短。

（六）销售税费

销售税费是指预售或销售开发完成后的房地产应由卖方（在此为房地产开发企业）缴纳的税费，可分为下列两类。

（1）销售税金及附加，包括营业税、城市维护建设税和教育费附加（通常简称"两税一费"）。

（2）其他销售税费，包括印花税、交易手续费等。

销售税费一般是按照售价的一定比例收取，如"两税一费"一般为售价的 5.5%。因此，销售税费通常按照开发完成后的房地产价值的一定比例来测算。

（七）开发利润

开发利润是指房地产开发企业（如业主、建设单位）的利润，而不是建筑施工企业的利润。建筑施工企业的利润已包含在建筑安装工程费等费用中。现实中的开发利润是一种结果，是由销售收入（售价）减去各种成本、费用和税金后的余额。而在成本法中，"售价"是未知的，是需要求取的，开发利润则是典型的房地产开发企业进行特定的房地产开发所期望获得的利润（平均利润），是需要事先估算的。因此，运用成本法估价需要先估算出开发利润。

估算开发利润应掌握下列几点。

（1）成本法中的开发利润为税前利润，即开发利润等于开发完成后房地产的价值减去土地取得成本、开发成本、投资利息、管理费用以及销售税费之和的剩余部分。

（2）开发利润是该类房地产开发项目在正常条件下房地产开发企业所能获得的平均利

润,而不是个别房地产开发企业最终实际获得的利润,也不是个别开发者所期望获得的利润。

(3)开发利润是按一定基数乘以同一市场上类似房地产开发项目所要求的平均利润率来计算。开发利润按照计算基数的不同,通常有以下几种算法:

$$开发利润 = (土地取得成本 + 建设成本) \times 直接成本利润率 \quad (7.7)$$

$$开发利润 = (土地取得成本 + 建设成本 + 管理费用 + 销售费用) \times 投资利润率 \quad (7.8)$$

$$开发利润 = (土地取得成本 + 建设成本 + 管理费用 + 销售费用 + 投资利息) \times 成本利润率 \quad (7.9)$$

利润率是通过调查了解同一市场上大量类似房地产开发项目的利润率得到的,选用不同的利润率,应采用相应的计算基数。

三、新开发房地产的估价实例

某新开发房地产,土地面积 20 000m²,建筑面积 50 000m²。熟地的重新取得价格为 4 000元/m²,建筑物的建安成本为 2 200 元/m²,管理费用为建安成本的 3%,售楼处建设费等销售费用为房地产价格的 3%。该房地产开发周期为 2.5 年,其中半年准备期,2 年建设期,土地取得费和销售费用在准备期内均匀投入,建安成本及管理费用在建设期内第一年均匀投入 40%,第二年均匀投入 60%,年利率为 6%。销售税费为房地产价格的 7%,投资利润率为 20%。试评估该房地产的总价与单价。

根据下面公式,依次求取各项,设房地产总价格为 P。

新开发的房地价值 = 土地取得成本 + 建设成本 + 管理费用 + 销售费用 + 投资利息 + 销售税费 + 开发利润

(1)计算土地取得成本

$$土地取得成本 = 4\,000 \times 20\,000 = 8\,000 \text{(万元)}$$

(2)计算开发建设成本

$$开发建设成本 = 2\,200 \times 50\,000 = 11\,000 \text{(万元)}$$

(3)计算管理费用

$$管理费用 = 11\,000 \times 3\% = 330 \text{(万元)}$$

(4)计算销售费用

$$销售费用 = P \times 3\% = 0.03P \text{(万元)}$$

(5)计算投资利息

$$投资信息 = (8\,000 + 0.03P) \times [(1 + 6\%)^{2.25} - 1] + (11\,000 + 330) \times 40\% \times [(1 + 6\%)^{1.5} - 1] +$$
$$(11\,000 + 330) \times 60\% \times [(1 + 6\%)^{0.5} - 1] = 0.004\,2P + 1\,735.61 \text{(万元)}$$

(6)计算销售税费

$$销售税费 = P \times 7\% = 0.07P$$

（7）计算开发利润

$$开发利润 = (8\,000 + 11\,000 + 330 + 0.03P) \times 20\% = 0.006P + 3\,866 \text{（万元）}$$

（8）计算房地产价格

$$P = 8\,000 + 11\,000 + 330 + 0.03P + 0.004\,2P + 1\,735.61 + 0.07P + 0.006P + 3\,866$$

$$P = 28019.34 \text{（万元）}$$

$$房地产单价 = \frac{280\,193\,400}{50\,000} = 5\,603.87 \text{（元/m}^2\text{）}$$

第三节　旧房地产的成本法

旧房地产的成本法，是求取估价对象在价值时点的重新购建价格，而后扣除折旧，求取估价对象在一定时点、一定状态下的客观合理价格或价值的方法。

一、基本公式

根据估价范围的不同可分为旧房地产估价及单纯旧建筑估价，其公式分别如下。

（一）旧房地产价值

$$\begin{aligned}旧房地产价值 &= 旧房地产重新购建价格 - 建筑物折旧 \\ &= 土地重新购建价格 + 建筑物重新购建价格 - 建筑物折旧\end{aligned} \quad (7.10)$$

（二）旧建筑物价值

$$旧建筑物价值 = 建筑物重新购建价格 - 建筑物折旧 \quad (7.11)$$

二、重新购建价格

从上述公式中可以看出，重新购建价格的确定是旧房地产估价的关键所在，所以首先要对重新购建价格进行认识。

（一）重新购建价格的含义

重新购建价格也称为重新购建成本，是假设在价值时点重新购买或重新开发、重新建造全新状况的估价对象房地产所需的各项必要成本费用和应纳税金、正常利润之和。

正确理解重新购建价格的含义，应注意以下三点。

（1）重新购建价格是价值时点的价格。但价值时点并非总是"现在"，也可能为"过去"。如房地产保险理赔或一些房地产纠纷案件通常是以过去的某个时点为价值时点。

（2）重新购建价格是客观合理的价格。它不是个别企业或个人的实际耗费，而是社会一般的公平耗费，即客观成本，不是实际成本。如果实际成本超出了社会一般平均耗费，超出的部分不仅不能形成价格，而且是一种浪费；如果实际成本低于社会一般平均耗费，不会降低价格，只会形成个别企业或个人的超额利润。

（3）重新购建价格是全新状况下的价格。对于土地而言，其重新购建价格是在价值时点重新取得和开发土地所发生的成本；对于建筑物而言，其重新购建价格是价值时点重新建造建筑物的成本；对于房地产而言，其重新购建价格是以上二者之和。

（二）重新购建价格的分类

建筑物的重新购建价格有重建价格和重置价格两种。

重建价格也称为重建成本，是指采用与估价对象中的建筑物相同的建筑材料、建筑构配件和设备及建筑技术、工艺等，在价值时点的国家财税制度和市场价格体系下，重新建造与估价对象中的建筑物完全相同的全新建筑物的必要支出及应得利润。

重置价格也称为重置成本，是指采用价值时点的建筑材料、建筑构配件和设备及建筑技术、工艺等，在价值时点的国家财税制度和市场价格体系下，重新建造与估价对象中的建筑物具有相同效用的全新建筑物的必要支出及应得利润。

重建价格和重置价格的相同点，都是假设在价值时点重新建造建筑物，以价值时点的价格水平估算新建筑物的价格。不同点是，求取重建价格时，要求建筑材料和技术必须是估价对象原有的，建造方式为"复制"；而求取重置价格时，只是要求新建筑物与旧建筑物具有同等功能效用，只要采用价值时点的建筑材料和技术即可，并不要求与旧建筑物完全相同。因此，重置价格的出现是技术进步的必然结果，也是"替代原理"在成本法中的体现。

所以，重置价格适用于一般建筑物以及因年代久远、已缺乏与旧建筑相同的建筑材料、开发筑构配件和设备，或因建筑技术和建筑标准改变等，使旧建筑物复原建造有困难的建筑物的估价；而重建价格适用于有历史学或美学价值的建筑物的估价，如有特殊建筑风格的建筑物、文物古迹等建筑物的估价。

（三）重新购建价格的求取

在实际估价中，求取房地产的重新购建价格通常有两种方法：一是采用类似于评估新开发房地产的价格的成本法来求取，这种求取重新购建价格的路径，称为"房地合估"路径，这种方法本章第二节中已作介绍，在此不再赘述；二是先求取土地的重新取得价格或重新开发成本，再求取建筑物的重新购建价格，然后相加，这种求取重新购建价格的路径，称为"房地分估"路径。

1. 土地重新购建价格的求取

土地重置价格的求取可采用成本法、比较法、基准地价修正法等方法。采用成本法时，参照本章第二节的相关内容和方法；对于城市建成区的建筑物基地，其成本构成难以把握，不易直接采用成本法估价，可以采用比较法，假设土地上没有建筑物，求取裸地价格；建立了城市基准地价体系的地区，可采用基准地价修正法，由基准地价修正得到该土地的价格，方法参照第十二章的相关内容。

2. 建筑物重新购建价格的求取

价值时点上，旧有建筑物占有的土地被假想成一块空地，该空地上除建筑物以外的其他状况均维持不变。在这种假设条件下，重新建造与旧有建筑物完全相同或具有同等效用的全新状态的建筑物，所必须支付的建筑费、其他费用和正常利税之和，即构成建筑物的重新购建价格；或者设想将建筑物发包给建筑承包商，承包商根据发包人的要求完成新的建筑工程后，发包人支付的全部费用，加上发包人应负担的正常费用、税金和利润，也构成建筑物的重新购建价格。方法有如下四种。

（1）单位比较法

单位比较法是以建筑物为整体，选取与该类建筑物的建筑安装工程费密切相关的某种计量单位（如单位建筑面积、单位体积、延长米等）为比较单位，调查在价值时点的近期建成的类似建筑物的单位建筑安装工程费，对其进行适当处理后得到建筑物建筑安装工程费的方法。单位比较法实质上是一种比较法，其优点是简便迅速，缺点是较为粗略。其准确性的关键取决于建筑物单位面积（或体积）的价格是否能准确确定。其中又分为单位面积法和单位体积法。

① 单位面积法，又称平方法，是调查在价值时点的近期建成的相同或相似建筑物的单位建筑面积建筑安装工程费，然后对其进行适当的处理来求取估价对象建筑物建筑安装工程费的方法。首先计算建筑物每单位面积（平方米）的价格，再乘以建筑物总面积，得到该建筑物的重新购建价格。该法主要应用于建筑造价与面积密切相关的建筑物估价中，是计算建筑物重新建造价格最常用的方法。

如某建筑物建筑面积为 $400m^2$，该类建筑结构和用途的建筑物的单位建筑面积造价为 $2\,500$ 元$/m^2$，则该建筑物的重新购建价格可估计为

$$2\,500 \times 400 = 100 \text{（万元）}$$

在现实的房地产评估中，往往将建筑物划分为不同的建筑结构、用途或等级，制作不同时期的基准重置价格表，以求取某个具体建筑物的重置价格时使用。

② 单位体积法，又称立方法，与单位面积法类似，是调查在价值时点的近期建成的相同或相似建筑物的单位体积建筑安装工程费，然后对其进行适当的处理来求取估价对象建筑物建筑安装工程费的方法。首先计算建筑物每单位体积（立方米）的价格，再乘以建筑物总体积，得到该建筑物的重新购建价格。该法主要应用于建筑造价与体积密切相关的建

筑物估价中。

（2）分部分项法

分部分项法是把建筑物分解为各个分部工程或分项工程，测算每个分部工程或分项工程的数量，调查各个分部工程或分项工程在价值时点的单位价格或成本，将各个分部工程或分项工程的数量乘以相应的单位价格或成本后相加得到建筑物建筑安装工程费的方法。

在运用分部分项法估算建筑物的重新购建价格时，需注意如下两点：一是应结合各个构件或工程的特点使用计量单位，有的要用面积，有的要用体积（如基础工程），有的要用容量（如仓库）；二是不要漏项或重复计算，以免造成估算不准。采用分部分项法估算建筑物重新购建价格的一个简化例子如表 7-1 所示。

表 7-1 分部分项法示例

项　　目	数　　量	单 位 成 本	成本/元
基础工程	150m³	200元/m³	30 000
墙体工程	160m²	400元/m²	64 000
楼、地面工程	150m²	200元/m²	30 000
屋面工程	150m²	300元/m²	45 000
给、排水工程	50m³	500元/m³	25 000
供暖工程	20m³	750元/m³	15 000
合计			209 000
税费、利息和管理费		上述工程合计的20%	41 800
重新购建价格			250 800

（3）指数调整法

指数调整法也称为成本指数趋势法，是利用建筑安装工程费的有关指数或变动率，将估价对象建筑物的历史建筑安装工程费调整到价值时点的建筑安装工程费来求取估价对象建筑物建筑安装工程费的方法。该法计算简单，可靠性和准确性都比较高，常用来检验其他方法的计算结果。

（4）工料测量法

工料测量法是把建筑物还原为建筑材料、建筑构配件和设备，测算重新建造该建筑物所需的建筑材料、建筑构配件、设备的种类和数量、施工机械台班数、人工数，调查在价值时点相应的单价及人工费标准，将各种材料、建筑构配件、设备、施工机械台班的数量及人工数乘以相应的单价和人工费标准后相加，并计取相应的措施项目费、规费和税金等得到建筑物安装工程费的方法。这种方法与编制建筑概算或预算的方法相似，即先估算工程量，再配上概（预）算定额的单价和取费标准来估算。该法比较详实，但费时费力并需要其他专家（如建筑师）的参与，一般应用于具有特殊价值的建筑物的估价。

第四节 建筑物折旧的确定方法

建筑物折旧的确定是旧房地产估价的另一关键所在,所以本节专门对建筑物折旧的有关问题进行阐述。

一、建筑物折旧的含义

建筑物折旧应为各种原因造成的建筑物价值减损,其金额为建筑物在价值时点的重新购建价格与在价值时点的市场价值之差。

(一)建筑物折旧的分类

根据引起建筑物折旧的原因,将建筑物折旧分为物质折旧、功能折旧及外部折旧。

1. 物质折旧

物质折旧也称为物质损耗、有形损耗,是指因自然力作用或使用导致建筑物老化、磨损或损坏造成的建筑物价值减损。主要包括以下四方面原因。

(1)由建筑材料经风吹、日晒、雨淋等造成的自然老化,这与建筑物的使用年数有很大的关系,同时也受当地的气候和环境条件影响。

(2)由人工正常使用引起的磨损,与建筑物的使用性质、使用强度和使用年数有关,如工业用途的建筑物的磨损一般要快于居住用途的建筑物。

(3)由突发性的天灾人祸引起的意外破坏损害,如地震、水灾、失火、碰撞等,这些损坏一般不容易修复。

(4)由于没有适时的采取预防、保养措施或没有及时维修等造成的不应有的损坏或提前损坏等。

2. 功能折旧

功能折旧也称无形损耗,是指因建筑物功能不足或过剩造成的建筑物价值减损。以住宅为例,现在流行"三大、一小、一多"式住宅,即客厅、厨房、卫生间大,卧室小,壁橱多的住宅,过去建造的卧室大、客厅小、厨房小、卫生间小的住宅,相对而言就过时了。再如高档办公楼,现在要求智能化,如果某个办公楼没有智能化或智能化程度不够,相对而言也落后了。

3. 外部折旧

外部折旧也称为经济折旧,是指因建筑物以外的各种不利因素造成的建筑物价值减损。不利因素包括供给过量、需求不足;自然环境恶化、环境污染;交通拥挤、城市规划改变、政府政策变化等。例如,一个高级居住区附近建设了一座工厂,该居住区的房地产价值下降,这就是一种经济折旧。这种经济折旧一般是不可恢复的。再如,在经济不景气时期房地产的价值降低,这也是一种经济折旧。但这种现象不会永久下去,当经济复苏后,这方面的折旧也就消失了。

(二)折旧中有关年限的含义

建筑物的耐用年限也称为建筑物的寿命,可分为自然寿命和经济寿命。

建筑物的自然寿命是指建筑物自竣工时起至其主要结构构件自然老化或损坏而不能保证建筑物安全使用时止的时间,与建筑结构、所用材料、施工质量、自然环境等因素密切相关。

建筑物的经济寿命是指建筑物对房地产价值有贡献的时间,即建筑物自竣工时至其对房地产价值不再有贡献时止的时间。

确定经济寿命时,应根据建筑物的建筑结构、用途、维修保养情况、综合市场状况、周围环境、经营收益状况等综合判断。一般情况下,经济寿命小于或等于自然寿命。

建筑物的年龄分为实际年龄和有效年龄。

实际年龄是指建筑物自竣工时起至价值时点止的年数,类似于人的实际年龄。

有效年龄是指根据价值时点的建筑物状况判断的建筑物年龄,类似于人看上去的年龄,或者生理年龄、心理年龄等。

有效年龄可能等于、短于、长于实际年龄:(1)建筑物的维修养护正常的,有效年龄与实际年龄相当;(2)建筑物的维修养护比正常维修养护好或经过更新改造的,有效年龄短于实际年龄,剩余经济寿命相应较长;(3)建筑物的维修养护比正常维修养护差的,有效年龄长于实际年龄,剩余经济寿命相应较短。

在成本法求取折旧中,建筑物的寿命应为经济寿命,年龄应为有效年龄,剩余寿命应为剩余经济寿命。因此,有效年龄=经济寿命-剩余经济寿命。在估价上一般不采用实际年龄而采用有效年龄或预计的剩余经济寿命,因为采用有效年龄或剩余经济寿命求出的折旧更符合实际情况。例如,有两座实际年龄相同的同类建筑物,如果维修养护不同,其市场价值也会不同,但如果采用实际年龄计算折旧,则它们的价值会相同。实际年龄的作用是可以作为求取有效年龄的参考,即有效年龄可以在实际年龄的基础上做适当的调整后得到。

确定建筑物的耐用年限应注意:建筑物的建设期不计入耐用年限,当建筑物耐用年限与土地使用权年限不一致时,与收益法中收益年期的确定原则一样,在此不再重复。

二、建筑物折旧的求法

在估价实践中,建筑物折旧最常用的求取方法有年限法和分解法。

(一)年限法

年限法也称为年龄—寿命法,是根据建筑物的有效年龄和预期经济寿命或预期剩余经济寿命来测算建筑物折旧的方法。

1. 直线法

年限法中最主要的是直线法。直线法是最简单的一种测算折旧的方法，它假设在建筑物的经济寿命期间每年的折旧额相等，如图 7-1 所示。

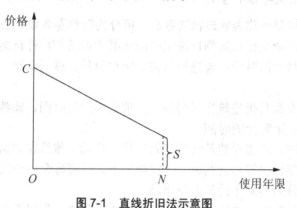

图 7-1 直线折旧法示意图

可以得到年折旧额的计算公式为

$$d_i = d = \frac{(C-S)}{N} = C\frac{(1-R)}{N} \tag{7.12}$$

式中：d_i——第 i 年的折旧额；

C——建筑物的重新建造成本；

N——建筑物的经济耐用年限；

S——建筑物的预计净残值；

R——建筑物的净残值率。

直线折旧法中，每年的折旧额 d_i 应该是一个常数 d。建筑物的预计净残值等于建筑物的残值减去清理费用后的剩余价值，其中残值是预计建筑物达到经济寿命，不宜继续使用，拆除后的旧料价值、清理费用是拆除建筑物和搬运废弃物所发生的费用。建筑物的净残值率等于建筑物净残值与重新建造成本的比率，用公式表示为

$$R = \frac{S}{C} \times 100\% \tag{7.13}$$

已经经过了 n 年的累计折旧额 D_n 和建筑物现值 P_n 分别为

$$D_n = C(1-R)\frac{n}{N} \tag{7.14}$$

$$P_n = C - D_n = C\left[1 - (1-R)\frac{n}{N}\right] \tag{7.15}$$

式中，n 应为有效经过年数。

另外，折旧计算中还涉及折旧率的概念。年折旧额与重新建造成本的比率称为折旧率，用公式表示为

$$\frac{d}{C} = \frac{(1-R)}{N} \tag{7.16}$$

【例 7-4】某建筑物的建筑面积为 1 000 m²，重置价格为 6 000 元/m²，耐用年限为 60 年，到价值时点已经用了 10 年，但估计其有效使用年数为 8 年，残值率为 2%，用直线法求其年折旧额及其现值。

解：由题意可知

$$C = 6\,000 \times 1\,000 = 6\,000\,000 \text{（元）}$$

则该建筑物的年折旧费为

$$d = C\frac{(1-R)}{N} = 6\,000\,000 \times \frac{(1-2\%)}{60} = 98\,000 \text{（元）}$$

到价值时点的折旧总额应按有效使用年数为 8 年计算，即

$$D_8 = C(1-R)\frac{n}{N} = 98\,000 \times 8 = 784\,000 \text{（元）}$$

所以，建筑物的现值为

$$P_n = C - D_n = C\left[1 - (1-R)\frac{n}{N}\right] = 6\,000\,000 - 784\,000 = 5\,216\,000 \text{（元）}$$

对于不同类型的建筑物其耐用年限、残值率等是不同的，表 7-2 为《房地产单位会计制度——会计科目和会计报表》中对不同房屋结构类型、等级及耐用年限和残值率的详细规定。

表 7-2 房屋结构、等级及耐用年限和残值率

结构类型及等级	等级标准	耐用年限	残值率
钢结构	全部或承重部分为钢结构的房屋	生产用房 70 年，腐蚀性生产用房 50 年，非生产用房 80 年	0
钢筋混凝土结构	全部或承重部分为混凝土结构，包括框架大板和框架轻板结构等房屋。一般装修良好，设备比较齐全	生产用房 50 年，腐蚀性生产用房 35 年，非生产用房 60 年	0
砖混结构一等	部分钢筋混凝土，主要是砖墙承重的结构。外墙部分砌砖、水刷石、水泥抹面或涂料粉刷，并设有阳台，内外设备齐全的单元式住宅或非住宅房屋	生产用房 40 年，腐蚀性生产用房 30 年，非生产用房 50 年	2%
砖混结构二等	部分钢筋混凝土，主要是砖墙承重的结构。外墙是清水墙，没有阳台，内外设备不齐全的非单元式住宅或其他房屋	生产用房 40 年，腐蚀性生产用房 30 年，非生产用房 50 年	2%

续表

结构类型及等级	等级标准	耐用年限	残值率
砖木结构一等	材料上等、标准较高的砖木（石料）结构。一般是外部有装修处理、内部设备完善的庭院式或花园洋房等高级房屋	生产用房30年，腐蚀性生产用房20年，非生产用房40年	6%
砖木结构二等	结构正规、材料较好，一般外部没有装修处理，室内有专用上、下水等设备的普通砖木结构房屋	生产用房30年，腐蚀性生产用房20年，非生产用房40年	4%
砖木结构三等	结构简单、材料较差，室内没有专用上、下水等设备，较低级的砖木结构房屋	生产用房30年，腐蚀性生产用房20年，非生产用房40年	3%
简易结构	如简易楼、平房、木板房、砖坯、土草房、竹木捆绑房等	一般为10年	0

2. 定律法

定律法又称余额递减法，是建筑物的残余价值乘上一定的比率来计算建筑物的每年折旧额的方法。由于建筑物每年的余额价值是递减的，此方法又称为加速折旧法。计算公式如下：

设折旧率为 d

第一年折旧额： $D_1 = Cd$

第一年末残余价值： $S_1 = C - D_1 = C(1-d)$

第二年折旧额： $D_2 = S_1 d = C(1-d)d$

第二年末残余价值： $S_2 = S_1 - D_2 = C(1-d)^2$

第三年折旧额： $D_3 = S_2 d = C(1-d)^2 d$

第三年末残余价值： $S_3 = S_2 - D_3 = C(1-d)^3$

……

第 i 年的折旧额： $D_i = C(1-d)^{i-1} d$

第 i 年末残余价值 $S_i = C(1-d)^i$

……

当 $i=N$ 时，即建筑物到达耐用年限时，此时的残余价值就是建筑物的残值额，即

$$S = C(1-d)^N$$

由此可得出：

$$d = 1 - \sqrt[N]{S/C} = 1 - \sqrt[N]{R} \tag{7.17}$$

已经使用了 t 年的建筑物的折旧额为

$$E_t = \sum_{i=1}^{t} D_i = C - C(1-d)^t = C\left[1 - (1-d)^t\right] \tag{7.18}$$

则采用余额递减法求得建筑物的现值为
$$P = C - E_t = C(1-d)^t \tag{7.19}$$

【例7-5】某建筑物，总建筑面积为 $500m^2$，于3年前建成，重置价格为 $2\,000元/m^2$，耐用年限为50年，残值率为3%，用余额递减法计算该建筑物的年折旧额、折旧总额和现值。

解：由题意可知：$C = 2\,000 \times 500 = 1\,000\,000$（元）；$R=3\%$；$N=50$；$t=3$，则

$$d = 1 - \sqrt[N]{S/C} = 1 - \sqrt[N]{R} = 1 - \sqrt[50]{3\%} = 0.068$$
$$D_1 = Cd = 1\,000\,000 \times 0.068 = 68\,000 \text{（元）}$$
$$D_2 = S_1 d = C(1-d)d = 1\,000\,000 \times (1-0.068) \times 0.068 = 63\,376 \text{（元）}$$
$$D_3 = S_2 d = C(1-d)^2 d = 1\,000\,000 \times (1-0.068)^2 \times 0.068 = 59\,066 \text{（元）}$$
$$E_3 = \sum_{i=1}^{3} D_i = C - C(1-d)^3 = C\left[1-(1-d)^3\right] = 1\,000\,000 \times \left[1-(1-0.068)^3\right] = 190\,442 \text{（元）}$$
$$P = C - E_t = 1\,000\,000 - 190\,442 = 809\,558 \text{（元）}$$

即该建筑物第一年的折旧额为68 000元，第二年的折旧额为63 376元，第三年的折旧额为59 066元；3年折旧总额为190 442元；现值为809 558元。

在实际估价中，d 也可凭经验取值，而不是以估计建筑物的耐用年限和残值率的方法确定。也可用双倍余额递减法，即折旧率在数值上等于直线折旧率的2倍，即

$$d = \frac{2(1-R)}{N}$$

当残值率为0时，$d = \frac{2}{N}$，请自己求出此时第 i 年的折旧额、第 i 年末的累计折旧额和建筑物的现值。

3. 成新折扣法

成新折扣法是根据建筑物的建成年代、新旧程度等，确定建筑物的成新率，直接求取建筑物的现值。计算公式为

$$P = C \times q \tag{7.20}$$

式中：P——建筑物的现值；
C——建筑物的重新购建价格；
q——建筑物的成新率（%）。

实际估价中，建筑物成新率的确定可以通过实际观察法，依据相关标准并结合估价人员的经验来判定；也可根据直线法来计算，并通过现场观察调整取得。根据直线法计算成新率的公式为

$$q = \left[1-(1-R)\frac{t}{N}\right] \times 100\% \tag{7.21}$$

式中：q 为成新率，其他符号含义同前。

（二）分解法

分解法是把建筑物折旧分成物质折旧、功能折旧、外部折旧等各个组成部分，分别测算出各个组成部分后相加得到建筑物折旧的方法。分解法是求取建筑物折旧最详细、最复杂的一种方法。

分解法认为，建筑物折旧首先可分为物质折旧、功能折旧和外部折旧三大组成部分，而物质折旧、功能折旧和外部折旧又可分成若干组成部分，然后根据各个组成部分的特点分别采用适当的方法予以求取。

分解法求取建筑物折旧的步骤是：（1）求取物质折旧。先把物质折旧分解为各个项目，然后分别采用适当的方法求取其折旧后相加。（2）求取功能折旧。先把功能折旧分解为各个项目，然后分别采用适当的方法求取其折旧后相加。（3）求取外部折旧。先把外部折旧分为不同的情形，然后分别采用适当的方法求取其折旧后相加。（4）求取建筑物折旧总额。把上述求取的物质折旧、功能折旧和外部折旧相加，即得到建筑物折旧总额。

需要说明的是：（1）无论采用上述哪种折旧方法求取建筑物的折旧或现值，估价人员都应亲自去估价对象现场观察、鉴定建筑物的实际新旧程度，根据建筑物的建成时间、维修养护和使用情况以及地基的稳定性等，综合确定应扣除的折旧额或成新率。（2）估价上的折旧实质上是一种经济角度的价值损失，估价对象价值损失的速率与土地使用权年限密切相关。（3）各种类型的折旧都体现在"价值损失"上，因此，在实际估价中，对租赁房地产可用租金损失资本化法求取估价对象的综合折旧额。

三、建筑物新旧的判定标准

应用实际观察法确定建筑物的新旧程度，是根据房屋完损等级评定标准来判断的。

房屋完损等级是用于检查房屋维修保养情况的标准，是确定房屋实际新旧程度和折旧额的重要依据。等级越高，其现值就越接近于重置价格。根据 1984 年 11 月 8 日原城乡建设环境保护部发布的《房屋完损等级评定标准》，以及同年 12 月 12 日发布的《经租房屋清产估价原则》，从建筑物的结构、装修、设备三个组成部分的完好或损坏程度，确定建筑物的完损等级，分为 5 级，即完好房、基本完好房、一般损坏房、严重损坏房、危险房。每一级都有各自的判断标准，如表 7-3 所示。

表 7-3　房屋完损等级的判断标准和成新度

新 旧 程 度	判 断 依 据	完 损 等 级
十、九、八成	结构构件完好，装修和设备完好、齐全完整，管道畅通，现状良好，使用正常。或虽个别分项有轻微损坏，但一般经过小修就能修复	完好房

续表

新旧程度	判断依据	完损等级
七、六成	结构基本完好，少量构件有轻微损坏，装修基本完好，油漆缺乏保养，设备、管道现状基本良好，能正常使用，经过一般性的维修能恢复	基本完好房
五、四成	结构一般性的损坏，部分构件有损坏或变形，屋面局部漏雨，装修局部有破损，油漆老化，设备、管道不够畅通，水、卫、电、照的管线、器具和零件有部分老化、损坏或残缺，需要进行中修或局部大修更换部件	一般损坏房
三成以下	房屋年久失修，结构有明显变形或损坏，屋面严重漏雨，装修严重变形、破损，油漆老化见底，设备陈旧不齐全，管道严重堵塞，水、卫、电、照的管线、器具和零部件残缺及严重损坏，需进行大修或翻修、改建	严重损坏房
	承重构件已属危险构件，结构丧失稳定及承载能力，随时有倒塌可能，不能确保使用安全	危险房

第五节 成本法的总结与应用

成本法是从房地产的重新构建成本角度求取估价对象市场价值的一种方法，它的典型估价对象应是旧的房地产，旧房地产的价值通常是由房地产的重新购建价格减去建筑物折旧得到，而重新购建价格和折旧的确定正是成本法的难点所在，同时成本法还与比较法、基准地价修正法等其他估价方法密切相关，所以有必要对主要内容进行梳理，并通过实际案例进一步掌握其精髓。

一、成本法总结

如图 7-2 所示，可以对成本法的内容进行总结和概括。成本法的估价对象为新开发的房地产和旧的房地产。

成本法估价的关键在于重新购建价格的求取，它可以直接求取，即模拟开发商的开发过程，根据房地产的价格构成，依次求取各项成本，最后累加得到房地产的重新购建价格，即"房地合估"路径，这和新开发房地产的估价思路是一致的。也可选择"房地分估"路径，即分别求土地的重新购建价格和建筑物的重新购建价格，然后将两者相加求取。土地重新购建价格可分为重新购置价格和重新开发成本，前者可采用比较法、基准地价修正法等其他估价方法求取，后者一般采用成本法求取。建筑物重新购建价格分为重建价格和重置价格，一般的建筑物使用重置价格，有特殊保护价值的建筑物使用重建价格。它们的求取方法有单位比较法、分部分项法、指数调整法、工料测量法。

建筑物的折旧分为物质折旧、功能折旧和外部折旧三种，求取的方法有年限法、分解法、市场提取法、实际观察法和混合法等。

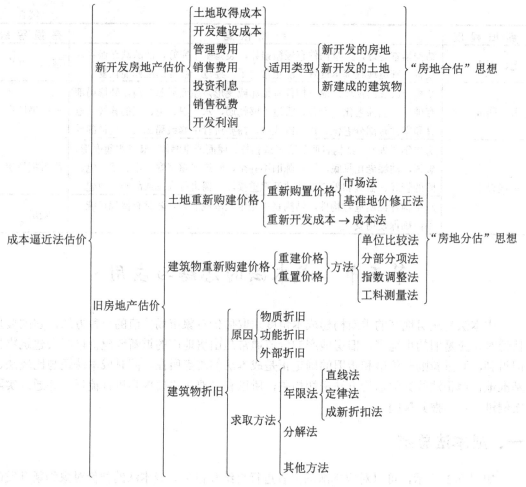

图 7-2　成本法的内容总结

二、成本法应用

新开发房地产的估价实例在本章第二节已有介绍，本节主要用实例说明旧房地产的成本法应用。

1．估价对象概况

估价对象为某市政府机关办公楼，土地总面积为 3 000m²，建筑总面积为 10 000m²，建筑物建成于 1995 年 5 月，建筑结构为钢筋混凝土结构。土地为划拨的土地使用权。

2．估价要求

要求评估该政府办公楼在 2015 年 5 月的市场价格。

3．估价方法

该房地产为政府办公楼，既无经济收益，也少有交易实例，故采用成本法进行估价。

4．估价过程

（1）选择计算公式

该估价对象为旧房地产，需要评估的价值应是土地和建筑物的总价值，所以选择的公式为

旧房地产价值 = 土地重新构建价格 + 建筑物重新构建价格 – 建筑物折旧

（2）求取土地的重新购置价格

本例中土地的重新购置价格采用比较法求取，搜集了多宗与待估对象相类似的土地，从中选择了 A、B、C 三宗作为可比实例，具体情况和修正过程如表 7-4 所示。

表 7-4　比较案例修正情况表

项　目	案例 A	案例 B	案例 C
交易价格/元/m²	6 000	7 000	6 500
交易情况修正	100/100	98/100	100/100
交易日期修正	110/100	105/100	101/100
区域因素修正	100/95	100/100	95/100
个别因素修正	105/100	95/100	100/90
修正后价格/元/m²	7 295	6 843	6 930

$$土地单价 = \frac{7\,295 + 6\,843 + 6\,930}{3} = 7\,023（元/m^2）$$

$$土地总价 = 7\,023 \times 3\,000 = 2\,107（万元）$$

（3）建筑物的重置价格

通过调查，在价值时点 2015 年 5 月，与估价对象类似的建筑物不包括土地价格在内的重置价格为 3 500 元/m²。所以估价对象的总重置价格为

$$估价对象的总重置价 = 3\,500 \times 10\,000 = 3\,500（万元）$$

（4）建筑物折旧

采用直线法求取折旧，根据有关规定，钢筋混凝土结构的非生产性用房的耐用年限为 60 年，残值率为 0，土地取得方式为行政划拨，无使用年限的限制，所以房屋耐用年限不受土地使用年限的限制，根据评估师到现场的观察判断，该建筑物的有效年龄为 20 年，剩余经济寿命为 40 年，因此建筑物的折旧总额为

$$估价对象的折旧总额 = 3\,500 \times \frac{20}{60} = 1\,167（万元）$$

评估师现场判断，该建筑物的成新度为七成新，与上述计算结果基本吻合。

（5）房地产价格

$$待估房地产价格 = 2\,107 + 3\,500 - 1\,167 = 4\,440（万元）$$

$$待估房地产单价 = \frac{4\,440 \times 10\,000}{10\,000} = 4\,440 \text{ (元/m}^2\text{)}$$

因此，某市政府机关办公楼在 2015 年 5 月的市场价格为 4 440 万元，单位建筑面积价格为 4 440 元/m²。

本章小结

本章首先阐述了成本法的概念、基本原理、适用范围、应用条件及估价步骤；其次，分别阐述了新开发房地产、旧的房地产的估价方法和计算公式，并分别举例说明各自方法的具体应用；最后，详细阐述了建筑物重新购建价格和建筑物折旧的含义和求取方法，给出了建筑物新旧程度的判定标准。

综合练习

一、单选题

1. 8 年前建成使用的某建筑物，建筑面积是 120m²，单位建筑面积的重置价格为 800 元/m²，建筑物残值率为 6%，年折旧率为 2.2%，计算该建筑物的现值是（　　）元。
   A. 76 880   B. 80 349   C. 77 952   D. 81 562

2. 从卖方的角度看，成本法的理论依据是（　　）。
   A. 销售状况价值论   B. 市场供求价值论
   C. 生产费用价值论   D. 经济花费价值论

3. 土地取得成本是取得（　　）所需的费用、税金等。
   A. 土地所有权   B. 土地转让权   C. 土地经营权   D. 开发土地使用权

4. 建筑物的年龄有实际年龄和有效年龄，它们之间的关系为（　　）。
   A. 有效年龄一定等于实际年龄   B. 有效年龄一定短于实际年龄
   C. 有效年龄一定长于实际年龄   D. 有效年龄可能长于或短于实际年龄

5. 估价上的折旧是各种原因所造成的价值损失，是建筑物在价值时点时的（　　）的差额，扣除折旧即是减价修正。
   A. 市场价值与其重新购建价格之间
   B. 重新购建价格与总额价格之间
   C. 市场价值与总额价格之间
   D. 重新购建价格与总体价值损失之间

二、多选题

1．对于一宗房地产的价格，通常由（　　）所构成。
　　A．土地取得成本　　　　　　　B．开发成本
　　C．管理费用、销售费用　　　　D．投资利息、销售税费、开发利润
2．在成本法中，直接成本利润率的计算基数包括（　　）。
　　A．土地取得成本　　　　　　　B．建设成本
　　C．管理费用　　　　　　　　　D．销售费用
3．建筑物的物质折旧包括（　　）。
　　A．功能衰退　　　　　　　　　B．正常使用的磨损
　　C．环境恶化　　　　　　　　　D．意外的破坏损毁
4．求取建筑物重新购建价格的具体方法有（　　）。
　　A．单位比较法　　　　　　　　B．分部分项法
　　C．造价分析法　　　　　　　　D．指数调整法
5．在求取土地的重新购建价格时，通常是假设土地上的建筑物并不存在，再采用（　　）等方法求取其重新取得价格或重新开发成本。
　　A．比较法　　　　　　　　　　B．成本法
　　C．基准地价修正法　　　　　　D．标定地修正法

三、判断题

1．在现实生活中，房地产的价格多数取决于其花费的成本，成本的增减必定影响房地产价格的增减。（　　）
2．从理论上讲，同一个房地产开发项目的开发利润，采用不同的计算基数及与其相对应的利润率来估算，所得的结果不同。（　　）
3．成本法是先分别求取估价对象在估价作业日期的重新购建价格和折旧，然后将重新购建价格减去折旧来求取估价对象价值的方法。（　　）
4．就建筑物的重新购建价格而言，一般情况下，重建价值高于重置价格。（　　）
5．建筑物的寿命分为自然寿命和经济寿命。其中，建筑物的自然寿命是指建筑物从建成之日起到不堪使用时的年数。（　　）

四、简答题

1．成本法的基本理论及适用范围是什么？
2．成本法的应用条件有哪些？
3．成本法估价新开发土地成本的程序有哪些？
4．求取建筑物重新购建价格的思路是什么？
5．建筑物折旧额的求取方法有哪些？

五、名词解释

成本法　重置价格　重建价格　客观成本　建筑物折旧　物质折旧　功能折旧　外部折旧　经济耐用年限　自然寿命　熟地　七通一平

六、计算题

1. 某房地产开发商取得一片 2 公顷的荒地的单位价格为 1 000 元/m^2，使用权年限为 50 年，将其开发成熟地的费用为 800 元/m^2，开发时间为 2 年，第一年初一次性投资，银行贷款利率为 15%，开发商利润占土地取得价格和开发价格之和的 15%，其他条件忽略，试求新开发土地的单位价格。

2. 某建筑物建筑总面积为 500m^2，重置价格为 3 000 元/m^2，耐用年限为 50 年，现已使用 10 年，残值率为 5%，试分别用直线法、余额递减法求该建筑物的折旧额及其现值。

3. 某房地产的土地面积为 1 000m^2，建筑面积为 2 000m^2，土地于 2010 年 3 月通过有偿出让方式获得，使用权年限为 50 年，当时的土地单价为 5 000 元/m^2；建筑物的结构为砖混一等，于 2012 年 3 月竣工并投入使用，当时的建造成本为 4 000 元/m^2。2015 年 3 月与该房地产的地段和用途相同、使用年限为 50 年的土地的单价为 6 000 元/m^2；该类房屋的重置价为 6 000 元/m^2。该类建筑物的耐用年限为 50 年，残值率为 2%。假设土地的资本化率为 6%。根据上述资料估价该房地产 2015 年 3 月的总价与单价。

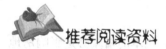

推荐阅读资料

全国房地产评估师执业资格考试用书：中国房地产评估师与房地产经纪人学会. 房地产估价理论与方法[M]. 北京：中国建筑工业出版社，2015：269-317.

网上资源

1. 中国房地产评估师与房地产经纪人学会：http://www.cirea.org.cn
　　　　　　　　　　　　　　　　　　http://www.agents.org.cn
2. 中国房地产信息网：http://www.realestate.cei.gov.cn
3. 中国房地产数据研究院：http://www.zfsj.org
4. 百度文库：http://wenku.baidu.com/

第八章 假设开发法

学习目标

通过对本章的学习，应掌握如下内容：
- 假设开发法的基本思路和理论依据；
- 假设开发法的前提条件和适用范围；
- 假设开发法的评估程序和基本公式；
- 假设开发法的两种基本估价方法；
- 假设开发法的实际应用。

导言

　　前面已经介绍了三种基本的估价方法，它们在估价实践中都得到了广泛应用。假设开发法是与它们既有联系又有差异的另外一种估价方法，假设开发法的本质与收益法相同，是以房地产的预期收益为导向求取房地产的价值，在形式上是成本法的倒算法，同时，在某种程度上又是比较法原理和成本法原理的综合应用。假设开发法是具有潜在开发价值的房地产唯一实用的估价方法，它不仅被大量用于房地产价格评估，而且也是房地产开发项目投资分析常用的方法，尤其在现阶段房地产开发建设活动非常活跃的情况下，假设开发法就更有用武之地了。本章主要介绍假设开发法的基本原理、基本公式和各项费用的求取方法等相关知识，并结合具体实例进行分析，以期对假设开发法有全面深刻的理解。

第一节　假设开发法概述

　　假设开发法，虽然不是基本的估价方法，但却是常用的估价方法，它与三种基本估价方法相比有自己的特色，主要应用于有开发或再开发潜力的房地产的估价，尤其在房地产投资、策划、咨询以及土地使用权出让的招投标中，具有良好的应用。

一、假设开发法的含义

假设开发法是求得估价对象后续开发的必要支出及折现率或后续开发的必要支出及应得利润和开发完成后的价值,将开发完成后的价值和后续开发的必要支出折现到价值时点后相减,或将开发完成后的价值减去后续开发的必要支出及应得利润得到估价对象价值或价格的方法。

二、假设开发法的基本思路

假设开发法的基本思路可以通过房地产开发商为取得待开发土地使用权而确定拍卖或投标价格的思路来理解。

假设有一块土地,预计具有良好的开发和增值潜力,政府决定将该土地使用权以公开招标的方式出让。某房地产开发商有意参与该土地的竞标,他可以通过如下思路来考虑能接受的最高价格。

首先,仔细分析这块土地的内外条件,如土地的坐落位置、繁华程度、交通条件、周围环境、土地面积大小和形状、基础设施状况和土地平整程度、地质和水文状况、规划允许的用途、建筑高度和容积率等。

其次,根据土地的内外条件,结合当地的房地产市场状况,判断该块土地在规划允许的范围内最适宜做哪种用途、规模多大、什么档次。例如是建商场,还是建写字楼或是住宅。若建住宅,是建普通住宅还是高档住宅。

最后,预测房地产开发完成后的售价;预计开发建造的整个过程中的所有花费,包括开发成本、管理费用、销售费用、有关税费、投资利息等;预计开发该土地能获得的利润,在确定期望利润时,开发商不能企求从这块土地的开发中获得高额利润,否则竞争将使他失去这次机会;同时他从开发这块土地中获得的利润也不能比投资其他方面获得的正常利润(社会平均利润)少,否则,他还不如投资其他方面。因此开发商所能获得的利润只能是社会上同类开发项目的正常利润(社会平均利润)。

在完成了上述预测之后,开发商便知道了愿意为这块土地支付的最高价格是多少。毫无疑问,它等于预测的未来开发完成后的价值,减去各种开发成本、费用以及利息、税费和利润等之后所剩的数额。用公式表示为

$$土地购买价格 = 新建房地产价格 - 开发成本 - 管理费用 - \\ 销售费用 - 投资利息 - 税费 - 正常利润 \quad (8.1)$$

对比式(7.1)和式(8.1),可以看出,假设开发法在表现形式上是成本法的倒算法。两者的主要区别是:成本法中的土地价格为已知,需要求取的是开发完成后的房地产价格;假设开发法中开发完成后的房地产价格已事先通过预测得到,需要求取的是土地价格。而

且假设开发法中的成本、费用是在预测的基础上得到的,而成本法中的成本、费用是实际上已经发生了的。

三、假设开发法的理论依据

假设开发法的理论依据来源于古典经济学的地租剩余理论。根据马克思的土地价格理论,"一切地租都是剩余价值,是剩余劳动的产物"①。具体地看,地租由土地产品的价格所决定,是扣除了其他生产费用的余额。从理论上说,地租不仅是扣除成本、利润后的余额,而且还是扣除利息、税收后的余额。用公式表示为

$$地租量 = 市场价格 - 正常成本 - 正常利润 - 正常利息 - 正常税收 \qquad (8.2)$$

农民从地主手中租用土地,缴纳地租的可能性在于:农民租用土地取得粮食,缴纳地租后还有足够自给的农作物。如果地租过少,则地主不愿出租土地;如果地租过多,则剩余农作物不足以维持农民生计。双方能够接受的地租额应满足上述公式。

另外,假设开发法的基本思想在杜能的《孤立国同农业和国民经济的关系》一书中也被提及:"有一田庄,庄上全部房屋树木、垣篱都遇焚毁,凡想购置这一田庄的人,在估值时总首先考虑,田庄建设完备之后,这块土地的纯收益是多少,然后扣除建造房屋等投资的利息,根据剩余之数额确定买价。"②

假设开发法与地租量的计算原理是一致的,只不过在假设开发法的计算中,以房地产的出售价格及建筑总成本代替地租计算中的市场价格和正常成本而已。

四、假设开发法的适用范围

假设开发法与其他估价方法一样,有其最适宜的应用范围。假设开发法最适用于具有投资开发或再开发潜力的房地产的估价,主要用于以下几个方面。

(1) 可供开发的土地的估价(包括生地、毛地、熟地,典型的是各种房地产开发用地)。
(2) 工程的估价(包括在建工程、停建工程等)。
(3) 旧房地产的估价(包括旧房屋翻新、旧屋拆迁重建等)。
(4) 房地产投资分析及可行性研究。

五、假设开发法的应用条件

假设开发法由于估价与实施开发之间有一定的时间段,估价时的各种费用与实际的花费有一定的误差,因此假设开发法有其一定的应用条件,具体如下。

---

① [德]马克思. 资本论[M]. 第三卷. 北京: 人民出版社, 1975: 715.
② [德]约翰·冯·杜能. 孤立国司农业和国民经济的关系[M]. 北京: 商务印书馆, 1997: 29.

（一）外部条件

由于假设开发法是预期估价方法，因此在估价时要考虑较多的外部环境条件。外部环境的好坏及稳定程度对估价的准确性及可靠性有很大的影响，可以说假设开发法的应用要有良好的外部环境，具体如下。

（1）发育较完善的房地产市场，有较合理、完善的市场运行机制。

（2）明朗、稳定、长远的房地产政策。

（3）长远公开的土地供应计划。

（4）统一、严谨及健全的房地产法规。

（5）清晰、全面的有关房地产开发和交易的税费清单或目录。

（6）全面、连续及开放的房地产信息资料库等。

（二）内部条件

假设开发法的运用是以有关数据的预测为条件的，与估价人员的预测能力紧密相连。内部条件主要体现估价人员的这种预测性，主要体现在以下几个方面。

（1）必须准确预测土地或房地产的最佳开发利用方式，包括用途、建筑规模、档次等。

（2）售价的预测和成本的测算必须符合合法原则，符合国家有关政策，包括税收政策。

（3）正确分析房地产市场行情，掌握房地产市场中的有关数据信息，正确预测售价和开发成本。

（4）正确预测开发商的利润和开发周期。

假设开发法的可行性主要取决于最佳开发利用方式的选择和未来开发完成的房地产售价的预测，只要做到这两项预测具有一定的准确性，假设开发法的可靠性也就有了一定的保证。

六、假设开发法的计算公式

在假设开发法的基本思路中，已经给出了这种方法的基本计算公式，即式（8.1）。在实际估价中，具体扣减的项目应根据估价对象的实际情况确定，牢记"价值时点的将来时"，即扣除所有未来将要发生的正常的、合理的费用。如果在价值时点之前已经投入的费用，它们已包含在估价对象的价值内，不应作为扣除项目。

根据估价对象的不同类型，采用不同的估价公式。

（一）求生地价值的公式

求生地价值的公式主要有下述两种情况。

1. 适用于将生地开发为熟地再进行房屋建设的公式

$$生地价值=开发完成后的价值-生地取得税费-由生地建成房屋的成本-\\管理费用-销售费用-投资利息-销售税费-开发利润 \quad (8.3)$$

2. 适用于将生地开发成熟地的公式

生地价值=开发完成后的熟地价值−生地取得税费−由生地开发成熟地的成本−
　　　　管理费用−销售费用−投资利息−销售税费−开发利润　　　　　　　　(8.4)

（二）求毛地价值的公式

求毛地价值的公式也有下述两种情况。

1. 适用于将毛地开发成熟地再进行房屋建设的公式

毛地价值 = 开发完成后的价值 − 毛地取得税费 − 由毛地建成房屋的成本 −
　　　　管理费用 − 销售费用 − 投资利息 − 销售税费 − 开发利润　　　　　　(8.5)

2. 适用于将毛地开发成熟地的公式

毛地价值 = 开发完成后的熟地价值 − 毛地取得税费 − 由毛地开发成熟地的成本 −
　　　　管理费用 − 销售费用 − 投资利息 − 销售税费 − 开发利润　　　　　　(8.6)

（三）求熟地价值的公式（适用于在熟地上进行房屋建设）

熟地价值 = 开发完成后的价值 − 熟地取得税费 − 由熟地建成房屋的成本 −
　　　　管理费用 − 销售费用 − 投资利息 − 销售税费 − 开发利润　　　　　　(8.7)

（四）求在建工程价值的公式（适用于将在建工程续建成房屋）

在建工程价值 = 续建完成后价值 − 在建工程取得税费 − 续建成本 − 管理费用 −
　　　　销售费用 − 投资利息 − 销售税费 − 续建利润　　　　　　　　　　　(8.8)

（五）求旧房价值的公式（适用于将旧房重新改造或改变用途成新房）

旧房价值 = 重新改造或改变用途后价值 − 旧房取得税费 −
　　　　重新改造或改变用途的成本 − 管理费用 −
　　　　销售费用 − 投资利息 − 销售税费 − 利润　　　　　　　　　　　　　(8.9)

第二节　假设开发法的估价步骤

从假设开发法的基本思路中就可得知它的估价步骤，一般分为选择具体估价方法，选择最佳的开发利用方式和开发方案，估计开发建设期，估算开发费用和开发利润，最终确定待开发房地产的开发价值。

一、选择具体估价方法

房地产特别是大型房地产开发项目的开发周期一般较长，其待开发房地产的购置价款、后续开发的各项支出、开发完成后的房地产销售回款等发生的时间间隔较长。因此，运用假设开发法估价应考虑资金的时间价值。考虑资金的时间价值主要有两种方式：一是折现；二是计算投资利息。将前一种方式下的假设开发法定义为动态分析法，将后一种方式下的假设开发法定义为静态分析法。

在选择具体估价方法时，应根据估价对象所处开发建设阶段等情况，选择动态分析法或静态分析法，并应优先选用动态分析法。动态分析法应对后续开发的必要支出和开发完成后的价值进行折现现金流量分析，且不需另外测算后续开发的投资利息和应得利润。静态分析法则应另外测算后续开发的投资利息和应得利润。

二、选择估价前提

在实际运用假设开发法估价时，面临着待开发房地产是继续由其业主（拥有者或房地产开发企业）开发，还是要被其业主自愿转让给他人开发，或是要被人民法院强制拍卖变卖给他人开发的情况。在这三种情形下，预测出的后续开发经营期的长短和后续开发的必要支出的多少是不同的，从而测算出的待开发房地产价值是不同的。

由上可见，假设开发法的估价前提有三种：（1）估价对象仍然由其业主开发完成，这种估价前提称为"业主自行开发前提"；（2）估价对象要被其业主自愿转让给他人开发完成，这种估价前提称为"自愿转让开发前提"；（3）估价对象要被迫转让给他人开发完成，这种估价前提称为"被迫转让开发前提"。

同一估价对象在这三种不同的估价前提下运用假设开发法估价，评估出的价值往往不同。一般情况下，自己开发前提下评估出的价值要大于自愿转让前提下评估出的价值，自愿转让前提下评估出的价值要大于被迫转让前提下评估出的价值。但需要指出的是，在运用假设开发法时究竟应采用上述哪种估价前提进行估价，不是估价师可以随意假定的，必须根据估价目的和估价对象所处的实际情况来选择，并应在估价报告中充分说明理由。房地产抵押估价和房地产司法拍卖估价，一般应采用"被迫转让前提"。

三、选择最佳开发经营方式

选取最佳开发经营方式之前，应调查、分析待开发房地产状况和当地房地产市场状况，然后选取最佳开发经营方式并确定未来开发完成后的房地产状况。在调查、分析房地产开发用地的状况时，要搞清楚土地的区位状况、实物状况和权益状况，之后便可以选取最佳的开发利用方式，包括选取最佳的用途、建筑规模、档次等。这些都要在规划允许的范围内选取，也就是说，在规划条件给定的范围内的最佳。

在选取最佳的开发利用方式中，最重要的是选取最佳的用途。选取最佳的用途要考虑该土地位置的可接受性及这种用途的现实社会需要程度和未来发展趋势，或者说要分析当地市场的接受能力，即在项目建成后市场上究竟需要什么类型的房地产。例如，某宗土地的规划用途为宾馆、公寓或写字楼,但在实际估价中究竟应选择哪种用途?这首先要调查、分析该土地所在城市和区域的宾馆、公寓、写字楼的供求关系及其走向。如果对宾馆、写字楼的需求开始趋于饱和,表现为客房入住率、写字楼出租率呈下降趋势,但希望能租到或买到公寓住房的人逐渐增加,而在未来几年内能提供的数量又较少时,则应选择该土地的用途为公寓。该步是确定开发完后房地产的价值、开发成本及在投标中取胜的关键。

四、测算后续开发经营期

后续开发经营期(简称开发经营期)的起点是(假设)取得估价对象(待开发房地产)的日期(即价值时点),终点是未来开发完成后的房地产经营结束的日期。开发经营期可分为建设期和经营期。

建设期的起点与开发经营期的起点相同,终点是未来开发完成后的房地产竣工之日。建设期又可分为前期和建造期。

经营期可根据未来开发完成后的房地产的经营方式而具体化。由于未来开发完成后的房地产的经营方式有销售、出租和营业,所以经营期可具体分为销售期(针对销售这种情况)和运营期(针对出租和营业两种情况)。

开发经营期是随社会政策、市场环境、开发情况等因素的改变而不断变化的。如征地或拆迁中遇到"钉子户"、资金不到位、建筑材料短缺、开发时遇到文物等地下埋葬物、劳资纠纷、恶劣天气及政治经济形势改变等都将延长开发经营期,此时开发经营期要在正常的估算基础上加上一段时间。对开发经营期的估算,常采用比较法,即根据同一地区市场上同等类型、同等规模的类似开发项目正常开发所需要的时间来估计。

五、测算后续开发的必要支出

后续开发的必要支出是将待开发房地产状况"变成"未来开发完成后的房地产状况所必须付出的各项成本、费用和税金,具体包括待开发房地产取得税费和后续的建设成本、管理费用、销售费用、投资利息、销售税费。这些都是在假设开发法测算中应当减去的项目,统称为"扣除项目"。他们的估算方法与成本法中的相同(见本书第七章第二节中的"新开发房地产价格的构成"),但要注意两点:(1)它们本质上应是预测的扣除项目在未来发生时的值,而不是在价值时点的值(但在静态分析法中,将它们近似为价值时点的值)。(2)它们是在取得待开发房地产之后到把待开发房地产开发完成的必要支出,而不包括在取得待开发房地产之前所发生的支出。

六、测算开发完成后的价值

开发完成后的价值是指开发完成后的房地产状况所对应的价值,该价值是未来的,而不是价值时点的，因此该价值的求取需要进行预测。通常根据租售方式的不同可采取两种途径取得：对于出售的房地产，通常采用比较法确定价格，并从市场发展变化的角度进行修正，或者采用比较法与长期趋势法相结合的方式，即根据类似房地产过去和现在的市场价格及其未来可能的变化趋势来预测；对于出租或自营的房地产，如写字楼、商店、旅馆、餐馆等，预测开发完成后的价值，可先预测其租赁或自营的净收益，再采用收益法将该净收益转换为价值。

七、确定折现率或测算后续开发的应得利润

折现率是动态分析法中需要确定的一个重要参数，与报酬资本化法中的报酬率的性质和求取方法相同，具体应等同于同一市场上相同或相似的房地产开发项目所要求的平均报酬率，它体现了资金的利率和开发利润率两部分。

后续开发的应得利润只有在静态分析法中才需要测算。它是将待开发房地产状况"变成"未来开发完成后的房地产状况而应当获得的一般正常利润。在测算后续开发的应得利润时要注意成本法中提到的直接成本利润率、投资利润率、成本利润率和销售利润率，它们的内涵及计算基数有所不同，测算时要相互匹配。

八、计算开发价值

按照假设开发法的计算公式，区分不同的待开发房地产的类型，分别计算它们的评估价格。同时结合其他估价方法和估价人员的经验，对计算结果进行综合修正，据此最后确定出估价额。

主要有静态和动态两种方式来计算，第三节将重点介绍。

第三节 假设开发法的估价方法

由于房地产开发周期比较长，其开发费用、管理费用、销售费用、销售税费及开发完成后的房地产价格等资金实际发生的时间不尽相同，特别是大型房地产开发项目。因此，应用假设开发法估价时必须考虑资金的时间价值。在第六章第一节中已经介绍了两种表示时间价值的方法，即计息和折现，与此相对应，假设开发法的估价方法就有计息法和折现法两种方法，即静态分析法和动态分析法。

一、静态分析法

静态分析法又称计息法或传统方法，主要是以估价时的房地产市场状况为依据，将所

有的花费都看成是价值时点的花费，不考虑各项费用发生的时间差异，根据相关公式直接相加减，这种情况下对时间价值的考虑主要表现在计算利息上。计息期通常到开发完成为止，既不考虑预售，也不考虑延迟销售。同时，投资利息和开发利润要单独估算。

静态分析法的计算公式与基本公式的计算项目是相同的，在此将此公式具体项列出为

待开发土地价格＝开发完成后的房地产价值－开发成本－管理费用－销售费用－投资利息－销售税费－开发利润－购买待开发房地产应负担的税费 (8.10)

式中的各项费用，是根据价值时点的房地产市场状况计算的，基本上不考虑各项费用发生的时间，计息期通常以开发完成时为准，不考虑销售时期，是静止法计算的数额。

【例8-1】现有一块 $3km^2$ 的荒地，适宜开发成熟地后分块转让，转让面积率为70%，其余为公共设施用地。某投资商想取得该土地开发完成后转让，他进行了充分的市场调查并预测，该土地开发成熟地后的转让价为 1800 元$/m^2$，开发期为2年，开发成本及管理费用、销售费用为 2.6 亿元$/km^2$，第一年投资60%，第二年投入40%，其资金利率为10%，投资利润率为15%，他获得该土地需要缴纳的税费为该荒地价格的4%，他开发完成后转让时要缴纳的税费为转让价格的3.5%，试估价该荒地的现时总价与可转让土地单价。

解：根据题意，可按下式计算荒地价格：

成片荒地价格＝开发完成后的熟地价值－开发成本及管理费、销售费用－投资利息－销售税费－开发者购买生地时应负担的税费－土地开发利润 (8.11)

设成片荒地总价格为 P。

由已知条件可知：

开发完成后可转让的熟地价格 $= 3\,000\,000 \times 70\% \times 1800$（元）$=37.8$（亿元）

开发成本及管理费、销售费用 $= 2.6 \times 3 = 7.8$（亿元）

开发者购买生地应负担的税费 $= 4\%P$

销售税费 $= 37.8 \times 3.5\% = 1.323$（亿元）

投资利息 $= (P + 4\%P)\left[(1+10\%)^2 - 1\right] + 7.8 \times 60\% \times \left[(1+10\%)^{1.5} - 1\right] +$
$7.8 \times 40\% \times \left[(1+10\%)^{0.5} - 1\right]$
$= (0.2184P + 0.8716)$（亿元）

开发利润 $= (P + 7.8 + 4\%P) \times 15\% = (0.156P + 1.17)$（亿元）

将各项代入式（8.11），即

$P = 37.8 - 7.8 - (0.2184P + 0.8716) - 4\%P - 1.323 - (0.156P + 1.17)$

解方程得：$P = 18.832$（亿元）

$$可转让土地单价 = \frac{P}{3\,000\,000 \times 70\%} = 896.76\ （元/m^2）$$

该荒地的现时总价为18.832亿元，可转让土地单价为 896.76 元$/m^2$。

二、动态分析法

动态分析法又称折现法或现金流量折现法,是对所有的项目预测它们在未来发生的时间及发生的数额,并将它们折算到价值时点后再相加减。

上面已经提到过,动态分析法中,利息不再单独显现,而开发利润的处理方式不同。不过,多数意见是在动态分析法中,开发利润不单独显现出来,而是隐含在折现过程中,此时要求折现率应等于同一市场上类似开发项目所要求的收益率,既包含安全收益部分(通常的利率),又包含风险收益部分(利润率)。开发利润如果单独显现出来,则折现率应只包含安全收益部分(通常的利率)。也就是说,当同类房地产估价,开发利润采用不同的处理方式时,它们的折现率大小是不同的,利润单独显现的折现率小于其隐含在折现过程中的折现率。本书采用利润隐含在折现过程的方式。因此动态分析法的计算公式为

待开发房地产价值=开发完成后的房地产价值−开发成本−管理费用−销售费用
销售税费−买方购买待开发房地产应负担的税费 (8.12)

【例 8-2】 某一房地产开发公司打算参与一宗熟地的投标,该熟地面积为 $4\,000\,m^2$,土地的建筑容积率为 2.5,土地转让时间为 2015 年 3 月,使用权为 50 年。要将此熟地开发成商品住宅,预计开发期为 2 年,开发及管理费预计为 $2\,500\,元/m^2$,资金预计分两批投入,第一年均匀投入 70%,第二年均匀投入 30%。根据市场调查分析,预计商品住宅市场售价为每平方建筑面积 8 000 元,建成后有 80% 的建筑面积可立即售出,剩余的 20% 在半年后可售出。广告宣传费及销售代理费等销售费用为售价的 3%,营业税及交易费用等为售价的 5%,取得该熟地要按取得价款的 3% 缴纳有关税费,资金折现率为 15%,试用动态法估价该熟地在 2015 年 3 月的正常投标价格(土地总价、单位地价及楼面地价)。

解: 根据题意,可按下式计算熟地价格

熟地的价格=开发完成后的房地产价值−开发成本及管理费用−销售费用−
销售税费−买方购买熟地应负担的税费 (8.13)

设熟地的总价格为 P。

由题意可知

$$建筑面积 = 4\,000 \times 2.5 = 10\,000\ (m^2)$$

$$开发完成后房地产的价格 = \frac{8\,000 \times 10\,000 \times 80\%}{(1+15\%)^2} + \frac{8\,000 \times 10\,000 \times 20\%}{(1+15\%)^{2.5}} = 5\,967.49\ (万元)$$

$$开发成本及管理费 = 2\,500 \times 10\,000 \times \left(\frac{70\%}{(1+15\%)^{0.5}} + \frac{30\%}{(1+15\%)^{1.5}}\right) = 2\,240.04\ (万元)$$

$$广告、代理费等销售费用 = 5\,967.49 \times 3\% = 179.02\ (万元)$$

营业税及交易费 = 5 967.49×5% = 298.37（万元）

购地税费 = $P \times 3\% = 0.03P$

将上述各项代入式（8.13），即

$$P = 5\,967.49 - 2\,240.04 - 179.02 - 298.37 - 0.03P$$

解方程得 P = 3 155.40（万元）

$$单位地价 = \frac{3\,155.40 \times 10\,000}{4\,000} = 7\,888.5（元/m^2）$$

$$楼面地价 = \frac{3\,155.40 \times 10\,000}{10\,000} = 3\,155.40（元/m^2）$$

即该熟地的正常投标价格为 3 155.40 万元，单位地价为 7 888.5 元/m²，楼面地价为 3 155.40 元/m²。

三、动态分析法和静态分析法的优缺点

从理论上讲，动态分析法测算的结果比较精确，但测算过程相对复杂；静态分析法算出的结果较粗略，但测算过程相对简单。就它们的精确与粗略而言，在现实中可能并不完全如此。这是因为动态分析法从某种意义上讲要求"先知先觉"，具体需要做到以下三点：（1）后续开发经营期究竟多长要预测准确；（2）各项收入、支出在何时发生要预测准确；（3）各项收入、支出发生的数额要预测准确。

由于房地产现实估价中存在着众多的未知因素和偶然因素会使预测偏离实际，进而导致这种方法的估算结果不准确。尽管如此，在实际估价中应优先选用动态分析法。在难以采用动态分析法的情况下，可以选用静态分析法。

第四节 假设开发法的总结与应用

假设开发法是依据设想的开发方案来评估待开发的房地产价格的估价方法，它是估价实践中难度较大的一种方法。下面对其主要内容进行总结和概括，并给出具体的估价实例，通过这些实例更好地掌握其本质。

一、假设开发法总结

假设开发法在本质上是一种收益法，在形式上是成本法的"倒算法"。假设开发法适用的估价对象是具有开发或再开发潜力，并且其开发完成后价值可以采用比较法、收益法等方法求取的房地产，简称为待开发房地产。假设开发法的测算结果为估价对象开发完成后的价值减去后续开发的必要支出及应得利润。主要内容如图8-1所示。

应用假设开发法估价的关键，首先是要把握好两端：一端是待开发房地产状况；另一

端是开发完成后的房地产状况。然后假设将待开发房地产状况"变成"未来开发完成后的房地产状况，需要做哪些工作，完成这些工作需要多长时间，需要哪些必要支出，相应要获得多少利润。开发完成后价值可采用比较法或长期趋势法求取，也可采用收益法求取。弄清这些问题就可以按公式进行计算，在实际计算中，根据考虑资金时间价值的方式不同，分为计息法和折现法两种不同的处理方法。

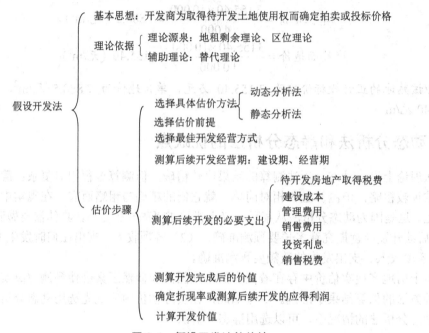

图 8-1　假设开发法的总结

待开发房地产状况大致可分为可供开发的土地、在建工程、可重新改造或改变用途的旧房三大类。实际估价也重点是针对三种类型进行的，另外还可以进行房地产的投资效果分析，下面给出具体的实例，加深对假设开发法的理解。

二、假设开发法应用

（一）开发建设的土地估价

1．估价对象概况

某房地产公司 2013 年 5 月投标得到一块毛地，土地总面积为 10 000m^2，土地使用权为 70 年。

2．估价要求

试求该土地在 2013 年 5 月的正常投标价格。

3．估价过程

（1）选择具体估价方法

估价对象是待开发的毛地，根据所掌握的资料并进行了实地勘察，结合邻近地区的情况调查，选取假设开发法作为本次估价的基本方法，具体选择假设开发法中的动态分析法进行计算。估价前提为"自愿转让"开发。

（2）选择最佳开发利用方式

该土地处于开发区，根据市场调查，确定该土地的最佳开发利用方式为开发商住楼，容积率为5，故建筑总面积为50 000m²，其中商业建筑面积占30%，居住建筑面积占70%。

（3）预计开发建设期

预计将毛地开发成熟地需1.5年，将熟地开发成商住楼需2.5年，即2017年5月建成。

（4）估计各项费用

估计从毛地开发成商住楼总共的开发建设费为每平方米建筑面积2 000元（包括管理费），开发建设费分三期投入，在每年年初投入，第一年投入30%，第二年投入60%，第四年投入剩余的10%；广告宣传费、销售代理费等销售费用为售价的2%，营业税、交易费用为售价的3%，取得土地要按地价款的3%缴纳购地税，资金折现率为10%。

（5）预计建成后的房地产价格

预计该房地产建成后，商业部分可全部销售完，其平均售价为7 500元/m²；居住部分30%可在建完后销售出去，50%可在半年后销售出去，剩余的20%可在一年后销售出去，其售价平均为6 000元/m²。

（6）计算地价

解：应用动态法计算地价，资金收支情况如图8-2所示。

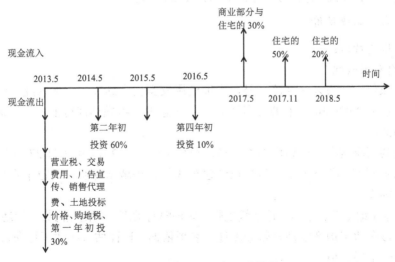

图8-2 资金投入及收入流量图

设该土地的正常投标价为 P

开发完成后房地产的价格 $= \dfrac{7\,500 \times 50\,000 \times 30\%}{(1+10\%)^4} + 6\,000 \times 50\,000 \times 70\% \times$

$$\left(\dfrac{30\%}{(1+10\%)^4} + \dfrac{50\%}{(1+10\%)^{4.5}} + \dfrac{20\%}{(1+10\%)^5} \right) = 23\,976.02 \text{（万元）}$$

由取得土地到销售完成的费用包括

取得土地的税费 $= P \times 3\% = 0.03P$（万元）

开发及建设成本 $= 2\,000 \times 50\,000 \times \left(30\% + \dfrac{60\%}{(1+10\%)^1} + \dfrac{10\%}{(1+10\%)^3} \right) = 9\,205.86$（万元）

广告、代理费等销售费用 $= 23\,976.02 \times 2\% = 479.52$（万元）

营业税、交易费 $= 23\,976.02 \times 3\% = 719.28$（万元）

代入公式，即

$$P = 23\,976.02 - 0.03P - 9\,205.86 - 479.52 - 719.28$$

解方程得：$P = 13\,176.08$（万元）

该宗地的单价为

$$P_{单} = \dfrac{13\,176.08 \times 10^4}{10\,000} = 13\,176.08 \text{（元/m}^2\text{）}$$

该宗地的楼面地价为

$$P_{楼} = \dfrac{13\,176.08}{5} = 2\,635.22 \text{（元/m}^2\text{）}$$

该土地在2013年5月的正常投标价格为13 176.08万元。

（二）在建工程估价

某估价报告片段：

1. 估价对象概况

估价对象位于×市×区×路×号，土地使用权类型为划拨，用途为经济适用住房，土地使用权面积为 $2\,939.4\text{m}^2$。根据委托方提供的《建设工程规划许可证》所载地上建筑面积为 $4\,740.88\text{m}^2$。

该项目共两座楼盘，规划均为6层高，混合结构，于2014年3月27日开工，至2015年3月1号楼已经建至5层，2号楼已经建至3层，外墙未抹灰，门窗未安装，水电暖消防管线正在铺设。

估价对象土地地势较平坦，地形较规则，宗地略有坡度，周围无污染，绿地覆盖率一般。

为确定该在建房地产抵押贷款额度提供参考依据，试评估该在建工程在价值时点2015年3月的公开市场价值。

2．区域因素分析（略）

3．市场背景分析（略）

4．最高最佳使用分析

根据估价对象所处的自然地理位置、社会经济位置和城市规划的要求，决定了评估对象的最高最佳使用。由于评估对象的设计、基础和主体工程施工都已成规模，其市场定位已明确，其最高最佳使用为住宅小区，估价对象在现状的基础上继续开发建设使用最为有利。

5．估价方法选用

该估价对象为在建工程，选用假设开发法进行估价。

6．估价测算过程

公式为

在建工程价格 = 续建完成后房地产价值 − 续建成本 − 管理费用 − 销售费用 −

投资利息 − 销售税费 − 续建投资利润

（1）估价对象开发完成后的价值

按照相关规定，经济适用房应由政府定价，本次评估对象尚未定价，故通过多渠道的市场调查和现场踏勘，收集了与估价对象类似的案例：① ×村改造保障性住房项目；② ×路改造保障性项目；③ ×路改造保障性项目。进行各项因素修正后，得出房地产单价为 5 600 元/m²，因此

房地产总价 = 5 600 × 4 740.88 = 26 548 928.00 （元）

（2）续建成本扣除项目

续建成本需扣除的项目包括续建工程的建安成本、管理费用、销售费用、销售税金、投资利息、利润等。

① 续建工程费用

本次估价建安成本通过市场调查、分析、比较，根据委托方提供的工程资料和在建工程投入情况，并在现场核对工程量的基础上，以《山东省建筑工程概算定额》等资料为依据，结合有关定额资料，经综合测算取续建工程费用为 100 元/m²。

续建工程费用 = 4 740.88 × 100 = 474 088 （元）

② 管理费用

管理费用是指开发商为组织和管理房地产开发经济活动以及房地产开发提供各种服务而发生的费用。主要包括管理人员工资及附加费、办公费用、差旅费、固定资产使用费、业务招待费等。根据《经济适用住房价格管理办法》，该项费用占续建成本的 2%，所以

管理费用 = 474 088.00 × 2% = 9 481.76 （元）

③ 销售费用

代理及广告费：一般为售价的 1%～3%，考虑到项目具体特点，本次评估采用续建完

成后房地产价值的2%。

$$销售费用 = 26\,548\,928 \times 2\% = 530\,978.56\ (元)$$

④ 续建投资利息

续建工程费用、管理费用、销售费用应计算投资利息，年利率取 7.47%，续建工程建设期约需一年时间，资金投入按平均投入计算：

$$投资利息 = (474\,088 + 9\,481.76 + 530\,978.56) \times \left[(1+7.47\%)^{0.5} - 1\right] = 37\,210.98\ (元)$$

⑤ 销售税费

营业税、城市维护建设税、教育附加、印花税：一般为售价的5.55%。

$$销售税费 = 26\,548\,928 \times 5.55\% = 1\,473\,465.50\ (元)$$

⑥ 续建投资利润

投资利润是指房地产开发商投资房地产开发项目应取得资金报酬及承担风险的补偿。根据《经济适用住房价格管理办法》，经济适用房利润不超过3%，本次评估取投资利润率为3%，则

$$投资利润 = (474\,088 + 9\,481.76 + 530\,978.56) \times 3\% = 30\,436.45\ (元)$$

⑦ 总续建成本

$$续建总成本 = ① + ② + ③ + ④ + ⑤ + ⑥ = 2\,555\,661.25\ (元)$$

（3）在建工程价值的确定

$$在建工程价值 = 开发完成后房地产总价值 - 续建总成本$$
$$= 26\,548\,928.00 - 2\,555\,661.25 = 23\,993\,266.75\ (元)$$

（三）旧房地产估价

某旧厂房的建筑面积为 5 000m²，根据其所在位置及周边环境，适宜装修改造成超市出售，并可获得政府批准，但需补交土地使用权出让金等 700 元/m²（按建筑面积计），同时取得 40 年的土地使用权。预计装修改造期为 1 年，装修改造费为每平方米建筑面积 1 200 元，装修改造完成后即可全部售出，售价为每平方米建筑面积 8 000 元/m²，销售费用和销售税费为售价的 8%，购买该旧厂房时，买方需缴纳的税费为旧厂房购买价的 3%。试利用所给资料用动态分析法估算该旧厂房的正常购买总价和单价（折现率为 10%）。

分析：该旧厂房的正常购买总价和单价计算如下：

设该旧厂房的正常购买总价为 P，楼价为 A，装修改造的总费用为 B，销售费用和销售税费为 C，购买该厂房买方需缴纳税费额为 D，补交的土地使用权出让金为 E。则

$$P = A - B - C - D - E$$

（1）$A = \dfrac{8\,000 \times 5\,000}{(1+10\%)} = 3\,636.36\ (万元)$

(2) $B = \dfrac{1\,200 \times 5\,000}{(1+10\%)^{0.5}} = 572.08$ （万元）

(3) $C = 3\,636.36 \times 8\% = 290.91$ （万元）

(4) $D = P \times 3\% = 0.03P$ （万元）

(5) $E = 700 \times 5\,000 = 350$ （万元）

(6) $P = 3\,636.36 - 572.08 - 290.91 - 0.03P - 350$

得到该厂房的正常购买总价为

$$P = 2\,352.79 \text{（万元）}$$

该厂房的正常购买单价为

$$P_{单} = \dfrac{2\,352.79 \times 10^4}{5\,000} = 4\,705.58 \text{（元/m}^2\text{）}$$

（四）开发商预期利润估算

某开发商已经取得某宗地 70 年土地使用权，该宗地为"七通一平"空地，面积为 2 000 m²，土地价格为 900 万元，取得土地过程中支付的其他费用为地价的 3%，城市规划该地块用途为住宅，最大容积率为 4。估算开发商在该项目开发建设中的预期利润。

1．估价方法

该宗地为待开发空地，适宜采用假设开发法估价。

2．估价过程

根据规划要求，该宗地的最佳开发利用方式为修建住宅，容积率按最大计算。

根据开发商的市场调查，该项工程在取得土地使用权后半年即可动工建设，建设期为 2 年，建成后即可全部售出。根据目前的市场行情，预计住宅售价 5 000 元/m²，建筑费和专业费预计 2 000 元/m²，第一年投入 40%，第二年投入 60%，目前资金贷款年利率为 6%，房地产销售费用及销售税费总计为房地产总价的 6%。

（1）开发完成后房地产总价 $= 5\,000 \times 2\,000 \times 4 = 4\,000$（万元）

（2）土地取得成本 $= 900 + 900 \times 3\% = 927$（万元）

（3）建筑费及专业费总额 $= 2\,000 \times 2\,000 \times 4 = 1\,600$（万元）

（4）总利息 $= 927 \times \left[(1+6\%)^{2.5} - 1\right] + 1\,600 \times 40\% \times \left[(1+6\%)^{1.5} - 1\right] +$
$\qquad 1\,600 \times 60\% \times \left[(1+6\%)^{0.5} - 1\right] = 232.2$（万元）

（5）销售费用及税费 $= 4\,000 \times 6\% = 240$（万元）

（6）开发商利润 $=$ (1) $-$ (2) $-$ (3) $-$ (4) $-$ (5) $= 1\,000.8$（万元）

（7）利润占房地产总价的百分比 $= 1\,000.8 / 4\,000 \times 100\% = 25\%$

（8）利润占开发总成本的百分比 $= 1\,000.8 / (927 + 1\,600 + 232.2 + 240) \times 100\% = 33.4\%$

由上述测算可知，该项目投资回报良好，预期利润可观，项目可行。

本章小结

假设开发法是通过预算估价对象开发完后的价值，然后从中扣除预计的开发成本、税费和利润等花费，剩余的部分作为估价对象客观合理的评估价格。对于具有开发潜力的土地或再开发潜力的房地产来说，假设开发法是一种有效的估价方法。从形式上看，假设开发法是成本法的倒算，但两者存在着重要区别：成本法中的成本费用项目已经发生，而假设开发法中这些项目是通过预测得到的。基于房地产开发周期长和投资大的特点，必须考虑资金的时间价值，方法可以是静态分析法，也可以是动态分析法，但在假设开发的应用过程中，尽可能采用动态分析法。在内容安排上，本章首先阐述了假设开发法的基本概念、理论依据、基本思路、适用条件、适用范围，其次较为详尽地阐述了假设开发法的估价步骤，最后举例说明该方法的具体应用。

综合练习

一、单选题

1. 当估价对象具有潜在的开发价值时，（　　）几乎是唯一实用的估价方法。

   A. 成本法　　　　B. 假设开发法　　C. 市场法　　　　D. 基准地价修正法

2. 运用假设开发法测算开发成本、管理费用、销售费用、销售税费时，测算的方法与成本法中的相同，所不同的是需要（　　）。

   A. 收集资料　　　B. 估算　　　　　C. 预测　　　　　D. 假设

3. 假设开发法中，搞清楚土地面积大小、形状、地质和水文状况、基础设施完备程度、平整程度等，主要是为（　　）等服务。

   A. 测算开发成本、费用　　　　　　B. 测算开发利润

   C. 测算销售费用、税费　　　　　　D. 测算开发完成后的房地产价值

4. 下面对假设开发法适用条件的表述最为准确的为（　　）。

   A. 新开发房地产项目

   B. 用于出售用途的房地产项目

   C. 具有投资开发或再开发潜力的房地产

   D. 用于投资的房地产

5. 开发完成后的房地产价值，是指开发完成时的房地产的（　　）。

   A. 成交价格　　　B. 市场价格　　　C. 评估价值　　　D. 投资价值

二、多选题

1. 假设开发法适用的对象是具有开发或再开发潜力的房地产，例如（　　）。
   A．在建工程　　　　　　　　B．待开发的土地
   C．尚未销售的房地产　　　　D．可装饰装修改造的房屋

2. 假设开发法除了适用于房地产估价，还适用于房地产开发项目投资分析，可为房地产投资者提供（　　）等数据。
   A．测算拟开发场地的最高价格　　B．测算拟开发场地的最低价格
   C．测算开发中可能出现的最高费用　　D．测算开发项目的预期利润

3. 下列表述中，正确的有（　　）。
   A．开发经营期可分为建设期和经营期
   B．开发期又可称为建设期，对于在土地上进行房屋建设的情况来说，又可分为前期和建造期
   C．在有预售的情况下，销售期与开发期有重合
   D．开发期的起点与开发经营的起点相同

4. 待开发房地产在开发后的状况有（　　）等。
   A．生地　　　B．毛地　　　C．熟地　　　D．房屋（包含土地）

5. 假设开发法中，按传统方法需要计算利息的项目有（　　）。
   A．开发者购买待开发房地产时应负担的税费
   B．销售税费
   C．待开发房地产的价值
   D．开发成本、管理费用及销售费用

三、判断题

1. 假设开发法是一种科学实用的估价方法，其理论依据与成本法相同，是生产费用价值论。（　　）
2. 在选择最佳的开发利用方式中，最重要的是选择最佳的用途。（　　）
3. 考虑资金的时间价值方式有采用折现的方式和采用计算利息的方式。（　　）
4. 假设开发法类似于地租原理，只不过地租是每年的租金剩余，假设开发法通常测算的是一次性的价格剩余。（　　）
5. 建设期一般能较准确地估算，经营期特别是销售期，通常是难以准确估算的。（　　）

四、简答题

1. 假设开发法的理论依据及适用范围、条件是什么？
2. 针对假设开发法的具体评估对象列出具体计算公式。

3．假设开发法的评估步骤有哪些？
4．假设开发法与成本法的区别是什么？
5．假设开发法的评估方法有几种？它们之间的区别是什么？

五、名词解释

假设开发法　开发经营期　静态分析法　动态分析法

六、计算题

1．某块熟地于 2011 年 9 月投标转让，使用年限为 50 年，预计建成居住用地，容积率为 3；每平方米的建筑面积的开发、管理费用为 3 000 元，开发经营期为 2 年，第一年投资 60%，第二年投资 40%，开发完成后 30%立即销售出去，50%经过半年销售出去，剩余的 20%一年后销售完，售价为 8 000 元/m²；广告宣传费、代理费等销售费用按销售额的 4%计算，营业税、交易手续费用按销售额的 5%计算；取得土地后所缴纳的税费为地价款的 4%，开发利润为 20%，折现率为 15%，试分别用静态分析法和动态分析法计算该土地的正常投标值。

2．需要评估一宗"七通一平"熟地 2012 年 10 月的价格，获知该宗土地的面积为 8 000m²，土地剩余使用年限为 45 年，建筑容积率为 2，适宜建造商品住宅，预计取得该土地后建造该类商品住宅的开发期为 2 年，建筑安装工程费为每平方米建筑面积 1 500 元，勘察设计等专业费及管理费为建筑安装工程费的 10%，第一年需投入建筑安装工程费、专业费用及管理费的 60%，第二年需投入 40%。销售商品住宅时的广告宣传等销售费用为其售价的 2%，销售商品住宅需缴纳的营业税等为交易价格的 6%，购买该土地买方需缴纳的税费为购买价的 3%。预计该商品住宅在建成时售出 40%，建成半年后售出 30%，建成一年后全部售出。售出时的平均价格为每平方米建筑面积 5 000 元。试利用所给资料用动态分析法测算该宗土地 2012 年 10 月的总价、单价和楼面地价（折现率取 10%）。

3．某在建工程开工于 2013 年 3 月 1 日，总用地面积为 6 000m²，规划总建筑面积为 25 000m²，用途为写字楼。土地使用权年限为 50 年，从开工之日起计，当时取得土地的价格为 4 000 元/m²。该项目的正常开发期为 3 年，建设费用（包括前期工程费、建筑安装工程费、管理费等）为每平方米建筑面积 4 000 元。至 2014 年 9 月 1 日完成了主体结构，已投入 50%的建设费用，但估计至建成尚需 2 年，还需要投入 50%的建设费用，预计建成后半年可租出，可出租面积的月租金为 400 元/m²。可出租面积为建筑面积的 80%。正常出租率为 90%，出租的运营费用为有效毛收入的 30%。当地购买在建工程需要缴纳的税费为购买价的 3%，建成后转让的销售费用和销售税费为售价的 6%。试利用所给资料用动态分析法，估算该在建工程 2014 年 9 月 1 日的正常购买总价和按规划建筑面积折算的单价（还原利率为 10%，折现率为 12%）。

推荐阅读资料

全国房地产评估师执业资格考试用书：中国房地产评估师与房地产经纪人学会. 房地产估价理论与方法[M]. 北京：中国建筑工业出版社，2015：319-343.

网上资源

1. 中国房地产评估师：http://www.cirea.org.cn
2. 房地产经纪人学会：http://www.agents.org.cn
3. 中国房地产信息网：http://www.realestate.cei.gov.cn
4. 地产中国网：http://house.china.com.cn
5. 环球职业教育在线：http://www.edu24ol.com中关于房地产评估师执业资格考试的网络远程培训。

第九章　长期趋势法

学习目标

通过对本章的学习，应掌握如下内容：
- 掌握长期趋势法的概念和理论依据；
- 了解长期趋势法的适用条件和操作步骤；
- 了解平均增减量法、平均发展速度法、移动平均法、数学曲线拟合法的计算原理和方法。

导言

房地产价格通常会上下波动，在短期内难以看出其变动规律和发展趋势，但从长期来看，会显现出一定的变动规律和发展趋势。根据某类房地产价格的历史资料，按照其时间先后进行排序，即可得到这类房地产价格的变化过程、变化方向和变化趋势，据此进行类推和延伸，估算出该类房地产在估价时点的价格。这种方法就是长期趋势法。

第一节　长期趋势法概述

长期趋势法又称外推法、延伸法、趋势法等，它是利用较长期的房地产价格历史资料，在分析变化趋势的基础上，运用时间序列分析和回归分析的方法，对房地产价格进行推测和判断。简单地说，就是由已知推测未知，由过去推测现在和将来。这种方法是对其他房地产估价方法的有益补充。

一、长期趋势法的基本原理

房地产估价中的长期趋势法，是依据预测科学的基本理论和方法而产生的一种估价方法，这种估价方法主要用于对未来的房地产价格进行推测与判断。

在现实生活中，某些自然或社会现象的观察值，总可以以一定的时间序列来表示。从

长远看，这些时间序列会表现出上升或下降的变化趋势，即构成长期变动趋势。人们根据这些时间序列的长期变动趋势，将其外延或类推，从而预测这些现象在下一时刻或未来若干时刻可能达到的水平。这就是预测方法的基本原理。

从长期来看，房地产价格会显现出一定的变动规律和发展趋势。当需要评估（通常是预测）某宗（或某类）房地产的价格时，可以搜集该宗（或该类）房地产在过去较长时间内的价格资料，并按照时间的先后顺序将其编排成时间序列，从而找出该宗（或该类）房地产的价格随时间变动的过程、方向、程度和趋势，然后进行外延或类推，对该宗（或该类）房地产在某一时刻的价格做出比较肯定的推测和判断，最终评估出该宗（或该类）房地产的价格。

二、长期趋势法的适用条件

长期趋势法的理论依据是房地产价格在长期内会显现出一定的变动规律和发展趋势，这种变动规律和发展趋势可借助房地产价格历史统计资料，同时假定其过去形成的趋势在未来继续存在，然后用统计分析的方法显现出来。所以，长期趋势法可用来预测无明显季节性变动的房地产价格，适用条件是估价对象或类似房地产拥有较长期的、真实的历史价格资料。且拥有越长时期、越真实的历史价格资料，做出的推测就越准确可信，越可以消除短期变动和意外变动对房地产价格的影响。

长期趋势法不仅可以用于预测房地产未来的价格，还可以用于其他方面。例如，通过对两宗或两宗以上房地产价格发展趋势或潜力的比较，可填补某宗房地产价格历史资料不完整的缺陷；在市场比较法中对有关比较实例交易日期修正时，也可以借助长期趋势法；在收益法中可以用这种方法对房地产未来的纯收益进行预测；在假设开发法中，往往还要运用长期趋势法对结果加以验证。

三、长期趋势法的主要特征

长期趋势法与前面几种估价方法相比，具有以下特征。

（一）具有较广的适用范围

长期趋势法的基本原理决定了这种方法具有较广的适用范围。凡是拥有较长时期价格积累资料的房地产，都可以考虑采用这种方法进行估价。同时，由于估价结果源自历史数据和长期趋势，不包含主观因素，而且无须做大量复杂的考证工作，估价成本较低。总的来说，该方法的适用范围较广。

（二）时间因素起主导作用

房地产价格受众多因素的制约，但是长期趋势法对于这些因素与房地产价格之间的关系并不考虑，它只考虑了价格和时间的关系，根据房地产价格的历史数据，预测、判断现在乃至未来的房地产价格。

（三）价格变化有不确定性

根据时间序列排列的房地产价格变化具有不确定性。从价格变动类型看，可以表现出长期趋势变动、循环变动、不规则变动等状态。因此，作为预测基础的房地产价格资料，有的具有规律性，有的没有规律性，加上房地产的个别性及交易过程的单独性，房地产价格变化往往呈现出不确定性。长期趋势法是把时间序列作为随机变量序列，运用数学方法，消除偶然因素影响，对待估房地产价格进行估计和判定。

（四）估价结果具有预测性

长期趋势法是根据房地产价格的历史资料进行估价的，其前提是假设房地产价格的历史变动趋势会延伸到未来。但我们知道，影响房地产价格的因素是错综复杂、不断变化的，房地产市场也不可能是过去的简单重复。这种以预测为主的估价方法，常常会影响到估价结果的准确性。因此，在房地产估价业务中长期趋势法一般不宜单独运用，只能作为其他估价方法的补充和验证。

四、长期趋势法的操作步骤

利用长期趋势法评估房地产价格的步骤如下。

（一）收集历史资料

搜集待估价房地产或类似房地产的历史价格资料，并进行检查、鉴别，以保证资料的真实性与可靠性。

（二）编排时间序列

整理上述搜集到的历史价格资料，将其化为同一标准（与市场比较法中建立价格可比基础的方法相同），并按照时间的先后顺序将它们编排成时间序列，画出时间序列图。

（三）建立数学模型

观察、分析这个时间序列，找出待估价房地产的价格随时间变化而出现的变化规律，并根据这种变化规律，建立相应的数学模型。长期趋势法中建立数学模型的方法通常有平均增减量法、平均发展速度法、移动平均法、数学曲线拟合法和指数修匀法等。

（四）推测房地产价格

根据建立的数学模型，推测、判断待估价房地产在估价时点的价格。

第二节 平均增减量法

如果某类房地产或类似房地产价格的时间序列逐期增减量大致相同，即该时间序列大致可看成一个等差数列，那么就可以用平均增减量法预测该类房地产未来某一时刻的价格。

一、平均增减量法的计算公式

鉴于房地产价格的时间序列大致可看成一个等差数列，那么平均增减量法的计算公式可表示为

$$\bar{d} = \frac{(p_1 - p_0) + (p_2 - p_1) + \cdots + (p_i - p_{i-1}) + \cdots + (p_n - p_{n-1})}{n} = \frac{p_n - p_0}{n} \quad (9.1)$$

$$V_i = p_0 + \bar{d} \times i \quad (9.2)$$

式中：V_i——第 i 期房地产价格的趋势值，$i=1,2,\ldots,n$；

$\bar{d}$——逐期价格增减量的平均值；

p_0——基期房地产价格的实际值；

p_i——第 i 期房地产价格的实际值。

运用平均增减量法的前提是，房地产价格的变动过程是持续上升或持续下降的，且各期价格上升或下降的数额大致接近，否则就不宜采用这种方法。

二、平均增减量法的应用举例

【例 9-1】 需要预测某类房地产 2009 年、2010 年的价格，已知该类房地产 2004—2008 年的市场均价及其逐年上涨额如表 9-1 所示。

表 9-1 平均增减量法计算表

年　份	住宅的市场均价/元/m²	逐年上涨额/元/m²	住宅价格的趋势值/元/m²
2004	6 090		
2005	6 410	320	6 425
2006	6 740	330	6 760
2007	7 090	350	7 095
2008	7 430	340	7 430

分析：从表 9-1 中可知，该类房地产 2004—2008 年的市场均价逐年上涨额大致相同，

因此可用平均增减量法推算出此类房地产2009年、2010年的市场均价。计算过程如下：

（1）该类住宅价格的年平均增长额为

$$\bar{d} = \frac{320+330+350+340}{4} = 335 \text{（元}/m^2\text{）}$$

（2）2009年该类房地产的价格预测值为

$$V_i = p_0 + \bar{d} \times i = 6\,090 + 335 \times 5 = 7\,765 \text{（元}/m^2\text{）}$$

（3）2010年该类房地产的价格预测值为

$$V_i = p_0 + \bar{d} \times i = 6\,090 + 335 \times 6 = 8\,100 \text{（元}/m^2\text{）}$$

本例中，还利用平均增减量法计算了2005—2008年住宅价格的趋势值，计算结果基本接近于相应年份的实际市场价格。这也说明：如果房地产价格逐年上涨额基本相同的话，用平均增减量法推算出的未来价格还是可靠的。

由于越接近估价时点的增减量对估价结果的影响越大，因此，如果能对过去各期的增减量赋予不同的权重，然后求其加权平均值，从理论上讲，这样做能使预测结果更加接近实际价格，但是加权平均值的可靠性在很大程度上依赖于权重的选取。估价实践中，权重是由估价人员根据房地产价格的变动过程、趋势，并结合估价经验来确定的。不过，确定权重的基本原则是：近期权重大，远期权重小，以加强近期数据在预测中的影响程度。

对表9-1中的逐年上涨额赋予不同的权重。假设2005—2008年逐年上涨额分别赋予权重为0.1、0.2、0.2、0.5，则4年上涨额的加权平均值为

$$\bar{d}' = 320 \times 0.1 + 330 \times 0.2 + 350 \times 0.2 + 340 \times 0.5 = 338 \text{（元}/m^2\text{）}$$

由此得到2009年此类住宅市场均价的预测值为

$$V_i = p_0 + \bar{d}' \times i = 6\,090 + 338 \times 5 = 7\,780 \text{（元}/m^2\text{）}$$

2010年此类住宅市场均价的预测值为

$$V_i = p_0 + \bar{d}' \times i = 6\,090 + 338 \times 6 = 8\,118 \text{（元}/m^2\text{）}$$

第三节 平均发展速度法

如果某类房地产或类似房地产价格的时间序列逐期上升或下降的速度大致接近，那么就可以用平均发展速度法预测该类房地产未来某一时刻的价格。

一、平均发展速度法的计算公式

平均发展速度法就是运用房地产价格的历史数据计算出平均发展速度，以此作为预测的基础。平均发展速度法的计算公式为

$$t = \sqrt[n]{\frac{p_1}{p_0} \times \frac{p_2}{p_1} \times \frac{p_3}{p_2} \times \cdots \times \frac{p_n}{p_{n-1}}} = \sqrt[n]{\frac{p_n}{p_0}} \qquad (9.3)$$

$$V_i = p_0 \times t^i \qquad (9.4)$$

式中：V_i——第 i 期房地产价格的趋势值，$i=1,2,\ldots,n$；

t——平均发展速度；

p_0——基期房地产价格的实际值；

p_i——第 i 期房地产价格的实际值。

运用平均发展速度法的前提是，房地产价格时间序列的变动过程是持续上升或持续下降的，且各期价格上升或下降的速度大致接近，否则就不宜采用这种方法。

与平均增减量法类似，平均发展速度法也可对过去各期的发展速度赋予不同的权重，然后取其加权平均值，使预测结果更加接近实际价格。权重的确定方法也与平均增减量法相似。

二、平均发展速度法的应用举例

【例 9-2】某市某类住宅 2004—2008 年的市场均价及其逐年上涨速度如表 9-2 所示，需要预测该市此类住宅 2009 年和 2010 年的市场均价。

表 9-2 平均发展速度法计算表

年 份	住宅的市场均价/元/m²	逐年上涨速度/%	住宅价格的趋势值/元/m²
2004	5 839		
2005	6 481	111	6 539.68
2006	7 259	112	7 324.44
2007	8 130	112	8 203.37
2008	9 187	113	9 187.78

分析：从表 9-2 中可知，该市此类住宅 2004—2008 年的市场均价逐年上涨速度大致相同，因此可用平均发展速度法推算出此类房地产 2009 年和 2010 年的市场均价。计算过程如下。

（1）此类住宅价格的平均发展速度为

$$t = \sqrt[4]{\frac{9187}{5839}} = 112\%$$

（2）2009 年此类住宅市场均价的预测值为

$$V_5 = p_0 \times t^5 = 5839 \times 1.12^5 = 10\,290.31\,（元/m^2）$$

（3）2010 年此类住宅市场均价的预测值为

$$V_6 = p_0 \times t^6 = 5\,839 \times 1.12^6 = 11\,525.15 \text{（元/m}^2\text{）}$$

本例中，还利用平均发展速度法计算了 2005—2008 年住宅价格的趋势值，计算结果基本接近于相应年份的实际市场价格。这也说明了，如果房地产价格逐年上涨速度基本相同的话，用平均发展速度法推算出的未来价格是可靠的。

第四节 移动平均法

如果某类房地产或类似房地产价格的时间序列既没有表现出逐期增减量大致相同，也没有表现出逐期上升或下降的速度大致接近，且没有明显的长期趋势或者呈现出季节循环变动的特征，那么可考虑采用移动平均法来预测房地产的未来价格。经过移动平均法计算后，可减少或消除房地产价格波动带来的不利影响，从而使预测结果更加准确。

一、移动平均法的分类

移动平均法分为简单移动平均法和加权移动平均法。与平均增减量法和平均发展速度法相似，加权移动平均法是在简单移动平均法的基础上得到的，它是将估价时点前若干时期的房地产价格的实际数据经加权后，再采用类似于简单移动平均法的方法预测未来某一时点的价格。加权的依据是越接近估价时点的房地产价格数据对评估结果影响越大，因此近期权重大，远期权重小，加权后能使评估结果更接近或符合实际。本节中只介绍简单移动平均法。

二、简单移动平均法的基本思路

简单移动平均法是对原有价格按照时间序列进行修匀的一种方法，其基本思路是，从时间序列的第 1 期开始，选取 k 个时期的实际价格，作为第 1 个小周期，并求其简单算术平均值作为该周期中间时期的价格趋势值；然后进入到第 2 个小周期，同样需要选取 k 个时期的实际价格，在此舍弃第 1 个小周期的第 1 期数据，顺序增加到第 $k+1$ 期的数据，并求其简单算术平均值作为该周期中间时期的价格趋势值。依此类推，直到最后一期数据。可以用图 9-1 形象地表示。

在图 9-1 中，第 1 个小周期中间时期的价格趋势值为 $T_1 = \dfrac{\sum\limits_{i=1}^{k} p_i}{k}$，第 2 个小周期中间时期的价格趋势值为 $T_2 = \dfrac{\sum\limits_{i=2}^{k+1} p_i}{k}$，依此类推。这里，$T_j$ 也称为每 k 个时期的移动平均数，

$j = 1, 2, \cdots$ 为小周期的个数；p_i 为第 i 期房地产价格的实际值，$i = 1, 2, \cdots$；k 被称为移动平均法的移动项数，它可以是奇数，也可以是偶数。移动项数取值越大，修匀程度也就越大，波动也就越小，但是，这种情况下对真实价格变化趋势反应也就越迟钝；反之，如果移动项数取值越小，对真实房地产价格变化趋势反应越灵敏，易于把随机干扰反映出来，但计算工作量加大。移动平均项数的选择至关重要，应根据具体情况确定。

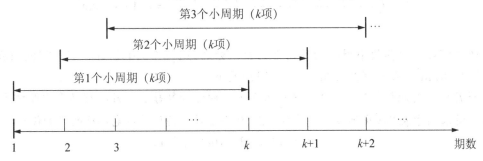

图 9-1 简单移动平均法的基本思路示意图

简单移动平均法只适合近期预测，而且是在预测目标发展趋势变化不大的情况下。如果目标发展趋势存在其他变化，采用简单移动平均法就会产生较大的预测偏差。

三、简单移动平均法的应用举例

【例 9-3】某市某类住宅在 2009 年的 1—12 月份的价格如表 9-3 所示。用简单移动平均法推算 2010 年 1 月份的该类住宅的价格。移动项数取 5 个月。

表 9-3 简单移动平均法计算表

月 份	住宅的每月市场价格/元/m²	每 5 个月的移动平均数/元/m²	移动平均数的逐月上涨额/元/m²
1	6 800		
2	6 900		
3	7 000	6 940	
4	6 900	7 040	100
5	7 100	7 140	100
6	7 300	7 240	100
7	7 400	7 360	120
8	7 500	7 480	120
9	7 500	7 600	120
10	7 700	7 720	120
11	7 900		
12	8 000		

分析：每5个月的移动平均数计算如下：

$$T_1 = \frac{6\,800+6\,900+7\,000+6\,900+7\,100}{5} = 6\,940\ （元/m^2）$$

$$T_2 = \frac{6\,900+7\,000+6\,900+7\,100+7\,300}{5} = 7\,040\ （元/m^2）$$

$$T_3 = \frac{7\,000+6\,900+7\,100+7\,300+7\,400}{5} = 7\,140\ （元/m^2）$$

……

依次可计算出其他小周期的移动平均数，分别为 $T_4 = 7\,240$ 元/m², $T_5 = 7\,360$ 元/m², $T_6 = 7\,480$ 元/m², $T_7 = 7\,600$ 元/m², $T_8 = 7\,720$ 元/m²。

将 $T_1 \sim T_8$ 对应的数据列于表 9-3 中第 3 列，同时计算每 5 个月的移动平均数的逐月上涨额，结果列于表 9-3 中第 4 列。这样，2010 年 1 月份的该类住宅价格的预测值为

$$7\,720 + 120 \times 3 = 8\,080\ （元/m^2）$$

第五节　数学曲线拟合法

曲线拟合就是在获得有限对离散数据 (x_i, y_i)（构成散点图）后，利用这些数据来求取近似函数 $y = f(x)$。该函数代表的曲线反映了这些离散点 (x_i, y_i) 的一般趋势，但并不要求它通过所有的离散点。长期趋势法中的数学曲线拟合法，主要有直线趋势法、指数曲线趋势法和二次抛物线趋势法，其中直线趋势法是最常用的一种数学曲线拟合法，本节主要介绍这种方法。

一、直线趋势法的基本原理

运用直线趋势法，首先要求待估价房地产或类似房地产历史价格的时间序列散点图表现出明显的直线趋势，如图 9-2 所示。

这里，散点图中的"·"代表离散数据 (x_i, y_i)，x_i、y_i 分别表示第 i 期的时间和对应的价格，$i=1, 2, \cdots, n$。在这种条件下，可建立房地产价格随时间变化的直线关系式为

$$y = a + bx \tag{9.5}$$

式中，y 表示各期的价格，x 表示对应的时间，参数 a 与 b 为未知数。直线趋势法的主要任务就是通过离散数据 (x_i, y_i)，求出 a 与 b 的拟合值，进而得到式（9.5）的拟合方程。如果用 $\hat{a}$ 与 $\hat{b}$ 分别表示 a 与 b 的拟合值，则得到

$$\hat{y} = \hat{a} + \hat{b}x \tag{9.6}$$

式（9.6）就是式（9.5）的拟合方程，称为回归直线。$\hat{y}$ 是 y 的估计值，亦称为回归值。

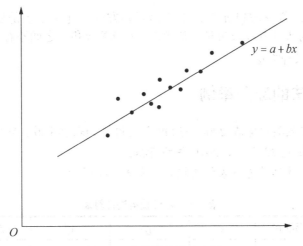

图 9-2 直线趋势法示意图

通常用最小二乘法求出 a、b 的拟合值，结果为

$$\hat{a} = \frac{\sum_{i=1}^{n} y_i - \hat{b}\sum_{i=1}^{n} x_i}{n}, \hat{b} = \frac{n\sum_{i=1}^{n} x_i y_i - \sum_{i=1}^{n} x_i \sum_{i=1}^{n} y_i}{n\sum_{i=1}^{n} x_i^2 - \left(\sum_{i=1}^{n} x_i\right)^2} \tag{9.7}$$

因 x_i 代表价格时间序列的时间，在手工计算时，为了减少计算工作量，可使 $\sum_{i=1}^{n} x_i = 0$。方法如下：当时间序列的期数为奇数时，设中间期的时间为 0，中间期之前的各期依次设为…，-3，-2，-1，中间期之后的各期依次设为 1，2，3，…；当时间序列的期数为偶数时，以中间两期相对称，前者依次设为…，-5，-3，-1，后者依次设为 1，3，5，…这样，式（9.7）变为

$$\hat{a} = \frac{\sum_{i=1}^{n} y_i}{n}, \hat{b} = \frac{\sum_{i=1}^{n} x_i y_i}{\sum_{i=1}^{n} x_i^2} \tag{9.8}$$

回归模型式（9.6）建立之后，通常需要对模型的可信度进行显著性检验，以鉴定模型的质量。可借助 F 检验来完成，F 检验的统计量为

$$F = \frac{U}{Q/(n-2)} \tag{9.9}$$

式中：U——回归平方和，$U = \sum_{i=1}^{n} (\hat{y}_i - \overline{y})^2$；

Q——误差平方和，$Q = \sum_{i=1}^{n} (y_i - \hat{y}_i)^2$，$\hat{y}_i$ 与 $\overline{y}$ 分别为 y_i 的拟合值和均值。

式（9.9）表示的统计量 F 服从于自由度 $f_1 = 1$ 和 $f_2 = n - 2$ 的 F 分布，即 $F \sim F(1, n-2)$。

在显著性水平 α 下，若 $F>F(1,n-2)$，则认为回归方程在此水平上是显著的。一般地，当 $F<F_{0.01}(1,n-2)$ 时，则认为方程效果是不显著的，意味着 x 和 y 之间不存在线性关系，需要重新考虑其他的曲线拟合方法。

二、直线趋势法的应用举例

【例9-4】某市某类住宅在2000—2008年的价格如表9-4第2列所示。请采用直线趋势法预测该市该类住宅2009年、2010年的价格。

分析1：本例的计算首先在表格内进行，如表9-4所示。

表9-4 直线趋势法计算表

年份	价格 y_i/元/m²	x_i	$x_i y_i$	x_i^2	趋势值 $\hat{y}_i = \hat{a} + \hat{b}x_i$
2000	2 700	−4	−10 800	16	2 611
2001	3 000	−3	−9 000	09	2 911
2002	3 200	−2	−6 400	04	3 211
2003	3 400	−1	−3 400	01	3 511
2004	3 700	0	0	00	3 811
2005	4 000	1	4 000	01	4 111
2006	4 400	2	8 800	04	4 411
2007	4 800	3	14 400	09	4 711
2008	5 100	4	20 400	16	5 011
总计	34 300	0	18 000	60	$\hat{y} = 3811 + 300x$

$$\hat{a} = \frac{\sum_{i=1}^{n} y_i}{n} = \frac{34\,300}{9} = 3811, \quad \hat{b} = \frac{\sum_{i=1}^{n} x_i y_i}{\sum_{i=1}^{n} x_i^2} = \frac{18\,000}{60} = 300$$

得到该类住宅价格的回归直线为：$\hat{y} = 3811 + 300x$

对所建立的回归方程进行显著性检验。F 检验的统计量为

$$F = \frac{U}{Q/(n-2)} = \frac{5\,400\,000}{68\,889/(9-2)} = 548.71$$

在置信水平 $\alpha = 0.01$ 下查 F 分布表，得到 $F_{0.01}(1,7) = 12.25$。由于 $F \gg F_{0.01}(1,7)$，所以本例中所得到的回归直线在置信水平 $\alpha = 0.01$ 下是显著的。

2009年的预测价格为：$3811 + 300 \times 5 = 5311$（元/m²）

2010年的预测价格为：$3811 + 300 \times 6 = 5611$（元/m²）

分析2：本例也可在Excel中完成，请读者自行练习。

第九章 长期趋势法

从长期来看，房地产价格呈现出一定的规律和发展趋势。因而当某类房地产具有长期的、足够的和真实的房地产价格资料时，就可以利用长期趋势法估计此类房地产的价格。本章首先阐述了长期趋势法的基本概念、理论依据、适用条件、方法特征及操作步骤，其次简要阐述了几种常用的长期趋势法的计算方法，包括平均增减量法、平均发展速度法、移动平均法、数学曲线拟合法，并举例说明了上述各种方法的应用。在房地产估价业务中长期趋势法一般不宜单独运用，只能作为其他估价方法的补充和验证。

一、简答题

1. 长期趋势法的理论依据是什么？
2. 长期趋势法的特征主要有哪些？
3. 长期趋势法的适用对象和条件是什么？

二、计算题

某地区商品住宅价格自 2012—2016 年分别为 4 680 元/m²、4 713 元/m²、4 745 元/m²、4 782 元/m²、4 817 元/m²。请采用平均增减量法预测该地区商品住宅 2018 年的价格。

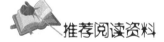

全国房地产评估师执业资格考试用书：中国房地产评估师与房地产经纪人学会. 房地产估价理论与方法. 北京：中国建筑工业出版社，2015：345-355.

@ 网上资源

1. 中国房地产评估师：http://www.cirea.org.cn
2. 房地产经纪人学会：http://www.agents.org.cn
3. 中国房地产信息网：http://www.realestate.cei.gov.cn

第十章 路线价法

学习目标

通过对本章的学习,应掌握如下内容:
- ▶▶ 路线价法的基本概念和基本原理;
- ▶▶ 路线价法的前提条件和适用范围;
- ▶▶ 路线价法的评估程序和基本公式;
- ▶▶ 深度指数的制作原理及计算法则;
- ▶▶ 路线价法的具体应用。

导言

前面介绍的比较法、成本法、假设开发法等估价方法,一般只适合单宗土地的估价,如果需要同时、快速地评估出城市街道两侧大量宗地的价值,还需要其他一些独特的地价评估方法,路线价法就是一种适宜的估价方法。

第一节 路线价法概述

城市繁华街道两侧的土地,由于它们的临街深度、宽度、形状、临街状况等不同,其价格也有所不同。临街土地的价格总是比较昂贵,离街道远一些价格下降,根据这一特点可以估算出街道两侧不同进深的土地的价格。

一、路线价法的基本概念

路线价是通过对面临特定街道且可及性相等的城市土地设定标准深度,求取在该深度上数宗土地的平均单价并附设在该街道上,此单价称为路线价。

临街深度是指宗地离街道的垂直距离。

标准宗地是指城市某一区域中沿主要街道的宗地中深度、宽度、形状均标准的宗地。

标准深度是指标准宗地的临街深度。

里地线是指标准深度处的连线。

里地线与道路之间的区域称为临街地或表地,里地线以外的区域称为里地。

可及性是临接同一街道的宗地距离城市内各类设施的接近程度。

路线价法是在城镇街道上划分路线价区段并设定标准临界深度,再在每个路线价区段内选取一定数量的标准临街宗地并测算其平均单价或楼面地价,然后利用有关调整系数将该平均单价或楼面地价调整为各宗地临街土地的价值或价格的方法。

上述相关概念可以根据图 10-1 进行理解。

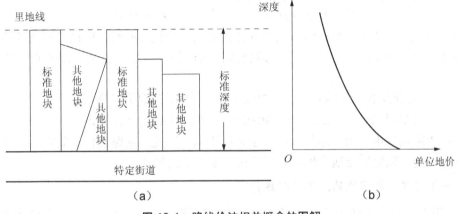

图 10-1 路线价法相关概念的图解

二、路线价法的基本原理

路线价法的基本原理是区位理论和替代原理。

(一)区位理论

城市土地的位置决定着它的使用效果和经济效益,尤其是商业用地,对位置的敏感性超过其他用途的土地。对于分布在街道两旁的商业用地来说,其价格的高低随进深的不同而不同。

可及性可视为区位条件的一种表示,因此对于商业用地来说,可及性是决定其价格高低的主要因素。这样就可以根据可及性的大小,将同一街道的临街宗地划分成不同的地价区段:同一地价区段,可及性基本相等,路线价相等;不同地价区段,可及性不同,路线价不同。在同一路线价区段内,虽然可及性基本相等,但由于宗地的深度、宽度、形状、面积、位置等仍有差异,宗地之间利用状况相差很大,导致不同宗地的地价存在差异。因此,必须在路线价的基础上,经过深度、宽度等各种因素修正才能得到各具体宗地的地价。

（二）替代原理

从本质上讲，路线价法是一种比较法，理论依据也是替代原理。"路线价"是标准宗地的单位地价，类似于比较法中可比实例的价格，所要求取的面临同一街道的某宗土地的单位地价，便是以路线价为基准和参照，考虑深度、形状、位置、宽度等因素，作适当的调整和修正求得。

三、路线价法的计算公式

根据上述原理，路线价法的一般公式为

$$宗地地价 = 路线价 \times 深度指数 \times 宗地面积 \tag{10.1}$$

如果街道两边的土地另有特殊条件存在，如属街角地、两面临街地、三角形地、梯形地、不规则地、袋地等，则除了按上述公式计算地价外，还要做进一步修正，这时的公式为

$$宗地地价 = 路线价 \times 深度指数 \times 宗地面积 \pm 其他条件修正额 \tag{10.2}$$

或

$$宗地地价 = 路线价 \times 深度指数 \times 宗地面积 \times 其他条件修正率 \tag{10.3}$$

但在实际估价中，由于路线价的表示方法不同，因此根据路线价计算宗地价格时，公式会有所不同，以矩形土地为例，介绍几种主要的公式形式。

（一）标准临街宗地的总价为路线价

当标准临街宗地的总价为路线价时，其深度价格百分率应采用累计深度价格百分率，假设估价对象的宽度与标准宗地的宽度相同，则

$$宗地总价 = 路线价 \times 累计深度百分率 \tag{10.4}$$

若估价对象的宽度与标准宗地的宽度不同，则

$$宗地总价 = 路线价 \times 累计深度百分率 \times \frac{临街宽度}{标准宽度} \tag{10.5}$$

（二）单位宽度的标准临街宗地总价为路线价

当单位宽度的标准临街宗地总价为路线价时，其深度价格百分率也应选取累计深度价格百分率，其价格计算公式为

$$宗地总价 = 路线价 \times 累计深度百分率 \times 临街宽度 \tag{10.6}$$

（三）标准临街宗地的单位价格为路线价

当标准临街宗地的单位价格为路线价时，其深度价格百分率应选取平均深度价格百分率，其价格计算公式为

$$宗地总价 = 路线价 \times 平均深度百分率 \times 宗地面积 \tag{10.7}$$

四、路线价法的适用范围和条件

路线价法主要适用于城市街道两侧商业用地的估价,尤其适用于城市土地整理、征地拆迁、土地重划、房地产税收等需在大范围内同时对大量宗地进行估价的情况,运用路线价法估价可省时、省力,做到相对公平合理。

路线价法的应用是否准确、可靠,需满足一定的前提条件,具体如下。

(1)需要有较多的交易案例,并且房地产市场比较规范,否则计算结果将会存在较大误差。

(2)需要有完善的城市规划、较为完整的街道系统和排列整齐的宗地。

(3)需要有一套科学合理的深度指数表和其他各种修正率表。

第二节 路线价法的估价步骤

按照路线价法的基本原理和估价要求,其估价步骤一般可分为以下几步。

一、划分路线价区段

采用路线价法估价宗地价格时首先要确定该宗地所在的路线价区段,因此划分路线价区段是路线价法的基础,路线价区段的划分直接关系到路线价法估算土地价格的准确性。

某个路线价区段,是指具有同一路线价的地段。在划分路线价区段时,可将地价相近、可及性相当且宗地相连的地块划分成一个路线价区段。原则上,通常以一街区长度为单位,以十字路口或丁字路口中心为分界线,相邻两路口间的地段为一个路线价区段。路线价区段的具体长度可根据土地的用途和繁华程度的不同而不同:在繁华商业区,由于地价位置的敏感度高,往往将同一个街区两路口之间的地段划分为几个路线价区段,分别附设不同的路线价;而在住宅区、工业区或不太繁华的地区,可将多个街区合并为一个路线价区段;同一街道的两侧,当繁华程度有较显著差异时,地价水平必有显著差异,此时可附设不同的路线价,即将其视为两个路线价区段。

二、设定标准深度

标准临街深度通常简称标准深度,它是街道对地价影响的转折点:由此接近街道的方向地价逐渐升高,远离街道的方向地价可视为基本不变。实际估价中,为了简化路线价的计算,标准临街深度的设定,通常是路线价区段内临街各宗土地深度的众数,如同一路线价区段内大部分临街宗地的深度为 16 米,则将该区段内的标准深度设定为 16 米。如果不以众数作为标准深度，则会增加修正的工作量，可以说标准深度的确定直接关系到路线价的确定及深度指数的确定。

三、确定标准宗地

确定标准深度后，可确定临街的标准宗地，它是确定路线价的前提。标准临街宗地的具体要求为：宗地的一面临街；临街深度为标准深度；临街宽度为该路线价区段内各临街宗地宽度的众数，与标准深度成适当比例；宗地形状为矩形；该宗地的用途为所在区段的代表性用途；容积率为所在区段各宗地容积率的众数，即具有代表性；使用年限、宗地生熟程度等其他方面也应具有代表性。

标准宗地的设定，各国不尽相同。如在美国，标准宗地是指宽 1 英尺、深 100 英尺（30.48m）的地块；日本的标准宗地是宽 3.63m、深 16.36m 的地块；中国台湾地区的标准宗地是宽 1m、深 18m 的地块。

四、评估路线价

路线价的确定，是运用路线价法进行估价的一个关键。通常选取同一路线价区段内若干标准宗地，运用收益法、比较法等一般估价方法，分别求取其单位地价或楼面地价，然后求这些地价的众数、中位数或算术平均数等，即可得该路线价区段的路线价。

路线价的表示方法要便于理解、使用，通常有绝对货币额和相对数两种表示方法。如用点数来表示路线价，最高路线价区段的路线价用 1 000 点来表示，则该城市的其他区段的路线价均以此来确定。用绝对货币额来表示路线价直观性强，便于理解，在土地交易时便于参考；用相对数表示的路线价便于测算，可避免由于货币的市场波动而引起的一些麻烦。

五、制作深度指数表

在路线价已定的情况下，宗地的价格则取决于深度百分率表，深度百分率又称深度指数、深度价格修正率，是路线价法估价的重点，也是难点。深度百分率是随同一区域内各宗地临街深度的变化，地价也随之变化的相对程度。临街深度越大，宗地的价格越小；临街深度越小，宗地的价格越大。具体制作方法在第三节中详细论述。另外，还需在深度指数修正的基础上，进行宽度、朝向、容积率、临街状况等其他因素的修正。

六、计算各宗地价格

根据前面所得到的路线价、深度指数修正表和其他因素修正系数表，按照式（10.1）～

式（10.3），即可得到同一路线价区段内不同宗地的价格。但由于路线价的表示方法不同、深度百分率表的制作原则不同、各宗地的临街情况和形状等因素的不同等，各宗地计算公式也可能有所不同。

第三节 深度指数表的制作

同一路线价区段内的各宗土地，虽然路线价相同，但如果在深度、宽度、形状、面积等方面存在差异，单位地价显然不会相同，所以必须在路线价的基础上，对各种影响因素进行适当修正，才能得到各宗地的价格。在这些影响因素当中，深度对地价的影响程度最大，用深度指数表示。随距离街道深度的不同，价格变化的比率称为深度指数；将深度与深度指数的对应关系编制成一张表格，则称为深度指数表，也称为深度价格递减率表。

一、深度指数的制作原理

为了理解深度价格递减率，假设有一块临街宽度 mm，深度 nm 的矩形宗地，平均每平方米的价格为 A 元，则该宗地的总价格为 mnA 元，沿街道水平方向将该宗地以某一单位（在此以 1m 为单位）划分为 n 份，每份土地的单位价格依次为 a_1、a_2、a_3…a_{n-1}、a_n，显然，$a_1 > a_2 > a_3 \cdots > a_{n-1} > a_n$，另外，$a_1$、$a_2$ 之间的差值最大，a_2、a_3 之间的差值次之，以下逐渐减少，至 a_{n-1} 与 a_n 之差可视为接近于 0，如图 10-2 所示。

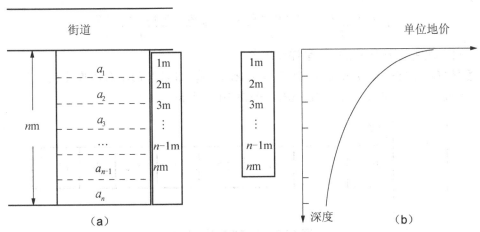

图 10-2 深度价格递减比率图

由此土地总价值为

$$mnA = ma_1 + ma_2 + \cdots + ma_{n-1} + ma_n$$

则单位地价为

$$A = \frac{a_1 + a_2 + \cdots + a_{n-1} + a_n}{n}$$

如果将上述各小细条土地的单价以百分数表示，则可以得到相应的深度指数。实践中应用的深度指数有三种：单独深度指数、累计深度指数、平均深度指数。

（一）单独深度指数

单独深度指数是指在不考虑周围地块价格相互影响的条件下，某地块价格受其深度影响的变化情况，图10-2中，$a_1, a_2, a_3, \cdots, a_{n-1}, a_n$就是相应细条地块的单独深度指数。显然有

$$a_1 > a_2 > a_3 > \cdots > a_{n-1} > a_n$$

（二）累计深度指数

累计深度指数是指两个以上深度单位的地块，其价格受到两个以上深度影响的变化程度，图10-2中，$a_1, a_1+a_2, a_1+a_2+a_3, \cdots$就是相应地块的累计深度指数，并有下列特性：

$$a_1 < a_1+a_2 < a_1+a_2+a_3 < \cdots < a_1+a_2+a_3+\cdots+a_n$$

即同一地块的累计深度指数呈递增现象。

（三）平均深度指数

平均深度指数是指地块地价受到若干深度的平均影响程度，图10-2中，$a_1, \dfrac{a_1+a_2}{2}, \dfrac{a_1+a_2+a_3}{3}, \cdots, \dfrac{a_1+a_2+a_3+\cdots+a_n}{n}$就是相应地块的平均深度指数，并有下列特性：

$$a_1 > \frac{a_1+a_2}{2} > \frac{a_1+a_2+a_3}{3} > \cdots > \frac{a_1+a_2+a_3+\cdots+a_n}{n}$$

即同一地块的平均深度指数呈递减现象。

【例10-1】有一标准深度为100英尺的地块，每25英尺的单独深度指数分别为40%、30%、20%、10%、9%、8%、7%、6%，如图10-3所示。

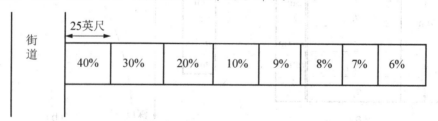

图10-3 深度指数计算实例

根据上述公式可以得到：累计深度指数40%、70%、90%、100%、109%、117%、124%、130%；平均深度指数为40%、35%、30%、25%、21.8%、19.5%、17.7%、16.25%。

将深度与指数的对应关系列于表 10-1 中，即得深度指数表。表中的平均深度指数做了变换，将 100 英尺的平均深度指数 25%乘以 4 转换为 100%，同时为保持与其他数字的关系不变，其他数字也相应乘以 4，这也是利用平均深度指数修正单价的需要，这样就得到表 10-1 中的数据。这样，平均深度指数与累计深度指数的关系可以用公式表示为

$$平均深度指数 = 累计深度指数 \times \frac{标准深度}{所给深度} \tag{10.8}$$

表 10-1 深度指数表

临街深度/英尺	25	50	75	100	125	150	175	200
单独深度指数/%	40	30	20	10	9	8	7	6
累计深度指数/%	40	70	90	100	109	117	124	130
平均深度指数/%	160	140	120	100	87.2	78	70.8	65

由于各国或地区具有不同的用地习惯和情况，需根据实际需要制定相应的深度指数表。但是无论如何编制深度指数表，它们所遵循的基本原理都是地价随着宗地临街深度的增大而减少。

二、深度指数的制作方法

路线价法很早在欧美国家产生并流行，逐步形成了较为典型并具有参考价值的多种深度指数表，下面介绍几种制作方法。

（一）四三二一法则

该法则又称慎格尔法则，它是由 J.A.Zangerle 在其所著的《不动产估价原则》一书中提出的，在估价实践中最早使用。图 10-3 所表示的即是这种方法。

"四三二一"法则的含义是，将标准深度为 100 英尺（30.48m）的普通临街地划分成与街道平行的 4 等份，每份为 25 英尺（7.62m），然后从临街方向开始，第一个 25 英尺土地的单位价格为路线价的 40%，第二个 25 英尺土地的单位价格为路线价的 30%，第三个 25 英尺土地的单位价格为路线价的 20%，第四个 25 英尺土地的单位价格为路线价的 10%。如果深度超过 100 英尺，则需运用"九八七六"法则补充，即超过 100 英尺的第一个 25 英尺土地的单位价格为路线价的 9%，第二个 25 英尺土地的单位价格为路线价的 8%，第三个 25 英尺土地的单位价格为路线价的 7%，第四个 25 英尺土地的单位价格为路线价的 6%。最后将深度与对应的深度指数列成一张表格，如表 10-1 所示。

【例 10-2】临街宗地的路线价为 5 000 元/英尺，该路线价的标准深度为 100 英尺。宗地 A、B、C、D、E、F 的临街深度和宽度如图 10-4 所示，根据四三二一法则，计算各宗地的总地价。

根据题意，各宗地的总地价计算如下：

A 的总地价 = 5 000×40%×10 = 2（万元）

B 的总地价 = 5 000×70%×15 = 5.25（万元）

C 的总地价 = 5 000×90%×20 = 9（万元）

D 的总地价 = 5 000×100%×20 = 10（万元）

E 的总地价 = 5 000×109%×25 = 13.625（万元）

F 的总地价 = 5 000×117%×25 = 14.625（万元）

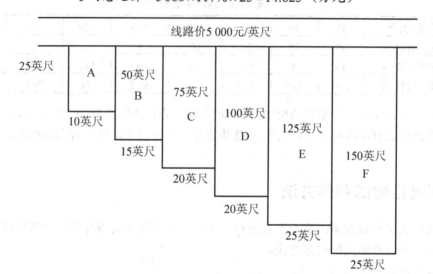

图 10-4　四三二一法则计算宗地价格

按照四三二一法则进行估价，简单明了，便于记忆。但由于对深度的划分过于粗略，往往会影响估价结果的精度。

（二）哈柏法则

哈柏法则最早创设于英国，该法则认为一宗土地的价格与其临街深度的平方根成正比。若标准深度为 100 英尺，则各宗土地的深度指数为其深度平方根的 10 倍，即

$$深度指数 = \left(10 \times \sqrt{深度}\right)\% \qquad (10.9)$$

如果标准深度不是 100 英尺，应进行修正，即

$$深度指数 = \frac{\sqrt{所给深度}}{\sqrt{标准深度}} \times 100\% \qquad (10.10)$$

【例 10-3】某一路线价区段的标准深度为 50 英尺，其路线价为 2 000 元/英尺，试求该区域内深度为 34 英尺、宽度为 20 英尺的临街宗地的价格。

根据式（10.10）可得

$$深度指数 = \frac{\sqrt{34}}{\sqrt{50}} \times 100\% = 82.46\%$$

$$宗地总价 = 2\,000 \times 82.46\% \times 20 = 32\,984 （元）$$

（三）苏马斯法则

苏马斯法则由美国评估师 Somers 于 1886 年提出、1910 年开始运用于土地课税价格的估价。由于该法则在美国俄亥俄州克利夫兰市的应用最为著名，因此也称为克利夫兰法则。该法则认为，临街深度为 100 英尺的土地价格，前面一半即临街 50 英尺的部分，占土地总价的 72.5%，后面 50 英尺的部分则占土地总价的 27.5%。若再深入 50 英尺，则该土地价格仅增加 15%。

具体百分率如表 10-2 所示。

表 10-2　苏马斯法则深度指数表

深度/英尺	百分率/%	深度/英尺	百分率/%
5	14.35	90	95.6
10	25	100	100
15	33.22	110	104
20	41	120	107.5
25	47.9	130	109.05
30	54	140	113
40	64	150	115
50	72.5	160	116.8
60	79.5	175	119.14
70	85.6	180	119.8
75	88.3	200	122
80	90.9		

（四）霍夫曼法则

霍夫曼法则是 1866 年由纽约市法官霍夫曼（Hoffman）创立的。该法则认为，标准深度为 100 英尺的土地，最初 50 英尺的价格应占土地总价的 2/3，即 67%，这样，临街深度为 100 英尺的土地，从临街方向开始，最初的 25 英尺占总价的 37.5%，50 英尺占 67%，75 英尺占 87.7%，全部 100 英尺则为 100%。

后来，霍夫曼法则经尼尔（Neil）修正、补充后，形成了著名的霍夫曼—尼尔法则，此法则是将各英尺的价值规定成一定的百分比，曾在纽约市施行，如表 10-3 所示。

表 10-3　霍夫曼—尼尔法则深度指数表

深度/英尺	05	10	15	20	25	30	40	50	60	70	75	80	90	100	130	150	175	200
百分率/%	17	26	33	39	44	49	58	67	74	81	84	88	94	100	112	118	122	125

（五）巴的摩尔法则

巴的摩尔法则又称为"前面 1/3 里面 2/3 法则"，因由巴的摩尔市的评估师 Bened 创立而得名。前面 1/3 里面 2/3 法则的含义是，将标准深度为 150 英尺的普通临街地三等分，从临街线算起靠近街道的 1/3 部分，即 50 英尺（15.24m），其土地单价为路线价的 50%，其余 2/3 部分，即 100 英尺（30.48m），其土地单价为路线价的另外 50%。

三、其他因素的修正

除了进行深度修正外，还应进行其他因素修正，主要有以下几项。

（一）宽度修正

对临街土地，特别是对临街商业用地而言，临街宽度不同，地价也不相等。临街商业店面的宽窄不一，可能对顾客的吸引力有所差异，从而影响商店营业额。因此，在运用路线价法估价时，必须对临街宽度加以修正。宽度修正方法是用来自于同一路线价区段、进深相等的样本，根据在不同宽度条件下土地价格的变动状况，确定宽度修正系数。

（二）宽深比率修正

在通常情况下，大型商用房地产有较大的临街深度，而所占用的土地的价格随着宗地深度的增大逐渐降低。但是由于商店规模较大，铺面宽度宽，同样会增加对消费者的吸引力，因此，如果对大型商用房地产单独采用宽度和深度修正，不太符合实际，同时又增加了不必要的估价工作量。基于上述考虑，在估价中适宜采用宽深比率系数来进行修正。

（三）朝向修正

就住宅用地而言，住宅的朝向对其销售价格产生一定程度的影响。从住宅售价中扣除成本等必要项目后所余下的地价，也会因为朝向不同而有所差别，因此需进行地块朝向等环境条件影响修正，计算出朝向修正系数，进而进行朝向修正。

（四）地价分配率修正

地价分配率是将土地单价调整、分摊到各楼层的比率。一般而言，随着楼层数的加大，分配到楼层上的地价呈减少的趋势；当楼层数加大到一定数值后，分配到楼层上的地价不但不会减少，反而呈现出增加的趋势。为了满足估价的需要，须编制出一个统一的地价分配率。

此外，还应进行容积率、土地使用年期的修正，将修正方法同比较法相结合。

第四节 路线价法的总结与应用

路线价法可以快捷、方便地评估多宗土地的价格，如课税评估、拆迁评估等。在美国、日本和中国台湾地区，这种方法得到了广泛应用，在中国内地，目前虽然也有运用路线价法开展临街商业用地价格评估的案例，但从总体来看这种方法应用尚不普遍。因此学习掌握该方法的相关内容，探索在中国内地应用的条件和可行性，就显得尤为重要。本节将对路线价法的内容进行归纳和总结，同时给出不同形状及不同临街状况土地的估价实例。

一、路线价法总结

路线价法的主要内容如图 10-5 所示，该方法仅适用于城市临街土地的估价，而且土地市场要求规范，需要较多的交易实例。其应用有三个关键环节：一是路线价的确定；二是路线价修正体系的建立；三是临街情况不同的土地的估价。

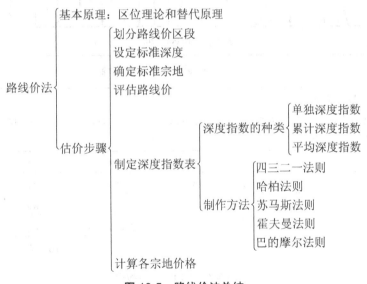

图 10-5 路线价法总结

二、路线价法应用

下面结合不同的路线价表达形式，根据不同的深度指数类型，介绍土地形状及临街状况不同的宗地的路线价估价法。

（一）一面临街地的价格估算

【例 10-4】如图 10-6 沿街有 A、B、C、D、E、F、G、H 共 8 宗土地，路线价为 10 000 元/m²，标准深度为 18m，各宗土地的有关数据标注在各地块上，试依据表 10-4、图 10-6 和图 10-7 提供的深度指数等资料，求各宗土地的单价。

表 10-4　临街地深度指数表

深度/m	$h<4$	$4 \leqslant h<8$	$8 \leqslant h<12$	$12 \leqslant h<16$	$16 \leqslant h<18$	$h \geqslant 18$
指数/%	130	125	120	110	100	40

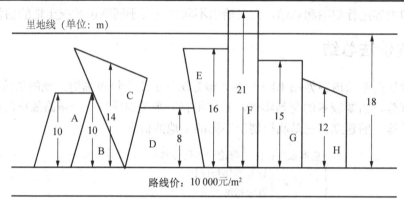

图 10-6　一面临街的 8 宗土地

深度指数/% 起深度/m	讫深度/m $h<4$	$4 \leqslant h<8$	$8 \leqslant h<12$	$12 \leqslant h<16$	$16 \leqslant h<18$
$h<4$	78	77	75	73	70
$4 \leqslant h<8$		75	74	71	68
$8 \leqslant h<12$			72	69	66
$12 \leqslant h<16$				66	63
$16 \leqslant h<18$					60

图 10-7　袋地深度指数表

下面介绍各宗地单价的计算思路。

A 宗地：平行四边形的宗地，以其高度为临街深度，查表 10-4，得深度指数为 120%，则该宗地单价为

$$10\,000 \times 120\% = 12\,000\,（元/m^2）$$

B 宗地：正立三角形（三角形的一边临街）的宗地，以其高度的 1/2 为临街深度，查

表 10-4，得深度指数为 125%，则该宗地单价为

$$10\,000×125\%=12\,500（元/m^2）$$

C 宗地：逆三角形（三角形的一顶点在临街线）的宗地，以其在临街线上的顶点与底边中点距离的 1/2，以及与底边中点深度为起讫深度（即 7～14m），比照袋地办法，查图 10-7，得其深度指数为 71%，则该宗地单价为

$$10\,000×71\%=7\,100（元/m^2）$$

D 宗地：平行边与临街线一致的梯形宗地，以其高度为临街深度，查表 10-4，得深度指数为 120%，因该宗地临街边较长、利用价值较高，故其单价依临街地标准计算后以一成（或二成为限）加价修正为

$$10\,000×120\%×(1+0.1)=13\,200（元/m^2）$$

E 宗地：平行边与临街线一致的梯形宗地，以其高度为临街深度，查表 10-4，得其深度指数为 100%，因该宗地临街边边长较短、利用价值较低，故其单价依临街地标准计算后以一成（或二成为限）减价修正为

$$10\,000×100\%×(1-0.1)=9\,000（元/m^2）$$

F 宗地：宗地深度较深而超过里地线，其单价以里地单价与临街地单价按面积比例平均计算其单价，查表 10-4，临街地的深度指数为 100%，里地的深度指数为 40%，则该宗地单价为

$$10\,000×100\%×\frac{18}{21}+10\,000×40\%×\frac{3}{21}=9\,143（元/m^2）$$

G 宗地：临街地深度未达里地线，查表 10-4，得其深度指数为 110%，则该宗地单价为

$$10\,000×110\%=11\,000（元/m^2）$$

H 宗地：平行边与临街线垂直的梯形宗地，以非平行的两边中点的连线为其临街深度，查表 10-4，得其深度指数为 110%，则该宗地单价为

$$10\,000×110\%=11\,000（元/m^2）$$

（二）两面临街地的价格估算

前后两面临街的矩形宗地的价格估算采用"重叠价格估算法"。即首先确定高价街和低价街（或前街和后街）的影响深度分界线，依此分界线将宗地分为两部分，然后求其各自临街宗地的价格，再相加，即可求得该宗地的价格。其中高价街和低价街的影响深度按下式计算：

$$高价街影响深度 = \frac{高价街路线价}{高价街路线价 + 低价街路线价} × 全部深度 \quad (10.11)$$

$$低价街影响深度 = \frac{低价街路线价}{高价街路线价 + 低价街路线价} × 全部深度 \quad (10.12)$$

或

$$低价街影响深度 = 全部深度 - 高价街影响深度 \quad (10.13)$$

【例 10-5】 如图 10-8 所示，有一宗总深度 150 英尺、宽度为 100 英尺的矩形土地，该土地两面临街，前街路线价为 2 000 元/英尺，后街路线价为 1 000 元/英尺，假设标准深度为 100 英尺，试利用四三二一法则按重叠价格估算法计算该宗地的价格。

解：$u_0 = 2\,000$ 元/英尺，$u_1 = 1\,000$ 元/英尺，$d = 150$ 英尺

$$d_0 = \frac{u_0}{u_0 + u_1} d$$
$$= \frac{2\,000}{2\,000 + 1\,000} \times 150$$
$$= 100 \text{（英尺）}$$
$$d_1 = d - d_0$$
$$= 150 - 100$$
$$= 50 \text{（英尺）}$$
$$dv_0 = 40\% + 30\% + 20\% + 10\%$$
$$= 100\%$$
$$dv_1 = 40\% + 30\%$$
$$= 70\%$$
$$P = u_0 dv_0 f + u_1 dv_1 f$$
$$= 2\,000 \times 100\% \times 100 + 1\,000 \times 70\% \times 100$$
$$= 27 \text{（万元）}$$

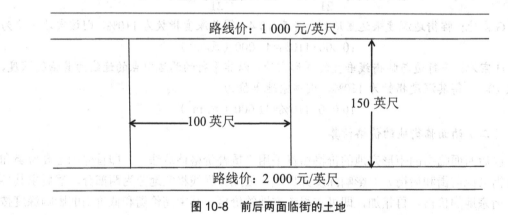

图 10-8 前后两面临街的土地

即该宗地的价格为 27 万元。

（三）街角地的价格估算

街角地是指位于十字路口或丁字路口的土地，通常采用"正旁两街分别轻重估价法"估算，即先计算高价街（正街）的价格，然后再计算低价街（旁街）的影响加价，二者相加即为该宗地的价格。

我国台湾对旁街地价的加计方法以纵横街线的交叉点起每4.5m为一级距,依序按下列成数予以加成。

例如规定省辖市地区:(1)正旁街路线价每平方米有未达新台币(以下均同)2万元者,可视实际情形酌加旁街路线价,但以不超过一成为原则;(2)正旁街路线价每平方米均为2万元以上,而有一或两者未达4万元者,应依序加计旁街路线价的二成、一成;(3)正旁街路线价每平方米均为4万元以上者,应依序加计旁街路线价的三成、二成、一成。

【例10-6】如图10-9所示,对街角地 G_1 来说,临街深度是9m,查表10-4,得其深度指数为120%,同时应根据上面的规定,第一块离旁街4.5m的宗地加计旁街路线价的二成。则街角地 G_1 的地价为

$$(40\,000 \times 120\% + 20\,000 \times 0.2) \times (4.5 \times 9) = 2\,106\,000 \text{(元)}$$

对街角地 G_2 来说,临街深度是9m,深度指数为120%,同时应根据上面的规定,第二块离旁街4.5m的宗地加计旁街路线价的一成。则街角地 G_2 的地价为

$$(40\,000 \times 120\% + 20\,000 \times 0.1) \times (4.5 \times 9) = 2\,025\,000 \text{(元)}$$

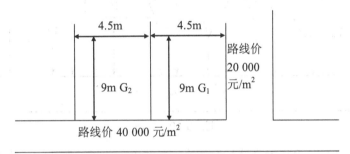

图10-9 街角地地价计算示意图

(四)袋地的价格估算

【例10-7】如图10-10所示,有A、B、C、D、E、F共6宗土地,路线价为1 000元/m²,标准深度为18m,各宗土地的有关数据标注在各地块上,试依据表10-4与图10-7提供的深度指数等资料,求各宗土地的单价。

A宗地为底边平行于临街线的梯形袋地,起讫深度为4m和13m,查图10-7,得深度指数为71%,由于该宗地临街边较短,利用价值较低,故需要一成减价修正,则该宗地单价为

$$1\,000 \times 71\% \times (1-0.1) = 639 \text{(元/m}^2\text{)}$$

B宗地为正立三角形的袋地,起深度为7m,讫深度为正立三角形高度的一半加上底边临街深度,即10.5m,查图10-7,得深度指数为74%,则该宗地单价为

$$1\,000 \times 74\% = 740 \text{(元/m}^2\text{)}$$

C宗地为逆三角形袋地,以顶点的临街深度与底边中点临街深度之和的1/2为起深度,

以底边中点深度为讫深度,即 9.5～15m,查图 10-7,得其深度指数为 69%,则该宗地单价为

$$1\,000 \times 69\% = 690\,(元/m^2)$$

D 宗地为平行四边形的袋地,起深度为 5m,讫深度为 9m,查图 10-7,得其深度指数为 74%,则该宗地单价为

$$1\,000 \times 74\% = 740\,(元/m^2)$$

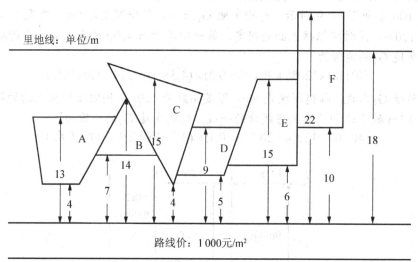

图 10-10 袋地

E 宗地为底边平行于临街线的梯形袋地,起讫深度为 6m 和 15m,查图 10-7,得其深度指数为 71%,由于该宗地利用价值较高,需要一成加价修正,则该宗地单价为

$$1000 \times 71\% \times (1+0.1) = 781\,(元/m^2)$$

F 宗地位于临街地与里地上的袋地,袋地部分面积占 2/3,起讫深度为 10～18m,查图 10-7,得其深度指数为 66%;其里地部分面积占 1/3,查表 10-4,得其深度指数为 40%,则该宗地单价为

$$1000 \times 66\% \times \frac{2}{3} + 1000 \times 40\% \times \frac{1}{3} = 573\,(元/m^2)$$

本章小结

路线价法适用于评估大量临街宗地的价格,具有省时、省力的特点。本质上,路线价法是比较法的派生方法,只是以"路线价"代替"可比实例价格",所进行的因素修正相当于比较法中的"个别因素"修正,无须进行交易情况、交易日期、区域因素修正。本章

在内容安排上,首先阐述了路线价法的基本概念、基本原理、计算公式、适用范围及应用条件,其次详细介绍了路线价法的估价步骤及深度指数表的编制原理和方法,最后介绍了路线价法在不同形状、不同临街状况的土地估价中的具体应用。

 综合练习

一、单选题

1. 同一路线价区段内各标准宗地的价格(　　)。
   A. 不同　　B. 相同　　C. 不确定　　D. 无法比较
2. 深度指数表是指(　　)。
   A. 按距离地下深度的变化情况而编制的地价表
   B. 按地价变化而编制的距离变化表
   C. 按距离街道的变化情况编制的地价变化表
   D. 按建筑高度变化情况而编制的地价变化表
3. 深度指数修正表揭示的是宗地的(　　)随其临街深度递减的规律。
   A. 价值　　B. 价格　　C. 效用　　D. 需求
4. 标准深度的设定,通常是取路线价区段内临街各宗土地深度的(　　)。
   A. 平均数　　B. 众数　　C. 中位数　　D. 加权算术平均值
5. 已知某临街深度为30.48m(即100英尺)、临街宽度为15m的矩形土地,总价为100万元。相邻有一临街深度为45.72m(即150英尺)、临街宽度为15m的矩形土地,根据四三二一和九八七六法则,其总价为(　　)万元。
   A. 109　　B. 117　　C. 124　　D. 130

二、多选题

1. 路线价估价法的基本原理是(　　)。
   A. 区位论　　　　　B. 替代原理
   C. 变动原理　　　　D. 最有效利用原理
2. 以下关于路线价估价法的说法正确的是(　　)。
   A. 主要用于商业繁华区域土地价格的评估
   B. 尤其适用于多宗土地的估价
   C. 需要较多的交易实例
   D. 不一定要有规范的土地市场
3. 路线价估价法适用于评估(　　)的价格。

A. 城市单宗土地
B. 农村单宗土地
C. 城市中商业街区的多宗土地
D. 城市多宗需课税的土地

4. 应用路线价法的前提条件是（　　）。
   A. 土地形状较规则
   B. 街道较规整
   C. 临街各宗地的排列较整齐
   D. 地势较平坦

5. 选取标准宗地的具体要求是（　　）。
   A. 一面临街，且土地形状为矩形
   B. 临街为标准深度、宽度
   C. 标准宗地的用途为所在路线价区段的代表性用途
   D. 其他方面，如土地使用年限、土地开发程度等也应具有代表性

三、判断题

1. 路线价估价法仅适用于城市特定土地的估价。（　　）
2. 一个路线价区段是指具有同一路线价的地段。（　　）
3. 几个街道可以设立同一个路线价。（　　）
4. 宗地所处街道的位置不同，对其地价亦有影响，一般从商业用途看，位于普通沿街的宗地其地价要比街角的宗地地价高得多。（　　）
5. 在路线价估价法中，以累计深度百分率而制作的深度指数随离开街道的增加而增加。（　　）

四、简答题

1. 路线价法的基本原理是什么？
2. 路线价法的适用范围及适用条件是什么？
3. 路线价法估价土地的操作步骤有哪些？
4. 标准宗地的条件有哪些？
5. 深度百分率有哪几种表现形式？

五、名词解释

路线价　路线价估价法　可及性

六、计算题

1. 某一区段的标准深度为 40m，路线价为 2 000 元/m^2，使用四三二一法则和哈柏法

则来计算该区域内宽为 30m、深度为 50m 的矩形宗地的价格。

2．现有一前后两面临街的矩形宗地，总深度为 50m，宽度为 30m。前街的路线价为 3 000 元/m^2，后街的路线价为 2 000 元/m^2，两条街的标准深度均为 20m，试用哈柏法则来计算该宗地的价格。

推荐阅读资料

全国房地产评估师执业资格考试用书：中国房地产评估师与房地产经纪人学会．房地产估价理论与方法[M]．北京：中国建筑工业出版社，2015：368-375．

网上资源

1．中国房地产评估师与房地产经纪人学会：http://www.cirea.org.cn

http://www.agents.org.cn

2．中国房地产信息网：http://www.realestate.cei.gov.cn

3．环球职业教育在线：http://www.edu24ol.com 中关于房地产评估师执业资格考试的网络远程培训。

4．百度文库：http://wenku.baidu.com/

5．读秀学术搜索：http://edu.duxiu.com/

第十一章 城镇土地定级

学习目标

通过对本章的学习,应掌握如下内容:
- 了解城镇土地定级的基本概念和定级的技术流程;
- 熟悉定级资料获取的内容与途径;
- 理解影响城镇土地定级的因素及其确定原则;
- 掌握运用德尔菲测定法等确定因素权重及计算因素分值;
- 掌握土地级别确定的方法。

导言

城镇土地定级是现阶段中国大多数城市地价评估的一项基础工作,它为制定合理的土地税费标准提供依据,也为后续的城镇基准地价评估等土地估价奠定基础。本章以《城镇土地分等定级规程》为指导,阐述城镇土地定级的原理和方法。

第一节 城镇土地定级概述

一、城镇土地分等与定级

中国城镇土地分等定级采用"等"和"级"两个层次的划分体系。土地等反映城镇之间土地质量总体水平的地域差异,土地等的顺序在各城镇间进行排列。土地级反映城镇内部土地的区位条件和利用效益的差异,土地级的顺序在各城镇内部统一排列。等级体系以点面结合的形式,综合反映全国城市土地质量差异的分布规律。

城镇土地分等是通过对影响城镇土地质量的经济、社会、自然等各项因素的综合分析,揭示城镇之间土地质量的地域差异,运用定量与定性相结合的方式对城镇土地质量进行分

类排队，评定城镇土地等别的活动。城镇土地定级是根据城镇土地的经济、自然两方面属性及其在社会经济活动中的地位、作用，对城镇土地使用价值进行综合分析，揭示城镇内部土地质量的地域差异，评定城镇土地级别的活动。本章重点讲述城镇土地定级，定级范围为城镇建成区和近郊区范围内的所有土地。无论是城镇土地的分等还是定级，其最终目的都是揭示城镇土地的区位条件和利用效益上的差异，并为城镇土地价格的评估奠定基础。

2014年，中华人民共和国国家质量监督检验检疫总局发布了国家标准《城镇土地分等定级规程》（GB/T18507—2014），该标准由中华人民共和国国土资源部提出并归口，自2014年12月1日起实施。该标准规定了我国城镇土地分等定级的工作内容及适用范围、技术途径及程序、因素选择、资料调查与整理、因素分值计算、等和级的划分及评定、图件编制、成果的整理及验收、成果的更新及应用等。

二、城镇土地定级原则

定级原则是指在城镇土地定级工作中在思想、方法和技术上所应遵循的依据和标准。一般而言，应遵循以下原则。

（一）综合分析原则

影响土地利用效益的因素是多种多样的，城镇土地级别受到经济、社会、生态环境等多种因素的影响。因此，土地级别既要能反映土地在经济效益上的差异，也要能反映经济、社会、生态等综合效益的差异。正确应用综合分析原则，可避免定级因素选择上的片面性。

（二）主导因素原则

主导因素原则与综合分析原则相辅相成，综合分析原则强调全面地看问题，而主导因素原则意在重点分析对土地定级起控制和主导作用的因素，突出主导因素影响，解决主要矛盾。在运用多因素综合评定法评定土地级别时尤其要注意在综合分析的前提下，把握主导因素，不必求细求多，以免因素间作用相互抵消，反而不能客观反映差异。

（三）地域分异原则

土地定级应掌握土地区位条件和特性的分布与组合规律，并分析由于区位条件不同形成的地域分异状况，将类似地域划归为同一土地级别。土地的地域差异是长期受自然、社会、经济等因素共同作用的结果，运用地域分异原则将类似地域划归为同一土地级别，有利于定级工作的展开以及定级成果的应用和推广。

（四）土地级差收益原则

城镇土地定级应在初步划分的土地级别上对土地收益差异明显的有关行业进行土地收

益和土地价格测算，将测算值作为确定土地级别数目和了解行业收益差异的重要参考依据，土地级别高低应与土地收益或土地价格高低相对应，而级差收益能较好地反映土地的经济差异和行业的利润水平。

（五）定量与定性相结合原则

城镇土地定级应尽量把定性、经验化的分析定量化，以定量计算为主，减少主观随意性。但对难以定量描述的因素及其影响作用方式和强度，则应以定性分析为主。保证城镇土地定级的科学性，提高定级结果的精度是首要工作目标。

（六）定级与估价相结合原则

城镇土地定级不是一个单一的工作，它须与地产评估紧密结合在一起。随着土地使用制度改革的深化，土地市场逐渐发育成熟，房地产交易管理逐步加强，各种地价评估方法得到有效运用，应该充分利用房地产市场资料，在定级基础上进行估价，用估价成果对定级结果加以验证、校核。

三、城镇土地定级方法

城镇土地定级方法主要有三种，即多因素综合评定法、级差收益测算法和地价分区定级法。目前多采用多因素综合评定法，同时结合土地收益、价格等信息，应用市场资料分析等方法验证，综合评定城镇土地等级。因此，本章重点介绍多因素综合评定法的基本思想。

多因素综合评定法，也称多因素权重法。它是从影响土地质量高低的因素分析评价入手，通过因素选择、因素量化与标准化、因素权重确定以及因素分值计算等过程，综合评定土地等级。

这种方法的特点主要表现在，采用相对统一和规范的定量化指标来表示土地各种条件的优劣，并考虑了指标的相对重要程度，用经过加权平均得到的总分值高低评定城镇土地级别，但不易直接反映各级城镇土地的土地收益或土地价格。因此，还需要市场资料等的校核。

四、城镇土地定级流程

城镇土地定级是一项复杂的技术性较强的工作，需遵循一定的技术程序。

（1）建立城镇土地定级的因素、因子体系。
（2）确定各因素的权重值。
（3）计算各因素的指标值和作用分，编制各因素的指标值和作用分的对照表。

（4）划分城镇土地定级单元。

（5）计算单元内各因素作用分值，加权求和计算总分值，按总分值的分布安排和实际情况，初步划分土地级。

（6）进行土地收益测算或市场交易价格定级，对初步划分的土地定级进行验证和调整。

（7）编制城镇土地定级图件、报告和基础资料汇编。

五、定级资料的收集与调查

围绕定级因素进行资料的收集与调查，主要是通过走访有关部门、查阅资料以及同有关人士座谈的途径进行。收集资料和调查可以采用制表调查和实地测算，可以进行全面调查，也可以采取抽样调查方法。

定级资料的收集与调查是开展土地定级的前期准备工作，收集资料时要注意做到满足以下要求：（1）外业调查、收集到的资料，要按实地位置标注到定级工作辅助图或底图上；（2）对于利润、销售额等数据的调查应按抽样方法进行，并要求近期连续三年以上的资料；（3）做抽样调查时，每种类型要有足够的样本数；（4）外业调查资料应填入相应的调查手簿或各种表格中，数值精确到小数点后一位。

根据以上要求，需要收集和调查的资料包括以下内容。

（一）商业服务业繁华程度资料

资料收集的范围主要包括：商业服务业中心的数量、位置、范围；商服中心的商店总数、经营项目、销售额、利润额、占地面积、营业面积、营业人数等。

（二）交通状况资料

资料收集的范围包括道路状况资料、公共交通状况资料和对外交通状况资料。

（三）基础设施状况资料

基础设施需收集的资料范围包括：基础设施的类型、数量、分布、投资等状况；基础设施的技术水平、规模、级别等状况；基础设施的保证率、持续率和可靠率及区域服务的优劣等状况。

（四）公用服务设施状况资料

公用服务设施需收集的资料范围包括：公用服务设施类型、数量、分布、技术水平、规模、级别和服务范围等。公用设施虽数量较大，但调查内容较简单。

（五）环境状况资料

资料收集的范围包括自然环境资料、人文环境资料、环境质量资料和绿化率资料。

（六）社会、历史及人口资料

资料收集的范围包括行政区划、城镇发展过程、人口总数等。

（七）产业集聚状况资料

资料收集的范围包括：产业集聚状况资料，主要收集本市主要工业产业、同类产业及其配套产业的集聚状况和不同类产业的集聚状况，具体包括这些产业集聚区的单位面积企业的数量、年产值、年利润、职工人数等指标值。

（八）城市规划基础资料与城市规划资料

资料收集的范围包括：城市规划基础资料和城市规划资料中有关城市布局、城市建设等各种资料，可供土地定级使用。

第二节 定级因素指标体系

土地定级因素是指对土地质量、级别有重大影响，并能体现土地区位差异的经济、社会、自然因素。影响土地质量优劣的因素很多，为了从众多的因素中选取所需的定级因素，在定级因素的选择中应遵循以下原则：第一，因素指标值变化对城镇土地定级有较显著的影响，因素指标值有较大的变化范围；选择的因素对不同区位的影响有较大的差异；第二，不同类型的土地（土地类型见《土地利用现状分类》（GB/T21010—2007））定级应分别选择相应的定级因素；第三，其他方面的因素选择根据城镇及其定级工作的具体情况选定。

如图 11-1 所示为某城市土地定级因素因子体系。

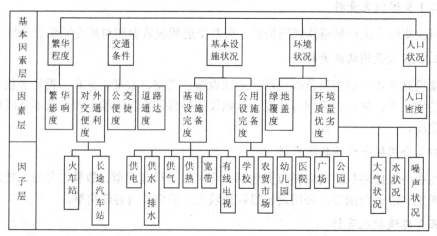

图 11-1 某城市土地定级因素因子体系

一、综合定级与分类定级

城镇土地定级分为综合定级和分类定级。综合定级是指对影响城镇土地质量的各种经济、社会、自然因素进行综合分析与评价,按评价结果的差异划分土地级。分类定级指分别对影响土地某类型用地质量的各种经济、社会、自然因素进行分析与评价,按分类评价结果的差异划分土地级;分类定级包括商服用地定级、住宅用地定级、工矿仓储用地(工业)定级等。

城镇土地定级主要分析现状土地质量的差异,必要时,应考虑城市规划等其他因素对土地级别的影响。市区常住人口 50 万以上的城市,应进行综合定级和分类定级;其他城镇应进行综合定级,必要时可同时进行分类定级。

根据需要,土地利用功能特征分区明显的城镇可针对具体区域分别开展分类定级。

二、城镇土地定级因素

不同类别的土地定级,选定的定级因素有所不同,具体如表 11-1~表 11-4 所示。

表 11-1 城镇土地综合定级因素表

类 别	定级因素	选 择 性	重要性顺序	权重值范围
繁华程度	商服繁华影响度	必选	1	0.2~0.4
交通状况	道路通达度	至少一种必选	2 或 3	0.1~0.3
	公交便捷度			
	对外交通便利度	备选		
基本设施状况	基础设施完备度	至少一种必选	3 或 2	0.1~0.3
	公用设施完备度			
环境状况	环境质量优劣度	备选	4	0.03~0.2
	绿地覆盖度			
	自然条件优劣度			

表 11-2 城镇商业用地定级因素表

类 别	定级因素	选 择 性	重要性顺序	权重值范围
繁华程度	商服繁华影响度	必选	1	0.25~0.45
交通状况	道路通达度	至少一种必选	2 或 3	0.05~0.25
	公交便捷度			
	对外交通便利度(客运)			
基本设施状况	基础设施完备度	必选	3 或 2	0.05~0.25
人口状况	人口密度	备选	4	0.1~0.255

表 11-3　城镇住宅用地定级因素表

类　别	定级因素	选择性	重要性顺序	权重值范围
基本设施状况	基础设施完备度	必选	1	0.2～0.4
	公用设施完备度			
交通状况	道路通达度	至少一种必选	2 或 3	0.2～0.3
	公交便捷度			
	对外交通便利度（客运）	备选		
环境状况	环境质量优劣度	至少一种必选	3 或 2	0.15～0.25
	绿地覆盖度			
繁华程度	商服繁华影响度	备选	4 或 5	0.1～0.2
人口状况	人口密度	备选	5 或 4	0.05～0.1

表 11-4　城镇工业用地定级因素表

类　别	定级因素	选择性	重要性顺序	权重值范围
交通状况	道路通达度	必选	1	0.2～0.4
	对外交通便利度（货运）			
基本设施状况	基础设施完备度	必选	2	0.2～0.3
环境状况	自然条件优劣度	备选	3	0.1～0.2
产业集聚效益状况	产业集聚影响度	备选	4	0.05～0.1

定级因素的选择一般有以下两种方法。

（1）进行德尔菲法测定要选择的要素。

（2）参照表 11-1～表 11-4，按掌握的数据进行选择。

以上对各类城镇用地定级因素指标的规定，来源于《城镇土地分等定级规程》（在表格形式及文字上有改动），供土地定级工作参考，在具体的工作中，还应根据当地的实际情况，将某些因素细化，或增加其他具体因素，以客观地体现土地等级上的差异水平。

总体来说，影响城镇土地级别的因素主要有以下内容。

（一）繁华程度

繁华程度是土地定级工作中涉及的主要因素，是反映土地经济区位最重要的指标。由于商服用地的经济价值最高，商服活动的渗透力最强，对土地级别的反映也最灵敏。因此，城镇土地等级的差异主要通过商服活动表现出来，繁华程度可以通过商服繁华影响度因素来表达。商服繁华影响度相对容易测定，便于衡量，也较直观，一般随着距商服中心距离的增大，城市经济活动相对变弱，商服中心对其吸引力也逐渐减小，地段繁华程度下降。

（二）交通状况

交通状况包括对外交通状况和对内交通状况，具体通过对外交通便利度、道路通达度、公交便捷度和路网密度等因素来表达。其中，对外交通便利度反映所评价区域与周围环境进行物质、能量和信息等交流的便捷程度，即对外交通状况；而道路通达度、公交便捷度和路网密度则反映所评价区域内部物质、能量和信息等交流的便捷程度，即对内交通状况。道路交通状况的优劣，对城镇土地级别有着重要的影响，道路交通条件越好，城镇地价、土地级别则越高。

（三）基本设施状况

基本设施包括基础设施和公用服务设施，基础设施是指供水、排水、供电、供气、通信、供暖等设施；公用服务设施包括学校、医院、文化体育设施、公园、邮政网点、银行网点等设施。基本设施完备程度直接关系到生产效率、投资效益的高低，对提高居民生活水平也有重要意义。基本设施状况主要通过基础设施完备度和公用服务设施完备度等因素来表达。

（四）环境状况

随着社会进步和人民生活水平的日益提高，环境状况越来越成为影响人民生活生产和经济活动的重要因素，因此也成为影响城镇土地级别的重要因素，环境状况主要通过环境质量优劣度、绿地覆盖度和自然条件优劣度等因素来表达。

（五）人口状况

人口状况主要包括人口密度、人口数量、人口结构和人口素质等诸多方面。在城镇土地定级中，主要考虑人口密度因素。在现有的技术、经济及自然条件下，城市内各个地段或区域均有一定的环境容量，因此，人口密度并非与土地级别呈正相关关系。一般情况下，人口数量增加在城市发展初期具有决定作用，但人口数量超过一定规模，则会产生负面效应，如引起交通拥挤、环境恶化等现象。因此，在考察上述指标时，要着重考察其对土地作用的正负影响及影响程度。

（六）产业集聚效益状况

集聚效益是对工业用地效益影响较大的因素，在城镇工业用地定级时应着重考虑。工业区规模和协作条件可以反映集聚效益大小，一般选择产业集聚规模来反映产业在一定范围的集中程度。产业集聚分为同类产业及其配套产业的集聚和不同类产业的集聚。产业集聚效益状况通过产业集聚影响度因素来表达。

第三节 定级因素权重确定

影响土地质量的因素如第二节所述，包括不同层次的很多因素，但它们对土地质量的影响程度并不相同，通常用权重表示某因素对土地质量的影响程度。权重的大小与因素对土地质量的影响成正比，即权重越大，因素对土地质量的影响越大。各因素权重之和为100或1。

在土地定级因素权重确定工作中，主要采用德尔菲测定法、因素成对比较法和层次分析法，其中以德尔菲测定法运用较广泛。

一、德尔菲测定法（Delphi 法）

德尔菲测定法是运用数理统计理论，按照一定的程序，综合数名专家的经验和意见，取得难以进行定量分析的问题的答案的一种常用的技术测定方法，又称作"专家打分法"，它能客观地综合多数专家的经验与主观判断的技巧，使分散的评估意见逐渐收敛，最后集中在协调一致的评估结果上。该方法自发明以来，诸多领域的实践证明它是一种十分有效的方法。

对各因素进行多轮次的专家打分，并按式（11.1）计算权重值：

$$W_i = \frac{E_i}{100} \tag{11.1}$$

式中：W_i——第 i 个因素或因子的权重；

E_i——第 i 个因素或因子经过多轮打分后的均值。

实施要求：

（1）专家应是熟悉城镇土地状况和社会经济发展状况等有关行业的技术、管理专家以及高层次决策者，专家总体权威程度较高，总数为10~40人。

（2）专家打分应根据相应工作的背景材料和打分说明进行。

（3）从第二轮打分起，打分应参考上一轮打分的结果进行。

（4）打分轮次为2~3轮。

二、因素成对比较法

因素成对比较法主要通过因素间成对比较，对比较结果赋值、排序，该方法是系统工程中常用的一种确定权重的方法。对所选因素或因子进行相对重要性两两比较、赋值、计算权重。

（一）应用前提

（1）因素间的可成对比较性。即因素集合中任意的两个目标均可通过主观性的判断确定彼此的重要性差异。

（2）因素间比较的可转移性。设有 A、B、C 三个因素，若 A 比 B 重要，B 比 C 重要，则必有 A 比 C 重要。

（二）方法简介

成对比较是将因素集合中的因素两两之间都进行比较，而比较结果只有三种：设有A、B两因素，即只有A比B重要（A因素赋值1，B因素赋值0），A与B同等重要（A、B两因素各赋值0.5），B比A重要（A因素赋值0，B因素赋值1）。最后将所有结果汇总，得到各因素的权重值。

（三）几点说明

为防止某一因素权重为零，通常在因素集合中设置一虚拟目标，所有因素都比该因素重要，这样得到新的因素集合可以避免为零。表11-5是七个因素成对对比确定权重的例子，本例中G因素为虚拟因素。

表11-5　因素成对对比表

因素\比较值\因素	A	B	C	D	E	F	G	比较值总计	权重
A	\	0	1	1	0	0	1	53	0.143
B	1	\	1	1	0.5	1	1	5.5	0.262
C	0	0	\	0.5	0	0	1	1.5	0.071 5
D	0	0	0.5	\	0	0	1	1.5	0.071 5
E	1	0.5	1	1	\	1	1	5.5	0.262
F	1	0	1	1	0	\	1	4	0.190
G	0	0	0	0	0	0	\	0	0

一般情况下，采用0、0.5、1三种值，为满足更精确的要求，特殊情况下，可按相对重要性程度在0～1范围内进行分割的比例赋值，但需注意两因素值之和为1。

为了使成对比较法的结果更为精确，避免个人主观影响过大，可结合采用Delphi法，让专家们对因素重要性做出判断后，再将结果整理，用于因素成对比较中。

实施要求：

对比结果要符合A因素大于B因素，B因素大于C因素，A因素大于C因素的关系；对因素所赋的值应在0～1范围内，同时两因素之和等于1。

三、层次分析法

层次分析法，简称AHP法，也称为多层次权重分析决策法。该方法是对因素或因子相对重要性进行判断，组成判断矩阵，计算权重值。这种方法的优点是定性与定量相结合，具有高度的逻辑性、系统性、简洁性和实用性，是针对大系统中多层次、多目标规划决策问题的有效决策方法。目前，AHP法已被广泛应用于研究社会经济发展、工商企业管理、自然资源评价与规划、城镇规划、环境保护等许多领域。具体内容本书不作详细介绍。

第四节 定级因素分值计算

根据选定的定级因素，结合调查和收集的资料，采用多因素综合评定法对因素进行量化，计算因素作用分值。

一、基本概念解释

定级因素分值按因子分值、因素分值和定级单元总分值三个层次进行计算。

（一）因子分值

因子分值是指在同一定级因素内某一设施、中心等因子对所评价区域内某块土地的影响强度，是定级因素分值计算的基础，如在商服繁华程度这一因素中，因商服中心规模不同，将有不同的作用分值。

（二）因素分值

因素分值是指同一定级因素内各设施、中心对所评价区域内某块土地的因子作用分值加权求和后的总分值，是各定级单元所受到的某一因素影响的综合结果。具体指标如商服繁华影响度分值、道路通达度分值、公交便捷度分值、对外交通便利度分值、基础设施完备度分值、公用服务设施完备度分值、环境质量优劣度分值、绿地覆盖度分值、自然条件优劣度分值、人口密度分值、产业集聚影响度分值等。

（三）定级单元总分值

定级单元总分值是指所评价地域内某地块单元上所得各定级因素分值加权求和后的总分值，其作为划分土地级别的直接依据。

二、评价单元划分

在计算定级因素分值之前首先要划分评价单元，土地定级单元是内部特性和区位条件相对单一的地块，它是评定土地级别的基本空间单位，是各定级因素分值计算的基础。

定级单元大小要适宜，单元太小，地块整体属性容易被破坏；单元太大，则容易把多个性质不一的地块包含在同一单元内，土地的差异性则被掩盖，从而影响土地定级精度。一般情况下，单元内定级因素的作用分值差异标准为$\leqslant 100/N$（N为该城镇所分土地级别数），以保持内部特性和区位条件的相对均一。

土地定级单元划分方法主要有网格法、均质地域法、主导因素判定法和多边形法（主导因素分值叠置法）等。网格法是以一定大小的网格作为定级单元，分为固定网格法和动态网格法。固定网格法的网格面积大小统一，将面积和几何形状相同的网格覆盖至整个定级区域，网格不再变动。这种方法比较机械，但在计算机辅助处理的情况下，因网格面积较小，可以满足精度要求。动态网格法与固定网格法的不同在于其网格大小可以变化，先选用一定大小的网格覆盖定级区域，作为初分的单元体系，然后根据单元内部均值程度要求，对超标的单元以四等分加密网格，调整网格大小，多次重复上述工作直到单元内部差异满足要求为止。一般先将网格划大些，对繁华地段、用地结构比较复杂的地块单元再进行细分，最终形成市中心网格小、市区边缘区网格大的格局。目前大都采用计算机辅助开展城镇土地定级工作，在计算机辅助处理中，单元划分一般采用固定网格法。

三、定级因素分值的计算

不同的定级因素，其分值计算方法是不相同的，有的可以直接量化，有的需要计算量化，还有的需要采用定性的方法间接量化，为此需遵循一定的计算原则并分类进行。

（一）定级因素分值的计算原则

定级因素分值的计算需遵循以下原则。

（1）因素作用分值的确定要建立在因素与土地效益相关研究的基础上。

（2）因素作用分值与土地的优劣呈正相关关系。

（3）分值体系采用0~100分的封闭区间。

（4）因素作用分值只与因素指标的显著作用区间相适应。

（5）因素作用分值处理尽可能模型化。

（二）因素的影响方式及类型

在评定城镇土地级别过程中，根据因素的空间分布形态及其对土地级别的影响方式，城镇土地定级因素可分为点、线状因素和面状因素两大类，两者在赋分处理上也有所不同。

点、线状因素在空间分布形态及其对土地质量的影响方式上具有两个重要特征：一是与整个城镇土地空间范围相比，这类土地因素所依附的客体占地面积较小，为点状、线状形态分布，且在空间分布上有明显的集聚现象；二是这些因素不仅对其自身客体所在位置上的土地有影响，而且还通过区位的波及性和效益外溢等作用形成一定的区位关系，对其周围地块乃至整个城镇土地产生不同影响，如商服中心、道路、文体设施、公交站点等。按这些因素对周围土地的影响规律，又可进一步分为影响随距离变化呈线性衰减和非线性衰减两种类型。

同样，面状因素也具有两个特征：一是与整个城镇土地空间范围相比，它所依附的客体在城镇中分布面积较大，呈面状分布；二是这类因素仅对其自身客体所在位置产生影响，而对周围的地块基本无波及性和效益外溢等作用的影响，或在影响范围内其作用变动不大，如绿地状况、环境优劣度等。

（三）定级因素分值的计算方法

根据城镇土地定级因素对土地质量的影响方式和类型，定级因素分值的计算分以下两种情况分别处理。

1. 点、线状因素作用分值的计算方法

点、线状因素，其影响既与设施的区位有关，又与具体评价地块和设施的相对距离有关。因此，在对其量化时，要遵循以下步骤：首先在各因素内按规模或类型求出各点、线设施的相对功能分，最大值为100，最小值为1（或0）；然后根据因素的类型、规模或等级，计算其作用或平均影响范围，并划分若干相对距离区间；最后根据因素的影响随距离衰减具有不同规律的特点，选取不同的数学模型，计算各相对距离上的因素作用分。一般常用的计算模型有线性模型和非线性模型两种。

典型的线性模型表达公式为

$$F = M(1-r) \tag{11.2}$$

$$r = \frac{d}{D} \tag{11.3}$$

典型的非线性模型表达式为

$$F = M^{(1-r)} \tag{11.4}$$

式中：F ——某土地指标在某一相对距离上对土地的作用分；

M ——某点、线状因素的功能分；

r ——某评价单元地块的相对距离；

d ——某点、线状因素距某评价单元地块的实际距离；

D ——某点、线状因素的影响半径。

按上述公式计算，即可得到点、线状因素在某定级单元上的作用分值。商服繁华影响度、道路通达度等属于非线性作用的因素；基础设施完备度、公用服务设施完备度、对外交通便利度、公交便捷度等属于线性作用的因素。

2. 面状因素作用分值的计算方法

在对面状因素量化时应遵循以下步骤：首先对各因素资料进行整理，按因素与土地质量相关性的特点计算出各评价单元土地的因素指标值，对超出显著作用区间的各土地因素指标值，按显著区间内的最高值或最低值处理；然后采用一定的数学模型（一般使用极大值标准化模型），计算得出各地域单元土地因素指标的作用分值。

极大值标准化模型公式为

$$f_i = 100 \times \frac{X_i - X_{\min}}{X_{\max} - X_{\min}} \tag{11.5}$$

式中：f_i——某定级单元土地因素指标的作用分值；
X_i——某定级单元土地的因素指标值；
$X_{\min}$——某定级单元土地的因素指标最小值；
$X_{\max}$——某定级单元土地的因素指标最大值。

按上述方法即可得到面状因素在某定级单元上的作用分值。路网密度、环境质量优劣度、自然条件优劣度、绿地覆盖度和人口密度等因素都可按这种方法进行计算。

四、定级单元总分值的计算

假定土地定级中选取了若干因素，每个因素包含若干个因子，土地定级单元内某因素分值即为

$$P_i = \sum_{j=1}^{n} W_{ij} F_{ij} \tag{11.6}$$

式中：P_i——第 i 因素分值；
n——某因素内包含的因子数；
W_{ij}——第 i 因素中第 j 因子的作用指数；
F_{ij}——第 i 因素中第 j 因子的作用分值。

计算得到某定级单元的因素分值后，定级单元总分值即为

$$P = \sum_{i=1}^{n} W_i P_i \tag{11.7}$$

式中：P——某定级单元总分值；
n——定级因素数；
W_i——第 i 因素的权重值；
P_i——第 i 因素分值。

根据上述公式计算出定级单元总分值，即可划分出土地级别。

第五节 土地级别的划分与确定

土地级别是土地质量的综合反映。计算得到定级单元总分值后，首先对土地级别进行初步划分；然后进行土地级别收益、地价测算和验证；最后对土地级别进行必要的修正和归并，最终确定土地级别。

一、土地级别的初步划分

土地级别划分的依据是各定级单元的因素作用分值及其总分值在空间分布上的变化规律,划分的土地级别应充分反映评价区内土地区位条件和社会经济效益的地域差异。

(一) 土地级别划分的原则

土地级别划分的原则有以下几点。

(1) 土地级别高低与土地相对优劣的对应关系基本一致,综合作用总分值越大,土地级别越高。

(2) 任何一个总分值只能对应于一个土地级别。

(3) 土地级别数目根据城市性质、规模及地域组合的复杂程度和定级类型来确定,不同级别城市规模在不同城镇土地定级类型下所划分的土地级别数目如表 11-6 所示。

表 11-6 城镇土地定级级别数目表

城镇土地定级类型	城 镇 规 模		
	大 城 市	中 等 城 市	小城市及以下
综合定级	5～10 级	4～7 级	3～5 级
商业用地定级	6～12 级	5～9 级	4～7 级
住宅用地定级	5～10 级	4～7 级	3～5 级
工业用地定级	4～8 级	3～5 级	2～4 级

(4) 各级土地之间应渐变过渡,同级土地之间土地级差不宜过大。

(5) 各类用途的各级土地的平均单位面积地租或地价应具有明显差异并呈正向级差。

(6) 一定程度上保持自然地块及权属单位的完整性。

(7) 土地级别界线尽量采用具有地域突变特征的自然界线或人工界线,如河流、铁路、高速公路和土地利用类型界线等。

(二) 土地级别划分的方法

在具体划分土地级别时,根据计算的定级单元总分值,分析其变化规律,不同的土地级别对应不同的总分值区间,按从优到劣的顺序分别对应于 1,2,3,…,N 个土地级别值(N 为正整数)。

总分值区间的划分方法有总分频率曲线法、总分数轴确定法和总分剖面图法等。在实践中多采用总分频率曲线法,但同时需综合运用上述几种方法,以提高精度。

1. 总分频率曲线法

以总分值为样本,对其进行频率统计,绘出频率直方图和相应的频率曲线,结合土地的实际情况,选择若干个频率曲线分布突变处,作为级别间的分界线。

2．总分数轴确定法

将单元总分值点绘制于数轴上，按土地优劣的实际情况，选择点稀少处为级别间分界。

3．总分剖面图法

沿城镇若干方向绘制总分变化剖面，按土地优劣的实际情况，以剖面线突变段作为级别间分界。

二、土地级别的验证与确定

通过上述方法初步划分的土地级别，还需要进行级差收益测算或土地交易价格测算，对初步结果进行校核，并聘请专家论证初步定级结果，提出修改意见或建议。

（一）土地级别的测算和验证

土地级别的测算和验证可采用以下两种方法。

1．利用企业利润数据测算、验证

把土地作为生产要素之一，从企业利润剥离出土地收益，通过回归分析建立相应土地收益与土地质量指数数学模型，测算得出土地级别间的土地收益差异，从而验证土地级别差异。

2．利用宗地地价资料测算、验证

利用土地使用权出让、转让和出租中形成的宗地地价资料，以土地级别为单位，分商业、住宅和工业等用地类型，分别测算各级别土地地价标准，从而反映土地级别间土地价格的差异，定量反映土地级差。如果土地级别间土地收益、土地价格的差异显著，表明城镇土地级别划分结果总体正确；如果差异不明显，则说明城镇土地级别划分存在问题，需进一步检查核实有关基础数据、定级计算方法和模型等，或者将土地的级别进行必要修正或归并。

（二）土地级别的修正与确定

在对土地级别进行验证的基础上，根据需要对土地级别进行修定和归并，最终确定城镇土地级别。

1．土地级别的修定和归并

土地级别的修定和归并按以下要求进行。

（1）各级之间必须有较大的收益或地价差别。如果这种差别很小，则土地级别就缺少存在的必要性，可以将其归并。

（2）在级别确定出来后，考虑到实施情况，应与有关单位及当地政府讨论协商，在不影响级别评定科学性的基础上尽可能考虑成果实施的可行性与可操作性，可以适当增加或减少一些级别数目，或者在个别级别中再划分出亚级。

（3）级别数目确定后，应划定各土地级别界线。划定界线时，依据土地利用状况和景观原则，照顾土地权属的完整性，可对土地级别界线略作调整。

2．土地级别的最终确定

无论是综合定级还是分类定级，级别分布总的规律都是从市中心向市区边缘呈下降趋势，各级土地面积在市区土地面积中的比重，一般随级别增大而依次减小。商业用地的一级地分布与一级商服中心的分布相对应，并沿主要街道两侧呈明显带状分布，街道两侧面街和背街土地呈明显级差，甚至连跳几级。综合用地与住宅用地级别呈现明显的同心环状变化，各级土地呈大面积片状分布。一般认为，工业用地级别总体上也是从市区向市区边缘再到郊区逐渐下降，但这种趋势并不明显，工业用地各级别是呈大面积片状分布，级别总体数目较少。

在完成土地级别的修定和归并后，土地级别得到最终确定。

由于土地级别在稳定中仍有变化，因此需要对成果定期更新。在工作中各类资料均应分门别类归档保存，以保持资料的系统性、完整性和连续性。

三、城镇土地定级成果表达

城镇土地定级成果一般由土地定级报告和土地定级成果图两大部分构成，如图11-2所示。

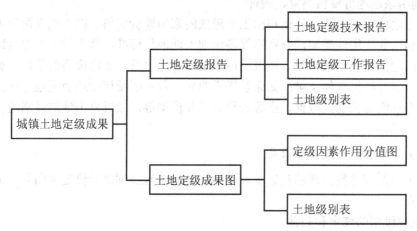

图 11-2　城镇土地定级成果

其中，土地定级报告主要包括土地定级技术报告、土地定级工作报告和土地级别表。土地定级技术报告载明了定级技术工作的全部具体内容、程序、方法、测算公式以及定级成果等。土地定级工作报告主要从定级工作的领导和组织分工方面编写，同时还应包括定级工作程序、定级中遇到的问题和解决途径以及成果应用情况等。土地级别表则主要指级别边界的详细文字说明。

此外，土地定级成果图主要包括定级因素作用分值图和土地级别图。定级因素作用分值图是根据各定级因素分布状况、作用分值变化规律表示的作用分值变化的图件，是定级的中间成果图，其比例尺应与土地定级成果图相同。点、线状因素一般用线条表示，常形成作用分值等值线图。面状因素一般用不同颜色表示不同区域的分值变化。

土地级别图是土地定级的主要成果，定级成果必须呈现于图上才便于应用。土地级别图应直观地反映土地的优劣、土地的空间和地域组合状况。土地的级别和位置通过不同的图斑、色调、注记等来反映。土地级别图要以符合国家标准比例尺的城市平面图、地形图或地籍图为底图，底图的数学方法、成图方法及精度要求必须符合各类成图比例尺的精度。

当今，地图编辑与绘制已大范围地采用计算机完成，借助商业化或自行开发的地图制图软件或地理信息系统软件，可以方便、快速、高效地完成任务。

本章小结

本章以国家标准《城镇土地分等定级规程》为蓝本，按照城镇土地定级的技术流程，在阐述城镇土地定级的基本概念的前提下，首先介绍了城镇土地定级因素及权重确定方法，其次介绍了定级因素因子分值的计算方法，最后介绍了土地级别划分与确定的具体方法。

综合练习

一、单选题

1. 影响土地利用效益的因素是多种多样的，城镇土地级别受到经济、社会、生态环境等多种因素的影响，因此，为避免定级因素选择上的片面性，应遵循（　　）。

    A．主导因素原则　　　　B．定量与定性相结合原则
    C．综合分析原则　　　　D．定级与估价相结合原则

2. 运用数理统计理论，按照一定的程序，综合数名专家的经验和意见，取得难以进行定量分析的问题的答案的一种常用的技术测定方法是（　　）。

    A．因素成对比较法　　　B．层次分析法
    C．Delphi 法　　　　　　D．综合分析法

3. 不同类别的土地定级，选定的定级因素有所不同。其中，交通状况是一个很重要的因素，而交通状况分为（　　）。

    A．综合交通状况与具体交通状况
    B．对内交通状况与对外交通状况
    C．综合交通状况与分类交通状况

D. 通达交通状况与便捷交通状况

4. 对面状的土地定级因素，描述不正确的是（　　）。
   A. 这类土地因素所依附的客体在城镇中占地面积大
   B. 对周围地块有外溢影响的，可以当作面状因素处理
   C. 只对自身客体所在位置上的土地有影响
   D. 绿地状况、环境优劣度等属于此类

5. 对于土地质量和土地级别的描述正确的是（　　）。
   A. 土地质量和土地级别的分布完全一致
   B. 土地级别是土地质量的综合反映
   C. 土地质量和土地级别内涵相同
   D. 土地质量和土地级别之间没有直接联系

二、多选题

1. 关于土地定级因素权重的描述正确的是（　　）。
   A. 权重值的大小与因素对土地质量的影响成正比
   B. 各因素的权重值在 0~1 之间变化，和等于 1
   C. 对影响程度小、不决定区域土地等级的因素，权重为 0
   D. 各因素的权重值不能相等

2. 权重确定的方法有（　　）。
   A. Delphi 法　　　　　　　　B. 网格法
   C. 因素成对比较法　　　　　　D. 层次分析法

3. 下面属于点、线状的土地定级因素有（　　）。
   A. 商服中心　　　　　　　　B. 绿地覆盖率
   C. 道路通达度　　　　　　　D. 公交站点

4. 在城镇定级中，定级单元界线一般采用（　　）。
   A. 具有地域突变特征的自然界线或人工界线
   B. 城镇中的铁路
   C. 城镇中的所有道路
   D. 自然线状地物和面积较大的自然地物

5. 定级单元的划分有（　　）等方法。
   A. 动态网格法　　　　　　　B. 网格法
   C. 叠置法　　　　　　　　　D. 层次分析法

三、判断题

1. 中国城镇土地分等定级采用"等"和"级"两个层次的划分体系。（　　）

2. 在城镇定级中，任何道路等线状地物都可作为单元划分的界线。　　　　（　　）
3. 土地定级单元大小要适宜，太小时，地块整体属性易被破坏；太大时，影响评定的土地级别精度。　　　　　　　　　　　　　　　　　　　　　　　　（　　）
4. 初步的土地级别确定后，要通过土地收益测算进行验证。　　　　　　（　　）
5. 如今在城镇中，土地的使用价值越优，等级越高，地价就应该越高。　（　　）

四、简答题

1. 简述城镇土地定级的原则。
2. 多因素综合评价法的基本思路是什么？
3. 简述城镇土地定级的技术流程。
4. 城镇土地定级，一般需要收集和调查哪些资料？获取资料的途径有哪些？
5. 影响城镇土地级别的因素主要有哪些？

推荐阅读资料

中华人民共和国国家质量监督检验检疫总局．城镇土地分等定级规程（GB/T18507—2014）．

网上资源

1. 中国土地估价师与土地登记代理人协会：http://www.creva.org.cn
2. 中国房地产信息网：http://www.realestate.cei.gov.cn
3. 环球职业教育在线：http://www.edu24ol.com 中关于房地产评估师执业资格考试的网络远程培训。
4. 百度文库：http://wenku.baidu.com/
5. 读秀学术搜索：http://edu.duxiu.com/

第十二章 基准地价修正法

学习目标

通过对本章的学习,应掌握如下内容:
- 了解基准地价和基准地价评估的内涵;
- 熟悉基准地价评估的工作思路与技术路线;
- 掌握基准地价评估的程序;
- 掌握基准地价修正法的原理和估价程序;
- 能够运用基准地价修正法进行具体宗地的估价。

导言

基准地价是中国地价体系的核心内容之一,具有直接控制和引导各宗地地价的功能,是国家对地产市场采取宏观调控的依据,在征收土地使用税、出让国有土地使用权等方面发挥了基础性的作用。在基准地价的基础上,分用途、分区域分析地价影响因素与地价的关系,建立起基准地价修正体系,为评估宗地地价提供服务。

第一节 基准地价评估概述

准确评估区域范围内各级土地或均质地域的各用途土地的基准地价,能够为运用基准地价修正法评估宗地价格提供基础;同时,基准地价管理是政府调控地产市场的重要手段,是了解区域地价水平及其变化状况的重要途径。

一、基准地价的含义

基准地价是在某个城镇的一定区域范围内,划分土地级别或不同均质土地,按照商业、居住、工业等用途,分别评估确定的一定使用期限的建设用地使用权在某一时点的平均价格。也可以将基准地价简要定义为:以一个城镇为考察对象,在该城镇内的一定区域范围

内，根据用途相似、地块相连、地价相近的原则划分地价区段，调查评估出的各地价区段在某一时点的平均价格。

二、基准地价的特征

基准地价具有以下特征。

（一）区域性

基准地价反映的是城镇某一特定区域内土地的平均价格，它是以某一个区域为单位进行评估的。通常情况下，一般分为级别区域、区片和区段三种形式。从而，基准地价也表现为三种形式，即级别区域基准地价、区片基准地价和区段基准地价等。由此看来，基准地价并不代表某宗地的价格，而是与一定的区域相联系，对该区域地价具有指示作用的平均价格。

（二）平均性

基准地价是一定时期的商业、住宅、工业等各类用地和综合土地级别的土地使用权平均价格，反映的是一定时间、一定区域内的城镇土地利用所产生的实际经济效果的水平。在实际应用中，具体到某一宗地的价格很可能会稍高于或稍低于该平均价格。

（三）时效性

基准地价仅仅反映一定时期内地价的总体水平及其空间变化规律。在社会、经济、环境、人口等多方面因子的共同作用下，随着时间的变化，地价会产生波动，基准地价也会发生波动。基准地价作为某一时期的价格标准，必然有一定的时效性。为保证基准地价的有效性，避免基准地价的滞后性，因此有必要适时更新与调整基准地价。

（四）期限性

基准地价是土地使用权的价格，土地使用权是有时间限制的，从而基准地价也是有限年期内的价格。不同用途的城镇土地使用权的出让最高年限不同，不同用途基准地价的年期也不同。一般情况下，各用途城镇土地的基准地价的年期应是各用途土地的最高出让年期。

（五）标准性

基准地价不仅反映了地产市场的基本地价行情，它还是地产市场的地价标准，反映在标准条件下的一般地价水平。这有利于基准地价评估时的样点地价修正，以及应用基准地价系数修正法评估宗地地价。

（六）控制性

基准地价不是地产市场的实际交易价格，土地使用权出让、转让、出租、抵押等宗地价格，必须以基准地价为基础，根据土地使用年限、地块大小、形状、容积率、微观区位等因子，通过系统修正进行综合评估而确定。因此，基准地价不仅是国家对地产市场进行宏观调控的基础，同时也是国家征收土地使用税的依据。

（七）权威性

基准地价是由政府组织专家组成专门的估价机构进行评估或委托评估，其估价结果由政府审定、认可并定期公布，因而具有权威性。

三、基准地价的作用

作为具有指导性土地价格标准作用的基准地价，其作用主要表现在以下几个方面。

（一）宏观调控土地市场的依据

基准地价水平及其变化反映了地产市场中的地价水平及其变动趋势，为政府适时地利用规划和计划手段调节土地供需、促进土地有效配置和地产市场健康发展，以及制定地产市场管理措施提供基本依据。

（二）国家征收土地使用税的依据

在国外，土地税一般是按价征收。由于我国目前尚缺乏价格标准，土地使用税征收的税额偏低，无法体现土地级差收益，未达到利用土地使用税这一经济杠杆调节土地利用和级差收益的目的。因此，科学、合理、公开的基准地价可以为科学征收土地使用税等提供客观依据。

（三）快速评估宗地地价的基础

基准地价反映了城镇土地级别或均质地域内宗地的平均价格水平，而宗地价格是该土地级别或均质地域内，一定面积之上具有一定独立使用功能并且具有一定权属状态的完整地块的价格，理论上它应该围绕基准地价上下波动。在基准地价和基准地价修正体系确定的情况下，可快速、高效地评估出各宗地的地价。

（四）制定土地使用权出让价格的依据

基准地价是城镇内不同部分土地利用的收益差异较公正、客观的反映，是制定协议出让国有土地使用权底价的依据和标准。根据基准地价，政府可以确定土地使用权的出让价格，从而为二级地产市场上的地价提供依据。

（五）促进地产市场健康发展的保证

基准地价作为城镇均质土地的平均价格，对地产市场上的地价形成及规范起着重要的作用。基准地价起着一个公示作用，为市场中交易双方均提供了相对公正的土地价格信息，从而可使地产市场发展成为一个公正、公开、公平的规范性市场。土地价格过高或过低，均对地产市场的健康发展有着不良的影响。基准地价作为一个基准性的土地价格，对地产市场的价格起着指导性作用，是地产市场朝着健康方向发展的一个重要保证。

四、基准地价评估的技术路线

《城镇土地估价规程》（GB/T18508—2014）由国家质量监督检验检疫总局于2014年7月24日作为国家标准发布，于2014年12月1日起正式实施。新修订的《城镇土地估价规程》一方面考虑到土地市场发育对地价评估方法发展的影响，另一方面又需兼顾全国不同区域土地市场发育不平衡的实际情况，在基准地价评估技术途径上提供了两条可供选择的技术路线：一是以土地定级（或影响地价的土地条件和因素划分均质地域）为基础，用市场交易价格等资料评估基准地价；二是以土地定级为基础，以土地收益为依据，市场交易资料为参考评估基准地价。这不仅提高了《城镇土地估价规程》的可操作性，而且把"以市场交易资料评估基准地价的技术途径"放在首位，突出了以市场交易资料为基础评估地价在我国城镇基准地价评估方法体系中的地位。

（一）以土地定级（或根据影响地价的土地条件和因素划分均质地域）为基础，利用市场交易价格等资料评估基准地价

城市中各类用地是在规划指导下落实到地块上的，因而在土地利用上形成了同质的各种区域。这些区域的内部不仅用地性质基本相同，而且土地的区位、基础设施等也基本相似，因而其有条件成为基准地价评估的基础。该技术路线又称为土地市场交易实例法。它一般首先以城镇规划为主要依据划分均质区域或区段，或直接利用地产市场交易实例划分土地级别；然后通过大量的房地产市场案例调查，获得土地出让、转让及房地产经营的各种实际信息资料，并应用一些基本评估方法评估案例的正常市场地价；再计算各类用途、各区位、区段（包括路线价区段）的平均地价；最后根据地价修正或划分的各土地级别的各类用地的平均地价，得出各级土地的基准地价。

（二）以土地定级为基础，以土地收益为依据、市场交易资料为参考评估基准地价

由于土地价格从本质上说是土地权利、利益的价格，购买土地是为了获得预期经济收益，从这一角度出发，评估基准地价可以土地收益为依据。该技术路线又称为级差收益测算法或土地条件因素价值分析法。一般情况下，先根据土地利用条件，采用多因素综合定级的方法划分土地级别，然后调查大量工商等企业生产收益和土地、资金、劳动力三因素的数量资料，运用回归分析方法，建立反映不同级别土地利用净收益与生产因素之间数量关系的经济模型；再根据土地的边际收益系数，分别求出城镇各个级别的土地收益估计值；将土地收益视同经营者交付地租的能力，再根据测定的土地资本化率得出各级土地的基准地价。

上述两条技术路线有其不同的特点和适用对象。前者随着大多数城镇房地产市场的发育，交易资料越来越丰富，逐渐成为基准地价评估的主要方法；后者较适用于测算土地的理论价格，在房地产市场不太发达但已完成土地定级的城镇，它是结合土地定级间接测算基准地价的一种可行的技术路线，但由于土地收益资料难以获得和其他资料并不准确，在实际运用中有一定的局限性。各个城镇应根据自身的特点和基准地价的评估要求，选择其中一种测算方法为主、另一种方法为检验，或两种方法相结合的技术路线。

第二节　基准地价评估的程序及趋势

基准地价评估是一项严谨的任务，需要遵循一定的估价程序。基准地价成果需要适时更新与公布。

一、基准地价评估的程序

城镇基准地价评估的基本程序如下。

（一）制定基准地价评估作业方案

基准地价评估作业方案包括确定基准地价评估的区域范围、技术路线，编制工作计划和时间进度，落实评估人员，准备所需资料和设备，落实工作场地等。其中，确定基准地价评估的区域范围由大到小有以下选择：（1）城镇行政区；（2）城镇总体规划确定的规划区；（3）土地利用总体规划确定的城镇建设用地范围；（4）建成区；（5）市区。基准地价评估的区域范围大小，主要根据有关规定、当地的实际需要和可投入评估的财力、人力等情况确定，一般应为规划区。

（二）明确基准地价的内涵和表达方式

明确基准地价的内涵是要确定基准地价对应的下列条件：（1）价值时点，一般应为年度的1月1日。（2）土地用途，例如是分为商业、居住、工业等不同的用途，还是采用一个综合用途。一般应分为商业、居住、工业等不同的用途。（3）土地使用权性质，例如是划拨国有建设用地使用权，还是出让国有建设用地使用权。一般应为出让国有建设用地使用权。（4）土地使用期限，例如是不同用途的法定最高出让年限，还是统一为综合用途的法定最高出让年限50年，或为无限年。一般应分别为商业、居住、工业等用途的法定最高出让年限，即商业用途40年、居住用途70年、工业用途50年。（5）容积率，例如是不同用途对应点的平均容积率还是综合容积率。一般应根据各个土地级别或均质土地地域内商业、居住、工业等不同用途的容积率的平均水平确定。（6）土地开发程度，即达到宗地红线的基础设施完备程度和宗地内的场地平整程度，例如是"三通一平"，还是"五通一平""七通一平"。一般应根据各个土地级别或均质地域内土地开发程度的平均水平确定。

此外，还要明确基准地价的构成，即确定基准地价包含的内容，例如是否包含建设用地使用权出让金、征收补偿费用、市政配套餐等。可同时给出熟地价、毛地价和出让金。

明确基准地价的表达方式是要确定基准地价是采用土地单价形式（如每平方米的土地价格），还是采用楼面地价方式，或者同时采用土地单价和楼面地价形式。

（三）划分土地级别或不同均质土地

划分土地级别应按照《城镇土地分等定级规程》（GB/T18507—2014）规定的内容、程序和方法等进行，书中第十一章已介绍。

划分不同均质地域通常是划分地价区域，即将"用途相同、位置相邻、地价相近"的土地加以圈围而形成不同的地价区域。一个地价区段可视为一个"地价"均质区域，即在该区域内的各宗地的地价水平相近。地价区段可分为路线价区段和区片价区段。城镇临街商业用地，适宜划分为路线价区段；居住、工业用地，适宜划分为区片价区段。划分地价区段的方法通常是就土地的位置、交通条件、利用现状、城市规划、房地产价格水平及收益情形等进行实地调查研究，将情况相同或相似的相邻土地划为同一个地价区段；各个地价区段之间的分界线应以道路、沟渠或者其他易于辨认的界线为准，但商业路线价区段应以标准深度为分界线。

（四）抽样评估若干宗地的价格

在划分出的各个土地级别或地价区段内，按照具有代表性、分布均匀等原则，选择若干宗地，然后由评估师调查搜集这些宗地的相关市场交易资料、经营收益资料或开发费用资料等，运用市场法、收益法、成本法、假设开发法等适宜的估价方法，评估出这些宗地在合理市场下可能形成的正常市场价值。通常应求出土地单价或楼面地价，并进行交易日期、土地使用期限、土地条件、容积率等调整，将这些宗地的价格统一到基准地价内涵上来。

（五）计算各个土地级别或均质地域的地价

土地级别或均质地域的地价是某个特定的土地级别或均质地域的土地单价或楼面地价，它代表或反映着该土地级别或均质地域内土地价格的正常水平。土地级别或均质地域的地价计算，是分别以每个土地级别或均质地域为范围，求取各该土地级别或均质地域内所抽查评估出的若干宗地单价或楼面地价的平均数、中位数或众数。计算出的土地级别或均质地域的地价，相应有土地级别价、区片价和路线价。

（六）综合确定基准地价

在上述各个土地级别或均质地域计算的基础上做适当的调整后即是基准地价。在确定基准地价时，应先把握各个土地级别或均质地域间的好坏层次（通常是从好到差排序），再把握它们之间的地价高低层次，以避免出现条件较差的各个土地级别或均质地域的基准地价高于条件较好的各个土地级别或均质地域的基准地价。基准地价确定后，通常还制作基准地价表，或者绘制基准地价图。

（七）编写基准地价使用说明

包括基准地价的内涵、作用，将基准地价调整为宗地价格的方法和系数，如土地市场状况、具体区位（如具体位置、临街状况等）、具体用途、土地使用期限、容积率、土地开发程度、土地形状等的调整方法和调整系数。

二、基准地价成果更新

前面已经论述，基准地价有着显著的时效性，它只反映一定时期的城镇土地的平均价格。而地产市场是一个动态市场，地价水平会不断变化。随着时间的推移，基准地价成果的准确性也会逐步丧失，其对房地产市场的规范作用会随之减弱，甚至带来误导。为了使基准地价成果符合房地产市场的客观实际，为了保持基准地价成果的现势性，基准地价应适时更新。

此外，基准地价不仅为政府服务，也为市场服务，为每个投资者（包括普通公民）服务。这就要求基准地价应能更适时、更准确地反映地产市场的变化。因此，也需要对基准地价不断地进行更新。

基准地价更新主要有以下几种技术路线。

（1）以土地定级（或均质区域）为基础，以市场交易地价资料为依据，更新基准地价。

（2）以土地定级为基础，以土地收益为依据，以市场交易地价资料为参考，更新基准地价。

（3）以土地定级（或均质区域）为基础，以地价指数为依据，更新基准地价。

上述三种技术路线，第一种和第三种适用于房地产市场比较活跃、房地产交易案例较多的城镇；第二种适用于已完成土地定级，但房地产市场不太活跃、房地产交易案例较少的城镇。基准地价的更新要根据城镇的实际情况选择合适的技术路线。

进行城镇基准地价更新，应从地价监测机构的设立入手，建立职能和责任明确的城镇基准地价动态监测机构，研究监测目标的选择和确定，监测信息的获取、存储与管理，基准地价更新的技术问题等，从而建立一个完善的城镇基准地价动态监测体系。

三、基准地价评估发展趋势

综合中国各地基准地价近几年评估实践的发展趋势及市场经济发达国家基准地价评估经验，中国基准地价评估方法发展存在两个明显趋势：一是利用市场交易价格资料直接评估基准地价将成为基准地价评估的基本方法；二是由分类基准地价评估向分区基准地价评估方向发展。

（一）利用市场交易价格资料直接评估基准地价

利用市场交易价格资料直接评估基准地价的前提条件是土地市场比较发育，各类交易样本丰富，能够达到数理统计要求。随着中国土地有偿使用制度改革的不断深化，土地市场发育程度显著提高，具备利用市场交易价格资料直接评估基准地价的城镇逐渐增多，各地的基准地价评估实践已很好地证明了这一点，并由此导致基准地价评估方法及技术途径的变化。具体表现在以下三个方面。

1. 基准地价评估依据由土地利用效益资料向市场交易样本资料转化

基准地价评估方法早期主要采用级差收益测算法评估。该方法由于在理论上和实践过程中都存在明显的不足，是土地市场不发育条件下的一种选择。随着土地市场的发展，直接利用各类交易、租赁样本地价进行统计分析，评估基准地价的条件逐步具备。虽然有关文献强调土地效益资料与交易样本地价资料互相检验，但由于依据土地利用效益资料分离土地贡献值，存在诸多的企业经营个性因素，作为宏观分析或许可行，但落实到具体评估区域或级别区域准确性往往很难把握。基准地价评估以土地市场交易样本为依据是必然趋势。

2. 基准地价用途分类体系趋向细化

基准地价体系最先只是一个不分用途的综合基准地价，随后基准地价分类评估成为当前城镇基准地价评估的主流，目前一般只分商业、住宅、工业三个类型。但随着土地市场的发育，三类用途基准地价已不能满足市场需要。主要表现在两个方面：一是商业、住宅、工业内部不同细分用途土地收益能力及市场价格的差异性逐渐体现出来；二是随着土地使用制度改革的深入，土地有偿使用范围扩大，原属于划拨用地的教育、文化等公共设施用地类型也逐步纳入土地有偿使用范围，迫切需要与其具体用途对应的基准地价加以规范引导。因此，细化商业、住宅、工业基准地价用途分类体系，同时将教育、文化等公共设施用地纳入基准地价分类体系是今后基准地价评估方法发展的一个重要方向。

3. 基准地价表达方式趋向多元化

根据定义，基准地价是指一定范围内的平均价格，范围的大小根据应用的需要可大可小。起初基准地价只用级别地价表达，以致许多地方形成了基准地价就是级别地价的概念。随着土地市场发展及土地有偿使用的需要，实际应用时感觉到级别地价过于粗糙，级别内价格差异大，不符合均质的要求。当用基准地价系数修正法评估宗地地价时，修正幅度过大，特别是商业用地，同一级别内的价格水平相差数倍十分常见。因此，基准地价应包括两个层次，第一层次为级别地价，主要起宏观显示作用，总体上反映一个城镇的地价空间变化趋势。实际操作时应以第二层次的商业路线价、住宅区片价或各种用途的功能区基准地价为依据。

（二）由分类基准地价向分区基准地价评估方向发展

市场经济条件下，土地价格是由土地最佳利用条件和收益水平决定，因此很多情况下，分类基准地价与土地市场的实际交易价格不具备可比性，因此分类基准地价很难实现其直观显示地价分布规律的作用。而建立在地价和功能分区基础上的分区基准地价，则可以避免分类基准地价评估和应用存在的问题，直接以地价相近、用途相近及规划控制条件相近作为基准地价评估控制区域，评估的基准地价与土地的最佳用途及利用条件一致，能够比较客观地反映土地市场的地价分布规律。因此，基准地价评估随着土地市场发育程度的提高，由分类基准地价向分区基准地价方向发展是必然的趋势。目前已有城镇基准地价评估实践中，针对城市重点区域（如规划新区、开发区及旧城改造区），依据城市控制性详细规划地块或区域控制条件建立分区基准地价体系。

第三节 基准地价修正法

为了更好地发挥基准地价的作用，满足土地管理和土地交易活动等现实需要，宜分析宗地地价影响因素与基准地价、宗地地价的关系，应用替代原理，建立基准地价、宗地地价及其影响因素间的关系，编制出基准地价在不同因素条件下修正为宗地地价的系数体系，以便能在宗地条件调查的基础上，按对应的修正系数快速、高效、及时地评估出宗地地价。

一、基准地价修正法的概念

基准地价修正法是在政府或其有关部门已公布基准地价的地区，利用有关调整系数对估价对象宗地所在位置的基准地价进行调整后得到估价对象宗地价值或价格的方法。这种方法在地产市场发育不太完善的城镇应用较为广泛。

二、基准地价修正法的原理

基准地价修正法的基本原理是替代原理，即在正常的市场条件下，具有相似土地条件和使用功能的土地，在正常的房地产交易市场中，应当具有相似的价格。

基准地价相对应的土地条件，是同一土地级别或均质地域内不同用途土地的一般条件。因此，通过对待估宗地条件与级别或均质区域内同类用途土地的一般条件相比较，并根据二者在区域因素、个别因素、使用年限、容积率和价格日期等方面的差异，对照基准地价修正系数表选取适宜的修正系数，对基准地价进行修正，即可得到待估宗地地价。

基准地价修正法的计算公式为

$$宗地地价 = P_1 \times \left(1 \pm \sum K_1\right) \times K_2 \times K_3 \times K_4 \times K_5 \qquad (12.1)$$

或者

$$宗地地价 = P_1 \times \left(1 + \sum K_1\right) \times K_2 \times K_3 \times K_4 + D \qquad (12.2)$$

式中：P_1——宗地所在地域的基准地价；

$\sum K_1$——影响地价区域因素及个别因素修正系数之和；

K_2——期日修正系数；

K_3——土地使用年限修正系数；

K_4——容积率修正系数；

K_5——开发程度修正系数；

D——开发程度修正值。

实际上，基准地价修正法与比较法类似，基准地价相当于比较法中的可比实例的价格，基准地价修正系数表相当于待估宗地与实例之间的区域因素、个别因素修正，使用年期和估价期日修正均类似于比较法中关于该项的修正。

三、基准地价修正法的特点

（1）基准地价修正法适用于完成基准地价评估地区的土地估价，即具备基准地价成果图和宗地价格修正体系成果的地区。

（2）基准地价修正法可以在较短的时间内完成操作，因此，可以快速、高效、及时地完成大面积、数量众多的土地估价。

（3）基准地价修正法估价的精度取决于基准地价及其修正系数的精度，因此，该方法大多作为辅助估价的方法。

（4）基准地价修正法的运用需要有比较准确的基准地价修正体系为前提。

四、基准地价修正因素

地价影响因素有宏观因素、区域因素和微观因素三大类。就城镇基准地价修正因素而言，宏观因素可以不予考虑，即基准地价修正因素主要考虑区域因素和微观因素。

（一）区域因素

区域因素是构成区域具体特征，同时又对地价有重要影响的各项因素。对于不同的土地利用类型，影响地价的区域因素是有差异的，但主要有以下几类。

（1）区位，即评估对象在城镇中所处的具体区位，如距商服中心或人们活动集聚中心的距离。

（2）交通条件，主要有区域交通类型、对外联系方式与方便程度、整体性交通结构、道路状况与等级、公共交通状况等。

（3）基本设施条件，主要包括基础设施和服务设施两类，具体有给排水、电力、通信、燃气以及医院、学校、公园等设施的等级、结构、保证程度、距离等。

（4）环境质量，包括人文环境和自然环境，如地质、地势、坡度、空气与噪声污染程度等各种自然环境，以及居民职业类别、受教育程度、收入水平等人文环境条件。

（5）城镇规划限制，如规划区域的土地利用性质、用地结构、容积率、区域交通管制等。

（二）微观因素

微观因素是指构成宗地具体特征，同时又对宗地价格具有重要影响的因素，主要有以下几项。

（1）宗地面积、形状。

（2）宗地在区域中的微观区位。

（3）宗地环境质量，如与宗地直接有关的环境地质条件、自然灾害等。

（4）宗地市政设施条件，如与宗地直接相关的给排水、电力、通信、燃气等设施。

（5）城镇规划限制，如宗地容积率、建筑物高度、建筑密度、宗地用途等。

上述影响因素是一般性的，对于商业、住宅、工业等不同的用地类型，其影响宗地的区域因素和微观因素具有一定的差异，甚至是较明显的差异，在具体分析时应予注意和考虑。

五、基准地价修正法的估价程序

基准地价修正法的估价程序如下。

（1）收集有关基准地价资料。

（2）确定待估宗地所处土地级别（均质区域）的基准地价。

（3）分析待估宗地的地价影响因素。

（4）编制待估宗地地价影响因素说明表。

（5）依据宗地地价影响因素指标说明表和基准地价修正体系，确定待估宗地地价修正系数。

（6）进行估价期日、容积率、土地使用年期等其他因素修正。

（7）测算待估宗地地价。

第四节　基准地价修正法实例

基准地价修正法具体适用于居住、工业、商业、旅游、娱乐等用地及划拨土地等的土地使用权价格评估。在已具备基准地价和基准地价修正系数表的情况下，该方法的关键是如何准确确定待估的各项修正系数。下面以工业用地估价实例说明基准地价修正法的具体应用。

一、估价对象概况

估价对象的基本情况如下。

（一）土地登记状况

待估宗地位于×市×路×号，国有土地使用权证书记载土地使用终止日期为 2058 年 7 月 20 日，土地登记面积为 139 246m²，土地登记用途为工业用地，土地使用权类型为出让国有土地使用权，土地级别为工业四级，房地产权利人为×有限公司。

（二）土地权利状况

待估宗地的土地所有权属于国家所有，本次评估设定待估宗地来源合法、产权清楚、无他项权利存在。

（三）土地利用状况

根据现场勘测实际情况，估价对象现状利用为空地，开发程度为"五通一平"，地上无建筑物。

（四）估价要求

受×市高新技术产业开发区规划国土局委托，对×有限公司使用的国有建设用地使用权进行价格评估，为政府收回土地提供价格参考。

根据委托估价方要求，估价期日设定为 2015 年 7 月 15 日。

二、估价方法与估价过程

根据《城镇土地估价规程》以及待估宗地的具体条件、用地性质，结合评估师收集的有关资料，考虑到当地地产市场发育程度，选择评估方法。由于待估宗地在当地基准地价覆盖范围内，可采用基准地价系数修正法进行评估。

（一）基准地价成果介绍及内涵

×市区基准地价于 2014 年 8 月 29 日经市人民政府办公室《×市人民政府办公室关于公布×市城区国有建设用地基准地价的通知》公布实施。

基准地价的定义为：基准日为 2013 年 1 月 1 日，平均容积率为商业 2，住宅 1.8，工业 0.8，土地开发程度为红线外"七通"（即通路、供电、供水、排水、通信、供暖、供气）和红线内场地平整。土地使用年期为商业用地 40 年，住宅 70 年，工业用地 50 年时不同级别区域的平均地价。

（二）确定待估宗地的基准地价

待估宗地规划用途为工业用地，根据待估宗地的具体位置及该市城区土地级别图，确定待估宗地土地级别为工业四级、基准地价为 380 元/平方米。

（三）确定区域因素及个别因素修正系数（$\sum K_1$）

根据《×市城区土地级别评定与基准地价更新报告》，分析待估宗地的区域因素及个别因素条件，可建立待估宗地地价影响因素说明表和修正系数表，并修正得到待估宗地在设定条件下的宗地价值。《×市城区土地级别评定与基准地价更新报告》中《四级工业用地地价影响因素说明表》和《四级工业用地宗地地价修正系数表》如表12-1和表12-2所示。待估宗地条件及修正系数如表12-3所示。

表12-1 四级工业用地地价影响因素说明表

因子	优	较优	一般	较劣	劣
临道路类型	交通型主干道	交通型次干道	混合型道路	生活型道路	支路
临主要道路状况	多面临路	二面临路	一面临路	不临路	临路较远
500米内站点（线路）数	>3	3	2	1	0
距最近站点距离	<200米	200~400米	400~600米	600~800米	>800米
距火车站（货运）距离	<7 000米	7 000~10 000米	10 000~13 000米	13 000~16 000米	>16 000米
距港口距离（货运）	<8 000米	8 000~12 000米	12 000~16 000米	16 000~20 000米	>20 000米
地质条件	好	较好	一般	较差	差
地形条件	平坦	较平坦	一般	不平坦	很不平坦
环境状况	环境优越	环境较好	无污染	污染较轻	污染严重
产业集聚度	连片工业区	独立大型企业	独立中小企业	松散联系小企业	松散小企业
工厂与原料地配合	方便	较方便	一般	不方便	很不方便
规划限制	规划明确且规划用途与周围土地利用状况配合好	规划明确但规划用途与周围土地利用状况配合较好	规划明确但规划用途与周围土地利用状况配合一般	规划用途和方案对现有土地利用有限制	规划用途和方案对现有土地利用限制较大
宗地形状	形状规则，对土地利用极为有利	形状对土地利用较为有利	形状对土地利用无不良影响	形状不规则，对土地利用有一定影响	形状较差，对土地利用产生严重的影响
宗地面积	面积适中，对土地利用极为有利	面积对土地利用较为有利	面积对土地利用无不良影响	面积较小，对土地利用有一定影响	面积过小，对土地利用产生严重的影响

表12-2 四级工业用地宗地地价修正系数表

因子	优	较优	一般	较劣	劣
临道路类型	1.5	0.75	0	-1	-2
临主要道路状况	0.9	0.45	0	-0.6	-1.2

续表

因 子	优	较 优	一 般	较 劣	劣
500米内站点（线路）数	0.75	0.375	0	−0.5	−1
距最近站点距离	0.75	0.375	0	−0.5	−1
距火车站（货运）距离	1.2	0.6	0	−0.8	−1.6
距港口距离（货运）	1.2	0.6	0	−0.8	−1.6
地质条件	0.6	0.3	0	−0.4	−0.8
地形条件	1.2	0.6	0	−0.8	−1.6
环境状况	0.9	0.45	0	−0.6	−1.2
产业集聚度	1.5	0.75	0	−1	−2
工厂与原料地配合	1.5	0.75	0	−1	−2
规划限制	0.9	0.45	0	−0.6	−1.2
宗地形状	1.2	0.6	0	−0.8	−1.6
宗地面积	0.9	0.45	0	−0.6	−1.2

表 12-3 待估宗地条件及修正系数表

修正因素	宗地条件	优劣程度	修正系数
临道路类型	混合型道路	一般	0
临主要道路状况	多面临路	优	0.9
500米内站点（线路）数	>3	优	0.75
距最近站点距离	<200 米	优	0.75
距火车站（货运）距离	>16 000 米	劣	−1.6
距港口距离（货运）	<8 000 米	优	1.2
地质条件	一般	一般	0
地形条件	一般	一般	0
环境状况	无污染	一般	0
产业集聚度	连片工业区	优	1.5
工厂与原料地配合	一般	一般	0
规划限制	规划明确但规划用途与周围土地利用状况配合一般	一般	0
宗地形状	形状对土地利用无不良影响	一般	0
宗地面积	面积对土地利用无不良影响	一般	0
合计			$\sum K_1 = 3.50\%$

（四）确定期日修正系数（K_2）

因基准地价所对应的基准日与本次评估不一致，需根据当地的地价指数水平，确定待估宗地期日修正系数。根据该市城市地价动态监测成果，经过估价人员调查分析测算，综合确定工业用地的地价指数修正表，如表 12-4 所示。

表 12-4 工业地价指数修正表

年份	2013.1.1	2014.6	2014.12	2015.7
指数	100	105.33	106.74	106.74

根据地价指数修正表确定期日修正系数 K_2=1.067 4。

（五）确定土地使用权年期修正系数（K_3）

本次评估的估价基准日为 2015 年 7 月 15 日，待估宗地使用权终止日期为 2058 年 7 月 20 日（剩余 43.04 年），与基准地价所对应的年期不一致，所以需进行年期修正，修正公式为

$$K_3 = \frac{1-1/(1+r)^m}{1-1/(1+r)^n}$$

式中：r——土地收益还原利率（在综合比较各种方法测算的还原率的基础上，最终确定工业用途土地还原率为 5%）；

m——待估宗地设定土地使用年限；

n——基准地价设定土地使用年期。

通过计算得到 K_3=0.961 4。

（六）确定容积率修正系数（K_4）

当委估宗地有容积率等其他因素会影响到地价水平，应确定其他因素修正系数以体现该影响情况。

根据《×市城区土地级别评定及基准地价更新报告》，工业用地不需进行容积率修正。则：K_4=1。

（七）确定开发程度修正系数（K_5）

因该宗地开发程度为"五通一平"与基准地价设定开发程度"七通一平"不一致，故需进行开发程度修正。

根据估价师的经验，认为该市工业用地基础设施条件每增加（或减少）"一通"，修正系数增加（或减少）2%，因此确定

$$K_5=0.96$$

（八）计算宗地地价

对基准地价修正得到宗地地价

宗地地价=基准地价×(1±∑K_1)×K_2×K_3×K_4×K_5

=380×1.035×1.067 4×0.961 4×1.0×0.96
=387.46（元/平方米）

该宗地采用市场比较法评估的结果为 389.22 元/平方米，因两种方法评估的结果相差不大，均能够反映该宗地的价格，故采用两种方法评估结果的算术平均数取整数作为该宗土地本次评估的最终结果。即 388 元/平方米。

本章小结

本章主要论述了基准地价评估和基准地价修正法在宗地估价中的应用。第一节讲述了基准地价的含义、特征、作用及基准地价评估的技术路线；第二节重点讲述了基准地价评估的工作程序及基准地价成果的更新，最后讲述了基准地价评估的发展趋势；第三节在论述基准地价修正法基本原理的基础上，概述了基准地价修正法的估价程序；第四节重点介绍了基准地价修正法的具体评估案例。

综合练习

一、单选题

1．基准地价中土地使用年限通常是不同用途土地的法定最高年限，其中商业用地为（   ）。

　　A．50 年　　　　B．40 年　　　　C．60 年　　　　D．70 年

2．基准地价修正法的基本原理是（   ）。

　　A．收益原理　　B．替代原理　　C．地租理论　　D．生产费用理论

3．基准地价修正法估价中的期日修正一般根据（   ）。

　　A．地价指数的变动频率　　　　B．地价指数的变动幅度

　　C．地价的变动幅度　　　　　　D．房价指数的变动幅度

4．商业用地宗地地价修正系数表中一般不包含（   ）。

　　A．进深修正　　B．宽度修正　　C．使用年限修正　　D．公用设施完备

二、多选题

1．应用均质地域划分法时，通常将土地划分为三类地价区段，即（   ）。

　　A．商业路线价区段　　　　　　B．住宅片区段

　　C．工业片区段　　　　　　　　D．教育用地片区段

2．城市基准地价评估的一般步骤是（   ）。

A．明确基准地价评估的区域范围
B．明确基准地价的内涵、构成、表达方式等
C．划分地价区段和抽查评估标准宗地的价格并计算区段地价
D．确定基准地价并提出基准地价应用的建议和技术

3．城市基准地价是以一个城市为对象，在该城市一定区域范围内，根据（　　）的原则划分地价区段，调查评估出的各地价区段在某一时点的平均价格。
A．用途相似　　B．用途相同　　C．地块相连　　D．地价相近

4．以下（　　）是基准地价的主要特征。
A．标准性　　B．权威性　　C．平均性　　D．区域性

5．基准地价修正法估价的精度取决于（　　）。
A．基准地价　　　　　　　B．修正系数的精度
C．价值时点　　　　　　　D．基准地价的内涵

三、判断题

1．基准地价修正法可以被定义为：在政府确定公布了基准地价的地区，通过对具体区位、土地使用年限、容积率、土地形状、临街状况等的比较，由估价对象宗地所处地段的基准地价调整得出估价对象宗地价格的一种估价方法。　　　　　　　　（　　）

2．在运用基准地价法进行估价时，进行交易日期调整，是将基准地价在其价值时点时的值，调整为基准日期的值。　　　　　　　　　　　　　　　　　　　　　　（　　）

3．尽管在不同城市，基准地价的内涵、构成、表达方式等可能不同，但具体调整的内容和方法是完全相同的。　　　　　　　　　　　　　　　　　　　　　　　　（　　）

4．利用市场交易价格资料直接评估基准地价将成为基准地价评估的发展趋势。（　　）

5．基准地价有着显著的实效性，应适时更新。　　　　　　　　　　　　　（　　）

四、简答题

1．基准地价的特征有哪些？
2．简述基准地价的作用。
3．简述基准地价评估的工作思路与技术路线。
4．简述基准地价评估的主要程序。
5．基准地价更新的主要技术路线有哪几种？
6．简述基准地价修正法的基本原理。
7．简述基准地价修正法的估价程序。

五、名词解释

基准地价　基准地价评估　基准地价修正法　基准地价更新

第十二章　基准地价修正法

推荐阅读资料

中华人民共和国国家质量监督检验检疫总局．城镇土地估价规程（GB/T18508—2014）．2014年12月1日起正式实施。

网上资源

1. 中国土地估价师与土地登记代理人协会：http://www.creva.org.cn
2. 中国房地产信息网：http://www.realestate.cei.gov.cn
3. 环球职业教育在线：http://www.edu24ol.com 中关于房地产评估师执业资格考试的网络远程培训。
4. 百度文库：http://wenku.baidu.com
5. 读秀学术搜索：http://edu.duxiu.com

第十三章　房地产估价报告

学习目标

通过对本章的学习，应掌握如下内容：
- 房地产估价报告的作用和要求；
- 房地产估价报告的格式和类型；
- 房地产估价报告的撰写方法。

导言

在房地产估价业务中，估价人员在确定了最终估价额以后，应将估价过程、估价结果等写成估价报告，交给委托方，才算最终完成估价业务。可见，房地产估价报告是估价成果的报告书，也是关于估价对象的客观合理价格或价值的研究报告。

第一节　房地产估价报告的作用和要求

房地产估价报告是全面、公正、客观、准确地记录房地产估价过程，反映估价成果的文件，是交付委托估价方的书面回复，也是关于估价对象的客观合理价格或价值的研究报告。

通过估价报告，不仅可以了解房地产估价的最终结果，还能反映出整个估价的技术路线、应用方法和估价依据等内容。

一、房地产估价报告的作用

房地产估价报告在估价业务中具有重要的作用，主要表现在以下几个方面。

（一）确定委估房地产评估价格的依据

编写房地产估价报告书的目的主要是对被估价的房地产做出公正的书面评价，并根据

实际情况和法律的规定，提出估价意见，向委托人说明估价工作已经完成，提供估价结果，为委托人在市场中交易委估房地产提供指导性、建议性的意见。

（二）明确委托方、受托方责任的依据

房地产估价报告既是房地产估价机构履行委托估价合同，也是估价机构对其受托项目估价承担法律责任的书面证明文件。估价报告中的有关估价结果的说明，如价值时点、估价目的、估价假设和限制条件、应用范围、评估师声明、评价报告的有效时限等，既限定了估价结果的应用条件，也明确了估价机构和估价人员的责任界限。

（三）完善房地产评估管理的重要手段

房地产估价报告详实地记载了受托估价项目的估价过程、估价结果，反映了估价人员的业务水平、工作经验和职业道德，为房地产估价管理部门对估价结果确认质量、对估价机构评定资质等级和估价人员管理提供重要依据。

二、房地产估价报告的要求

估价报告是房地产估价机构和注册房地产估价师向估价委托人所做的关于估价情况和估价结果的正式陈述。理论上，估价报告有书面估价报告和口头估价报告。为了保障估价报告的严肃性、规范化等，房地产估价规范规定估价报告应采取书面形式，即应为书面估价报告。房地产估价报告应当满足以下基本要求。

（1）估价报告真实，即估价报告应按事物的本来面目陈述事实、描述状况、说明情况，没有虚假记载。

（2）估价报告客观，即估价报告应不加个人偏见地进行叙述、分析和评论，得出的结论应有依据，没有误导性陈述。

（3）估价报告准确，即估价报告中的估价基础数据应正确，用语应明确肯定、避免产生误解，对未予以核实的事项不得轻率写入，对难以确定的事项及其对估价结果的影响应予以说明，没有含糊其辞。

（4）估价报告完整，即估价报告应全面反映估价情况和结果，包含估价报告使用者所需要的必要信息及与其知识水平相适应的必要信息，正文内容和附件资料应齐全、配套，不得隐瞒事实，没有重大遗漏。

（5）估价报告清晰，即估价报告应层次分明，用简洁的文字或图表对有关情况和结果进行归纳总结，避免不必要的重复，便于估价报告使用者理解和使用。

（6）估价报告规范，即估价报告的制作应符合规定的格式，文字、图表等的使用应符合相应的标准，房地产估价术语及其他专业术语应符合《房地产估价基本术语标准》GB/T50899等有关规定。

第二节 房地产估价报告的形式和内容

撰写估价报告不仅是估价过程的总结,也是估价水平的体现。估价报告质量的高低不仅取决于估价结论的准确性、估价方法选择的正确性、参数确定的合理性,还要有规范的格式、较高的文字表述水平以及良好的外观形象。

一、房地产估价报告的形式

房地产估价报告的形式分为口头报告(如专家证词)和书面报告。书面报告按照其格式又可分为表格式报告和叙述式报告。报告的形式一般取决于报告的用途和房地产的类型。

(一)表格式

表格式是一种固定化了的估价报告格式,估价人员只需按表格要求逐项填写即可。这种估价报告的优点是操作方便,不易遗漏,估价人员撰写报告省时省力。缺点是对一些特殊性、个别性的内容,如有关参数的选择、调整幅度的确定等,不能详细分析,而这一点往往能体现出估价报告质量和估价人员的业务水平;另外,对一些需说明的内容不能描述和重点说明,如建筑物装修与使用情况。因此,表格式估价报告仅用于旧城区居民房屋拆迁补偿估价、居民预购商品住宅的抵押估价等。

(二)叙述式

叙述式是一种由估价人员根据需要而撰写的估价报告格式。其优点是估价人员可根据估价对象、资料状况、估价经验等进行充分论证和解释,突出重点,使估价结果更具有说服力。叙述式报告是估价人员履行责任的最佳方式。因此,《房地产估价规范》规定:对于成片多宗房地产的同时估价,且单宗房地产的价值较低时,估价结果报告可采用表格的形式,除此之外的估价结果报告应采用叙述式。

二、房地产估价报告的内容

表格式报告和叙述式报告虽表现形式不同,但对它们的内容要求是相同的。下面主要以叙述式报告来说明估价报告的内容。

根据《房地产估价规范》要求,一份完整的房地产估价报告的组成主要包括以下八个部分:(1)封面;(2)致估价委托人函;(3)目录;(4)估价师声明;(5)估价假设和限制条件;(6)估价结果报告;(7)估价技术报告;(8)附件。

(一)封面

(1)估价报告名称:宜为房地产估价报告,也可结合估价对象和估价目的给估价报告命名。

（2）估价报告编号：应反映估价机构简称、估价报告出具年份，并应按顺序编号数，不得重复、遗漏、跳号。

（3）估价项目名称：应根据估价对象的名称或位置和估价目的，提炼出简洁的名称。

（4）估价委托人：当为单位时，应写明其名称；当为个人时，应写明其姓名。

（5）房地产估价机构：应写明其名称。

（6）注册房地产估价师：应写明所有参加估价的注册房地产估价师的姓名和注册号。

（7）估价报告出具日期：应与致估价委托人函中致函日期一致。

（二）致估价委托人函

致估价委托人函是正式地将房地产估价报告呈给委托人的信函，在不遗漏必要事项的基础上应尽量简洁。致估价委托人函应包括以下内容。

（1）致函对象：应写明估价委托人的名称或姓名。

（2）估价目的：应写明估价委托人对估价报告的预期用途，或估价是为了满足估价委托人的何种需要。

（3）估价对象：应写明估价对象的财产范围及名称、坐落、规模、用途、权属等基本状况。

（4）价值时点：应写明所评估的估价对象价值或价格对应的时间。

（5）价值类型：应写明所评估的估价对象价值或价格的名称——当所评估的估价对象价值或价格无规范的名称时，应写明其定义或内涵。

（6）估价方法：应写明所采用的估价方法的名称。

（7）估价结果：应写明最终评估价值的总价，并应注明其大写金额；除估价对象无法用单价表示外，还应写明最终评估价值的单价。

（8）特别提示：应写明与评估价值和使用估价报告、估价结果有关的引起估价委托人和估价报告使用者注意的事项。

（9）致函日期：应注明致函的年、月、日。

致估价委托人函应加盖房地产估价机构公章，不得以其他印章代替；法定代表人或执行事务合伙人宜在其上签名或盖章。

（三）目录

（1）标题：即"目录"。

（2）目录的内容：

① 估价师声明。

② 估价假设和限制条件。

③ 估价结果报告。

④ 估价技术报告。
⑤ 附件。

目录应按前后次序列出估价报告各个组成部分的名称及对应的页码；估价结果报告、估价技术报告和附件的各个组成部分，应在估价报告的目录中按前后次序列出其名称及对应的页码。

（四）估价师声明

估价师声明应写明所有参加估价的注册房地产估价师对其估价职业道德、专业胜任能力和勤勉尽责估价的承诺和保证。不得将估价师声明的内容与估价假设和限制条件的内容相混淆，或把估价师声明变成注册房地产估价师和房地产估价机构的免责声明。

鉴证性估价报告的估价师声明应包括下列内容。

（1）注册房地产估价师在估价报告中对事实的说明是真实和准确的，没有虚假记载、误导性陈述和重大遗漏。

（2）估价报告中的分析、意见和结论是注册房地产估价师独立、客观、公正的专业分析、意见和结论，但受到估价报告中已说明的估价假设和限制条件的限制。

（3）注册房地产估价师与估价报告中的估价对象没有现实或潜在的利益，与估价委托人及估价利害关系人没有利害关系，也对估价对象、估价委托人及估价利害关系人没有偏见。

（4）注册房地产估价师是按照有关房地产估价标准的规定进行估价工作，撰写估价报告。

非鉴证性估价报告的估价师声明的内容，可根据实际情况对鉴证性估价报告的估价师声明的内容进行适当增减。

（五）估价假设和限制条件

估价假设应针对估价对象状况等估价前提，作出必要、合理且有依据的假定，不得为了规避应尽的检查资料、调查情况等勤勉尽责估价义务或为了高估、低估估价对象的价值或价格而滥用估价假设。

估价假设和限制条件应说明下列内容。

（1）一般假设，应说明对估价所依据的估价对象的权属、面积、用途等资料进行了一般检查，在无理由怀疑其合法性、真实性、准确性和完整性且未予以核实的情况下，对其合法、真实、准确和完整的合理假定；对房屋安全、环境污染等影响估价对象价值或价格的重大因素给予了关注，在无理由怀疑估价对象存在安全隐患且无相应的专业机构进行鉴定、检测的情况下对其安全的合理假定等。

（2）未定事项假设，应说明对估价所必需的尚未明确或不够明确的土地用途、容积率等事项所做的合理的、最可能的假定。当估价对象无未定事项时，应无未定事项假设。

（3）背离事实假设，应说明因估价目的的特殊需要、交易条件设定或约定，对估价对象状况所做的与估价对象的实际状况不一致的合理假定。当估价设定的估价对象状况与估价对象的实际状况无不一致时，应无背离事实假设。

（4）不相一致假设，应说明在估价对象的实际用途、登记用途、规划用途等用途之间不一致，或不同权属证明上的权利人之间不一致，估价对象的名称或地址不一致等情况下，对估价所依据的用途或权利人、名称、地址等的合理假定。当估价对象状况之间无不一致时，应无不相一致假设。

（5）依据不足假设，应说明在估价委托人无法提供估价所必需的反映估价对象状况的资料及注册房地产估价师进行了尽职调查仍然难以取得该资料的情况下，缺少该资料及对应的估价对象状况的合理假定。当估价对象无依据不足时，应无依据不足假设。

（6）估价报告使用限制，应说明估价报告和估价结果的用途、使用者、使用期限等使用范围及在使用估价报告和估价结果时需要注意的其他事项。其中的估价报告使用期限应自估价报告出具之日起计算，根据估价目的和预计估价对象的市场价格变化程度确定，不宜超过一年。

（六）估价结果报告

（1）标题，即"房地产估价结果报告"。

（2）房地产估价结果报告的主要内容如下。

① 估价委托人，当为单位时，应写明其名称、住所和法定代表人姓名；当为个人时，应写明其姓名和住址。

② 房地产估价机构，应写明房地产估价机构的名称、住所、法定代表人或执行事务合伙人姓名、资质等级和资质证书编号。

③ 估价目的，应说明估价委托人对估价报告的预期用途，或估价是为了满足估价委托人的何种需要。

④ 估价对象，应概要说明估价对象的财产范围及名称、坐落、规模、用途、权属状况等基本状况；对土地基本状况的说明，还应包括四至、形状、开发程度、土地使用期限；对建筑物基本状况的说明，还应包括建筑结构、设施设备、装饰装修、新旧程度。

⑤ 价值时点，应说明所评估的估价对象价值或价格对应的时间及其确定的简要理由。

⑥ 价值类型，应说明所评估的估价对象价值或价格的名称、定义或内涵。

⑦ 估价原则，应说明所遵循的估价原则的名称、定义或内涵。

⑧ 估价依据，应说明估价所依据的有关法律、法规和政策，有关估价标准，估价委托书，估价委托合同，估价委托人提供的估价所需资料，房地产估价机构、注册房地产估价师掌握和搜集的估价所需资料。

⑨ 估价方法，应说明所采用的估价方法的名称和定义。当按估价委托合同约定不向估价委托人提供技术报告时，还应说明估价测算的简要内容。

⑩ 估价结果,估价结果最好用表格形式说明不同估价方法的测算结果和最终评估价值。

⑪ 注册房地产估价师,应按写明所有参加估价的注册房地产估价师的姓名和注册号,并应由本人签名及注明签名日期,不得以个人印章代替签名。

⑫ 实地查勘期,应说明实地查勘估价对象的起止日期,具体为自进入估价对象现场之日起至完成实地查勘之日止。

⑬ 估价作业期,应说明估价工作的起止日期,具体为自受理估价委托之日起至估价报告出具之日止。

(七)房地产估价技术报告

(1)标题,即"房地产估价技术报告"。

(2)房地产估价技术报告的主要内容如下。

① 估价对象描述与分析:应有针对性地较详细说明、分析估价对象的区位状况、实物状况和权益状况。区位状况应包括位置、交通、外部配套设施、周围环境等状况,单套住宅的区位状况还应包括所处楼幢、楼层和朝向。土地实物状况应包括土地的面积、形状、地形、地势、地质、土壤、开发程度等;建筑无实物状况应包括建筑规模、建筑结构、设施设备、装饰装修、空间布局、建筑功能、外观、新旧程度等。权益状况应包括用途、规划条件、所有权、土地使用权、共有情况、用益物权设立情况、担保物权设立情况、租赁或占用情况、拖欠税费情况、查封等形式限制权利情况、权属清晰情况等。

② 市场背景描述与分析:应简要说明估价对象所在地区的经济社会发展状况和房地产市场总体状况,并应有针对性地较详细说明、分析过去、现在和可预见的未来同类房地产的市场状况。

③ 估价对象最高最佳利用分析:应说明以估价对象的最高最佳利用状况为估价前提,并应有针对性地详细分析、说明估价对象的最高最佳利用状况。当估价对象已为某种利用时,应从维持现状、更新改造、改变用途、改变规模、重新开发及它们的某种组合或其他特殊利用中分析、判断何种利用为最高最佳利用。当根据估价目的不以最高最佳利用状况为估价前提时,可不进行估价对象最高最佳利用分析。

④ 估价方法适用性分析:逐一分析比较法、收益法、成本法、假设开发法等估价方法对估价对象的适用性。对理论上不适用的,应简述不选用的理由;对理论上适用但客观条件不具备而不选用的,充分陈述不选用的理由。对选用的估价方法,应简述选用的理由并说明其估价技术路线。

⑤ 估价测算过程:应详细说明所选用的估价方法的测算步骤、计算公式和计算过程及其中的估价基础数据和估价参数的来源或确定依据等。

⑥ 估价结果确定:应说明不同估价方法的测算结果和最终评估价值,并应详细说明最终评估价值确定的方法和理由。

（八）附件

（1）估价委托书复印件。

（2）估价对象位置图。

（3）估价对象实地查勘情况和相关照片，应说明对估价对象进行了实地查勘及进行实地查勘的注册房地产估价师。相关照片应包括估价对象的内部状况、外部状况和周围环境状况的照片。未能进入估价对象内部进行实地查勘的，应说明未进入估价对象内部进行实地查勘及其具体原因，同时可不包括估价对象的内部状况照片。

（4）估价对象权属证明复印件。当估价委托人不是估价对象权利人且估价报告为非鉴证性估价报告时，可不包括估价对象权属证明复印件，但应说明无估价对象权属证明复印件的具体原因，并将估价对象权属状况作为估价假设中的依据不足假设在估价报告中说明。

（5）估价对象法定优先受偿调查情况，应说明对估价对象法定优先受偿权设立情况及法定优先受偿款进行了调查，并应提供反映估价对象法定优先受偿款的资料。当不是房地产抵押估价报告时，可不包括该情况。

（6）可比实例位置图和外观照片。当未采用比较法进行估价时，可不包括该图和照片。

（7）专业帮助情况和相关专业意见。

（8）估价所依据的其他文件资料。

（9）房地产估价机构营业执照和估价资质证书复印件。

（10）注册房地产估价师估价资格证书复印件。

三、土地估价报告的内容

土地估价报告在《城镇土地估价规程》中也有相应的规范格式要求，与房地产估价报告有一定差异。下面简要介绍文字式土地估价（结果）报告和土地估价技术报告的主要内容。

（一）土地估价（结果）报告

土地估价（结果）报告包括以下内容。

1．封面

封面主要包括标题、项目名称、受托估价单位、委托估价单位、土地估价报告编号以及提交估价报告的具体日期。

2．正文

（1）摘要：主要内容有估价项目名称、委托估价方、估价目的、估价基准日、估价日期、地价定义、估价结果、土地评估师签字以及土地估价机构。

（2）估价对象界定：主要内容有委托估价方、估价对象、估价对象概况、地价影响因素分析。

（3）土地估价结果及其使用：主要内容有估价依据、土地估价、评估结果和评估报告的使用以及附件等。

（二）土地估价技术报告

土地估价技术报告包括以下内容。

1. 封面

封面主要包括项目名称、受托估价单位、委托估价单位、土地估价报告编号、提交估价报告的具体日期、关键词、评估目的以及年度等。

2. 正文

（1）总述：内容包括项目名称、委托估价方、受托估价方、估价目的、估价依据、估价基准日、估价日期、地价定义、估价结果、需要特殊说明的事项、土地评估师签字、土地估价机构、估价机构负责人签字。

（2）估价对象描述及地价影响因素分析：内容包括估价对象描述及地价影响因素分析。

（3）土地估价：内容包括估价原则、估价方法与估价过程及地价的确定。

（4）附件等。

四、国家对房地产估价报告的有关规定

现行的房地产估价管理制度规定，从事房地产估价的机构和人员要接受国家统一管理，估价机构必须具备一定的条件，经主管部门批准，并接受资质审查和年检等监督。估价人员（注册房地产估价师）是符合报名条件，经国家统一考试成绩合格，注册登记并领取上岗证书，在某一估价机构中从事房地产估价工作的人员。注册房地产估价师可以承担房地产估价业务，并有权在房地产估价报告上签字，估价师不能脱离估价机构单独从事估价工作。房地产估价报告必须至少有一名注册房地产估价师签名、盖章后才能生效。房地产估价报告还必须由所在估价机构加盖公章才具有法律效力。

在房地产估价报告上签名、盖章的房地产估价师和加盖公章的估价机构，要对房地产估价报告的内容和结论负责。如因不实的估价结论给委托人造成经济损失，委托人有权向估价机构要求经济赔偿，估价机构可以对估价师进行追偿。

房地产估价报告应该按照《房地产估价规范》中规定的内容和格式撰写，并应做到图文并茂，报告用的纸张及封面、装订等都应符合质量要求。

同时，为了保证估价报告的质量，估价机构应当建立健全估价报告内部审核制度。经审核合格后，房地产估价报告应由负责该估价项目的估价人员及时将估价报告交付给委托人，并应及时对涉及该估价项目的一切必要的资料进行整理，并将它们分类保存起来。估价资料的保存时间一般应在15年以上。

第三节　房地产估价报告实例

下面给出一份房地产估价报告的实例，根据需要，隐去估价机构和估价对象的具体情况。同时，由于篇幅所限，对部分内容进行了删减和省略。

房地产估价报告

估价报告编号：（2015）×××房估字第×××号
估价项目名称：×××市×××路×××号1栋1单元904户房地产抵押价值评估
估价委托人：×××、×××
房地产估价机构：×××房地产评估有限公司
注册房地产估价师：×××　注册号××××××
　　　　　　　　　　×××　注册号××××××
估价报告出具日期：2015年10月29日

致估价委托人函

×××、×××：

受贵方的委托，我公司对位于×××市×××路×××号1栋1单元904户住宅用途房地产的抵押价值进行了评估。

（一）估价目的：为确定房地产在华夏银行×××分行的抵押贷款额度提供参考依据而评估房地产抵押价值。

（二）估价对象：×××市×××路×××号1栋1单元904户住宅房地产，土地用途为商业、住宅，房屋用途为居住，建筑面积140.40平方米，房地产权利人为×××、×××。

（三）价值时点：2015年10月28日

（四）价值类型：抵押价值

（五）估价方法：比较法、收益法

（六）估价结果：注册房地产估价师根据特定的估价目的，遵循公认的估价原则，按照严谨的估价程序，选用比较法和收益法，在对影响估价对象价值因素进行综合分析的基础上，确定估价对象在2015年10月28日的估价结果：

1. 市场价值

房地产总价：112.32万元；大写：壹佰壹拾贰万叁仟贰佰元整。

房地产单价：8 000元/平方米。

货币种类：人民币。

257

2. 估价人员所知悉的法定优先受偿款

根据委托人介绍及其提供的资料显示，估价对象未设定有抵押权、典权等他项权利。截至价值时点，估价人员未知悉估价对象可能存在的特定的法定优先受偿款。

3. 抵押价值

房地产总价：112.32 万元；大写：壹佰壹拾贰万叁仟贰佰元整。

房地产单价：8 000 元/平方米。

货币种类：人民币。

×××房地产评估有限公司

法定代表人：

二〇一五年十月二十九日

目　　录

估价师声明 ×
估价假设和限制条件 ×
估价结果报告 ×
　一、估价委托人 ×
　二、房地产估价机构 ×
　三、估价目的 ×
　四、估价对象 ×
　五、价值时点 ×
　六、价值类型 ×
　七、估价原则 ×
　八、估价依据 ×
　九、估价方法 ×
　十、估价结果 ×
　十一、注册房地产估价师 ×
　十二、实地查勘期 ×
　十三、估价作业期 ×
　十四、房地产变现能力分析 ×
　十五、房地产抵押估价报告使用提示 ×
估价技术报告 ×
　一、估价对象描述与分析 ×
　二、市场背景描述与分析 ×
　三、最高最佳利用分析 ×
　四、估价方法适用性分析 ×

五、估价测算过程 -- ×
　　六、估价结果确定 -- ×
　附件 -- ×

估价师声明

　　我们郑重声明：
　　1. 同第二节中房地产估价报告的内容中的相应部分。
　　2. 同第二节中房地产估价报告的内容中的相应部分。
　　3. 同第二节中房地产估价报告的内容中的相应部分。
　　4. 注册房地产估价师依照中华人民共和国国家标准 GB/T50291—2015《房地产估价规范》及建设部、中国人民银行、中国银行业监督管理委员会联合颁布《房地产抵押估价指导意见》进行分析，形成意见和结论，撰写本估价报告。
　　5. 注册房地产估价师×××、×××已对本估价报告中的估价对象进行了实地查勘，查勘日期为 2015 年 10 月 28 日。但仅限于对评估标的物外观和使用状况。估价人员不承担对评估标的物建筑结构、质量进行调查的责任和其他被遮盖、未暴露及难以接触到部分进行检视的责任。
　　6. 没有人对本估价报告提供了重要专业帮助。
　　7. 本报告由×××房地产评估有限责任公司负责解释。

注册房地产估价师　　　　　资格及证号　　　　　　签名盖章
×××　　　　　　　　中国注册房地产估价师
　　　　　　　　　　　注册证号：××××××
×××　　　　　　　　中国注册房地产估价师
　　　　　　　　　　　注册证号：××××××

估价假设和限制条件

　　一、本次估价的假设前提
　　1. 我们已对估价对象的权属、面积、用途等资料进行了检查，在无理由怀疑其合法性、真实性、准确性和完整性且未予以核实，估价委托人提供的有关资料复印件等均真实、合法、准确、完整、有效。我们对房屋安全、环境污染等影响估价对象价值或价格的重大因素给予了关注，在无理由怀疑估价对象存在安全隐患且无相应的专业机构进行鉴定、检测的情况下，我们认为符合国家有关技术标准、质量验收标准，可以安全使用。
　　2. 本报告以现场查勘之日为价值时点，即 2015 年 10 月 28 日。在该时点估价对象的房屋所有权及土地使用权不存在抵押、典权等他项权利，但设有租赁权。
　　3. 根据估价委托人提供的《房地产权证》及《法定优先受偿款项查询单》显示，截至价值时点，估价对象未设定抵押权、典权等法定优先受偿款，即法定优先受偿款总额为零。

4. 估价对象于价值时点在假定未设立法定优先受偿权利下的市场价值的假设前提为：
（1）交易双方是自愿地进行交易的。
（2）交易双方进行交易的目的是追求自身利益的最大化。
（3）交易双方具有必要的专业知识，并了解交易对象。
（4）交易双方掌握必要的市场信息。
（5）交易双方有较充裕的时间进行交易。
（6）不存在特殊买者的附加出价。
（7）交易双方负担各应负担的税费。
5. 本次估价以委托人提供的《房地产权证》所载相关数据、信息为依据。

二、估价报告使用限制
1. 本估价报告估价结果是在公开市场前提下求取的房地产抵押价值，未考虑快速变现等处分方式带来的影响。
2. 一旦发生抵押人不能履行债务，抵押权人须将抵押物拍卖清偿时，根据国家有关规定的优先受偿款外，还有案件诉讼及执行费用、拍卖佣金、律师费、营业税及附加、印花税、土地增值税、所得税、交易手续费、评估费等，本报告估价结果中，这些税费未扣除。
3. 本报告只作为确定房地产抵押贷款额度的参考依据，不得用作其他用途。
4. 本估价结果自估价报告出具之日起一年内有效。如超过有效期或者有效期之内估价对象或国家经济形势、城市规划、房地产税费政策等发生变化，对估价结果产生明显影响时，估价委托人应及时聘请房地产评估机构对估价结果作相应调整或重新估价。

三、其他说明的事项
1. 为保障抵押双方的合法权益，在确定贷款额时，估价报告使用者应充分关注"房地产抵押估价报告使用提示"及"房地产变现能力分析"。
2. 未经估价机构书面同意，本估价报告的全部或部分及任何参考资料均不允许在任何公开发表的文件、通告或声明中引用，亦不得以其他任何方式公开发表。
3. 本估价项目的估价技术报告部分，仅为估价机构存档和有关部门查阅备案之用。
4. 本估价报告需经注册房地产估价师盖章并加盖估价机构公章，作为一个整体时有效，复印件无效。
5. 本估价报告所依据的有关资料由估价委托人提供，估价委托人对资料的真实性负责。因资料失实造成评估结果有误差的，估价机构和估价人员不承担相应的责任。

估价结果报告

（2015）×××房估字第×××号

一、估价委托人
姓名：×××、×××

住址：

二、房地产估价机构

名称：×××房地产评估有限公司

住所：×××市×××区×××路×××号

法定代表人：×××

资质等级：贰级

资质证书编号：×××××

联系人：×××

电话：××××××

三、估价目的

为确定房地产在华夏银行青岛分行的抵押贷款额度提供参考依据而评估房地产抵押价值。

四、估价对象

1. 估价对象范围：本报告中的估价对象为×××市×××路×××号1栋1单元904户住宅房地产。

2. 估价对象基本状况：

名称：×××市×××路×××号1栋1单元904户住宅房地产。

坐落：×××市×××路×××号1栋1单元904户。

规模：估价对象共用土地使用权面积20 274.20平方米，房屋建筑面积为140.40平方米，三室两厅。

用途：土地用途为商业、住宅，房屋用途为居住。

权属：根据估价委托人提供的房地产权证，房地产权利人为×××、×××。房屋共有情况为共同共有，土地取得方式为国有建设用地出让，截至价值时点，估价对象未设定抵押权、典权等法定优先受偿款。

（1）土地基本状况

四至：东临×××小学，西临×××公路，南临×××度假村，北临×××路。

形状：呈规则四边形。

土地开发程度：宗地红线外"七通"（通路、供水、排水、供电、通信、供气、供热）和宗地红线内（通路、供水、排水、供电、通信、供气、供热、场地平整）。

土地使用期限：自2003年1月5日至2053年1月4日止。

（2）建筑物基本状况

建成时间：2009年。

建筑结构：钢混。

设施设备：楼房内配备有两部OTIS电梯、烟感报警系统、自动消防喷淋系统、自动监控系统及24小时保安系统等设施设备，水电、天燃气等基础设施齐全。

装饰装修：经现场查勘，估价对象外门为防盗门，塑钢玻璃窗，室内水泥地面，内墙面涂料粉刷；卫生间地面为地砖，墙面贴瓷砖。

新旧程度：八成新。

维护状况：至价值时点，估价对象已投入使用6年，建筑物结构、装修及设备设施维护状况良好，成新度较高。

五、价值时点

根据现场查勘时间，价值时点确定为2015年10月28日。

六、价值类型

房地产抵押价值，为估价对象假定未设立法定优先受偿权利下的价值减去注册房地产估价师知悉的法定优先受偿款后的价值。

七、估价原则

本次估价遵守独立、客观、公正、合法、谨慎的原则，最高最佳利用原则，价值时点原则，替代原则等技术性原则。

（一）独立、客观、公正原则

要求估价机构有完全独立性，估价机构和估价人员与估价对象及相关当事人没有利害关系，不受外部干扰因素影响，从实际出发，公平合理地进行估价。

（二）合法原则

应以估价对象的合法使用、合法处分为前提进行。所谓合法，是指符合国家的法律、法规和当地政府的有关规定，其权益才能受法律保护，并体现其权益价值。

（三）价值时点原则

估价结果应是估价对象在价值时点的客观合理价格或价值。

（四）替代原则

估价结果不得明显偏离类似房地产在同等条件下的正常价格。

（五）最高最佳利用原则

应以估价对象的最高最佳利用为前提进行。在合法利用前提下，房地产只有在最高最佳利用状态下才能发挥最大效用。最高最佳利用应是法律上允许、技术上可能、经济上可行，经过充分合理的论证，能使估价对象产生最高价值的利用方式。

（六）谨慎原则

在面临不确定因素的情况下作出判断时，应保持必要的谨慎，充分估计抵押房地产在处置时可能受到的限制、未来可能发生的风险和损失，不高估市场价值，不低估知悉的法定优先受偿款。

八、估价依据

（一）本次估价所依据的有关法律、法规和政策

1.《中华人民共和国物权法》（中华人民共和国第十届全国人民代表大会第五次会议于2007年3月16日通过，自2007年10月1日起施行）。

2. 《中华人民共和国城市房地产管理法》（根据2009年8月27日第十一届全国人民代表大会常务委员会第十次会议《全国人民代表大会常务委员会关于修改部分法律的决定》第二次修正）。

3. 《中华人民共和国土地管理法》（根据2004年8月28日第十届全国人民代表大会常务委员会第十一次会议《关于修改〈中华人民共和国土地管理法〉的决定》第二次修正）。

4. 《中华人民共和国担保法》（1995年6月30日第八届全国人民代表大会常务委员会第十四次会议通过，1995年6月30日中华人民共和国主席令第五十号公布，自1995年10月1日起施行）。

5. 《城市房地产抵押管理办法》（1997年5月9日建设部令第56号发布，2001年8月15日根据《建设部关于修改〈城市房地产抵押管理办法〉的决定》修正）。

（二）本次估价采用的技术规程

1. 中华人民共和国国家标准 GB/T50291—2015《房地产估价规范》。

2. 建设部、中国人民银行、中国银行业监督管理委员会联合颁布《房地产抵押估价指导意见》（建住房[2006]8号）。

（三）估价委托人提供的有关资料

1. 估价委托书。

2. 房地产权证。

3. 估价对象《法定优先受偿款项查询单》。

（四）估价机构和估价人员所搜集掌握的有关资料

1. 估价人员现场勘察和市场调查所获得的有关资料。

2. ×××市近期房地产市场行情信息。

九、估价方法

根据建设部、人行、银监会发布的《房地产抵押估价指导意见》，房地产抵押估价应先求取估价对象在价值时点未设立法定优先受偿权利下的市场价值，然后减去房地产估价师知悉的法定优先受偿款来确定估价对象在价值时点的房地产抵押价值，具体计算公式如下：

房地产抵押价值＝未设立法定优先受偿权利下的市场价值－
估价人员知悉的法定优先受偿款

对于未设立法定优先受偿权利下的市场价值的求取，估价人员在认真分析所掌握的资料并对项目用地及邻近类似房地产进行实地查勘、调查后，根据估价对象的特点，遵照国家有关法律、法规、估价技术标准，经过反复研究，估价对象现为住宅用房，在该区域的市场交易也比较活跃，可比交易案例较多，因此选用比较法作为一种估价方法；另外，估价对象作为住宅用房，经营模式可出租或自用，属收益性或潜在收益性物业，则又选用收益法为另一种方法对估价对象的价值进行估价。将两种估价方法的估算结果分析综合后，得出市场价值估价结果。

比较法：选取一定数量的可比实例，将它们与估价对象进行比较，根据其间的差异对可比实例成交价格进行处理后得到估价对象价值或价格的方法。

收益法：预测估价对象的未来收益，利用报酬率或资本化率、收益乘数法将未来收益转换为价值得到估价对象价值或价格的方法。

十、估价结果

注册房地产估价师根据特定的估价目的，遵循公认的估价原则，按照严谨的估价程序，选用比较法和收益法，在对影响估价对象价值因素进行综合分析的基础上，确定估价对象在2015年10月28日的估价结果：

1. 市场价值

房地产总价：112.32万元；大写：壹佰壹拾贰万叁仟贰佰元整。

房地产单价：8 000元/平方米。

货币种类：人民币。

2. 估价人员所知悉的法定优先受偿款

根据委托人介绍及其提供的资料显示，估价对象未设定有抵押权、典权等他项权利。截至价值时点，估价人员未知悉估价对象可能存在的特定的法定优先受偿款。

3. 抵押价值

房地产总价：112.32万元；大写：壹佰壹拾贰万叁仟贰佰元整。

房地产单价：8 000元/平方米。

货币种类：人民币。

十一、注册房地产估价师

参加估价的注册房地产估价师

姓名	注册号	签名	签名日期

十二、实地查勘期

2015年10月28日

十三、估价作业期

2015年10月28日—2015年10月29日

十四、房地产变现能力分析

变现能力是指假定在价值时点实现抵押权时，在没有过多损失的条件下，将抵押房地产转换为现金的可能性。

抵押房地产的变现能力主要取决于下列两个方面：一是抵押房地产的实物形态及其体现的市场流动性（包括通用性、独立使用性或可分割转让性、体量、地段和开发程度等）；二是类似房地产的市场状况（包括市场发育程度和市场景气程度等）。

（一）变现价格可能性分析

估价人员预计估价对象在价值时点拍卖或变卖最可能实现的价格在正常情况下为本次

抵押价值的 70%~90%。其与本次评估抵押价值的差异在于本次评估的抵押价值未考虑估价对象强制变现过程中的价值减损。

（二）变现时间可能性分析

根据估价人员了解估价对象所在区域的房地产市场交易行情，估价对象的区位、面积、使用限制条件等实际情况以及区域同类房地产的市场供需状况，注册房地产估价师预测估价对象在价值时点拍卖或变卖实现变现预计变现期限会在六个月以上。

（三）变现费用分析

实现房地产抵押权的具体方式有折价、拍卖或者变卖以及由人民法院的强制拍卖抵押房地产。

通过法院拍卖方式变现资产可能涉及的费用有评估费、案件诉讼及执行费用、拍卖佣金、律师费、营业税及过户手续费等，其费用比例约为估价对象拍卖价值的10%~15%。

十五、房地产抵押估价报告使用提示

根据《物权法》《城市房地产抵押管理办法》的有关规定，估价对象应在其所在地政府房地产管理部门进行抵押登记后，方可对抗第三人。在估价对象抵押期内，贷款方应关注房地产信贷可能产生的以下风险。

（1）本次评估是以价值时点估价对象的实体、权益状况及房地产市场状况等（委托提供的相关资料和估价人员现场查看核实）为依据，价值时点后抵押期间估价对象的实体、权益状况及房地产市场状况等是否发生变化，贷款方应密切加以监控，若抵押期间估价对象的实体、权益状况、房地产市场状况等发生重大变化，可能造成估价对象市场价值下降，形成预期风险，委托方应委托重新评估，或采取其他补救措施。

（2）抵押期间可能出现一些诸如"国家宏观经济政策重大变化""地震、火灾"等不可抗力因素发生等不可控因素，本估价报告无法估计预测，亦未在估价结果中予以考虑。如抵押期间上述不可控因素发生并造成估价对象抵押价值明显变化，建议委托重新评估抵押价值。

（3）房地产抵押期间，抵押房地产仍由抵押人占有、使用，使用过程中不可避免会造成损耗，特别是房地产过度使用、使用价值贬损（功能性折旧）、装修及设备设施折旧等因素，有可能降低抵押物的价值，提请抵押权人予以关注。

估价技术报告

（2015）×××房估字第×××号

一、估价对象描述与分析

1. 估价对象区位状况

（1）位置

估价对象坐落于×××市×××路×××号1栋1单元904户，位于开发区南部。东临×××小学，西临×××，南临×××度假村，北临×××路，距区政府3公里，机场高速路约 1 000 米。估价对象所在楼层为 9 层，南北向。

（2）交通：周边主要道路为×××路、×××公路等道路，估价对象所在地段交通较便捷，附近有 27，隧道 5、6、7、8 等公交线路通行并设站，距地铁 1 号线风和日丽站约 1 500 米。估价对象所在区域无交通管制，停车较为方便。

（3）环境：估价对象周边空气基本无污染，噪声基本无污染，估价对象临近唐岛湾公园、中国石油大学黄岛校区，自然环境和人文环境较好，小区景观较好。

（4）外部配套设施：

基础设施：估价对象所属区域市政设施比较完善，宗地内外达到"七通（通路、供水、排水、供电、通信、供气、供热）一平（即场地平整）"。

公共服务设施：估价对象周边公共设施较完善，周边有开发区文化馆、石油大学体育馆等文体设施；交通银行、中国银行、建设银行等金融网点；奥特莱斯购物中心等商业配套设施；青岛开发区第一人民医院等医疗设施及积米崖港区小学等教育机构。

2. 估价对象实物状况

（1）土地实物状况：

同估价结果报告。

（2）建筑物实物状况：

同估价结果报告。

3. 估价对象权益状况

同估价结果报告。

二、市场背景描述与分析

1. 2015 年宏观经济形势分析：略

2. 2015 年×××市房地产市场运行情况：略

三、最高最佳利用分析

估价对象位于×××市×××路×××号，地理位置较优越，交通便捷，周边公共配套设施完备，并且拥有合法的房地产权利证书，能够合法使用、合法处分，根据该地区整体规划的要求和估价对象所处区域的土地利用现状，估价对象为钢混结构的高层建筑，从建筑结构来看，建筑施工技术能满足估价对象的房屋设计及结构要求，且不存在过度投入、资源浪费的情况，在技术上、经济上均具有较高的可行性，经过充分合理的论证，在合法前提下，注册房地产估价师认为估价对象按照现状用途继续使用为最高最佳利用方式，符合最高最佳利用原则。

四、估价方法适用性分析

与估价结果报告类似，重点分析宜选用哪种方法，由于篇幅所限，略去此部分内容。

五、估价测算过程

（一）比较法测算过程

1. 方法说明

比较法是在搜集近期类似房地产的交易实例及交易价格的基础上，通过对交易日期、交易情况、区位状况、实物状况及权益状况的调整，求取估价对象比准价格的一种估价方法。

2. 计算公式

房地产价格=可比实例价格×交易日期修正×交易情况修正×区位状况调整×
实物状况调整×权益状况调整

3. 比较案例选取

通过多渠道的市场调查和现场踏勘，收集了与估价对象有关的若干市场交易案例，根据相关替代性原理，按用途相同、地区相近（或同一供需圈）、价格类型相同、价值时点接近、交易情况正常的要求，从交易案例中选择以下3宗案例作为可比实例。

可比实例A：金柏佳园。房屋所在楼层5层，配套设施齐全，房屋面积120平方米，毛坯房，南北向，3室2厅1卫，单价7 800元/平方米。

可比实例B：金柏佳园。房屋所在楼层10层，配套设施齐全，房屋面积137平方米，毛坯房，南北向，3室2厅2卫，单价8 200元/平方米。

可比实例C：金柏佳园。房屋所在楼层6层，配套设施齐全，房屋面积140平方米，毛坯房，南北向，3室2厅2卫，单价8 000元/平方米。

表13-1为估价对象与可比实例的比较因素条件说明。

表13-1 估价对象与可比实例的比较因素条件说明

比较因素		估价对象	可比实例A	可比实例B	可比实例C
用途		住宅	住宅	住宅	住宅
交易单价（元/平方米）		待估	7 800	8 200	8 000
交易日期		待估	2015年10月	2015年10月	2015年10月
交易情况		正常	正常	正常	正常
区位状况	位置	灵港路189号1栋1单元904户	灵港路189号	灵港路189号	灵港路189号
	交通状况	便捷	便捷	便捷	便捷
	商服配套	较好	较好	较好	较好
	医疗教育配套	较好	较好	较好	较好
	居住环境	较好	较好	较好	较好
	楼幢	1	1	3	2
	楼层	9	5	10	6
	朝向	南北	南北	南北	南北

续表

比较因素		估价对象	可比实例A	可比实例B	可比实例C
实物状况	面积	140.40	120	137	140
	户型	三室两厅	三室两厅	三室两厅	三室两厅
	装修	毛坯	毛坯	毛坯	毛坯
	建成年代	2009年	2009年	2009年	2009年
	设施设备	较齐全	较齐全	较齐全	较齐全
	停车位	充足	充足	充足	充足
	物业管理	封闭物业管理	封闭物业管理	封闭物业管理	封闭物业管理
权益状况	土地使用权性质	国有出让	国有出让	国有出让	国有出让
	土地使用期限	至2053年1月4日	至2053年1月4日	至2053年1月4日	至2053年1月4日
	权利限制	无	无	无	无

4. 编制比较因素条件指数表

根据估价对象与三个交易实例各种因素具体情况，编制比较因素条件指数表。比较因素指数确定如表13-2所示。

表13-2 比较条件指数表

比较因素		估价对象	可比实例A	可比实例B	可比实例C
用途		100	100	100	100
交易单价（元/平方米）		待估	7 800	8 200	8 000
交易日期		100	100	100	100
交易情况		100	100	100	100
区位状况调整	位置	100	100	100	100
	交通状况	100	100	100	100
	商服配套	100	100	100	100
	医疗教育配套	100	100	100	100
	居住环境	100	100	100	100
	楼幢	100	100	100	100
	楼层	100	99	102	99
	朝向	100	100	100	100
实物状况调整	面积	100	100	100	100
	户型	100	100	100	100
	装修	100	100	100	100
	建成年代	100	100	100	100
	设施设备	100	100	100	100
	停车位	100	100	100	100
	物业管理	100	100	100	100

续表

比较因素		估价对象	可比实例A	可比实例B	可比实例C
权益状况调整	土地使用权性质	100	100	100	100
	土地使用期限	100	100	100	100
	权利限制	100	100	100	100

5. 根据以上比较因素条件指数表，编制因素比较修正系数表，如表13-3所示。

表13-3 比较因素修正指数表

比较因素		可比实例A	可比实例B	可比实例C
用途		100/100	100/100	100/100
交易单价（元/平方米）		7 800	8 200	8 000
交易日期		100/100	100/100	100/100
交易情况		100/100	100/100	100/100
区位状况调整	位置	100/100	100/100	100/100
	交通状况	100/100	100/100	100/100
	商服配套	100/100	100/100	100/100
	医疗教育配套	100/100	100/100	100/100
	居住环境	100/100	100/100	100/100
	楼幢	100/100	100/100	100/100
	楼层	100/99	100/102	100/99
	朝向	100/100	100/100	100/100
实物状况调整	面积	100/100	100/100	100/100
	户型	100/100	100/100	100/100
	装修	100/100	100/100	100/100
	建成年代	100/100	100/100	100/100
	设施设备	100/100	100/100	100/100
	停车位	100/100	100/100	100/100
	物业管理	100/100	100/100	100/100
权益状况调整	土地使用权性质	100/100	100/100	100/100
	土地使用期限	100/100	100/100	100/100
	权利限制	100/100	100/100	100/100
修正系数		1.01	0.98	1.01
比准价格（元/平方米）		7 879	8 039	8 081

6. 求取比准价格

根据上述所选可比案例 A、B、C 测算修正后的比准价格，考虑可比案例与估价对象所处的区位环境、市场需求、物业类型及其他各项条件较为类似，故采用算术平均法进行测算。

房地产单价=(7 879+8 039+8 081)/3=8 000（元/平方米）（取整）

房地产总价=8 000×140.40=1 123 200（元）

（二）收益法测算过程

1. 方法说明

收益法是预测估价对象的未来收益，利用报酬率或资本化率、收益乘数法将未来收益转换为价值得到估价对象价值或价格的方法。

2. 计算公式

$$P=\frac{a}{r-s}\left[1-\left(\frac{1+s}{1+r}\right)^n\right]$$

式中：p——房地产收益价格现值；

a——房地产年净收益；

r——报酬率；

n——剩余收益年期；

s——收益递增比率。

（1）估算年潜在毛收入

潜在毛收入，是假定房地产在充分利用、无空置（即100%出租）情况下的收入。

估价对象所在地段地理位置优越、交通便捷，商业氛围浓郁，有较好的市场需求潜力。故估价人员对周边地区类似用途物业租金市场价格水平进行了调查，根据调查情况，综合考虑估价对象的坐落位置、所在层数、装修情况、市场需求程度等因素，以及计算期内物业租售变化趋势和估价对象的实际情况，确定估价对象的租金水平为0.95元/平方米/天。

年潜在毛收入=日单位租金×365天×建筑面积=0.95×365×140.4=48 684（元）（取整）

（2）估算年有效毛收入

有效毛收入是指由潜在毛收入扣除正常的空置、拖欠租金以及其他原因造成的收入损失后所得到的收入。

根据估价人员对类似物业出租市场空置率等的调查，估价对象所在区域地理位置优越，市场环境较好，有较好的市场需求。故估价人员根据实际情况、分析综合因素确定年有效毛收入率为100%：

年有效毛收入=潜在毛收入×有效毛收入率

=48 684×100%=48 684（元）

（3）有无其他收入说明

根据估价委托人介绍，估价对象无其他收入。

（4）求取年运营费用

运营费用是指为维护估价对象房地产持续运营产生有效总收益，必须发生的期间性开支。

年运营费用主要包括营业税、城市建设维护税及教育费附加、地方教育附加、房产税、维修费、保险费、管理费用等费用。各项成本费用的估算，参考了该类物业的市场水平，以及对未来管理水平的判断，综合确定年运营费用。

① 根据×××市地方税务局关于房屋出租有关税收政策问题的通知，房产出租主要需缴纳房产税、营业税及教育费附加、所得税、印花税等。其中，营业税及教育费附加、所得税、印花税合计为租金收入的5.6%计算。

营业税及附加、所得税、印花税=年有效毛收入×5.6%
=48 684×5.6%=2 726（元）（取整）

② 根据×××市地方税务局关于房屋出租有关税收政策问题的通知，房产税按照年有效毛收入的12%计算。

房产税=年有效毛收入×12%=48 684×12%=5 842（元）（取整）

③ 管理费为年有效毛收入的1%计算。

管理费=年有效毛收入×1%=48 684×1%=487（元）（取整）

④ 维修费为房屋建安成本的1%（房屋建安成本取1 500元/平方米）。

维修费=建筑面积×1 500×1%=2 106（元）（取整）

⑤ 保险费为房屋建安成本的0.15%（房屋建安成本取1 500元/平方米）。

保险费=建筑面积×1 500×0.15%=316（元）（取整）

年运营费用估算如下：

年运营费用=年税费+年管理费+年维修费+年保险费
=(2 726+5 842)+487+2 106+316=11 477（元）

（5）测算房地产年净收益

房地产年净收益=房地产年有效毛收入-房地产年运营费用
=48 684-11 477
=37 207（元）

（6）收益年限的确定

根据《×××市房屋重置价格标准》，钢混结构房屋经济耐用年限为60年，残值率为0%，根据估价委托人提供的房地产权证，估价对象土地用途为商业、住宅，土地取得方式为出让，使用年限为2003年1月5日至2053年1月4日，因房屋剩余经济耐用年限长于土地剩余使用年限，故以土地剩余年限作为房地产收益年限，则房地产收益年限为37.2年。

（7）报酬率的确定

采用市场提取法。市场提取法是利用与估价对象房地产具有类似收益特征的可比实例房地产的价格、净收益等资料，选用相应的报酬资本化法公式，求出报酬率的方法。

根据估价对象周边住宅租售比的调查，结合×××市行情，确定报酬率为4%。

(8) 年租金增长率的确定

估价对象为住宅，根据调查周边住宅租金上涨水平确定年租金增长率为 3.0%。

(9) 估价对象房地产收益价格的确定

根据公式

$$P = \frac{a}{r-s}\left[1-\left(\frac{1+s}{1+r}\right)^n\right]$$

$$= \frac{37\,207}{4\%-3\%}\left[1-\left(\frac{1+3\%}{1+4\%}\right)^{37.2}\right]$$

$$=1\,123\,360（元）（取整）$$

房地产总价=1 123 360（元）（取整）

房地产单价=1 123 360÷140.4=8 001（元/平方米）（取整）

(10) 估价对象房地产市场价值的确定

经过以上评定，采用比较法得到估价对象市场价值为 8 000 元/平方米；采用收益法得到估价对象市场价值为 8 001 元/平方米，由于两种评估结果相差较小，故对两种评估结果进行简单算术平均得到估价对象市场价值单价为：

(8 000+8 001)×0.5=8 000（元/平方米）（取整）

房地产总价为：8 000×140.4=1 123 200（元）（取整）

六、估价结果确定

注册房地产估价师根据特定的估价目的，遵循公认的估价原则，按照严谨的估价程序，选用比较法和收益法，在对影响估价对象价值因素进行综合分析的基础上，确定估价对象在 2015 年 10 月 28 日的估价结果：

1. 市场价值

房地产总价：112.32 万元；大写：壹佰壹拾贰万叁仟贰佰元整。

房地产单价：8 000 元/平方米。

货币种类：人民币。

2. 估价人员所知悉的法定优先受偿款

根据委托人介绍及其提供的资料显示，估价对象未设定有抵押权、典权等他项权利。截至价值时点，估价人员未知悉估价对象可能存在的特定的法定优先受偿款。

3. 抵押价值

房地产总价：112.32 万元；大写：壹佰壹拾贰万叁仟贰佰元整。

房地产单价：8 000 元/平方米。

货币种类：人民币。

附 件

1. 估价委托书复印件
2. 估价对象位置图
3. 估价对象实地查勘情况和相关照片
4. 估价对象权属证明复印件
   房地产权证复印件(南房地权市字第××××××号)。
5. 估价对象法定优先受偿款调查情况
6. 可比实例位置图和外观照片
7. 专业帮助情况和相关专业意见
8. 房地产估价机构营业执照和估价资质证书复印件
9. 注册房地产估价师估价资格证书

本章小结

估价报告是房地产估价机构全面、公正、客观、准确地记述估价过程和估价成果的文件,是给委托方的书面答复,是关于估价对象的客观合理价格或价值的研究报告。

撰写房地产估价报告有其客观的目的。因此,在撰写中应满足其基本要求,即要做到真实、客观、准确、完整、清晰以及规范。

房地产估价报告的形式分为口头报告和书面报告。书面报告按照其格式又可分为表格式和叙述式两种。根据我国房地产估价规范,叙述式估价报告应包括封面、致估价委托人函、目录、估价师声明、估价假设和限制条件、估价结果报告、估价技术报告以及附件等几个部分。房地产估价报告实例很好地体现了上述内容。

综合练习

简答题

1. 什么是房地产估价报告?简述房地产估价报告的作用。
2. 简述房地产估价报告的要求。
3. 简述房地产估价报告的主要组成内容。

推荐阅读资料

中华人民共和国国家标准房地产估价规范(GB/T50291—2015),国家质量技术监督局、中华人民共和国建设部联合发布。

 网上资源

1．中国房地产评估师与房地产经纪人学会：http://www.cirea.org.cn
　　　　　　　　　　　　　　　　　　http://www.agents.org.cn
2．建设工程教育网：http://www.jianshe99.com/
3．中国房地产估价师论坛：http://bbs.cirea.org.cn/

第十四章　不同类型房地产估价案例

学习目标

通过对本章的学习，应掌握如下内容：
- 不同类型房地产的含义及其特点；
- 不同类型房地产估价的适宜估价方法的选择；
- 不同类型房地产估价的技术路线及难点处理。

导言

在房地产估价实践工作中，每一种估价方法都有其各自的适用范围和局限性，针对不同类型的房地产，估价方法的选择是房地产估价工作的关键。本章主要对最常见的居住、商业、工业三类房地产的估价案例进行分析，目的是重点掌握主要的估价类型和主要的估价方法。

第一节　居住房地产估价

一、居住房地产的含义与特点

居住房地产简称住宅，主要包括普通住宅、高档公寓、别墅等。作为人类最基本的生活资料之一，是所有房地产中占比重最大的一类，也是社会资产存量的一个主要组成部分，不仅为人民提供生存条件、生活空间，而且是人们休息、会客、交流的重要场所。其区域的选择和使用方式与其他类型用地不同，反映在地租、地价方面也呈现出自身的规律。

居住房地产具有以下特点。

（一）商品共性

居住房地产不同于一般的商品，甚至也不同于其他房地产，但其具有与普通商品相同的一些性质。共同之处：（1）等价交换；（2）按质论价，优质高价，劣质低价；（3）具

有波动性,供求决定价格。

(二)相似性

一个居住小区中,往往有许多幢住宅采用相同的图纸施工,在外观上几乎是一样的。在同一幢住宅楼内,特别是高层住宅,楼层接近而方位相同的各套住房也基本上没有什么区别。同时,居住房地产的交易量一般也是各类房地产中最大的,因此居住房地产估价的可比性较强。

(三)社会保障性

由于居住房地产是人类生存最基本的生活资料,具有很强的社会保障性。我国为了保证社会稳定,对城市政策性、福利性住房的租金价格采用一定形式的管制措施。

住宅价格的高低与涨落,直接关系到人民的切身利益,同时也对整个社会的稳定产生深远的影响。因此,在进行住宅类型的房地产估价时,估价人员必须掌握其基本的住宅类型、主要特点、政策导向,并根据其估价目的、实际情况选择合适的估价方法,作出客观、公正、合理的评估。

二、居住房地产估价常用方法

(1)比较法:由于居住房地产市场交易频繁、交易量巨大,很容易获得交易实例,因此,比较法是居住房地产估价最常用的估价方法。

(2)成本法:在居住房地产的抵押价值评估时,遵循谨慎估价原则,会选择成本法进行估价。此外,居住房地产的拆迁估价和在建工程估价往往也选用成本法。

(3)收益法:居住房地产估价使用收益法较少。对于出租型的居住房地产,利用收益法能够比较准确和客观地计算其收益。

三、居住房地产估价的技术路线及难点处理

(一)商品房估价的技术路线及难点处理

商品房由于市场交易实例较多,因此,常采用比较法进行估价。而对于整幢住宅楼估价时,则因交易实例较少,通常采用从个体到整体的估价思路,即选择某一基准层的某套住宅作为估价对象,选取与估价对象类似的交易实例,利用比较法测算该套住宅的价格,然后采用类比法,经过楼层、朝向、景观、成交建筑面积、户型等因素的修正,得出各层、各幢住宅楼的整体价格。

(二)房改房、经济适用房的估价技术路线及难点处理

房改房、经济适用房的估价技术路线与商品房类似,不同之处是权益,要考虑土地使

用权出让金或土地收益的扣除问题。利用比较法估价时，先估算估价对象的市场价值，再扣除应向政府缴纳的土地使用权出让金或土地收益。利用成本法估价时，估价对象应不包含土地出让金下的房屋重新购建价格。

四、案例分析

有关居住房地产估价，第十三章已给出详细案例分析，此处不再赘述。由于此章注重不同类型房地产估价方法的选择与使用，所以估价报告省去部分固定性介绍，只涉及估价结果报告和估价技术报告。

第二节 商业房地产估价

一、商业房地产的含义与特点

商业房地产是城市中最重要的一种用地类型，指用于商业目的（如出租、经营）的房地产，包括商场、购物中心、商业店铺、超级市场、专业市场等，它不仅对区位很敏感，而且对城市中心的形成和变动，对住宅用地、工业用地等起决定作用。

商业房地产具有以下特点。

（一）收益性

商业房地产属于经营性房地产，其最显著的特点是能够利用商业房地产开展不同类型的经营活动以获得收益。一类是房地产开发商开发后直接销售、投资转卖的商业房地产，另一类是长期投资经营，有开发商自营、业主自营、出租给他人经营等方式。

（二）经营业态多样

商业房地产的类型涉及服务行业的大多数类型，经营内容和形式复杂多样。在同一宗商业房地产中，往往会有不同的经营业态和内容，例如一部分经营商品零售，一部分经营餐饮，一部分经营娱乐等，不同的经营内容一般会有不同的收益率。因此，对商业房地产估价时需要区分其不同的经营内容，根据不同经营分别进行估价测算。

（三）出租、转租经营多，产权分散复杂

商业房地产往往是销售给个体业主或公司，业主又常常将其拥有的房地产出租给别人经营或自营。有的承租人从业主手上整体承租后又分割转租给第三者，因此在进行商业房地产估价时要调查清楚产权状况。避免有的估价委托方仅是承租人，却以房地产权所有人的身份委托估价。

（四）装修高档而复杂

为了营造舒服适宜的购物消费环境，商业房地产通常会有非常高档的装修，而且形式各异，要准确估算其价值需要单独计算。有些地方的习惯是：买下或租下别人经营的商业用房后，一定要重新装修，因此在抵押估价、交易估价、转租估价等过程中，要考虑到这种因素。

（五）垂直空间价值衰减性明显

商业房地产的价值在垂直空间（立体空间）范围内表现出明显的衰减性。一般来说，商业房地产因为底层（如一楼）对于消费者而言有最便捷的通达度而能获得最大的效益，导致其价值最高，而向上的楼层的价值呈现快速衰减的趋势，越到上面，价值衰减速度则越慢。

二、商业房地产估价常用方法

（1）收益法：商业房地产的一个主要特点是能够用以获得收益，商业房地产的价值往往也正是体现在它的获取收益的能力上，所以收益法是商业房地产估价最为常用的方法之一。

采用收益法估价时首先要准确界定由商业房地产本身带来的净收益，不要在净收益中混入由于经营等非房地产本身要素所产生的收益。另一方面，还要正确选取报酬率或资本化率。商业房地产的业主常常不是自己经营而将其出租给别人经营，这时的净收益可由租金值来确定。

（2）比较法：商业房地产的转售转租比较频繁，特别是小型商业店铺更是如此，因此较容易获得比较案例，所以在商业房地产估价时，比较法也是一种常用的方法。

（3）成本法：在有些估价业务中，例如商业房地产的抵押估价，或是对将要转变用途的房地产进行估价时，也会用到成本法作为辅助。

三、商业房地产估价的技术路线及难点处理

商业房地产估价的估价方法虽然基本一致，但在具体技术路线选择和处理上又各有特点。

（一）不同经营方式商业房地产估价的技术路线及难点处理

商业房地产根据其经营方式的不同可分为出租型和运营型商业两类。

1．出租型商业房地产

出租型商业房地产主要采用收益法和比较法进行估价。

采用收益法估价的关键是求取租金收益，租金的测算要区分租期内和租期结束两种情

况。在租期内应根据合同租金来计算净收益；租期结束后，应根据市场租金水平、经营费用、税金等利用比较法求取待估商业房地产的净收益。

采用比较法对出租型商业房地产估价主要应用在两个方面：一是直接求取商业房地产的价格；二是求取商业房地产的租金。

2．运营型商业房地产

运营型商业房地产主要靠经营获得收入。因此，主要采用收益法进行估价。

$$净收益=有效毛收入-运营费用$$

（二）不同规模商业房地产估价的技术路线及难点处理

1．整幢商业房地产估价

整幢商业房地产估价主要采用收益法和比较法。对整幢商业房地产进行估价时，首先，应详细了解不同楼层的商业业态、经营方式、类型、收入水平差异等；其次，了解同一楼层商业房地产铺面的分布格局及价格分布影响因素；最后，根据不同楼层的具体情况、交易实例收集的难易程度、潜在租金及其运营费用测算的难易程度而选择不同的估价方法。

2．整层商业房地产估价

整层商业房地产估价主要采用比较法和收益法。通常情况下，整层出售或出租的交易实例较少，因此，经常选取类似估价对象的单个商铺的成交实例作为可比实例，然后进行修正得出整层商业房地产的价格。

3．同层商业房地产不同铺面估价

对于同层商业房地产不同铺面进行估价时，可先评估出一个铺面的价格，其余铺面的价格在此基础上进行适当修正得出不同铺面的估价结果。但是，这种技术处理方式要求对同层商业房地产铺面的分布格局及价格分布影响因素有充分的了解和认识。

（三）空置、烂尾楼商业房地产估价的技术路线及难点处理

在对空置、烂尾商业房地产进行估价时，一定要结合估价对象的具体情况，对其进行最高最佳使用分析是十分必要的，而确定空置、烂尾商业房地产的最高最佳使用方式是此类估价的难点。

四、案例分析

估价结果报告

一、估价委托人：××有限公司、×××市××街××号、法定代表人：王××

二、房地产估价机构：××有限公司、×××市××街××号、法定代表人：张××、×级、证书编号：×××

三、估价目的

为确定房地产在××银行股份有限公司青岛分行抵押贷款额度提供参考依据而评估房地产抵押价值。

四、估价对象

所勘估的×××市市北区××路292号，建筑面积926.57平方米，其中套内建筑面积842.56平方米，无共有权人。委估房屋所在层数为1~2层，规划用途为商业，南北向，通风、采光良好。该房屋经评估人员现场勘察确认为八五成新房屋，装修情况如下：外墙刷涂料，内墙刷涂料，地砖地面，通风、采光良好，结构设计合理，水、电、消防系统等配套设施齐全。

五、价值时点：2015年3月26日

六、价值类型：抵押价值

七、估价原则

（一）合法原则：以估价对象合法使用、合法处分为前提估价。

（二）最高最佳使用原则：以估价对象最高最佳使用为前提估价。

（三）替代原则：要求估价结果不得明显偏离类似房地产在同等条件下的正常价格。

（四）价值时点原则：估价结果应是估价对象在价值时点客观合理价格或价值。

（五）谨慎原则：在存在不确定因素的情况下，房地产估价师作出估价相关判断时，应当保持必要的谨慎。

（六）独立、客观、公正的原则。

八、估价依据：略

九、估价方法

估价人员在认真分析所掌握的资料并对估价对象及近邻类似房地产进行实地勘察、调查后，由于估价对象周围同类房地产出租收益较易取得，决定总体估价采用收益法求取估价对象在价值时点的公开市场价值。

收益法是根据估价对象的预期收益，选用适当的报酬率将其折现到价值时点后累加，以此估算估价对象的客观合理价格或价值的方法。其计算公式为

$$P = \frac{a}{r}\left[1 - \frac{1}{(1+r)^n}\right]$$

式中：P——估价对象在价值时点的收益价值；

a——年净收益；

r——报酬率；

n——收益期。

十、估价结果（见表14-1）

表14-1 估价结果

相关结果	估价方法	收益法
测算结果	总价（万元）	1 698.31
	单价（元/m²）	18 329
评估价值	总价（万元）	1 698.31
	单价（元/m²）	18 329

十一、注册房地产估价师：（略）

十二、实地查勘期：2015年3月19日至2015年3月25日

十三、估价作业日期：2015年3月26日至2015年4月16日

估价技术报告

一、估价对象描述与分析（略）

二、市场背景描述与分析（略）

三、估价对象最高最佳利用分析（略）

四、估价方法适用性分析（略）

五、估价测算过程

（一）确定年有效毛收入

经对估价对象周围类似房地产的租赁市场调查，综合确定估价对象租金为4.93元/平方米·天，一年按365天计算，空置率为5%，则其年毛收入为：

$$年有效毛收入 = 1 \times 4.93 \times 365 \times (1-5\%) = 1709.48（元）$$

（二）确定年运营费用

① 营业税、房地产税、管理费用：营业税按房产租金收入的5.5%计征，房地产税按房产租金收入的12%计征，管理费用及人员工资按房产租金收入的3%计征，则

$$税费合计 = 1709.48 \times 20.50\% = 350.44（元）$$

② 房屋保险费：一般以估价对象重置成本价为基数，费率为2.5‰，经调查，估价对象类似房地产的重置成本价格为1 500元/平方米，则年保险费为

$$1平方米 \times 1500元/平方米 \times 2.5‰ = 3.75（元）$$

③ 运行维护费：一般以估价对象重置成本价为基数，费率取2%，则年运行维护费为

$$1平方米 \times 1500元/平方米 \times 2\% = 30.00（元）$$

④ 确定年总运营费用

$$①+②+③ = 350.44 + 3.75 + 30.00 = 384.19（元）$$

（三）确定年净收益（a）

$$年净收益 = 年有效毛收入 - 年运营费用$$
$$= 1709.48 - 384.19$$
$$= 1325.29（元）$$

（四）确定报酬率

具体运用安全利率加风险调整值法，取价值时点一年期银行定期存款利率 2.50%为基础，根据影响估价对象房地产的经济环境等，确定风险调整值，综合确定报酬率 r 为 6.0%。

（五）确定收益期期限

估价对象所属土地使用权性质为出让用地，用途为商业，使用权终止日期为 2045 年 8 月 8 日，则该用地使用权剩余年期为 30.39 年，则房地产收益期 n 为 30.39 年，并且我们设定估价对象在未来收益期内的年净收益保持不变。

（六）确定房地产价值（P）

根据公式 $P = \dfrac{a}{r}\left[1 - \dfrac{1}{(1+r)^n}\right]$

$$= \dfrac{1325.29}{6.0\%} \times \left[1 - \dfrac{1}{(1+6.0\%)^{30.39}}\right]$$
$$= 18\,329（元/平方米）（取整）$$

$$房地产总价 = 18\,329 元/平方米 \times 926.57 平方米$$
$$= 1698.31（万元）$$

六、估价结果确定

估价人员根据估价目的，遵循估价原则，按照估价程序，采用科学的估价方法，在认真分析现有资料的基础上，经过周密准确的测算，并结合估价经验和对影响项目价值因素的分析，确定估价对象于价值时点的公开市场价值为：

人民币小写：1698.31 万元

人民币大写：壹仟陆佰玖拾捌万叁仟壹佰元整

平均每平方米价格：

人民币小写：18 329 元每平方米

人民币大写：壹万捌仟叁佰贰拾玖元每平方米

第三节 工业房地产估价

一、工业房地产的含义与特点

工业房地产主要包括厂房及工厂区内的其他房地产、仓库及其他仓储用地房地产。工业生产是城市最主要的经济活动之一，城市的产生与发展无不与工业有着密切的联系。随着经济发展和改革开放的深入，我国工业发展速度很快，工业用地需求量也越来越大，与城市工业用地有关的土地使用权出租、拍卖等经济活动日渐增多，工业用地的价格评估工作也越来越受到重视。

工业房地产具有以下特点。

（一）涉及的行业多

工业房地产估价涉及各类工业，各类工业有各自的行业特点、生产要求，即使生产同一产品的工业企业，由于工艺、流程不同，对厂房、用地的要求也可能截然不同，因此进行工业房地产估价时，首先应该了解相应企业生产的一些行业知识和产品市场供需状况。

（二）非标准厂房多，单价相差大

工业厂房有一些属于标准（通用）厂房，这类厂房多用于一些轻工业产品的生产，如电子装配、成衣加工等，在一些新兴工业园区、出口加工区，就有许多这类标准厂房可供出租。标准厂房一般有标准的柱距、层高、楼面荷载等。

另一方面，工业厂房中的大部分为非标准厂房，即根据各类生产的需要而设计建造的其他规格的厂房，这类厂房的跨度、柱距、梁底标高、（行车）轨顶标高、楼面荷载等都是根据生产的需要而定。还有一些生产用房只有屋盖，没有围护（外墙）。因此，工业房地产每平方米的造价相差较大。

（三）要区分设备和建筑物的造价

有些工业设备的建造安装是和建筑物（厂房）同时进行的，例如，很多设备的基座就和厂房的基础连为一体，因此估价时要注意区分厂房的价值和设备的价值，如果估价结果中既包含了厂房的价值，又包含了设备的价值，则应在估价报告中予以说明。

（四）受腐蚀的可能性大

厂房是产品生产加工和组装的场所，工作环境常常带有腐蚀性，如化工企业、医药企业等，估价时要注意房屋使用期限会因此而缩短。

（五）多带有辅助性用房

大中型工业企业除了生产厂房、办公和生活用房外，一般多建有辅助性用房和构筑物，如泵房、仓库、码头、污水处理池等。

二、工业房地产估价常用方法

（1）成本法：工业房地产估价时采用较多的是成本法。标准厂房较易确定统一的重置价格，从而可以制定当地统一重置价格表，非标准厂房的重置价格的确定则有两个主要途径：一是参考预算价格计算；二是利用标准厂房的重置价格表，根据跨度、柱距、高度等修正，修正参数由经验得出。

（2）比较法：工业房地产通常缺少同类房地产的交易案例，特别是非标准厂房，更是不易在同一供需圈内找到符合条件的比较案例，所以一般不具备采用比较法估价的条件。但在一些新兴工业地带，往往有较多的标准厂房，这些标准厂房的租售案例（特别是出租案例）通常较多，可以考虑采用比较法估价。

（3）收益法：理论上而言，工业房地产是收益性房地产，如果可以从企业的总收益中剥离出房地产的收益，则可以考虑采用收益法估价，但这种剥离通常有一定难度，特别是难以准确区分厂房和设备各自生产的收益。

三、工业房地产估价的技术路线及难点处理

工业房地产一般采用成本法进行估价，在利用成本法估价时，往往将土地、地上建筑物进行分别估价，然后再将两部分的价格合并处理。

土地的估价通常采用基准地价系数修正法和成本法，地上建筑物采用重置成本法。在地价评估时，应注意所采用基准地价应当为当地政府近期公布的基准地价，对于有土地使用权年期限制的，应考虑对地价进行年期修正。对建筑物估价时，应根据建筑物的结构、用途、跨度、柱距、梁底标高、（行车）轨顶标高、楼面荷载等因素，利用当地建筑工程定额管理部门公布的最新工业建筑造价标准来确定估价对象的工程造价。

四、案例分析

估价结果报告

一、估价委托人：B有限公司、×××市××街××号、法定代表人：王××

二、房地产估价机构：C 有限公司、×××市××街××号、法定代表人：张××、×级、证书编号：××××

三、估价目的：为确定房地产抵押贷款额度提供参考依据而评估房地产抵押价值

四、估价对象：青岛××集团有限公司工业房地产

坐落：青岛开发区××路536号1栋全幢。

规模：估价对象土地面积20 261平方米，建筑面积为12 078.68 平方米。

用途：土地、建筑物用途均为工业。

权属：估价对象所用土地为国有出让土地，房地产权利人为青岛××集团有限公司。

（1）土地基本状况

该宗土地由青岛××集团有限公司以出让方式取得，用途为工业用地，土地面积为20 261平方米，四至：东临××路、西临××路、北临××路、南临××路。

根据《房地产权证》记载，土地终止使用权年期为2050 年10 月22 日，至价值时点用

地使用权剩余年期为 36.6 年。

开发程度达到宗地内外五通（通路、通电、通信、供水、排水），宗地内场地平整。

建筑物基本状况

估价对象总建筑面积 12 078.68 平方米，建筑于 2008 年，至价值时点，估价对象已投入使用 6 年，建筑物结构、装修及设备设施维护状况良好，成新度较高。

五、价值时点：2014 年 3 月 18 日

六、价值类型：抵押价值

七、估价原则：（略）

八、估价依据：（略）

九、估价方法

估价对象为冷库，区域冷库买卖市场不活跃，难以取得冷库出售可比实例，故本次不采用比较法。区域冷库租赁市场不活跃，估价人员认真分析所掌握的资料并进行了实地勘查并经调查，难以取得冷库出租可比实例，故本次不宜采用收益法。因此综合考虑估价对象的特点和实际状况后，本次估价土地价格采用基准地价修正法；建筑物价值采用重新购建价格的方法，最终土地价格和建筑物价格累加得出估价对象的房地产价格。

十、估价结果（见表 14-2）

表 14-2 估价结果

相关结果	估价方法	成 本 法
测算结果	总价（万元）	5 686.49
	单价（元/平方米）	4 707.87
评估价值	总价（万元）	5 686.49
	单价（元/平方米）	4 707.87

十一、注册房地产估价师：（略）

十二、实地查勘期：2014 年 3 月 12 日至 2014 年 3 月 17 日

十三、估价作业日期：2014 年 3 月 18 日至 2014 年 3 月 19 日

估价技术报告

一、估价对象描述与分析（略）

二、市场背景描述与分析（略）

三、估价对象最高最佳利用分析（略）

四、估价方法适用性分析

土地价格评估采用基准地价修正法主要出于以下考虑：估价对象处于青岛开发区基准地价覆盖范围内，青岛开发区基准地价的基准日为 2007 年 1 月 1 日，距本次评估价值时点

虽然已过七年，但通过修正能够反映土地目前市场价值，故本次选用基准地价修正法。

建筑物价值评估采用重新购建价格的方法主要基于以下考虑：估价对象所处地区建筑市场稳定，采用重新购建价格的方法测算其在价值时点下重新建造或重新购建同样的房屋所需花费的费用，可比较准确地得出估价对象建筑物的重置成本，并符合谨慎性原则。

五、估价测算过程

技术思路：

$$房地产价值=土地价格+建筑物价格$$
$$=土地价格+建筑物重新购建价格×成新率$$

① 建筑物重新购建价格=建筑安装工程费+专业费用+管理费用+销售费用+投资利息+销售税费+开发利润

② 成新率：根据建筑物剩余经济寿命和实际状况综合确定。

（一）土地价格

1. 基准地价修正法基本公式

根据《城镇土地估价规程》基准地价系数修正法评估宗地地价的基本公式为：

$$P = P_1 \times (1 + \sum K_1) \times K_2 \times K_3 \times K_4 + D$$

2. 确定待估宗地的土地级别及基准地价（P_1）

待估地块位于××市××路536号1栋全幢，土地登记用途为工业用地，评估设定用途为工业。土地级别为工业三级地，基准地价为P_1=297元/平方米。

3. 宗地区域因素与个别因素修正系数（$\sum K_1$）

根据评估宗地的实际状况，按照待估宗地所处级别"工业用地宗地地价修正系数表"，确定宗地地价修正系数：$\sum K_1$=15.49%（具体过程略）。

4. 确定估价期日修正系数（K_2）

根据估价师搜集的资料及对当地工业用地地价水平的调查分析，2007—2014年期间工业用地地价水平有一定上涨，根据调查同类用地上涨幅度，综合确定期日修正系数K_2=1.3。

5. 确定土地使用年期修正系数（K_3）

估价对象土地使用权终止日期为2050年10月22日，距离估价基准日的土地使用权剩余年期为36.6年，与基准地价设定土地年期不一致，故需进行年期修正。土地使用年期修正系数公式为

$$k = \frac{1-\dfrac{1}{(1+r)^m}}{1-\dfrac{1}{(1+r)^n}}$$

式中：k——使用年期修正系数；

r——土地还原利率6%；

n——基准地价土地使用年期;

m——待估宗地设定使用年期。

根据上式计算得 $K_3=0.9332$

6. 容积率修正(K_4)

根据《××市城镇基准地价更新调整技术报告》关于容积率修正相关规定,工业用地不做容积率系数修正,故容积率修正系数为 1。

7. 土地开发程度修正(D)

估价对象属于工业用地三级地,估价对象设定的开发程度为宗地外"五通"、宗地内"五通一平",与基准地价内涵中土地开发程度:宗地外"五通"、宗地内"土地平整"的条件要高,根据实际情况确定宗地内开发程度修正值:$D=125$ 元/平方米。

8. 计算基准地价设定开发程度条件下的宗地地价

经以上分析过程,可得到待估宗地的土地使用权价值为

土地使用权单价 = 基准地价 $\times (1+\sum K_1) \times K_2 \times K_3 \times K_4 + D$

$= 297 \times (1+15.49\%) \times 1.3 \times 0.9332 \times 1 + 125 = 541.12$(元/平方米)

另外,根据该市税费缴纳明细表,税费单价:67.36 元/平方米,因此

土地单价 $= 541.12 + 67.36 = 608.48$(元/平方米)

取整为 608 元/平方米。

土地总价 = 土地单价 × 土地面积 = $608 \times 20\ 261 = 12\ 318\ 688$(元)= $1\ 231.87$(万元)

(二)建筑物价格

1. 建筑安装工程费

建筑安装工程费,包括建造房屋所发生的土建工程费用和安装工程费用、装饰装修工程费等。冷库建设因为地质薄弱,采用了深桩基大承台基础,平均深度达 30 米,比普通承台增大一半,加大了建设成本。根据估价对象所在区域地质状况及估价对象结构、建造标准等因素及现行×××市建筑安装工程平方米造价指标,确定冷库建筑安装工程费为 3200 元/平方米。

建筑安装工程费 = 3 200(元/平方米)

2. 专业费用

该项费用包括前期费用、基础设施建设费、公共配套设施建设费、其他工程费和开发期间税费。根据估价对象项目规模、建筑结构等因素专业费用按建筑安装工程费的 6% 计算。

专业费用 = $3\ 200 \times 6\% = 192$(元/平方米)

3. 管理费用

管理费用是指房地产开发商为组织和管理房地产开发经营活动的必要开支,包括开发商的人员工资、办公费、差旅费等。可根据开发成本的一定比例计算,通常为 2%～5%。本次评估综合考虑估价对象所在区域的经济发展状况、行业发展水平、社会平均工资水平

等影响因素，以建安工程费和专业费用之和的3%计取。

$$管理费用 = 3\,392 \times 3\% = 101.76（元/平方米）$$

4. 投资利息

投资利息是指开发经营者为筹措资金而发生的各项费用，根据估价对象的建设规模及项目特点，建设周期为1年，设定专业费用一次性投入，建安工程费及管理费均匀投入，投资利息率按照中国人民银行公布的短期贷款利息率6%计算。

$$投资利息 = 192 \times [(1+6\%)-1] + (3\,200+101.76) \times [(1+6.0\%)^{0.5}-1]$$
$$= 109.13（元/平方米）$$

5. 开发利润

根据×××市同类房地产市场开发状况，结合本项目所处位置、规模、用途、类似房地产的竞争状况等影响因素确定，利润率为建筑安装工程费、专业费用、管理费用之和的10%。

$$开发利润 = (3\,200+192+101.76) \times 10\% = 349.38（元/平方米）$$

6. 销售税费

包括营业税、城市维护建设税及教育费附加，根据×××市相关规定，按评估值的5.7%测算，根据公式推导，销售税费=[建筑安装工程费+专业费用+管理费用+销售费用+投资利息+开发利润]×税率/(1-税率)。

$$销售税费 = \frac{3\,952.27 \times 5.70\%}{1-5.70\%} = 238.90（元/平方米）$$

7. 建筑物重新购建单价

$$建筑物重新购建单价 = 3\,952.27 + 238.9 = 4\,191.16（元/平方米）$$

8. 成新率

该建筑物6年前建成交付使用，在此6年期间维护状况正常，建筑物剩余经济寿命为44年。但因土地使用权剩余年期为36.6年，所以建筑物使用权剩余期限也为36.6年，所以房屋的理论成新率 $= \dfrac{36.6}{6+36.6} \times 100\% = 86\%$。

根据委托方提供的资料及估价人员现场勘查，该建筑物结构构件完好，装修和设备完好、齐全，管道畅通，现状较好，使用正常，结合《×××市各类结构房地产完损等级评定标准》，综合确定建筑物成新率为九成新。

综合上述理论成新率和实际状况最终确定该建筑物的成新率为：(86%+90%)/2=88%。

9. 建筑物价格

建筑物价格单价=重新购建单价×成新率=4 191.16×0.88=3 688（元/平方米）（取整）

$$建筑物价格 = 3\,688 \times 12\,078.68 = 4\,454.62（万元）$$

（三）房地产总价格

$$房地产总价格 = 土地价格 + 建筑物价格$$
$$= 1\,231.87 + 4\,454.62 = 5\,686.49（万元）$$

六、估价结果确定

1. 市场价格

房地产总价：5 686.49 万元；大写：伍仟陆佰捌拾陆万肆仟玖佰元整。

房地产单价：4 707.87 元/平方米。

其中，土地总价：1 231.87 万元，房屋总价：4 454.62 万元。

2. 估价人员所知悉的法定优先受偿款

根据委托人介绍及其提供的资料显示，估价对象未设定有抵押权、典权等他项权利。截至价值时点，估价人员未知悉估价对象可能存在的特定的法定优先受偿款。

抵押价值

房地产总价：5 686.49 万元；大写：伍仟陆佰捌拾陆万肆仟玖佰元整。

房地产单价：4 707.87 元/平方米。

其中，土地总价：1 231.87 万元，房屋总价：4 454.62 万元。

本章小结

本章主要介绍了居住房地产、商业房地产与工业房地产的含义及其特点，然后介绍了不同类型房地产估价的技术路线及难点，加上相应案例的分析，使学生熟练掌握各类型房地产估价的要点。

综合练习

一、单选题

1. 对居住房地产的价格进行评估时最常用的方法是（　　）。

　　A．成本法　　　　B．比较法　　　　C．收益法　　　　D．假设开发法

2. 商业房地产最显著的特性是（　　）。

　　A．收益性　　　　　　　　　　B．经营业态多样

　　C．产权分散复杂　　　　　　　D．垂直空间价值衰减性明显

3. 工业房地产估价时采用较多的方法是（　　）。

　　A．成本法　　　　B．比较法　　　　C．收益法　　　　D．假设开发法

二、多选题

1. 居住房地产具有的特点包括（　　）。

　　A．商品共性　　B．相似性　　C．社会保障性　　D．受腐蚀的可能性大

2. 商业房地产根据其经营方式的不同可分为（　　）。

A．出租型商业　　B．抵押性商业　　C．运营型商业　　D．转让型商业

3．工业房地产具有的特点包括（　　）。

A．涉及的行业多　　　　　　　B．非标准厂房多，单价相差大

C．多带有辅助性用房　　　　　D．受腐蚀的可能性大

三、判断题

1．居住房地产与普通商品一样，具有相同的性质。　　　　　　　　（　　）

2．由于居住房地产市场交易频繁、交易量巨大，很容易获得交易实例，因此，比较法是居住房地产估价最常用的估价方法。　　　　　　　　　　　　　　　（　　）

3．商业房地产的主要特点是能够用以获得收益，商业房地产的价值往往也正是体现在它的获取收益的能力上，所以收益法是商业房地产估价最为常用的方法之一。　（　　）

4．工业房地产通常缺少同类房地产的交易案例，特别是非标准厂房，更是不易在同一供需圈内找到符合条件的比较案例，所以一般不具备采用比较法估价的条件。　（　　）

5．由于难以准确区分厂房和设备各自生产的收益，所以对于工业房地产的评估一定不能使用收益法。　　　　　　　　　　　　　　　　　　　　　　　　　（　　）

四、简答题

1．居住房地产、商业房地产与工业房地产的含义与特点有哪些？

2．三种不同类型房地产分别适用于哪种估价方法？

五、名词解释

居住房地产　商业房地产　工业房地产

推荐阅读资料

全国房地产评估师执业资格考试用书：中国房地产评估师与房地产经纪人学会．房地产估价理论与方法[M]．北京：中国建筑工业出版社，2015：66-72．

网上资源

1．中国房地产评估师与房地产经纪人学会：http://www.cirea.org.cn

2．中国住宅与房地产信息网：http://www.realestate.cei.gov.cn

第十五章 国外房地产估价制度

学习目标

通过对本章的学习，应掌握如下内容：
- 了解国外评估业的发展动态；
- 熟悉美国、英国和日本的房地产估价制度。

导言

房地产估价制度是作为合理评估房地产价格，维护当事人的合法权益，加强房地产估价市场管理，规范房地产估价机构及其人员的行为，提高估价人员的道德修养和业务水平而制定的法规和准则。随着经济的发展和社会的进步，作为房地产估价行业的重要组成部分的房地产估价制度也正在逐步完善。目前，世界许多国家（如日本、韩国、新西兰、美国、英国、德国等）都有自己的房地产估价制度和专业估价人员。下面简要介绍一些主要国家的房地产估价制度。

第一节 国外评估业的发展

评估产生于传统的市场经济，在当今市场经济中得到迅猛的发展。评估作为一种中介服务，在全世界范围内早已存在。从房地产评估的发展历史来看，无论是在一个国家还是世界范围内，评估业均适应了市场经济的发展，并且将继续为市场经济的进一步发展提供服务。

一、20 世纪前评估业的发展

评估的历史可以追溯到很久以前，社会生产力发展到商品生产和商品交换的阶段后，房屋、土地等财产开始作为商品进行买卖交换。根据等价交换的原则，就产生了合理评估商品价值的需要，买卖双方都期望由所信任的第三者以独立、公正的身份就商品价值进行

准确判断,由此开始了早期的评估行为。这时的评估具有直观性、偶然性和非专业性的特点。

资本主义发展初期,在原始评估的基础上,评估业进入经验评估阶段。评估人员以历史经验数据为依据,结合自己的实践经验和知识进行评估。这比原始评估更具有可靠性,但仍没能实现评估工作的规范化和科学化。

19世纪后期,科学技术逐渐被引入到评估工作中来,评估也随之发展到专业评估阶段,由专业评估机构中的专业评估人员运用科学方法对资产进行评估,并逐渐形成一个提供中介服务的行业。

二、20世纪评估业的发展

进入20世纪以来,伴随着市场经济的发展,评估作为一个行业在许多国家得到不同程度的发展。很多国家建立了类似的评估原则和技术,如这些国家对职业评估师素质的要求有许多相同点:相关大学学历、专业职业训练、实际工作经验、工作能力、职业品德等。同时,评估作为一个独立而完整的中介行业也开始逐渐被国际社会和各经济组织认可,并得到了较快的发展。英国、美国等在本国评估业发展的基础上,纷纷成立了房地产评估协会等专业性团体,对本国评估业实行自律性管理,并开始制定本国(本协会)评估执业准则和职业道德守则。根据市场和行业的需要,这些准则的内容汇集了评估师估价时应考虑的事项。有些国家,这些评估准则的部分乃至全部被纳入到法律之中,具有法律效力。许多国家的行业协会还制定了执业检查和处罚程序,会员违反准则或相关职业道德将会受到相应的处罚。

到20世纪70年代,评估业继续发展,而且随着国际金融的兴旺和市场的全球化,迫切需要制定国际性的评估标准,因为没有一个统一的国际评估标准,就有发生混乱和错误的潜在可能。另一个明显的事实就是各国自己的标准正在受到排挤,不同国家不同团体的观点会由于差异而造成并非有意的误解。

另一个同等重要的因素是,国际国内经济的迅速发展使人们对评估市场重要性的认识进一步加强。人们越来越认识到评估反映资产目前价值的重要性,越来越多的经济活动要求用当前价值代替历史成本作为财务报告中资产价值的依据。

到了20世纪80年代后,世界经济一体化趋势进一步加强,评估业在世界范围内进入到一个前所未有的高速发展时期。发展中国家和经济转轨国家在经济体制变革和发展本国经济的过程中,也开始重视评估在反映资产现行价值、维护各方权益等方面的重要作用,积极引进评估理论,培养评估师队伍,发展本国本地区的评估业,并逐步规范评估业的管理与运作,马来西亚等国也陆续制定了评估准则等文件。英国、美国等评估业发达的国家在新形势下面临新的压力和挑战,在评估理论研究上不断深入,在实践上也积极抢占新兴市场，并根据评估业的发展状况适时地推出新的评估准则，或对传统的评估准则进行修订。

在各国评估业得到迅速发展的同时，评估业在理论和实践上出现了联合统一的趋势，成立了不少国际性、区域性的评估组织，如国际资产评估准则委员会（1981年成立，后改名为国际评估准则委员会）、欧洲评估师协会联合会、东南亚联盟评估师联合会等，这些跨国组织在协调发展的基础上，也开始制定相关的评估准则，这些准则在评估实践中日益被各方重视并得到了进一步的发展。

第二节 美国的房地产估价制度

美国经济的市场化程度是很高的，其房地产业很发达，产值占美国国民生产总值的10%～15%，全国有2/3的有形资产为房地产。美国发达的房地产业有赖于一整套管理制度及各种民间组织的配合。在其比较完善的房地产市场运作体系中，价格的管理也相当有效。

在美国，政府并不担当建立公设的不动产估价制度的责任，而是由相关的不动产估价协会或学会承担不动产估价人员选拔与估价行业管理的责任。这些协会和学会都是以提高估价人员的素质为目的，主要通过以下三种途径来实现。

（1）发展有能力的估价人员作为会员，并授予各种资格。

（2）制定伦理章程以规范估价人员的行为。

（3）制定有关估价业务基准及发展估价方法与技术，研究有关估价的问题。

下面分别介绍美国的估价行业管理情况及行业协会的发展。

一、美国评估促进会和估价基金会

在美国，为估价行业制定评估准则及从业准入资格的组织有美国评估促进会和估价基金会。

（一）美国评估促进会

美国评估促进会成立于1987年，是美国致力于促进评估业发展的非营利性组织，也是目前美国最重要的估价行业自律组织。根据相关法律的授权，其具有制定公认估价准则和评估师资格标准的职能。评估促进会制定的评估师资格标准已成为美国各州注册评估师和许可评估师的最低资格标准，它所制定的《专业评估执业统一准则》（USPAP）已成为立法认可的被美国评估师、估价服务对象都接受的"公认估价准则"，并得到了美国政府的肯定，同时也享誉国际评估界，成为美国、加拿大以及部分亚洲国家评估师执业的准则。

（二）估价基金会

美国的一些主要专业估价组织在1988年发起成立了估价基金会。下设两个独立的委员会：一是估价标准委员会（ASB），它负责制定可行的估价行业从业准则和估价标准；二是估价资格认证委员会（AQB），它负责制定从业人员的最低教育水准和资格认证的标准。这两个委员会的目的都是建立一个自我约束的体制并提高全行业的业务水准。

估价标准委员会已发布了专业估价统一标准。主要有房地产估价、房地产估价报告、估价的复审、不动产咨询、不动产咨询报告、大宗房地产估价、私人产业估价、私人产业估价报告、商务估价、商务估价报告等的标准。

估价资格认证委员会已发布了评估师注册及资格认证的参考标准，并要求各州根据本州的注册法建立自己的考核程序，但要经估价基金会的认可，没有建立自己的考核程序的州则要求遵守联邦的标准。

二、行业估价协会

美国的估价协会主要有以下几个。

（一）美国不动产评估师协会

美国不动产评估师协会于1932年成立，是美国全国不动产同业公会的成员组织之一。要成为美国不动产评估师协会的会员，先要成为预备阶段的候选会员后才可能成为正式会员。

候选会员的资格要求是：21岁以上；四年制大学学历以上；通过协会所举行的考试；经协会分会的推荐。预备阶段的候选会员在任何场合均不得以协会的名义开展活动。

正式会员分为二级，资历较浅的称为住宅会员，其资格要求是：良好的候选会员；25岁以上；通过协会所举行的考试；通过协会所举办的独立住宅估价考试；有5年的不动产业务经验，包括2年的居住用不动产估价经验；提出模范估价报告书；经协会分会的推荐；必须是全国不动产同业公会的会员。

资历较深的会员称为估价协会会员，其资格要求主要是：良好的候选会员；28岁以上；经有关考试及格；5年以上的估价实务经验；提出两份估价报告书，其中一份需包含收益性不动产。

美国不动产评估师协会要求其会员应遵守下列规定：必须避免做出有损于不动产估价业的行为；协助本协会对公众或其他会员执行任务；执行不动产估价时，不得为当事人的利益作辩护，或为适应自己的利益而做出不实的结论；在任何时候提供服务时都能胜任；提出书面或口头估价报告时，必须遵守本协会有关此类报告的格式规定；不得违背估价人员和当事人之间的诚信原则，而泄露估价报告的机密；必须抑制非业务上的行为，以保障不动产估价业务，也不得做过分渲染的广告。

（二）不动产评估师学会

不动产评估师学会于1935年成立，其会员分成准会员、高级住宅评估师、高级不动产

评估师、高级不动产分析家。这四种会员中，第一种是非正式的，其余三种才是正式会员，第四种资历最深，第三种次之，第二种资历较浅。

准会员可以参加学会的一般性活动，但不具备正式会员的权利；他们不受学会推荐而作为专门职业者，所以其在估价报告书及名片上，不得使用学会的名称。

只有那些对居住用不动产估价有多年的经验，其能力与见识达到学会所承认的程度者才能被授予高级住宅评估师资格。其资格要求是：通过不动产估价原理和居住用不动产估价实例研究考试；提出的居住用不动产估价报告书经审查合格；出席评估师研讨会合格；有相当长时期的实务经验；经入会审查委员会严格审查通过。

高级不动产评估师的资格要求与高级住宅评估师的资格要求类似，但考试的科目增加一门收益性不动产的估价原则。

高级不动产分析家是对各种不动产能加以估价分析的专家。其资格要求是：是高级不动产评估师的优秀会员；通过估价分析的特殊适用考试；对收益性不动产有 8～12 年的估价经验；对估价业有一定贡献。这种资格的审查相当严格，而且取得资格的有效期间为 5 年，如果 5 年间无成绩可言，就不予以更新。

（三）美国估价协会

美国估价协会成立于 1991 年，是由上述美国不动产评估师协会和不动产评估师学会合并而成。所以，该协会虽然是新成立的组织，但由于吸收了过去协会和学会六十多年的经验，使它在不动产行业中具有很高的权威性。

美国估价协会的主要任务是：向合格的不动产估价人员授予专业资格称号；提供高水平的估价服务；制定和实施一套严格的行业法典，包括职业道德规范和不动产估价的统一标准；发展和推行高质量的估价教育课程与培训 D 计划；加强和促进有关的研究工作；提供有关不动产估价各方面的出版物、教材和资料等。

现在美国估价协会授予的专业资格称号有两种：一是高级住宅评估师（SRA）；二是估价协会会员（MAI）。后者较前者资深，也是美国不动产估价行业中最高的专业资格。高级住宅评估师是授给那些在居住用不动产估价中有经验的评估师。而估价协会会员是授给那些在商业、工业、住宅及其他类型的不动产估价中有经验的评估师和在不动产投资决策中提供咨询服务的评估师。

成为高级住宅评估师的资格要求是：受承认的教育机构颁发的大学学位；通过估价协会举行的"估价行业从业人员行为准则"课程；通过估价协会的住宅评估师委员会举行的 3 门或 3 门以上的课程考试；提出一份有关居住用不动产的估价报告书；3 000 小时有关居住用不动产估价的实践经验。

成为估价协会会员的资格要求是：受承认的教育机构颁发的大学学位；通过估价协会举行的"估价行业从业人员行为准则，估价报告书写作和估价分析"课程；通过估价协会的一般产业评估师委员会举行的7门或7门以上的课程考试，这些考试的课程每门40个学时，包括不动产估价原理、基本估价程序、资本化原理和方法、不动产估价实例研究、估价行业从业人员行为准则、估价报告书写作和估价分析等；提出一份估价报告书；4 500小时的在商业、工业、租售、农业和居住用不动产方面估价的实践经验。

（四）美国评估师学会

美国评估师学会成立于1952年。该学会不仅包括不动产估价，同时还包括对其他资产的估价。其会员包括保险公司估价人员、会计师、律师等。该学会的会员分成准会员、会员、高级会员、特别会员。

准会员不具备专家的资格，成为准会员需具备的条件是：21岁以上，有一定的业务经验，赞同学会的活动宗旨，愿意负担会费等。

会员的资格为：21岁以上，3年以上的估价经验，须通过考试委员会审查，还要笔试及提出模范估价报告书，同时要大学毕业或经毕业资格认定。

高级会员的资格为：21岁以上，5年以上的估价经验，并提出估价报告书。获得此资格的会员，称为ARA。

特别会员是学会中在估价业务或估价理论研究上有突出成就而被授予特别资格的会员。获得此资格的会员，简称为FASA。

第三节 英国的房地产估价制度

英国是房地产估价行业发展最早的国家之一，其房地产估价制度已有170多年的历史。在英国，估价行业由政府管理下的估价体系和民间估价体系两大体系组成。

政府管理下的房地产估价体系主要服务于征税及政府征地，在组织上分为三个层次，即中央、大区和区估价办公室。中央级估价办公室设在财政部税务局之下，主要职能是制定有关政策，管理大区和区的估价工作。大区级估价办公室在全国共设了5个，主要职能是协调其所在辖区内的估价工作。最初，大区和区级估价办公室都是由当地税务部门直接管辖，后来由于估价工作的技术性、独立性越来越强，政府为减少行政开支而精简人员，大区级和区级估价办公室逐渐从税务部门中独立出来，每个地区一般都设有总评估师、主任评估师、副主任评估师、督察评估师、初级评估师和估价助理员等，其主要职能是为政府对房地产征税提供依据，并为公共部门提供估价服务，同时还承担一些其他的估价项目。

民间估价机构则不依赖于任何部门，它是独立、客观、公正地为业界提供中介服务，其组织形式主要是合伙制和有限责任公司。这些机构多数采取咨询公司或顾问公司的形式，除承担估价业务以外，还帮客户从事房地产买卖、出租、承租、投资等业务。

民间估价机构在发展过程中逐步建立了自律性的行业协会组织。目前在估价领域最具影响力的是英国皇家特许测量师学会，该组织对英国乃至国际房地产估价行业的估价标准的制定和完善都起着主导作用。

一、英国皇家特许测量师学会（RICS）简介

英国皇家特许测量师学会创建于1868年，它是目前世界上提供土地、财产、建筑等方面专业咨询的最大的专业协会，被公认为不动产估价方面的权威组织。1881年维多利亚女王授予该会"皇家特许"状，并于1921年获颁"皇家赞助"荣誉，皇家特许测量师学会（The Royal Institution of Chartered Surveyors，RICS）的名称则是从1946年起沿用至今。

英国皇家特许测量师学会主要有以下五项职能。
（1）制定行业操作规范和行为准则。
（2）对测量师进行教育和培训。
（3）对测量师的行为进行监管和惩罚。
（4）作为中间桥梁与政府相关部门保持联系。
（5）为测量师和社会公众提供信息、资料等服务。

英国皇家特许测量师学会的会员资格是世界性的，上述会员中有10%左右在英国以外的国家执业，分布在世界上120多个国家和地区。英国测量师体系与不动产业、建筑业密切相关，共分为建筑测量师、产业测量师、农业测量师、矿业测量师、土地测量师、规划与开发测量师、工料测量师等七类，其中产业测量师主要从事不动产估价和物业代理等业务。

二、英国皇家特许测量师学会会员资格取得

要想取得RICS的会员资格，须由RICS对申请人在知识水平、评估实践经验和执业能力三个方面进行考试、考核和答辩。

（一）RICS举办的产业测量师资格考试

RICS举办的产业测量师资格考试有三类，难度逐渐增大，考试科目包括估价、法律、经济学、规划、建筑、城市土地开发等。

第一类考试包括下列科目。
（1）估价Ⅰ：内容包括有关投资市场及不动产投资市场的角色、价值观念、影响房地产供给与需求的因素、估价方法、复利理论、偿债基金理论、购买年理论等。
（2）法律Ⅰ：内容包括公司与合伙、契约理论、代理及侵权行为的一般原则等。
（3）土地利用开发：内容包括土地利用、开发目的、人类居住的发展、都市结构与市镇、农村结构及形成、土地利用开发管制、现代城乡的发展、交通运输发展对居住的影响、

人口及其与土地使用有关的问题等。

（4）经济学I：内容包括基本经济问题与解决工具、经济活动特性、价格功能与性质、生产理论、影响一般经济活动的因素等。

（5）建筑I：内容包括住宅建筑方法、采光及舒适标准、排水及废物处理、建筑工程的估价及计算原则。

（6）数量方法：内容包括统计学等。

第二类考试包括下列科目。

（1）估价II：内容包括不动产评估中的市场分析、税收对偿债基金和对购买年的影响、资本成本概念、城市或农村租赁不动产评估等。

（2）法律II：内容包括物权与债权、土地登记、有关商业、住宅及农地的租赁。仲裁制度等。

（3）城乡规划：内容包括城乡规划管理机关，规划准则，城市中心地区再开发及都市更新，农村地区的开发、更新与维护，土地分类，土地开发申请等。

（4）经济学II：内容包括一般经济活动的决定，货币、利率、股票理论，不动产市场，利率与不动产市场，土地利用与投资理论，通货膨胀及其对不动产持有与买卖的影响；市地利用，区位理论，政府区域政策，地租、竞标地租及经济地租理论，城市经济有关问题等。

（5）建筑II：内容包括建筑I的原则与程序应用于住宅及商业建筑物、建筑监理报告、建筑契约的程序等。

（6）税收：内容包括与公司及土地税收有关的中央和地方税的性质、计算等。

第三类考试包括下列科目。

（1）估价III：内容包括住宅、商业、工业不动产评估，保险及抵押评估，特殊不动产评估，如加油站、旅馆、大饭店等，评估师与投资政策等。

（2）估价IV：内容包括补价与受益问题、土地征用补偿的评估、计划决策的不利影响的补偿查估、发展价值评估等。

（3）法律III：内容包括地方政府的组织、有关土地与建筑物的公共卫生及安全法令、土地利用计划与管制、土地征用程序、土地法庭功能等。

（4）市地开发：内容包括设计与布局、开发的评估、可行性研究、政府政策与投资、长期与短期成本及收益测算方法等。

（5）不动产代理：内容包括不动产市场调查、市场调查技术管理等。

（二）知识水平的测试

知识水平测试通过三个途径：第一，逐次通过RICS组织的三次考试。第二，取得各英国大学与评估有关的专业学士学位并有两年以上的评估实践经验，以此资格报考只要参加第三次考试。在英国经RICS认可的有资格参加产业测量资格考试的有英国亚伯汀、剑桥、瑞汀、优斯特四所大学及牛津（Oxford Polytechnic）等 14 所理工学院的有关学系毕业生，这些学系有土地经济系、不动产管理系、城市不动产管理系、环境经济系、土地管理系、评估系等。第三，年满 35 岁及从事有关评估专业工作超过 15 年者，以此资格报考只要参加第三次考试。

（三）实践经验考核

以上三类申请者，除了具备第三种资格者可直接参加评估师考试外，其他两种资格者都必须从事评估工作两年以上，在整个实践过程中，由 RICS 委派测量师对其所从事的工作进行记录，向 RICS 提交训练日记，由 RICS 对其从事的评估业务工作的数量和质量进行考核，经审查通过，方可参加测量师考试。

（四）执业能力测试

具备了上述几项条件，还要通过由 RICS 组织的执业能力的评定。RICS 组织专门委员会对申请人进行答辩，申请人要能够回答委员会提出的各种问题，并对委员会设计的模拟实务工作提出解决方案。只有通过上述三个方面的测试，才能取得测量师资格，成为一名皇家特许产业测量师。

三、英国土地评估师执业情况

英国的土地评估师可分为官方评估师和民间评估师。
民间土地评估师的主要执业领域有以下两个。
（1）契约估价，包括土地买卖、土地租赁、土地金融、土地开发等。
（2）法定估价，包括土地买卖、土地规划影响的补偿、土地税课征的查估。
官方土地评估师主要是服务于英格兰及威尔士土地估价室、区域办公室、地方区估价室和土地法庭。其中英格兰及威尔士土地估价室是最高级别的，其具体职位有：① 主任评估师；② 副主任评估师；③ 助理主任评估师；④ 督察评估师；⑤ 第一级评估师；⑥ 资深评估师；⑦ 高级评估师；⑧ 评估师；⑨ 初级评估师；⑩ 估价助理员。

当土地被征用时，土地所有人委托民间评估师来估价，而国家征用机关则委托官方评估师或任命区评估师来估价。如果双方评估师的估价结果无差异，就可按此进行征收。如果有差异，则他们可核对双方的估价书表，就差异部分进行协商。如果仍有争议，则上诉到土地法庭。

第四节　日本的房地产估价制度

有着鲜明的民族和文化特征的亚洲经济强国日本，其不动产估价制度可以追溯到第二次世界大战之前，在二战后走向成熟。受其政治法律传统的影响，日本的不动产估价行业基本以官方管理为主导。

一、日本不动产估价制度的历史

在日本，房地产称为不动产，估价称为鉴定评价。在第二次世界大战前，日本有关不动产的鉴定评价最初是由银行代理进行的，属于银行的业务范围。不动产鉴定评价主要是满足社会上一部分私人买卖不动产的需要及政府机构计算征地补偿的需要。第二次世界大战后，不动产鉴定评价业务逐渐从银行中脱离出来，许多地方成立不动产鉴定协会、不动产研究所等机构，专门从事有关不动产的鉴定评价业务。要求鉴定评价的对象也从官方政府机构迅速扩大到民间私人企业和个人。

1961年3月，日本公共用地取得制度调查会针对当时日本土地价格急剧上涨、土地投机严重、民众难以取得宅地等问题，向建设大臣建议建立不动产鉴定评价制度。1962年建设省成立了"宅地制度审议会"，1963年3月，该审议会向建设大臣提出了"关于建立不动产鉴定评价制度的申请"。在此基础上，日本政府于1963年7月通过《不动产鉴定评价法》，并于1964年4月开始实施，不动产鉴定评价制度由此诞生。随后，日本又制定了《不动产鉴定评价基准》《不动产鉴定评价法施行令》《不动产鉴定评价施行规则》等，使不动产鉴定评价制度不断趋于完善。

二、日本不动产鉴定评价制度的内容介绍

日本不动产鉴定评价制度主要是由《不动产鉴定评价法》的规定确定下来的。其核心内容有：从事不动产鉴定评价的人员需要取得一定的资格，从事不动产鉴定评价业者需要向政府登记，而且其业务的行使必须受到某种限制。关于这两项制度的具体内容，集中体现在日本的《不动产鉴定评价法》中。

日本的《不动产鉴定评价法》共分为总则、不动产鉴定士及不动产鉴定士补、不动产鉴定业、监督、杂则、罚则6章，全文共60条。另外还有《不动产鉴定评价法施行令》《不动产鉴定评价施行规则》。日本《不动产鉴定评价法》的主要内容大致如下。

1. 总则

总则的条文有两条，分别规定不动产鉴定评价的目的与定义。不动产鉴定评价的目的是要使土地等形成适当的价格。至于其定义，则包括以下三项。

（1）所谓不动产鉴定评价，是指判定土地或建筑物或他项权利的经济价值，并将其结果以价额来表示。

（2）所谓不动产鉴定业，是应他人的要求就不动产进行鉴定评价，并收取报酬的事业。

（3）所谓不动产鉴定评价业者，是向主管机关登记，从事不动产鉴定评价的从业人员。

2. 不动产鉴定士及不动产鉴定士补

本章共分考试与登记两部分。

（1）考试。欲担任不动产鉴定师，应参加考试。考试共分三次。第一次考试考国语、数学、论文，但大专毕业或具有同等学力者可以免除第一次考试。第二次考试考民法、不动产相关的行政法规、经济学、会计学及不动产估价理论。第二次考试需第一次考试及格或前述免考第一次考试者才能参加。具备一定条件的，还可以免除第二次考试的特定科目考试。第三次考试考不动产评价实务，而且要具备不动产鉴定士补资格，并接受 1 年以上的实务补习者才能应考。以上考试每年举行一次以上，由土地鉴定委员会办理。

（2）登记。有不动产鉴定士或不动产鉴定士补资格者，应向国土厅登记，才能正式取得其资格，但有以下情形之一者不得登记：未成年人；禁治产人或准禁治产人；破产而未复权者；受禁以上的处分在执行终了后未满两年者；公务员受惩戒免职处分，从其处分之日起未经过 3 年者；受登记消除的处分，自该处分之日起而未经过 3 年者。

3. 不动产鉴定业

本章规定，欲经营不动产鉴定业者如在两个以上的都道府县设有事务所，则应向国土厅登记，其他则向事务所所在地的都道府县登记。登记的有效期间为 3 年，期满后如欲继续营业则需要重新登记。

有下列情形者应予拒绝登记：破产而未复权者；受禁以上的处分或违反不动产鉴定评价法的规定，或犯有不动产鉴定评价的罪行而受罚金的处分者；在执行终了后未满 3 年者；受登记消除的处分未经过 3 年者；受到业务停止的命令尚未期满者；法人之理监有犯上述情形之一者。

不动产鉴定业者应每年一次于一定时间向国土厅或都道府县提出下列文件：记载过去一年来事业实绩概要的书面报告；记载不动产鉴定士及不动产鉴定士补变动的书面报告；其他所规定的书面报告。

不动产鉴定业者如开业应向主管机关备案，登记簿及各项文件应提供公众阅览。未办理不动产鉴定业者的登记者，不得经营不动产鉴定业。

不动产鉴定业者如果其本身不是不动产鉴定士，则必须在其事务所聘请 1 人以上专任不动产鉴定士。不具备不动产鉴定士或不动产鉴定士补的资格者，不得从事不动产的鉴定评价行为。

4. 监督

规定了行政监督的具体内容。对于有下列情形之一的不动产鉴定业者，可处以 1 年以内的停止业务（全部或一部分业务），或取消其登记：一是违反不动产鉴定评价法的规定或主管机关的处分命令者；二是不动产鉴定士或不动产鉴定士补因从事不动产鉴定业者的业务而受处分，但其责任在于不动产鉴定业者时。如果有人怀疑不动产鉴定士等的鉴定评价行为不当时，可以添附相关资料要求主管机关采取必要的措施。但主管机关给予必要的处分前，应先听取当事人的意见。

5．杂则

本章规定，为举办不动产鉴定士考试，应于土地鉴定委员会设置考试委员会。考试委员于考试时，由土地鉴定委员会推荐，由国土厅长官任命。

6．罚则

本章规定，对不动产鉴定士或不动产鉴定业者的不当行为，规定各种不同程度的拘役或罚款。

三、不动产鉴定士的行为规范

在日本，从事不动产鉴定估价的人员称为不动产鉴定士。日本在《不动产鉴定评价施行规则》等制度规章中，对不动产鉴定评价士的行为提出了严格的伦理要求。其基本规定有如下两项：

（1）应凭良心诚实地进行不动产的鉴定评价，不得做出损伤不动产鉴定士及不动产鉴定士补信用的行为。

（2）如无正当理由，不得将其业务上的秘密向他人泄露。如违反上述规定，则视其程度给以告诫或除名，被除名者不得再担任不动产鉴定评价工作。

上述两项规定是法律上的义务，仅为不动产鉴定士履行其业务时必须遵守的最低限度规定。除此以外，日本还有不动产鉴定评价的伦理纲要，要求不动产鉴定士必须遵守。其伦理纲要的要点如下。

（1）片面的知识与无秩序的经验无助于不动产的鉴定评价，唯有以丰富的知识、经验和判断力综合形成有机的统一体，才能进行正确的鉴定评价，所以必须不断学习锻炼，努力求取鉴定评价的进步与改善。

（2）应通过实践活动加深关系人及社会一般人士对不动产鉴定评价制度的理解与依赖，以便于形成不动产的适当价格。

（3）进行不动产的鉴定评价时，不论其对自己或关系人有无利害关系，均应保持公平妥当的态度。

（4）进行不动产的鉴定评价时，应尽心尽职。

（5）认为有超越自己能力限度的不动产鉴定评价，或有特别利害关系而有损公正鉴定评价之嫌时，原则上不得受理该不动产的鉴定评价。

第五节　国外房地产估价制度的分析比较

一般来说，世界各国的房地产估价制度包括的内容基本相同，主要是各个国家和地区都设立了房地产估价管理机构,并通过严格的考核,培养和选拔专业的房地产估价人员,对专业估价人员的资格进行严格的审查和登记注册,制定明确的法律规范和职业道德修养准则,建立相应的惩罚制度,加强对房地产估价行业和人员的管理。但是,世界各国和地区在具体的房地产估价制度及采取措施上也不完全相同。下面对上述几个主要国家的房地产估价制度进行简要分析比较,并探讨对中国房地产估价制度建设的现实意义。

一、国外房地产估价制度的分析比较

重点在以下几方面对上述三个主要国家的房地产估价制度进行分析比较。

(一) 对房地产估价机构的设置进行比较

国外房地产估价机构的设置归纳起来有三种类型,上述三个国家基本代表了这三种类型。

(1) 在国家各级政府机构中设置房地产估价机构,行使政府权利,管理房地产估价行业及人员,日本就是这种类型的代表。日本的房地产估价工作是由政府建设部大臣主管,不动产鉴定士和不动产鉴定士补的考试登记、注册等工作由日本国土厅、土地鉴定委员会以及都道府县负责管理。

(2) 由国家政府及房地产估价行业组织共同管理房地产估价行业,此种类型主要是在美国实施,它的房地产估价行业是由联邦政府和全国性的估价协会共同管理。美国的估价协会是由房地产评估师协会和房地产评估师学会合并成立的,估价协会对其会员提供在职培训,以提高专业服务水平。政府有关机构(如住房与城市发展部、联邦房产委员会等)要求评估师在进行估价工作时要遵循政府有关机构所制定的有关标准。

(3) 由国家政府承认的行业协会或学会管理的房地产估价行业,英国是主要代表之一。英国测量师学会,由维多利亚女王授予该会"皇家特许"状,并获"皇家赞助"荣誉的测量估价行业组织。它分为6个部门,其中房地产评估师和动产评估师是产业测量师。英国房地产评估师的建立,是由英国皇家特许测量师学会主管,并由该学会负责考试及吸收会员。

(二) 对从事房地产估价专业人员的资格比较

世界上许多国家对从事房地产估价的专业人员有很严格的资格要求,在一些国家的房地产估价制度中都规定了房地产估价人员的考试次数和科目,以及实践业务的要求和估价人员资格的名称等,上述三个国家在这方面都有明确的规定。可以列表进行对比。

(三) 对房地产估价人员进行登记注册管理的比较

在世界各个国家的房地产估价制度中,对房地产估价人员进行登记注册都有严格的规定,必须经过房地产评估师考试的合格者,才具有评估师的资格,并且要向有关主管机构申请办理登记注册手续后,才能独立开业经营。三个国家中登记注册的条件并不完全相同,登记的主管机构也不一样，有关内容上文已有详细论述。

二、国外房地产估价制度的借鉴意义

以上简单地介绍了美国、英国、日本的房地产估价制度，笔者认为有很多地方值得中国房地产评估行业借鉴。

（一）加强房地产估价管理的专业立法

美国房地产估价行业的行为准则、《房地产估价统一操作标准》——（USPAP），这是1989年经国会通过的《金融协会改革法案》（FIRREA）中强制规定执行的。各级政府对房地产估价的管理、房地产评估师资质审查发证行为、估价服务机构的操作、评估师联合会以及房地产评估师个人的房地产估价行为都要遵循《房地产估价统一操作标准》的有关规定。我国也应加强房地产估价管理的专业立法，保证房地产评估行业有法可依，有章可循。

（二）充分发挥房地产评估行业的协会管理职能

在美国，资产评估行业自律性组织较多，形成发达的组织体系，主要有美国注册评估师协会、美国评估师协会、美国评估学会等，这些组织都有自己的规章制度和评估标准，并颁发会员证书。在中国，也应扶持各类房地产评估行业协会的发展与规范，充分发挥房地产评估行业协会的管理职能，起到政府必要的社会管理职能和监管作用的有益补充作用。

（三）制定严格的房地产评估师执业资格准入标准

在英国，对评估师学历背景的要求较高，这无疑提高了评估师队伍的素质，有利于新的评估理论和方法的学习和吸收，保障评估师队伍的优化和升级；另外，对评估师进行答辩，可以有效地防止某些毫无实际评估经验的应试类的人才进入房地产评估行业，规范了评估师队伍。在美国，执业资格强调执业经历、本科学历，考试强调与评估紧密相连的学科。如基本评估原理应用、市场分析、成本分析、评估报告的撰写。重视房地产评估师的考试与后期培训工作。美国房地产评估师资格的取得是比较困难的。因此，在我国也应制定严格的房地产评估师执业资格准入标准，因为这些培训、学习、考试及实践经验的要求是评估师执业的基本保证，也是评估师执业业务能力的基础。

（四）合理利用国际标准，加强国际评估的交流与合作

如国际评估标准借鉴和吸收了各国的评估经验，国际评估标准委员会是一个全球性的、有一定影响的自律性组织，中国房地产评估业应该多与之交流，相互渗透，提高评估标准水平与执业道德水准。在当前的企业转轨和建立现代企业制度过程中，进行企业的土地资产评估时，可以借鉴IVS中有关的定义，合理地、恰当地评估企业土地的市场价格、使用

价格、清算价格等，将企业土地的使用价格引入到我国不动产评估行业中，对于准确、合理地确定当前企业的存量资产价值量有着积极的现实意义。

（五）努力提高中国房地产市场的信息公开化程度

在美国，房地产市场的信息公开化程度高，估价行业现代化手段也较高。政府提供了大量的信息服务，如提供家庭收入状况、人口状况、住房状况、财产所有者的名单，评估财产的价值等信息，有利于房地产估价公开、公平与公正。信息技术的发展，使评估人员在网络上易于获得诸如地理信息、桌面地图、人口统计、邻里身份等有关房地产的宏观与微观信息，评估人员运用卫星设备的无纸评估、人工智能，结合自身的经验和判断，使计算机自动化评估成为可能，相应地，房地产价格评估作业时间大大减少，评估费用也有所降低。在我国，房地产评估业也要加强新技术的开发与利用，努力提高我国房地产市场的信息公开化程度。

本章介绍了国外评估业的发展，同时选择了三个具有代表性国家，即美国、英国、日本，分别介绍了其的估价制度，最后对其进行了简要分析评价，并阐述了对中国估价制度建设的指导意义。从而为了解国际上评估业的发展动态、熟悉国外评估制度等提供相应的帮助。

一、简答题

1．什么是房地产估价制度？
2．美国、英国、日本的房地产估价制度各有什么特点？
3．简述《英国皇家特许测量师学会评估指南》在世界上评估业的影响。

二、名词解释

英国皇家特许测量师学会　美国评估促进会　不动产鉴定士

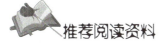

路君平．房地产评估师实务手册[M]．北京：中国建筑工业出版社，2007：322-330．

网上资源

1．中国房地产评估师与房地产经纪人学会：http://www.cirea.org.cn
　　　　　　　　　　　　　　　　　　http://www.agents.org.cn
2．中国房地产信息网：http://www.realestate.cei.gov.cn
3．环球职业教育在线：http://www.edu24ol.com 中关于房地产评估师执业资格考试的网络远程培训。
4．百度文库：http://wenku.baidu.com/
5．读秀学术搜索：http://edu.duxiu.com/

第十六章　房地产估价信息系统

学习目标

通过对本章的学习，应掌握如下内容：
- 认识管理信息系统与地理信息系统及其在房地产估价领域的应用；
- 理解房地产估价信息系统的基本理论，认识建设房地产估价信息系统的必要性；
- 掌握开发房地产估价信息系统的基本原理与方法。

导言

21世纪，信息产业迅猛发展，人类面临着全面信息化的挑战，信息资源已成为现代社会的重要资源。全面利用信息化技术，为决策提供支持，为管理提高效率，为生产、生活提供服务，已成为当今社会的发展趋势。

近年来，房地产市场发展势头强劲，房地产估价业务日趋增多，但现有估价技术手段仍然较为落后，一定程度上滞后于估价行业的发展。因此，采用先进的技术手段辅助房地产估价成为目前房地产评估行业技术研究的紧迫任务；同时，如何提高工作效率和成果质量，也成为估价技术研究的主要内容。房地产估价信息系统就是在这一背景下应运而生的产物，它一方面可以提高估价工作的效率和质量，另一方面可以促使房地产估价向着科学、准确、公平、公正的方向发展。基于此，本章介绍开发房地产估价信息系统的基本原理与方法，尤其突出地理信息系统在房地产估价工作中的应用。

第一节　管理信息系统和地理信息系统

信息在当今社会发展中已成为一项重要的资源，它已经渗透到各个学科领域。在管理科学与工程领域，它使管理科学与信息科学相结合，诞生了管理信息系统。在地球科学领域，地理科学和信息科学结合，诞生了以信息论、控制论、计算机科学、系统工程和人工智能等科学技术为基础的新的边缘学科——地理信息系统。

一、管理信息系统

(一) 管理信息系统的内涵

管理信息系统(Management Information System, MIS)是基于计算机的系统,是信息系统的一个分支,是由信息技术、网络技术、通信技术等现代高新技术为支撑,依托管理科学、运筹学、统计学、模型论等科学理论,对信息进行收集、传送、加工、存储、分析和检索,从而为使用者提供决策与服务。它不仅是一个技术系统,更是一个具有高度集成性、多元性、综合性的人机交互系统。管理信息系统通过对各业务子系统进行控制、管理和分析,能对整个系统的战略、战术等重大问题做出预测和判断。基于快速发展的信息技术,管理信息系统也必将日趋完善和有更广阔的发展。

(二) 管理信息系统的功能

管理信息系统的功能主要体现在以下几个方面。

1. 信息处理功能

信息处理是对各种类型的数据信息进行采集、编辑、处理、存储、传输与检索等,这是管理信息系统的首要任务和基本功能。

2. 预测分析功能

结合数学方法、统计方法、模拟方法等模型,对历史数据进行加工处理,利用历史数据对未来可能发生的结果进行预测,以辅助管理人员实现对未来决策的预测分析工作,这是管理计划和管理决策的前提。

3. 管理控制功能

合理计划安排各种具体工作,通过对实际的执行情况进行分析,反映管理活动的进行、进展等情况,辅助管理人员实现对管理活动的控制和调整。

4. 辅助决策功能

通过对多种学科方法的综合运用,将历史数据与当前和未来的数据之间的关系以要求的形式表现出来,并能模拟现实环境中相应问题的运行,从而辅助管理人员进行科学的决策。辅助决策功能是管理信息系统的最高目标。

(三) 管理信息系统的特点

管理信息系统是一个具有高度集成性、多元性、综合性的人机交互系统,概括来说,有以下几个主要特点。

1. 面向管理决策

管理信息系统是依托管理学理论与方法,面向管理与决策提供服务的信息系统。根据管理与决策的需要,及时提供可供参考的信息,以帮助管理人员作出决策。

2. 高度集成性

管理信息系统是对多种学科的技术、方法的综合运用，这些技术和方法需要有机地配合和协调，并采用一定的结构和形式进行合理的组合，使其形成一个完整的、高度集成的系统。

高度集成性不仅体现在系统的高度集成，也体现在构成数据的高度集成。庞大的数据信息集中在一个系统中，为实现对其快速、高效的利用，需要利用数据库管理系统等软件进行统一的规划、组织与管理。

3. 人机交互性

管理信息系统是一个人机结合的系统，在管理信息系统的实际运用中，各级管理人员既是系统的使用者，又是系统的组成部分。在管理信息系统的开发过程中，要根据这一特点，正确地界定人和计算机在系统中的地位和作用，充分发挥人和计算机各自的长处，使系统的整体性能达到最优。

4. 以现代管理方法与手段为指导

在管理信息系统中，如果仅简单地采用计算机技术来提高处理速度，而不采用先进的管理方法，那么管理信息系统的应用仅仅是计算机系统模拟原来的手工操作，其作用的发挥将十分有限。管理信息系统要最大程度地发挥其在管理过程中的作用，就必须与先进的管理手段和方法结合起来。

依赖于快速发展的信息技术，管理信息系统也在不断发展变化。变化、更新、发展是信息技术的核心，也是管理信息系统的主题。

（四）管理信息系统的开发原则

管理信息系统的开发应遵循以下几项原则。

1. 整体性与系统性原则

管理信息系统是一个综合的系统，它的整体功能由许多有序组合的子系统构成，各个子系统之间相互联系、相互协调。管理信息系统的开发要注重其功能与数据的整体性和系统性，寻求最大程度的整体优化。

2. 准确性与可信赖性原则

管理信息系统是现代化的科学的信息系统，是准确的、可信赖的。只有达到这一目标的系统才能得到用户的信任，这就要求系统的数据是准确无误的，提供的决策也是可信赖的。

3. 实用性原则

管理信息系统是为用户提供服务的系统，衡量系统质量的重要指标是系统满足用户需要的程度，系统的开发应在遵循科学性的前提下以最大程度满足用户需求为目标。此外，系统界面应简单、友好，用户可以很方便地实现对各种功能的使用。

4．规范性原则

管理信息系统的开发是一项复杂的软件工程，应当按照软件工程的理论、方法和规范去组织与实施。在整个开发过程中，项目实施、数据库设计、代码编写、文档资料编制等各个过程都应按规范进行。

5．可扩充兼容性原则

系统在数据库设计、编码设计、系统功能设计等方面，应尽可能留有可扩充的余地，便于以后随着功能需求的增加以及计算机技术和数学模型的发展而带来的各种扩充和完善。

二、地理信息系统

（一）地理数据与地理信息

地理数据是地物的数量、质量、空间分布特征、联系和规律等以数字、文字、图像和图形等方式表达的总称。地理信息是地理数据所蕴含和表达的地理含义。地理环境是客观世界一个巨大的信息源，随着现代科学技术的发展，人们已经有可能迅速地采集到地理环境中各种地理现象、地理过程的空间位置数据、特征属性数据和随时间变化的数据，并定期和适时地对这些信息进行识别、转换、存储、传输、显示、分析和应用。地理数据和地理信息是构成地理信息系统的数据源，是支撑地理信息系统建设的基石。

（二）地理信息系统

地理信息系统（Geographical Information System，GIS），也称为"地学信息系统"或"资源与环境信息系统"。它是一种特定的具有重要作用的空间信息系统，是在计算机软、硬件支持下，对分布于地球表层的有关地理数据进行采集、编辑、存储、管理、分析、显示和描述的综合系统，是集计算机技术、地理科学、地图学、测绘与遥感技术、环境科学、信息处理技术、管理学和运筹学等现代科学技术与理论，综合发展而成的一门高新技术。地理信息系统处理、管理的对象包括空间数据、图形数据、遥感图像数据、属性数据等。地理信息系统用于分析和处理一定地理区域内分布的地理实体、现象及过程，并解决复杂的规划、管理和决策等问题。

地理信息系统作为现代化的信息工具，运筹帷幄与博才取胜的优势使之成为诸多领域的重要应用工具，几乎与空间信息相关的各行各业都使用地理信息系统作为基本工具。目前，地理信息系统应用的领域包括测绘、农业、林业、地质、环境保护、灾害监测预报与应急救灾、城乡规划与城市管理、交通管理与导航、公安、消防、医疗卫生、物流、军事国防、电子商务与电子政务等。GIS 技术发展方兴未艾，随着 GIS 技术的日臻完善，GIS 终将实现大众化，实现高新技术的大众普及。

（三）地理信息系统的构成

一个完整实用的 GIS，要实现对地理数据的采集、编辑、存储、管理、分析、显示和描述等功能，需由以下几个部分构成：硬件系统、软件系统、应用模型、空间数据和应用人员，如图 16-1 所示。

图 16-1　地理信息系统的构成

1. 硬件系统

GIS 硬件系统包括数据处理设备、数据输入设备和数据输出设备，用以存储、处理、传输和显示地理或空间数据。数据处理设备是 GIS 硬件系统的主体，作为硬件系统的核心，它包括从服务器到图形工作站、微型计算机等各种形式的计算机，可用作数据的处理、管理与计算。数据输入设备即数字化仪、扫描仪和各种数字测量设备等。数据输出设备有绘图仪、打印机和高分辨率显示终端等。

2. 软件系统

软件系统是指 GIS 运行所必需的各种程序，通常由操作系统软件、基础支撑软件、GIS 平台软件和 GIS 应用软件四部分构成。

操作系统是计算机系统中支撑应用程序运行环境以及用户操作环境的系统软件，其功能包括对硬件的监管，对各种计算资源的管理，以及提供诸如作业管理之类的面向应用程序的服务等。目前，常见的计算机操作系统有 Microsoft® Windows 系列、UNIX/Linux 系列和 Apple Mac OS 系列等。

基础支撑软件主要包括数据库管理系统、图形处理系统、程序运行库等，如 Microsoft® SQL Server、MySQL、Microsoft® DirectX 等。

GIS 平台软件一般是指具有丰富 GIS 功能的通用性软件，它包括了空间数据处理与分析的各种基本功能，可作为 GIS 应用软件建设的平台。目前代表性的 GIS 平台软件有：国外 ESRI 公司的 ArcGIS 系列产品、MapInfo 公司的 MapInfo Professional 等；国内北京超图公司的 SuperMap GIS 系列产品、中地公司的 MapGIS 以及武大吉奥公司的 GeoStar 等。

GIS 应用软件是 GIS 针对某一行业或某一领域的具体应用，大多是利用 GIS 平台软件进行二次开发得到的信息系统软件，如土地信息系统、房地产管理信息系统、环保地理信息系统、交通地理信息系统等。

3. 应用模型

GIS 应用模型是为某一特定的实际工作而建立的运用 GIS 的解决方案，其构建和选择是系统建设成败的关键。虽然 GIS 为解决各种地理相关的问题提供了有效的基本工具，但对于某一特定的应用目的，必须通过构建相应的专业应用模型才能达到目标。例如土地定级估价模型、房地产评估模型、土地适宜性评价模型、区位选址模型、发展预测模型、水土流失模型、路径分析模型以及最优化模型等。

4. 空间数据

GIS 的操作对象是地理数据，它具体描述地理现象的空间特征、属性特征和时间特征。空间特征是指地理现象的空间位置及其相互关系，其数据称为空间数据；属性特征表示地理现象的名称、类型和数量等，称为属性数据；时间特征是指地理现象随时间而发生的变化，称为时态数据。

5. 应用人员

GIS 应用人员包括系统开发人员和系统最终用户，他们的业务素质和专业知识也是 GIS 工程及其应用成败的关键。

（四）地理信息系统的功能

GIS 的功能主要由以下五个部分构成。

1. 数据采集与输入

数据是 GIS 的血液，贯穿于 GIS 的始终。数据采集是 GIS 建设的第一步，即通过各种数据采集设备（如数字化仪、全站仪、扫描仪等）来获取对现实世界的描述，并将地图数据、测量数据、遥感数据、统计数据和文字报告等输入并转换成计算机可识别处理的数字形式，并最终输入 GIS。GIS 应提供与各种形式数据以及各种格式数据的接口，对多种形式、多种来源的数据，可实现多种方式的数据输入，如图形数据输入、栅格数据输入、GPS 测量数据输入、属性数据输入等。

2. 数据编辑与处理

通过数据采集设备获取的原始数据不可避免地含有误差，为保证数据在内容、逻辑、数值上的一致性和完整性，需要对数据进行编辑、格式转换、拼接、配准等一系列的处理工作。GIS 能提供非常强大的、交互式的编辑功能，包括图形编辑、数据变换、数据重构、拓扑建立、数据压缩、图形数据与属性数据的关联和维护等内容。

3. 数据的存储与管理

数据库技术是数据存储与管理的主要技术。地理信息系统数据库是地理要素特征以一定的组织方式存储在一起的相关数据的集合。由于地理信息系统数据库具有数据量大、空间数据与属性数据相关联，以及空间数据之间具有拓扑结构等特点，因此地理信息系统数据库的管理功能，除了常规数据库管理系统（DBMS）具备的功能之外，对空间数据的管理技术主要包括空间数据库的定义、数据访问和提取、通过空间位置检索地物及其属性、按属性条件检索地物及其位置、开窗和接边操作、数据更新和维护等。

4．空间查询、分析与统计

空间查询、分析与统计功能是 GIS 区别于其他信息系统的一个重要标志，是 GIS 技术的核心。面对浩大的空间数据，GIS 应具备快速的空间查询与空间定位功能。空间分析是比空间查询更深层次的应用，内容更加广泛，常用的空间分析有以下几个方面。

（1）叠置分析：通过将同一地区不同时间或不同属性的数据层相互叠置，不仅建立新的空间数据，而且能将叠置的属性数据予以合并，方便进行多条件的查询检索、地图裁剪、地图更新和统计分析等。

（2）缓冲区（体）分析：根据二维空间的"点、线、面"和三维空间的"体"等不同形式的地理实体，自动建立其周围一定距离范围的缓冲区面（体）实体，从而实现空间数据在水平（垂直）方向得以扩展的信息分析方法。

（3）网络分析：通过模拟、分析网络的状态以及资源在网络上的流动和分配等要素，研究网络结构、流动效率及网络资源优化等问题的一种方法。

需要注意的是，GIS 空间分析和 GIS 应用分析是两个层面的问题。属于 GIS 空间分析的空间查询、几何量算、缓冲区分析、叠置分析、地形分析等都是有限的功能，是处于概念模型阶段的功能；而基于 GIS 空间分析原理的 GIS 应用分析却是无穷无尽的，同一个 GIS 空间分析模型应用于不同的领域则成为不同的 GIS 应用模型。GIS 空间分析为建立和解决复杂的 GIS 应用模型提供了基本工具，GIS 空间分析和 GIS 应用分析的关系类似于"建筑材料"和"大楼"的关系，同样的建筑材料根据设计与需求的不同可以建筑成为功能不同的大楼，用户应用 GIS 解决实际问题的关键，就是如何将这些建筑材料灵活运用，从而构筑特定功能需求的大楼。

5．可视化表达与输出

GIS 是可视化的信息系统，这包括用户中间处理过程的可视化和最终分析结果的可视化，通常采用人机交互的方式对地图或图形数据，根据要素的信息量和密集程度，选择放大、缩小、漫游、飞行等方式予以显示。

GIS 脱胎于地图，它的一个主要功能就是计算机地图制图，包括地图符号的设计、配置与符号化、地图注记、图幅修饰、统计图表制作、图例绘制与布局设置等内容。GIS 不仅可以输出全要素地图，也可以根据用户需要，分层输出各种专题图、各类统计图、图表及属性数据报表等。所有这些输出结果需要在显示终端、打印机、绘图仪等设备输出，以便用户使用。

第二节　房地产估价信息系统概述

房地产估价信息系统需要借助管理信息系统的数据处理、预测分析等功能,是管理信息系统在房地产估价领域的具体应用;房地产估价所处理的数据多为带有空间特征、属性特征和时间序列特征的空间数据,对数据的采集输入、存储管理、空间查询、分析统计以及成果输出等 GIS 功能也是房地产估价信息系统应具备的,从而房地产估价信息系统也属于专题地理信息系统。

一、房地产估价信息系统的开发背景

从房地产估价行业存在的问题及自身特点可以看出开发房地产估价信息系统的必要性。

（一）房地产估价行业存在的问题

目前我国房地产估价行业普遍存在的问题主要包括以下几个方面。

（1）不重视信息收集,估价缺乏客观数据,过于依赖于评估师的主观经验,质量参差不齐。

（2）信息搜集手段和管理手段落后,数据零散,缺乏系统性和统一性,对已获得信息的分析、处理手段落后,信息传播不畅,以至于对大量的信息资源利用不充分,资源共享程度低。

（3）手工操作高成本低效率,人为因素介入过多,估价方法定性多、定量少,估价的客观性和公正性很大程度上取决于评估师的主观因素和职业道德。

（4）估价作业的工作流程不尽规范与合理,房地产估价工作面对信息化、规范化与科学化的要求有着很大距离。

类似的弊端削弱了房地产估价工作的科学性与合理性,间接阻碍了房地产估价行业的良性发展。目前业界对于开发功能强大的房地产估价系统的呼声已越来越高,提高房地产估价工作科技含量的要求也越来越迫切。

（二）房地产估价工作的自身特点

房地产估价工作具有以下两个特点。

1. 需要处理大量的数据

无论使用哪种估价方法,前提都需要大量的基础资料,并根据需要对相关信息进行处理、分析和统计,这就要求应当通过计算机实现对大量数据的有效操作与计算。

2. 数据具有明显的空间特性

房地产基础数据与所在区域的地理信息有着密切的关系,如物业的坐落与所处位置、各种公共服务设施和基础配套设施的分布情况、区域人口的分布与密度等。这些数据具备空间属性特征，随着地域的不同而发生很大变化，在房地产估价时必须充分考虑它的空间特性。

由于在房地产估价工作中存在着上述的客观因素，从而如何有效地区分、整理和分析这些庞大的数据，则成为建设房地产估价信息系统的关键问题。

针对目前房地产行业存在的问题及房地产估价的自身特点，亟待通过信息技术建立一个功能强大的信息系统；而面对处理空间数据与属性数据且两者关联的复杂程度，采用GIS技术为基础开发房地产估价信息系统显得极为可行。GIS技术的突出优势就在于其强大的空间数据、属性数据处理与分析能力及可视化功能。GIS实现了空间数据和属性数据的集成管理，并能够完善地建立二者之间的联系。此外，传统管理信息系统局限于数据处理和表现，缺乏直观性和空间决策可视化，而GIS能够帮助人们将数据库中无法直观看到的数据之间的模式和发展趋势以图形、图表等形式清晰表现出来，进行空间可视化分析。

综上所述，结合房地产估价业务的特点，将GIS技术与房地产估价有机结合起来，建设房地产估价信息系统，可实现一种全新的、高新技术的房地产估价手段。

二、房地产估价信息系统的开发要求

建设房地产估价信息系统的根本目的在于把房地产估价工作推向一个新的水平，促进估价工作向科学化、现代化方向发展。因此，开发房地产估价信息系统应满足以下要求。

（一）系统的技术要求

在技术实现方面应达到下列要求。

1. 系统界面友好，易于交互

针对于系统用户并非专业的计算机专业人员，应当提供界面规范、操作简单、功能实用的系统。

2. 系统应具备准确性与安全性

系统多涉及诸如市场交易资料、基准地价资料和房地产估价报告等机密信息，这些数据的准确性和安全性至关重要。系统除了应保证在数据处理过程中准确无误外，还需要建立一些安全保护机制以防止数据被非法用户使用或人为破坏，如用户使用密码登录、设置不同级别用户的访问权限、创建数据库备份与还原机制等。

3. 系统可扩展，易升级

随着系统的运行，有可能会发现一些在测试阶段无法显示的故障，同时也会随着用户使用增加新的功能需求。系统应提供可扩展的功能接口，方便升级与维护。

（二）系统的功能要求

利用GIS的数据管理、空间查询与分析、可视化等技术手段实现辅助房地产估价，系统应具备以下功能需求。

1. 房地产估价信息的管理

利用 GIS 可以实现对房地产估价信息中空间图形信息与属性信息的一体化管理，建立空间数据与属性数据的有机联系，用以房地产估价过程中的信息支持和可视化表达。GIS 可以有效地组织和管理房地产估价过程中涉及的大量信息，轻松解决房地产估价信息种类繁多、带有空间特征、数量庞大、来源广泛且格式不统一带来的问题。

2. 房地产估价信息的查询

房地产估价信息查询功能主要应实现以下两种基本的查询。

（1）地图图形查询：包括地图拉框查询和地图缓冲查询，地图拉框查询是指在地图窗口通过画矩形框来查询所选范围内的房地产信息；地图缓冲查询是在根据所选房产自动建立水平方向上一定范围的空间区域内查询房地产信息，如查询距离待估房地产 5km 范围内的所有历史评估房地产或成交实例的位置，并查阅其文字信息、估价报告、图片、录像等资料。地图图形查询方法基于地图窗口使用鼠标交互实现。

（2）属性查询：可按照数据库中存储的价值时点、估价方法、房地产所属区域、房地产类型等字段名查询，便于估价时进行对比分析。

任何查询方式都会在查询操作完成时将查询结果用图形和表格等形式展现给用户，并能在地图上定位显示。通过对房地产估价信息的查询，还可以很方便地为使用比较法估价提供可比实例。

3. 房地产估价信息的分析

GIS 的空间分析功能（如缓冲区分析、叠加分析等）均可适用于房地产评估。例如利用 GIS 的点、线、面缓冲区分析，获得待估房地产某一范围内的周边信息，如商业网点、学校、银行、交通站点等服务配套设施信息，充分利用房地产数据的空间特性，根据其对待估房地产的影响作用辅助评估师进行分析。此外，通过空间叠加与提取等空间分析手段可制作各种专题图，每一项影响房地产价格的因素都可作为一个专题图层来管理和显示。如估价房地产的分布图、价格分布图、估价时间分布图等。

4. 可视化性能

系统的可视化性能包括估价信息的可视化和估价结果的可视化。

估价信息的可视化是指将房地产的属性信息、空间位置、空间范围以及待估房地产的影响因素信息等通过图表及专题图等方式予以表现；估价结果的可视化包括房地产位置图的地图制版输出、估价报告的文档可视化表达等。此外，一些估价成果也可以通过 GIS 的三维分析得以直观且形象地表达，如将城市地价信息用三维表示等。

5. 房地产咨询服务

一般来说，房地产评估机构除了从事房地产价格评估服务外，都会凭借其专业知识从事房地产投资顾问等相关业务，如果凭借基于 GIS 技术的房地产信息系统来提高房地产估价企业的投资顾问能力，效果将会十分明显。

（三）系统的自动化要求

房地产估价信息系统作为房地产评估工作的辅助决策系统，绝不仅仅是估价公式的简单组合，即它不应该只拥有一个计算器所具备的功能，更重要的在于对估价资料的收集、整理和分析，在于对房地产估价工作的辅助。这其中存在很多非定量化和非程序化的问题，例如市场可比交易案例的选取、估价模型的选择、估价参数的确定、房地产价格影响因素分析等各项估价参数的准备，以及房地产估价报告的生成等。对于上述问题，系统都要给予充分的考虑，能够自动解决相应问题。因此，系统的自动化要求应满足下面几点。

1．自动选择估价模型

系统应能够根据待估房地产的用途等参数自动选取可用估价模型，用户也可以根据实际情况主观选择估价模型。

2．自动选取可比案例

系统要建立市场交易案例数据库，市场交易案例数据库存储有关比较案例的房地产详细情况。在运用比较法模型估价时，系统首先根据待估房地产情况，参照可比实例选取原则进行比较案例的选取，初步为评估师搜索出符合条件的交易案例，之后再根据评估师经验确定最符合的比较案例。

3．自动生成估价报告

房地产估价最终成果是通过估价报告形式来反映的。由于相同房地产类型、相同估价目的和相同估价方法的估价报告形式相对稳定，不同的仅仅是文字描述和数据，这样可以通过数据库和 Word 文档关联来实现报告的自动生成。系统首先建立各种形式的估价报告模板，并作为一种数据来存储和管理，同时也提供对报告模板的增加、修改和删除功能。在形成评估成果时，根据评估师在系统录入的房地产具体信息，自动填充到报告的相应位置，生成报告初稿。

4．自动确定估价参数

在房地产估价过程中，需要依据众多的估价参数，如土地还原利率、房屋还原利率、管理费率、利息率、维修费率、保险费率等，其中一些参数是固定的常量，另一些参数之间存在固定的相关关系，房地产估价信息系统应能够存储这些常量和参数之间的相互关系，当模型进行计算时，能够根据需要自动调出。系统提供估价参数默认值，评估师也可根据待估房地产的实际情况进行适当微调。

第三节　房地产估价信息系统的设计与开发

开发房地产估价信息系统的目标是以房地产信息及相关的社会经济要素为研究对象，以 GIS 技术为核心，综合运用信息科学、系统科学和计算机科学的方法和手段，建设以房地产评估为主要目的的信息系统。

一、系统设计概述

（一）系统开发方式

房地产估价信息系统是基于 GIS 技术建设的系统，而目前 GIS 建设最流行的开发方式是使用 GIS 平台二次开发，如使用 ArcGIS、MapInfo、SuperMap、MapGIS 等众多国内外成熟的 GIS 产品。在开发工具方面，Microsoft .NET 平台可以使用 Visual Studio，在 Java 平台可采用 Eclipse 等。数据库软件方面，可以采用小型的 Access 乃至大型的 SQL Server、Oracle 等。统计图或图表的生成也可以使用第三方控件，如 Developer Express、TeeChart 等。

（二）系统估价技术流程

在房地产估价信息系统估价时，首先需要获取待估房地产项目的基本信息，然后通过人机交互选择估价模型与确定估价参数，当估价模型与估价参数完全确定后，就可以实际来计算最终房地产价格。房地产估价信息系统估价技术流程如图 16-2 所示。

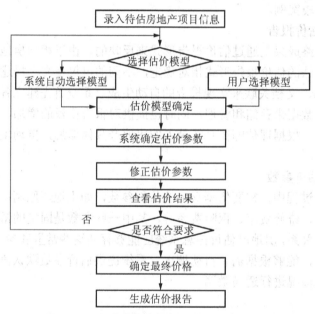

图 16-2　房地产估价信息系统估价技术流程

二、系统结构设计

系统的结构主要包括数据库、模型库、知识库和功能模块四个部分，如图 16-3 所示。

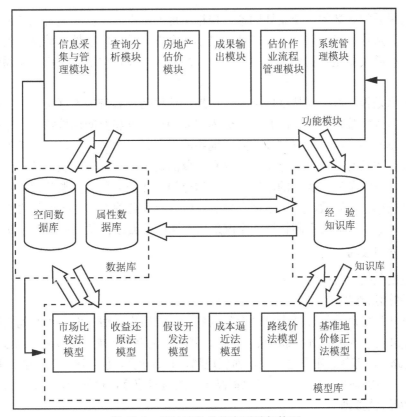

图 16-3　房地产估价信息系统架构图

模型库即是房地产估价工作中几种常用的估价方法，包括比较法、收益法、假设开发法、成本法、路线价法和基准地价修正法等六种方法模型。在计算机中按一定组织结构形式存储多个模型的集合体，模型之间不仅可以相互独立，而且可以互相组合。

知识库存储着房地产评估师的估价知识和经验，同时也包括系统在运行过程中积累形成的经验知识，它能为估价工作提供最符合评估师思路的建议。

各个结构之间相互区别与联系，分别发挥着不同的作用。数据库是基础，数据库为功能模块提供数据，模型库需要读取数据库中的一系列数据，模型库和知识库也存在于数据库中；模型库是核心，依靠模型库提供的算法实现系统最核心的估价功能，模型库为知识库经验知识的积累提供分类原则；功能模块是面向用户的窗口，数据库、模型库和知识库同时被功能模块访问；随着系统运行，形成一定的经验知识，就可以为其他部分提供服务。

三、系统数据库设计

数据是房地产估价信息系统建设的基石，数据库设计是系统设计的核心，也是关系系统成败、衡量系统好坏的一个重要因素。根据房地产数据的特征和估价工作的特性，系统数据库的设计从数据库独立性、共享性、最小冗余度、数据完整性、数据间的逻辑关系等要求出发，按照关系型数据库关系模型和范式的要求，设计房地产估价信息系统的数据库系统。

按照数据是否具有空间特征的特点，房地产估价信息系统的数据可分为空间数据和非空间数据（即属性数据），空间数据又分为空间图形数据和空间属性数据。空间图形数据对应于地图基本要素，即地理实体，表示地物的位置、形态、大小、分布等信息，是对现实世界中存在的具有空间位置意义的事物和现象的定量描述；空间属性数据是对空间信息的语义描述，反映了空间实体的本质特征，如空间实体的名称、类型和数量特征等；非空间数据则是指如估价参数、估价案例之类的与估价业务有关而与空间无关的数据。

针对上述这些数据的不同特征，系统采用不同的数据结构及数据库来存储这些数据。

（一）空间数据

空间数据包括下列两种。

1．空间图形数据

房地产估价信息系统涉及大量的空间数据，可以用点、线、面三种空间实体来抽象表示，即以点来表示点状地物，如学校、宾馆、银行、医院等各项公用设施；以线来表示线状地物，如道路、河流等；用多边形表示面状地物，如商业区、住宅区、工业区、房地产地块、公园绿地等。各类地物分层存放，可以提高图形的搜索速度，也便于调用、更新与管理。

2．空间属性数据

空间属性数据主要是对空间对象本质特征的描述，与空间图形数据相对应，例如各个房地产的序号、名称、地理位置描述、建设时间、建筑结构等。

（二）非空间数据

非空间数据主要以关系数据库的表的形式分类存放，主要包括估价项目数据库、估价参数数据库、估价汇总数据库、交易案例数据库、文档数据库和估价经验数据库等几个部分。

1．估价项目数据库

- 估价项目概况表：包括项目编号、项目名称、估价经费、评估价格、估价期日、估价方法、估价人等估价项目的基本情况。
- 委托方信息表：包括委托方的名称、地址、法人代表、联系人、联系电话等信息。
- 受托估价方信息表：包括估价单位的名称、地址、法人代表、联系人、联系电话、资质证号、执业范围等信息。

2．估价参数数据库

- 基本参数表：包括各类用地各级别的土地还原利率、标准容积率、楼层分配比例、地价指数表；各类房屋的重置价、耐用年限、残值率表；运用比较法、收益法、假设开发法、成本法、基准地价修正法等估价方法进行房地产评估时需要用到的各项参数，如收益法中的维修费率、保险费率、房地产税率、营业综合税率、印花税率、租赁管理费率等。

- 土地级别与基准地价数据表：包括不同用地类型、不同级别土地的基准地价信息。
- 房地产基本属性表：包括房地产的坐落、使用权类型、建筑面积等基本信息。
- 房地产权利人关系表：包括房地产的权利人、土地发证状况等信息。
- 区位因素修正系数表：包括房地产项目价格与该地基准地价在区位因素方面的差值，如距商服中心距离、距交通站点距离等因素的修正系数和修正系数说明。
- 个别因素修正系数表：包括房地产项目价格与该地基准地价在个别因素方面的差值，如房地产的面积、形状、朝向等因素的修正系数和修正系数说明。

3．估价汇总数据库

- 评估房地产的个别因素表：包括评估房地产本身的特征信息，如房地产的面积、形状、开发程度、使用年期等各项信息。
- 评估房地产的区位因素表：包括评估房地产的区位因素，如商服繁华程度、交通条件、基础设施状况等各项信息。
- 估价结果汇总表：包括评估房地产的名称、位置、用地类型、容积率、面积、权属性质、房地产单位面积价格、房地产总价格等评估结果。

4．交易案例数据库

主要包括用于比较法估价使用到的各类房地产交易案例的详细记录，其内容一般涵盖房地产坐落、用途、面积、形状、交易价格、价格类型、交易日期、土地附着物状况、环境状况、基础设施条件、交易双方权属资料等信息。

5．文档数据库

- 法律法规表：包括与房地产估价有关的法律、法规和政策文件等信息。
- 文献资料表：包括与房地产估价有关的学术论文、科研报告等文献资料信息。
- 估价报告表：包括生成房地产估价结果报告和房地产估价技术报告等文档的 Word 模板。

6．估价经验数据库

主要包括评估师对系统数据处理过程和结果的各项修正值以及修正差异。随着估价工作的继续开展，系统不断地对经验进行积累，形成经验知识库，以便提供更优的符合评估师思路的决策和建议。

四、系统功能设计

针对房地产估价工作的功能需求，房地产估价信息系统由以下几个功能模块构成，如

图 16-4 所示。

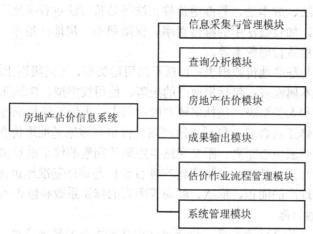

图 16-4　房地产估价信息系统总体功能设计

(一) 信息采集与管理模块

信息采集是系统建设的第一步,房地产估价信息系统的基础数据来源构成广泛、数据类型众多。属性数据来源包括各种统计报表、年鉴、期刊、报告等;地图数据包括基础地理信息图、城市规划图、房地产分布图、房地产平面图和物业详图等;同时这些数据又属于多种格式,如文字、图片、视频影像等。

面对众多且分散的数据,要保证原始数据记录的齐全、准确,无论采集、整理还是利用,都需要有组织、有计划、有步骤地进行管理,房地产估价信息系统应实现对上述数据的收集、处理、存储与管理。

此外,数据的现势性对于系统的生命力具有十分重要的意义。无论系统采用的是多么先进的技术手段,如果大量数据得不到及时更新,系统的使用寿命将随着数据的陈旧而告终。因此,系统应提供数据更新与维护的功能。

(二) 查询分析模块

房地产估价面对着海量的房地产信息和相关数据,如何实现对数据的有效使用是系统要实现的一个重要功能。房地产估价信息系统可以很便捷地实现对庞大数据的快速检索,以帮助用户及时找到所需的资料。除此之外,系统可以实现对庞大数据的统计与分析,这在房地产估价作业中,有着显而易见的优势,如图 16-5 所示。

(三) 房地产估价模块

该模块是系统最为重要的模块,体现房地产估价信息系统的核心。具体包括估价模型选择、估价参数确定、估价结果调整等功能,即估价工作的主要技术流程。

第十六章　房地产估价信息系统

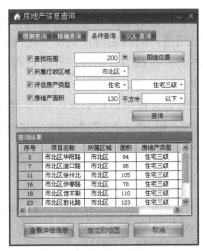

图 16-5　房地产信息查询

系统的估价功能主要依据建立的估价模型实现。常用的估价模型包括比较法模型、收益法模型、假设开发法模型、成本法模型、路线价法模型和基准地价修正法模型等，估价系统中估价模型与适用范围的匹配如表 16-1 所示。

表 16-1　估价系统中估价模型与适用范围的匹配

模 型 名 称	适 用 范 围
比较法模型	适用于具有交易性的房地产，如普通商品住宅、高档公寓、别墅、写字楼、商场、标准工业厂房等，并要求在比较法同一供求范围内存在着较多类似房地产的交易。而对于那些很少发生交易的房地产，如特殊工业厂房、学校、古建筑、博物馆等，则不适用该方法
收益法模型	适用于具有收益或潜在收益的房地产，如商店、商务办公楼、宾馆、酒店、游乐场、影剧院、厂房、农用地等房地产。但不限于估价对象本身现在是否有收益，只要它所属的房地产类型有收益即可。并要求房地产的收益和风险都能量化。该方法不适用于政府办公楼、学校、公园等公用、公益性房地产
假设开发法模型	适用于具有投资开发或再开发潜力的房地产估价，如待开发的土地（包括生地、毛地、熟地等）、在建工程、可装修改造或改变用途的现有房产（包括装修、改建、扩建等）
成本法模型	适用于既无收益又很少发生交易的房地产估价，如学校、图书馆、体育场馆、医院、政府办公楼、军产、公园等公用、公益性房地产，以及化工、钢铁、发电、油田、码头、机场等有独特设计或只针对个别用户的特殊需要而开发建设的房地产
路线价法模型	适用于城市商业街道两侧土地的估价
基准地价修正法模型	适用于政府部门公布了基准地价的地区的地价评估

估价模型建立需要注意估价参数的制定和算法的编写。参数制定多采用人机交互的方式，系统默认设置参数或给出范围，同时留给评估师一定的自主权；算法的编写要考虑算法的正确性和运算效率，同时计算参数的合法性，开发过程中要设置足够多的错误陷阱进行测试，以提高系统的稳定性。

根据不同情况，采用适当的估价模型进行估价，如图16-6～图16-11所示。

图16-6　比较法估价（选取可比实例）

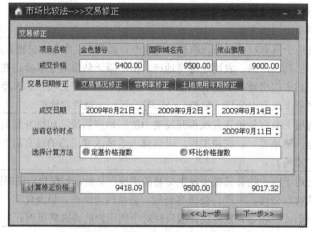

图16-7　比较法估价（交易修正）

第十六章 房地产估价信息系统

图 16-8 比较法估价（综合因素修正）

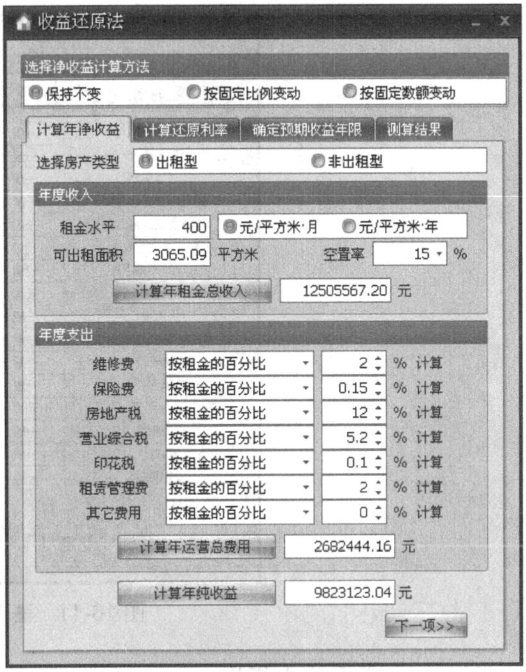

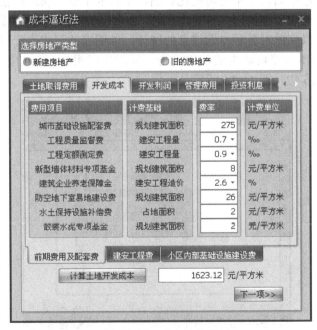

图 16-9 收益法估价

图 16-10 成本法估价

图 16-11 基准地价修正法估价

(四) 成果输出模块

成果输出功能包括估价结果的可视化和估价报告的生成。房地产估价信息系统能够将各种空间图形以二维或三维的形式直观地表达，如制作房地产平面图或将某区域房价三维表现等；系统还可以完成对各种专题信息的统计，以图表的形式进行可视化表达；此外还可以依据估价的具体步骤自动生成估价报告，同时生成报告所需的附图，最终整合形成 Word 文档，如图 16-12～图 16-14 所示。

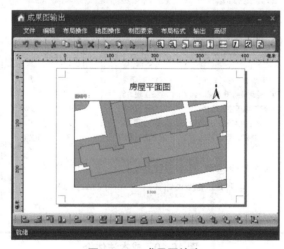

图 16-12 成果图输出

第十六章　房地产估价信息系统

图 16-13　房地产估价报告自动生成

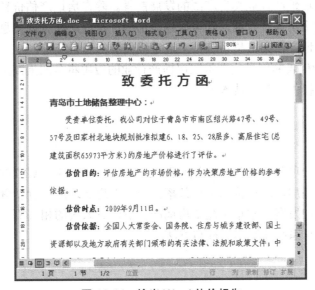

图 16-14　输出 Word 估价报告

（五）估价作业流程管理模块

建立完整合理的估价业务流程：包括业务申请、业务撤销、接受委托、咨询业务、估价任务发派、估价、结果审核、估价报告归档等。严格的流程管理可以使房地产估价作业更加规范合理，有利于提高管理水平。此外，系统还可以包括对评估师信息、评估师业绩

327

等内容的管理和统计。作为一个信息系统，实现业务流转"无纸化"办公、自动化办公是较高目标。

（六）系统管理模块

该模块具体包括用户登录、用户权限设置与系统维护等功能。

前面提到，系统的安全性至关重要，要处理好对用户的访问控制，并建立一套数据备份与还原机制。此外，随着系统的使用，会出现一些新的问题，或者面对用户需要会增加一些新的功能需求，系统应及时进行维护以提高系统的生命力。

五、展望

房地产估价信息系统的建设，对于规范房地产评估程序、促进房地产估价行业及房地产市场良性发展具有重要的积极作用。

房地产估价是科学与艺术的结合，是一项创造性的劳动，虽然系统不可能完全取代房地产评估师的作用，但依托 GIS 技术强大的信息存储与管理、空间分析与运算以及图形显示等功能，使其在房地产行业具有广阔的发展前景。除在房地产估价领域建设房地产估价信息系统外，在整个房地产行业，还可以建设房地产产权产籍管理信息系统、房地产项目管理信息系统、房地产档案信息系统、土地定级估价信息系统等。

以 GIS 技术为代表的信息化技术在房地产行业的应用将全面提高工作的效率和质量，为行业的业务开展提供全新的技术手段。

房地产估价是一项项目繁多、流程复杂的工作，基于 MIS 和 GIS 的房地产估价信息系统的实施不仅能提高房地产估价的工作效率，也能促进房地产估价朝着科学性、准确性、公平性与公正性方向发展。本章讲述了房地产估价信息系统的相关概念与基础理论，以及开发房地产估价信息系统的基本流程与方法。

问答题

1. 管理信息系统有什么特点？简述 MIS 的开发原则。
2. 简述地理信息系统的功能，并阐述 GIS 的发展前景。
3. 基于 GIS 技术的房地产估价信息系统有什么功能？

4．简述房地产估价信息系统数据库的设计。
5．阐述房地产估价信息系统选择估价模型的基本依据。

推荐阅读资料

张所地．房地产管理信息系统[M]．大连：东北财经大学出版社，2006．

网上资源

1．中国房地产评估师与房地产经纪人学会：http://www.cirea.org.cn
　　　　　　　　　　　　　　　　　http://www.agents.org.cn
2．中国房地产信息网：http://www.realestate.cei.gov.cn
3．环球职业教育在线：http://www.edu24ol.com中关于房地产评估师执业资格考试的网络远程培训。
4．百度文库：http://wenku.baidu.com
5．读秀学术搜索：http://edu.duxiu.com

参 考 文 献

1. 赵小虹，赵财福. 房地产估价[M]. 第3版. 上海：同济大学出版社，2014.
2. 黄建纲. 房地产估价理论与方法考前突破[M]. 北京：中国建筑工业出版社，2011.
3. 柴强. 房地产估价理论与方法[M]. 北京：中国建筑工业出版社，2015.
4. 柴强. 房地产估价[M]. 第7版. 北京：首都经济贸易大学出版社，2008.
5. 中华人民共和国住房和城乡建设部. 全国房地产评估师执业资格考试大纲[M]. 北京：中国建筑工业出版社，2015.
6. （美）理查德·M. 贝兹，赛拉斯·J. 埃利. 房地产估价[M]. 中国版第6版. 黄英，王秀云，刘琳，等，译. 北京：电子工业出版社，2008.
7. 僦春平. 2007全国房地产评估师执业资格考试通关习题精解集[M]. 武汉：华中科技大学出版社，2007.
8. 任浩明. 土地估价理论和方法[M]. 北京：机械工业出版社，2013.
9. 李益民. 房地产估价理论与实践[M]. 广州：暨南大学出版社，2008.
10. 李杰. 房地产估价[M]. 北京：人民交通出版社，2007.
11. 陈湘芹，崔东平. 房地产估价[M]. 北京：化学工业出版社，2005.
12. 唐建新，周娟. 资产评估教程[M]. 第2版. 北京：清华大学出版社，2012.
13. 戴学珍. 房地产估价教程[M]. 北京：清华大学出版社，2011.
14. 俞明轩. 房地产评估[M]. 北京：中国人民大学出版社，2012.
15. 卢新海. 房地产估价——理论与实务[M]. 上海：复旦大学出版社，2010.
16. 李龙. 房地产估价理论与实务[M]. 北京：北京大学出版社，2012.
17. 祝平衡，吴老二. 房地产估价理论与实务[M]. 大连：东北财经大学出版社，2014.
18. 沈良峰. 房地产估价[M]. 北京大学出版社，2012.
19. 忻健强. 房地产估价综合实践[M]. 北京：中国建筑工业出版社，2007.
20. 高炳华. 房地产估价[M]. 武汉：华中科技大学出版社，2006.
21. 张永岳. 房地产经济学[M]. 北京：高等教育出版社，2011.
22. 萨师煊，王珊. 数据库系统概论[M]. 第四版. 北京：高等教育出版社，2006.
23. （德）约翰·冯·杜能. 孤立国同农业和国民经济的关系[M]. 北京：商务印书馆，1986.
24. 王学发，戴烽. 实用评估及房地产估价业经验案例[M]. 北京：人民出版社，2006.
25. 吴翔华，梁国庆. 房地产估价典型案例分析[M]. 南京：江苏科学技术出版社，2005.

26. 王全民．房地产经济学[M]．大连：东北财经大学出版社，2006．

27. （美）威廉·L.小文托洛，马莎·R.威廉斯．房地产估价原理[M]．第7版．施建刚，何芳，译．上海：上海人民出版社，2005．

28. 廖俊平．《房地产估价规范》研究与阐释[M]．广州：广东经济出版社，2000．

29. 谭善勇．房地产估价理论与方法[M]．重庆：重庆大学出版社，2013．

30. 张洪力．房地产估价[M]．北京：机械工业出版社，2009．

31. 刘志峰．房地产估价市场需规范[J]．建设科技，2003（12）．

32. 彭希乔．房地产估价方法与实务[M]．北京：电子工业出版社，2007．

33. （德）马克思．资本论[M]．第3卷．北京：人民出版社，1975．

34. 史贵镇．全国房地产评估师执业资格考试历年真题精析[M]．北京：机械工业出版社，2015．

35. 美国估价学会．房地产估价词典[M]．第4版．北京：中国城市出版社，2007．

36. 曲卫东，叶剑平．房地产估价[M]．北京：中国人民大学出版社，2009．

37. （英）亚当·斯密．国民财富的性质和原因的研究[M]．上卷．北京：商务印书馆，1972．

38. 战松．房地产估价[M]．大连：大连理工大学出版社，2013．

39. 林英彦．不动产估价[M]．台北：台湾文笙书局，2006．

40. 黄晔，胡芳珍．房地产估价[M]．北京：北京大学出版社，2009．

41. 卢新海．企业土地资产及其管理[M]．北京：中国财政经济出版社，2002．

42. 林明晖．房地产估价[M]．北京：中国建筑工业出版社，2007．

43. 高幸奇．房地产估价[M]．北京：中国物价出版社，2003．

44. 周诚．中国土地经济问题研究[M]．北京：知识出版社，1992．

45. 蒲建明．房地产估价——实务、经验和艺术[M]．北京：化学工业出版社，2010．

46. 叶剑平，曲卫东．不动产估价[M]．北京：中国人民大学出版社，2005．

47. 窦坤芳，郑培春．房地产估价[M]．北京：机械工业出版社，2007．

48. 许传华，贾莉莉．房屋建筑学[M]．合肥：合肥工业大学出版社，2005．

49. 王海玫．房地产估价[M]．北京：化学工业出版社，2006．

50. （美）伊利，莫尔豪斯．土地经济学原理[M]．滕维藻，译．北京：商务印书馆，1982．

51. 宋春兰．房地产估价[M]．北京：机械工业出版社，2006．

52. 施建刚．房地产估价方法的拓展[M]．上海：同济大学出版社，2003．

53. 邵志华．房地产估价理论与实务[M]．武汉：武汉理工大学出版社，2009．

54. 史贵镇．房地产估价理论与方法考点精析及模拟题库[M]．北京：机械工业出版社，2015．

55. 谢经荣，吕萍，乔志敏．房地产经济学[M]．北京：中国人民大学出版社，2008．

56. 王福振. 中国地产开发评估管理实务全书[M]. 北京：中国大地出版社，2000.

57. 韩现国. 房地产估价操作实务[M]. 北京：中国工业建筑出版社，2009.

58. 曲卫东. 房地产基本制度与政策（含房地产估价相关知识）[M]. 北京：中国电力出版社，2008.

59. 周小萍，张健铭，刘人莎. 房屋买卖知识问答[M]. 北京：中国建筑工业出版社，2006.

60. 薛姝. 房地产估价[M]. 北京：高等教育出版社，2003.

61. 梁运斌. 房地产估价方法、参数与百例精选[M]. 北京：经济管理出版社，1996.

62. 郭斌. 房地产估价理论与实务[M]. 北京：化学工业出版社，2008.

63. 房地产估价机构. 房地产估价规范[M]. 北京：中国法制出版社，2005.

64. 张宜松. 房地产估价[M]. 武汉：武汉理工大学出版社，2007.

65. 周寅康. 房地产估价[M]. 南京：东南大学出版社，2006.

66. 林创家. 房地产评估[M]. 广州：华南理工大学出版社，1998.

67. 杨中强，袁韶华. 房地产估价理论方法与实务[M]. 大连：大连理工大学出版社，2010.

68. 胡芬芬. 估价方法的研究与应用[D]. 南昌：南昌大学，2012.

69. 洪成表. 房地产估价行业现状及发展[J]. 区域经济，2015（14）：35-39.

70. 柴强. 新常态下房地产市场的发展变化[J]. 城市开发，2015（12）：18-19.

71. 马光红，谢叙祎. 房地产估价[M]. 北京：化学工业出版社，2010.

72. 高珂强. 新编房地产估价教程[M]. 济南：山东科学技术出版社，2008.

73. 陈满雄. 不动产估价理论与实务[M]. 台北：台湾中华征信所企业股份有限公司出版社，1984.

74. 廖俊平，等. 房地产估价案例与分析[M]. 北京：中国建筑工业出版社，2015.

75. 张红. 房地产经济学[M]. 北京：清华大学出版社，2006.

76. 房地产评估师执业资格考试辅导小组. 全国房地产评估师执业资格考试习题精选[M]. 北京：中国建筑工业出版社，2007.

77. 盘点式考试复习方法研究组. 全国注册房地产评估师执业资格考试仿真试卷[M]. 北京：中国水利水电出版社，2008.

78. 赵世强. 2007全国房地产评估师执业资格考试复习题解及模拟试卷——房地产估价案例与分析[M]. 北京：中国建材工业出版社，2007.

79. 周长亮. 室内装修材料与构造[M]. 武汉：华中科技大学出版社，2007.